唐诗是我国优秀的文学遗产之一，也是世界文学宝库中的一颗璀璨的明珠。

中华文学的最高成就 受益终生的传世经典

唐诗三百首
图解详析

（清）蘅塘退士 编选

思 履 主编

北京联合出版公司
Beijing United Publishing Co.,Ltd.

图书在版编目（CIP）数据

唐诗三百首图解详析 /（清）蘅塘退士编选；思履主编 . -- 北京：北京联合出版公司，2014.10（2020.12 重印）
ISBN 978-7-5502-3735-3

Ⅰ . ①唐… Ⅱ . ①蘅… ②思… Ⅲ . ①唐诗—通俗读物 Ⅳ . ① I222.742

中国版本图书馆 CIP 数据核字（2014）第 227479 号

唐诗三百首图解详析

编　　选：（清）蘅塘退士
主　　编：思　履
责任编辑：徐秀琴
封面设计：彼　岸
责任校对：陈凤玲
美术编辑：杨玉萍

出　　版：北京联合出版公司
地　　址：北京市西城区德外大街 83 号楼 9 层　100088
经　　销：新华书店
印　　刷：三河市万龙印装有限公司
开　　本：720mm × 1020mm　1/16　印张：27.5　字数：832 千字
版　　次：2014 年 10 月第 1 版　2020 年 12 月第 17 次印刷
书　　号：ISBN 978-7-5502-3735-3
定　　价：75.00 元

本书若有质量问题，请与本公司图书销售中心联系调换。
电话：（010）88893001　82062656

唐诗是我国优秀的文学遗产之一，也是世界文学宝库中的一颗璀璨的明珠。尽管它产生的年代距今已有一千多年，但是作为中国传统文化瑰宝，唐诗的成就和影响是无可比拟的。唐代"童子解吟长恨曲，胡儿能唱《琵琶篇》"；今天的儿童也能背诵"春眠不觉晓"，或"床前明月光"。唐诗之所以如此深入民心，归根结底在于它永恒的艺术力。

唐代诗歌就像一座大花园，群芳竞妍，姹紫嫣红。唐人在不到三百年的时间里创造的诗篇，流传至今的诗作尚有五万余首，与前面一千六七百年的存诗总量相比，多出二至三倍。唐诗的题材非常广泛，主要有以下几个方面：从侧面反映社会矛盾，揭露了社会黑暗；歌颂正义战争，抒发爱国思想；描绘祖国河山的壮美；抒写个人抱负和遭遇；表达个人感情，如爱情、友情、人生悲欢。总之，不管是自然风光，还是社会生活，直到个人感受，都逃不过诗人敏锐的目光，成为他们创作诗歌的题材。唐代的诗人，今天知名的就有两千三百多人，而独具风格特色的也有五六十家，同样超过了前代诗人的总和。而在艺术风格上，李白的飘逸浪漫的气质，杜甫的沉郁顿挫的格调，白居易为民请命的热诚，不仅是前无古人，而且是后无来者，达到了我国古典诗歌创作的高峰，他们三人是诗坛巨匠，历来为后世所仰慕。

唐诗的形式是丰富多彩、推陈出新的。它不仅继承了汉魏民歌和乐府的传统，而且还大大发展了歌行体的样式；不仅继承了前代的五、七言古诗，并且在此基础上发展为叙事言情的长篇巨制；不仅扩展了五、七言形式的运用范围，还创造了风格特别优美整齐的近体诗。近体诗是当时的新体诗，它的创造和成熟，是唐代诗歌发展史上的一件大事。它把我国古曲诗歌的音节和谐、文字精炼的艺术特色，推到前所未有的高度，为古代抒情诗找到一个最典型的形式，至今仍为后人所喜爱。

唐诗之所以取得卓著成就，原因是多方面的：唐代经济发达，政治清明，音乐、美术、书法、工艺等艺术昌盛，是唐诗繁荣的前提条件；此外，唐代有一个较为宽松自由的文化环境，诗人禁忌很少，他们可以直接批评权贵和朝廷，甚至宫中幽怨和官场丑闻，也可以作为诗歌的题材，这样一来，诗人少了束缚，佳作自然也就多了起来。

总的来说，唐诗以其反映之深刻，题材之广阔，手法之新颖，体制之完备，文字之精湛，感情之真挚，风格之多样，使后世望尘莫及。鲁迅先生在给杨霁云的信中说"我以为一切好诗，到唐已被作完"，这的确不是溢美之论。

这本《唐诗三百首图解详析》，是能让您花最少的时间读完最美的唐代诗歌的经典之作，为您达到"腹有诗书"的境界提供一扇方便之门。书中收录了四百多首在思想上和艺术上具有最高成就的诗歌，有著名诗人的代表作，有各类题材的作品精粹，也有广泛影响社会的名篇佳句等，比较全面地反映了唐代诗歌的全貌，能有效地帮助您了解名家名诗的概貌和更深入地领悟唐诗的意蕴。

　　本书以诗人活动时间的先后为顺序，集合了唐代诗歌的精华。本书除了唐诗原作之外，还设置了以下几个相关辅助性栏目："作者简介"介绍了作者的生平和作品风格，使读者对作者有一个大体了解；"注释"部分除对难懂的词语进行注释外，还对诗中的典故进行了详解；"译文"力求忠于原作，使读者能直接了解原诗的语言风格；"诗的格律"介绍格律诗的字数、句数、对仗、平仄、押韵等方面的格式和规律；"诗的品赏知识"介绍唐诗的体式及唐诗中常用的手法等；"赏析"部分介绍诗人的写作背景和意图、诗歌的意境和写作特点，以及作者所要表达的情感及作品的意义。同时，书中与文字相契合的四百多幅精美插图，营造出了一个彩色的、立体的、极具艺术魅力的阅读空间，能够帮助读者获得更多美的享受和阅读体验。您需要做的只是跟随本书走入古典诗歌美丽清新的世界，感受至美意境，体验诗情人生。

目 录

蝉

◎虞世南

垂緌饮清露①，流响出疏桐②。

居高声自远，非是藉秋风。

【注释】

①緌：古人结在颔下帽带的下垂部分。蝉的头部有伸出的触须，形状好像下垂的帽带，故云。②流响：蝉连绵不断的鸣叫声。

【译文】

垂着触须饮着清清的露水，长鸣声从疏朗的梧桐树中传出来。栖居高处声音自然远扬，并不是因为借助了秋风的传送。

【赏析】

这首托物寓意的小诗，是唐人咏蝉诗中时代最早的一首，颇为后世所称道。诗人以蝉喻君子，表面上是写蝉的形状和栖高饮露的特性，实际上处处含比兴象征："流响"写蝉声的清越，隐示君子的高标逸韵；末二句暗示君子品格高洁，无须凭藉外力的帮助，自然能够美名远播，表达了诗人对于高洁品格的向往和追求。

清人施补华《岘佣说诗》云："三百篇比兴为多，唐人犹得此意。同一咏蝉，虞世南'居高声自远，非是藉秋风'，是清华人语；骆宾王'露重飞难进，风多响易沉'，是患难人语；李商隐'本以高难饱，徒劳恨费声'，是牢骚人语。比兴不同如此。"这三首诗都是唐代托咏蝉以寄意的名作，由于作者地位、遭遇的不同而呈现出不同的境界和风格，塑造出各具特色的艺术形象。沈德潜在《唐诗别裁集》卷十九中评价说："咏蝉者每咏其声，此独尊其品格。"本诗与骆宾王的《在狱咏蝉》、李商隐的《蝉》并为唐代文坛"咏蝉"诗三绝。

诗的品赏知识

咏物诗概述

咏物诗为托物言志或借物抒情的诗歌，它是以客观事物为描写对象，并在描写中兴感、咏叹，以体现人文思想。

咏物诗中所咏之"物"往往是作者的自况，与诗人的自我形象完全融合在一起，作者在描摹事物中寄托了一定的感情：或流露出其人生态度，或寄寓美好的愿望，或包含生活的哲理，或表现其生活情趣。如虞世南这首咏蝉诗就是通过对"蝉"这一形象的塑造，表现了君子高洁的品格。

古人很喜欢咏物，咏物诗在古代文学传统中源远流长，到了唐代更是蔚为大观。据统计，仅《全唐诗》即存咏物诗就达6021首。

◎作者简介◎

虞世南（558—638），字伯施，越州余姚（今浙江余姚）人。隋炀帝时官起居舍人，唐时历任秘书监、弘文馆学士等，世称"虞秘监"。唐太宗称其德行、忠直、博学、文辞、书翰为"五绝"，为太宗"十八学士"之一。其书法刚柔并重、骨力遒劲，与欧阳询、褚遂良、薛稷并称"唐初四大家"。诗擅五言，典雅雍容，有齐梁余风。《全唐诗》存其诗一卷。

述怀

◎魏徵

中原初逐鹿①，投笔事戎轩②。

纵横计不就③，慷慨志犹存。

杖策谒天子，驱马出关门④。

请缨系南越⑤，凭轼下东藩⑥。

郁纡陟高岫⑦，出没望平原。

古木鸣寒鸟，空山啼夜猿。

既伤千里目，还惊九逝魂。

岂不惮艰险？深怀国士恩。

季布无二诺⑧，侯嬴重一言⑨。

人生感意气，功名谁复论。

【注释】

① 逐鹿：群雄并起，争夺天下。② 投笔：即投笔从戎。戎轩：兵车。③ 纵横：战国时，苏秦主张六国联合抗秦，史称"合纵"。张仪则主张诸国听命于秦，史称"连横"。魏徵早年曾向李密献策，未被采纳。④ 关：指潼关。⑤ 请缨：西汉终军出使南越，临行作豪语道："愿受长缨（绳子），必羁南越王而致之阙下。"⑥ 凭轼：汉初郦食其请命赴齐说服齐王归汉，说："臣请得奉明诏，说齐王，使为汉而称东藩。"⑦ 郁纡：山道崎岖难行。⑧ 季布：楚汉时人，为人守信义，当时有谚语云："得黄金百斤，不如得季布一诺。"⑨ 侯嬴：战国时魏人，为守门小吏，信陵君尊为上客。信陵君窃符救赵，侯嬴因年老不能跟随，许以死送行，后来果然自杀。

【译文】

中原群雄纷起争夺天下，大丈夫应该投笔从戎。满腹韬略不被人采纳，慷慨的报国志向却依旧坚定。快马加鞭谒见了当今皇帝，便驱马出潼关远征。要像汉代终军请缨说服南越王归顺朝廷，要像汉初郦食其劝降东方属国成为大唐屏藩。道路崎岖难行，奋力攀登高山；

触目所及，（辽阔的）平原时隐时现。古树上的鸟儿发出凄寒的叫声，夜里猿猴的啼叫声在空旷的深山中回荡。既为远望千里路漫漫而伤悲，还因不尽的艰难险阻而多次心惊魄动。怎么会不畏惧艰难险阻呢，是因为内心深深怀着国士报恩的赤诚。要像季布一样信守诺言，要像侯嬴一样重守信义。人生贵在知恩必报，谁还会再计较功名！

【赏析】

这首诗作于唐高祖李渊初称帝时。当时魏徵投唐没多久，希望能有所贡献，便主动请命赴中原说服招纳李密旧部。在赴命的途中，写下这首抒发胸襟抱负以及表达重意气、报国恩之情怀的诗。诗从当时社会现实起笔，述写自己壮志未伸的感叹。接着写前去拜谒当今天子、主动请缨的激昂壮怀。进而以沉郁的笔调描绘旅途的艰险，后却以一"岂"字作提顿，表明自己不畏艰险以报国士之恩。最后四句直接坦陈自己重信义、不图功名的磊落胸怀。全诗二十句，慷慨陈词，英风豪气回荡其间，一扫六朝以来诗歌纤弱柔靡的颓风。

⊙作者简介⊙

魏徵（580—643），字玄成，河北巨鹿（今河北省邢台市巨鹿县）人。隋末入李密军。入唐，曾任谏议大夫、左光禄大夫，封郑国公，是中国历史上最负盛名的谏臣。《全唐诗》存其诗一卷。

石竹咏

◎王绩

萋萋结绿枝①，晔晔垂朱英②。

常恐零露降，不得全其生。

叹息聊自思，此生岂我情。

昔我未生时，谁者令我萌。

弃置勿重陈，委化何足惊③。

【注释】

① 萋萋：草木茂盛的样子。② 晔晔：美丽繁盛的样子。朱英：红花。③ 委化：随任自然的变化。

【译文】

　　绿色的枝条生长得多么茂盛，垂挂着美丽繁盛的红色花朵。常常担心寒冷的露水会降临，无法保全它那美好的生命。我在叹息石竹的同时也思考自身，此生难道真是我所衷情的那样吗？在我尚未降生人世的时候，究竟是谁令我萌生的呢？抛开这件事不再说它了，委顺自然的变化又何必惊恐呢？

【赏析】

　　石竹，又名洛阳花，是一种夏季开花的多年生草本植物。诗歌的前四句正面描写石竹，赞其正当全盛，丰姿优美，但又想到霜露降临，石竹便不免凋零。在一实一虚的对照中，寄寓了深深的忧患感。"叹息"四句由石竹的遭遇联想到人生，对生命、自我、人生进行追索思考，流露出彷徨和苦闷的情绪，不难看出诗人对隋末纷乱的社会现实的不满，诗意又逼进一层。结句却又一转，以委顺自然变化作收束，足见诗人的旷怀高致。

　　全诗托兴石竹而咏怀，语言质朴却有味，格调清雅而深沉，善于起承转合，非但理至，风味亦是深得陶诗的朴素自然特点，是初唐诗坛中的老到浑成之作。

诗的品赏知识

咏物诗的特点

　　咏物诗的特点，在于托物言志或借物抒情。屠隆在《论诗文》中认为：咏物诗"体物肖形，传神写意"，"不沾不脱，不即不离"。也就是说，要写出较好的咏物诗，既要紧扣所咏之物的具体特点，做到咏物栩栩如生，又要在其中有所寄寓。正如刘熙载在《艺概》中所说："咏物隐然只是咏怀，盖个中有我也。"

◎作者简介◎

　　王绩（585—644），字无功，绛州龙门（今山西河津）人，"文中子"王通之弟。隋末举孝廉，除秘书正字。不乐在朝，以疾辞，复授扬州六合丞。值天下大乱，遂弃官还乡。唐武德中，诏以前朝官情诏门下省。贞观初，称病归河渚间，躬耕东皋，自号"东皋子"。其诗多以田园山水和酒为题材。诗风质朴自然，真率疏放，有旷怀高致，在初唐诗坛别树一帜。后人辑有《东皋子集》五卷。

野望

◎王绩

东皋薄暮望①，徙倚欲何依②。

树树皆秋色，山山唯落晖③。

牧人驱犊返④，猎马带禽归⑤。

相顾无相识，长歌怀《采薇》⑥。

【注释】

①东皋（gāo）：王绩的隐居之地，在今山西省河津市。皋，水边高地。薄暮：傍晚。②徙（xǐ）倚（yǐ）：徘徊，来回地走。依：归依。③落晖：落日的光辉。④犊（dú）：小牛，这里指牛群。⑤禽：鸟兽。这里指猎获的飞禽。⑥采薇：用《诗经·召南·草虫》"陟彼南山，言采其薇。未见君子，我心伤悲"诗意，表达未遇知音的怅惘之情。一说为伯夷、叔齐在商亡后，隐于首阳山采薇而食，作《采薇操》，表现避世隐居之意。薇，野菜名，多年生草本植物，嫩叶可食。

【译文】

苍茫的暮色中，（我）登上东皋，怅然远望，徘徊不定，不知归依何方。每一棵树都染上了浓浓的秋色，每一座山都洒满了夕阳的余晖。牧人驱赶着牛群返回了，猎人骑马带着野禽也归来了。四下顾盼，没有一个相识的人，长声歌唱《采薇》而怀想古人。

【赏析】

《野望》是王绩的代表作，整首诗在萧瑟闲逸的情调中，透露出诗人浓浓的彷徨与苦闷。从中不难看出隋末纷乱的社会现实及知音难遇的境遇对诗人的影响。

在薄暮时分，诗人徘徊于东皋之上，不知何所依。举目四望，秋色所被，在落晖中越发显得萧瑟。而牧人和猎马的到来，打破了静谧，使画面生动起来。对着这样一幅田园牧歌式的山家秋晚图，诗人不禁想追随古时隐士，退居山林。其实，诗人并非真正想隐居，"相顾无相识"，是因为他太过孤独，无所依靠。整首诗语言朴素，风格清新，情味似淡犹浓，读来让人久久不能释怀。

这是唐初最早的五言律诗之一，格调清新，摆脱了南朝以来华靡艳丽的诗风，不以辞而以情动人，闪烁着独特的魅力。

诗的品赏知识

田园诗概述

田园诗，是指歌咏田园生活的诗歌，多以农村景物和农民、牧人、渔父等的劳作活动为题材。东晋大诗人陶渊明首先将农村田园生活大量写入诗中，开创了田园诗体。唐代田园诗在陶渊明的影响下，涌现出不少大家名作，成就突出。正如清人沈德潜所言："陶诗胸次浩然，其有一段渊深朴茂处。唐人祖述者，王右丞（王维）有其清腴，孟山人（孟浩然）有其淡远，储太祝（储光羲）有其朴实，韦左司（韦应物）有其冲和，柳仪曹（柳宗元）有其峻洁。"（《说诗晬语》）

秋夜喜遇王处士

◎王绩

北场芸藿罢①，东皋刈黍归②。

相逢秋月满，更值夜萤飞。

【注释】

① 芸（yún）藿（huò）：芸通"耘"。芸藿，即锄豆。

② 刈（yì）黍（shǔ）：收割黍子。黍子即黄米。

【译文】

（我）到北场锄完豆地的草，（你）从东皋割黍归来。（我们）相逢在这秋日的满月之夜，恰好遇上夜晚的萤虫飞舞。

【赏析】

王绩在隋末曾做过秘书省正字、六合县丞，入唐后做过太乐丞，后来弃官归隐东皋。这首诗反映了他归隐生活的一个侧面：在秋夜晚归途中，他与同样隐居的王处士不期而遇，心中不胜欣喜。

前两句随意平淡地叙述了参加"芸藿"、"刈黍"一类农事活动归来，透露出诗人对田园生活的欣然自适。三、四两句描绘了与好友秋夜喜遇

的情景。虽然没有从正面描写两人相遇的场面，也没有一笔正面写"喜"字，但我们从秋天的满月、点点飞舞的萤火虫这样富有流动变幻意象的山村良夜美景中，可以想象出两位老友不期而遇的会心和得意忘言的情景。

这首诗以情驭景，用富于田园生活气息的场景来映衬心境，语调随意而平淡，节奏舒缓从容，不经意间点染出丰富隽永的诗情和意境。

诗 的 格 律

用韵

古人押韵是依照韵书的。唐人所用的韵书为隋陆法言所著的《切韵》，这是后世一切韵书的鼻祖。宋人增广《切韵》，编成《广韵》，共有二百余韵。但比较能反映唐宋诗人用韵情况的是金人王文郁编的《平水韵》，以后的诗人用韵也大抵根据《平水韵》。《平水韵》共有一百零六韵，其中平声有三十韵，编为上、下两部，称为上平声和下平声，二者并不存在声调上的差别。近体诗只押平声韵，这些平声韵各部的韵目（每韵的第一个字）如下：

上平声：一东、二冬、三江、四支、五微、六鱼、七虞、八齐、九佳、十灰、十一真、十二文、十三元、十四寒、十五删

下平声：一先、二萧、三肴、四豪、五歌、六麻、七阳、八庚、九青、十蒸、十一尤、十二侵、十三覃、十四盐、十五咸

从这些韵目中我们可以看出古音和今音已大不相同。有一些在古代属于不同韵的，现在已看不出差别，比如东和冬，江和阳，鱼和虞，真和文，萧、肴和豪，先、盐和咸，庚和青，寒和删，等等。

古体诗的押韵，可以把邻近韵部的韵，比如一东和二冬、四支和五微，混在一起通用，称为通韵。近体诗的押韵，必须严格地只用同一韵部的字，即使这个韵部的字数很少（称为窄韵），也不能参杂其他韵部的字，否则叫做出韵，是近体诗的大忌。但是如果是首句押韵，可以借用邻韵，因为首句本来可押可不押，所以可以通融一下。现代人读写近体诗，要注意古、今音的不同，可以按传统用《平水韵》。

如《秋夜喜遇王处士》，就是一首不太合律的五言绝句，其用韵方式为首句不入韵的仄起式，押韵字为"归"和"飞"，韵脚是：上平五微（平水韵）。

凌朝浮江旅思

◎马周

太清上初日①，春水送孤舟。

山远疑无树，潮平似不流。

岸花开且落，江鸟没还浮②。

羁望伤千里③，长歌遣四愁④。

【注释】

①太清：天空。②没还浮：时而钻入水中，时而浮出水面。③羁望：寄居异地所望。④四愁：浩茫的愁绪。语出张衡《四愁诗》。

【译文】

（清朗的）天空升起一轮朝阳，（碧绿的）春水载送着一叶孤舟。青山渺远，似乎没有树木；江水平淌，好像不动不流。两岸的春花开而复落，江中的水鸟载沉载浮。羁旅中远望千里，感伤无限，放声高歌排遣浩茫的愁绪。

【赏析】

首句写旭日初升、春水孤舟，点明时间、季节和题意。以下四句写所见之景色。远山树木渺渺，潮平如镜，岸花且开且落，江鸟在水中沉浮，构成一幅闲淡平远的山水画。

诗人颇能抓住清晨旭日初升时景物蒙蒙的特点，着意描绘远山的树木如烟而疑其"无"，江平浪静而误以为"不流"的画面。花开复落让人感受到春去不留，韶光易逝；江鸟自在浮游则见出生命的适意。而诗人秉性落拓不羁，不为州里所重，客居汴地时为县令所辱，空负才华而不被理解，到处碰壁，故见此山水花鸟，自然而然地触动久积在心中的困愁。身在旅途，远望前路漫漫，感伤不已，只能以长歌来排遣忧愁了。

诗的品赏知识

山水诗概述

山水诗，是指以山水等自然景观为描写对象的诗歌。在一首山水诗中，可以纯然全写山水，亦可辅以其他内容，但呈现耳目所及的山水状貌声色之美，在诗中具有比较突出的地位。虽然名为山水诗，但并不意味着山和水都得在诗中同时出现，有的只写山景，有的却以水景为主。

"山水含清晖，清晖能娱人。"（谢灵运《石壁精舍还湖中作》）山水诗源于先秦两汉，产生于魏晋时期，但直到东晋，谢灵运才将自然山水作为独立的审美对象，奠定了山水诗的基础。有唐近三百年间，山水诗的成就十分突出，不少名家大家创作了大量的山水诗，在唐诗诸领域中占据了重要地位。

◎作者简介◎

马周（601—648），字宾王，清河茌平（今属山东）人。少孤贫好学，精《诗》《书》，善《春秋》。但秉性落拓不羁，不为州里所重。后游长安，客居中郎将常何家。贞观中，因代常何上疏二十余事，深得太宗赏识，授监察御史，累迁中书令。他认为"自古以来，国之兴亡，不由积蓄多少，在百姓苦乐也"，直言劝谏唐太宗以隋为鉴，节俭治国，少兴徭赋，反对实行世封制。今存诗一首。

长安古意

◎卢照邻

长安大道连狭斜①，青牛白马七香车②。
玉辇纵横过主第③，金鞭络绎向侯家④。
龙衔宝盖承朝日⑤，凤吐流苏带晚霞⑥。
百尺游丝争绕树⑦，一群娇鸟共啼花。
游蜂戏蝶千门侧⑧，碧树银台万种色。
复道交窗作合欢⑨，双阙连甍垂凤翼⑩。
梁家画阁中天起⑪，汉帝金茎云外直⑫。
楼前相望不相知⑬，陌上相逢讵相识⑭？
借问吹箫向紫烟⑮，曾经学舞度芳年。
得成比目何辞死⑯，愿作鸳鸯不羡仙。
比目鸳鸯真可羡，双去双来君不见？
生憎帐额绣孤鸾⑰，好取门帘帖双燕⑱。
双燕双飞绕画梁，罗帷翠被郁金香⑲。
片片行云着蝉翼⑳，纤纤初月上鸦黄㉑。
鸦黄粉白车中出，含娇含态情非一。
妖童宝马铁连钱㉒，娼妇盘龙金屈膝㉓。
御史府中乌夜啼㉔，廷尉门前雀欲栖㉕。
隐隐朱城临玉道㉖，遥遥翠幰没金堤㉗。
挟弹飞鹰杜陵北㉘，探丸借客渭桥西㉙。

【注释】

① 狭斜：指小巷。② 七香车：用多种香木制成的华美小车。③ 玉辇：本指皇帝所乘的车，这里泛指一般豪门贵族的车。主第：公主府第。第，房屋。帝王赐给臣下房屋有甲乙次第，故房屋称"第"。④ 络绎：往来不绝，前后相接。侯家：封建王侯之家。⑤ 龙衔宝盖：车上张着华美的伞状车盖，支柱上端雕作龙形，如衔车盖于口。宝盖，即华盖。古时车上张有圆形伞盖，用以遮阳避雨。⑥ 凤吐流苏：车盖上的凤嘴端挂着流苏。流苏，以五彩羽毛或丝线制成的穗子。⑦ 游丝：春天虫类所吐的飘扬于空中的丝。⑧ 千门：指宫门。⑨ 复道：又称阁道，宫苑中用木材架设在空中的通道。交窗：有花格图案的木窗。合欢：马樱花，又称夜合花。这里指复道、交窗上的合欢花形图案。⑩ 阙：宫门前的望

⊙作者简介⊙

卢照邻(637？—680？)，字升之，幽州范阳(今河北省涿州市)人。曾为邓王府典签，后隐居于阳翟具茨山(在今河南省禹县北)，自号"幽忧子"。后因不堪疾病折磨，投水而死。擅长诗歌骈文，以歌行体为佳，与王勃、杨炯、骆宾王齐名，世称"王杨卢骆"，号为"初唐四杰"。作品有《幽忧子集》七卷。《全唐诗》存其诗二卷。

俱邀侠客芙蓉剑[30]，共宿娼家桃李蹊[31]。
娼家日暮紫罗裙，清歌一啭口氛氲[32]。
北堂夜夜人如月[33]，南陌朝朝骑似云[34]。
南陌北堂连北里[35]，五剧三条控三市[36]。
弱柳青槐拂地垂，佳气红尘暗天起[37]。
汉代金吾千骑来[38]，翡翠屠苏鹦鹉杯[39]。
罗襦宝带为君解[40]，燕歌赵舞为君开[41]。
别有豪华称将相，转日回天不相让[42]。
意气由来排灌夫[43]，专权判不容萧相[44]。
专权意气本豪雄，青虬紫燕坐春风[45]。
自言歌舞长千载，自谓骄奢凌五公[46]。
节物风光不相待[47]，桑田碧海须臾改[48]。
昔时金阶白玉堂[49]，即今惟见青松在。
寂寂寥寥扬子居[50]，年年岁岁一床书[51]。
独有南山桂花发，飞来飞去袭人裾[52]。

楼。甍：屋脊。垂凤翼：双阙上饰有金凤，作垂翅状。《太平御览》卷一七九引《阙中记》："建章宫圆阙临北道，凤在上，故号曰凤阙也。"⑪ 梁家：指东汉外戚梁冀家。梁冀为顺帝梁皇后兄，以豪奢著名，曾在洛阳大兴土木，建造第宅。⑫ 金茎：铜柱。汉武帝刘彻于建章宫内立铜柱，高二十丈，上置铜盘，名仙人掌，以承露水。⑬ "楼前"两句：写仕女如云，难以辨识。⑭ 讵：同"岂"。⑮ 吹箫：用春秋时萧史吹箫故事。《列仙传·卷上·萧史》："萧史善吹箫，作凤鸣。秦穆公以女弄玉妻之，作凤楼，教弄玉吹箫，感凤来集……"向紫烟：指飞入天空。紫烟，指云气。⑯ 比目：鱼名。《尔雅·释地》："东方有比目鱼焉，不比不行，其名谓之鲽。"故古人用比目鱼、鸳鸯鸟比喻男女相伴相爱。⑰ 生憎：最恨。帐额：帐子前的横幅。孤鸾：象征独居。鸾，传说中凤凰一类的神鸟。⑱ 好取：愿将。双燕：象征自由幸福的爱情。⑲ 翠被：翡翠颜色的被子，或指以翡翠鸟羽毛为饰的被子。郁金香：一种名贵的香料，传说产自大秦国（中国古代对罗马帝国的称呼）。这里是指罗帐和被子都用郁金香熏过。⑳ 行云：形容发型蓬松美丽。蝉翼：古代妇女的一种发式，类似蝉翼的式样。㉑ 初月上鸦黄：额上用黄色涂成弯弯的月牙形，是当时女性面部化妆的一种样式。鸦黄，嫩黄色。㉒妖童：泛指浮华轻薄子弟。铁连钱：指马的毛色青而斑驳，有连环的钱状花纹。㉓娼妇：这里指上文所说的"鸦黄粉白"的豪贵之家的歌儿舞女。盘龙：钗名。晋·崔豹《古今注》："蟠龙钗，梁冀妻所制。"此指金屈膝上的雕纹。屈膝：铰链，用于屏风、窗、门、橱柜等物。这里是指车门上的铰链。㉔"御史"两句：写权贵骄纵恣肆，御史、廷尉都无权约束他们。御史，官名，司弹劾。㉕廷尉：官名，掌刑法。上句"乌夜啼"与此句"雀欲栖"均暗示执法官门庭冷落。《汉书·朱博传》："（御史）府中列柏树，常有野乌数千，栖宿其上，晨去暮来，号曰朝夕乌。"《史记·汲郑列传》："始翟公为廷尉，宾客阗门，及废，门外可设雀罗。"㉖朱城：宫城。玉道：指讲究漂亮的道路。㉗翠幰：

妇女车上镶有翡翠的帷幕。金堤：坚固的河堤。㉘挟弹飞鹰：指打猎的场面。杜陵：在长安东南，汉宣帝陵墓所在地。㉙探丸借客：指行侠杀吏、助人报仇等蔑视法律的行为。《汉书·尹赏传》："长安闾里少年，群辈杀吏，受贿报仇，相与探丸为弹，得赤丸者斫武吏，黑丸者斫文吏，白者主治丧。"又《汉书·朱云传》有"借客报仇"之语。借客，指助人。渭桥：在长安西北，秦始皇时所建，横跨渭水，故名。㉚芙蓉剑：古剑名，春秋时越国所铸。这里泛指宝剑。㉛娼家：妓女。桃李蹊：指娼家的住处。语出《史记·李将军列传》："桃李不言，下自成蹊。"此借用，一则桃李可喻美色，二则暗示这里是吸引游客纷至沓来的地方。蹊，小径。㉜啭：宛转歌唱。氛氲：香气浓郁。㉝北堂：指娼家。人如月：形容娼家女的美貌。㉞南陌：指娼家门外。骑似云：形容骑马的来客云集。㉟北里：即唐代长安平康里，是妓女聚居之处，因在城北，故称北里。㊱"五剧"句：长安街道纵横交错，四通八达，与市场相连接。五剧：交错的路。三条：通达的道路。控：引，连接。三市：许多市场。"五剧"、"三条"、"三市"都是用前人成语，其中数字均非实指。㊲佳气红尘：指车马杂沓的热闹景象。㊳金吾：即执金吾，汉代禁卫军官衔。唐代设左、右金吾卫，有金吾大将军。此泛指禁军军官。㊴"翡翠"句：写禁军军官在娼家饮酒。翡翠本为碧绿透明的美玉，这里形容美酒的颜色。屠苏：美酒名。鹦鹉杯：即海螺盏，用南洋出产的一种状如鹦鹉的海螺加工制成的酒杯。㊵罗襦：丝绸短衣。㊶燕歌赵舞：战国时燕、赵二国以"多佳人"著称，歌舞最盛。此借指美妙的歌舞。㊷转日回天：极言权势之大，可以左右皇帝的意志。"天"喻皇帝。㊸灌夫：字仲孺，汉武帝时期的一位将军，勇猛任侠，好使酒骂座，交结魏其侯窦婴，与丞相武安侯田蚡不和，终被田蚡陷害，诛族（见《史记·魏其武安侯列传》）。㊹萧相：指萧望之，字长倩，汉宣帝时为御史大夫、太子太傅。汉元帝即位，辅政，官至前将军，他曾自谓"备位将相"。后被排挤，饮鸩自尽。㊺青虬、紫燕：均指好马。屈原《九章·涉江》："驾青虬兮骖白螭。"虬，本指无角龙，这里借指良马。坐春风：在春风中骑马飞驰，极其得意。㊻凌：超过。五公：张汤、杜周、萧望之、冯奉世、史丹。皆汉代著名权贵。㊼节物风光：指节令、时序。㊽桑田碧海：即沧海桑田。喻指世事变化很大。《神仙传》卷五载，麻姑对王方平说："接待以来，见东海三为桑田。"㊾金阶白玉堂：形容宅第豪华。古乐府《相逢行》："黄金为君门，白玉为君堂。"㊿扬子：汉代扬雄，字子云，在长安时仕宦不得意，曾闭门著《太玄》《法言》。左思《咏史》诗："寂寂扬子宅，门无卿相与。寥寥空宇中，所讲在玄虚。"勆一床书：指以诗书自娱的隐居生活。庾信《寒园即目》："隐士一床书。"淮南小山《招隐士》："桂树丛生兮山之幽，偃蹇连蜷兮枝相缭。"言避世隐居之意。勩裾：衣襟。

【译文】

　　长安纵横的大道连着小巷，四通八达，香车宝马川流不息。玉辇奔驰，金鞭络绎，出入于公主的府第，往来于王侯贵族之家。龙衔着华盖，凤叼着流苏，映照着朝阳，连带着晚霞。游丝飘绕着绿树，一群啼叫的娇鸟催开了百花。游蜂戏蝶在千门万户前飞舞流连，碧树成荫，楼台掩映。复道凌空，窗格做成合欢花形；双阙高耸，殿宇相连，阙上都雕着凤凰形的饰物。皇亲贵族雕梁画栋的楼阁高耸，建章宫的铜柱遥指白云间。楼上的佳人可以相望却难以相知，即使是在路上相遇了也难以和她结识。向别人打听到她美如天仙，曾经学过歌舞，在贵族家欢度青春年华。（如果）能和她结成美好姻缘，像一对和谐的比目鱼，谁还害怕死亡，只愿做一对鸳鸯而不羡慕神仙。双双来去的比目鱼和鸳鸯真让人羡慕，你难道没见过它们？最厌恶帷帐上绣一只孤零零的鸾鸟，取下来另换上绣有双飞燕的门帘。双燕绕着画栋雕梁齐飞，罗帷翠被散发着郁金香的香气。乌云似的黑发梳成蝉鬓，额上涂着一弯纤巧的淡淡发黄的月牙儿。这美丽的姑娘从车中走出来，含娇多姿的情态和普通女子真不一样。美貌时髦的少年骑着有连钱状花纹的宝马，歌舞女所乘车的合页上雕绘着盘龙形的花纹。御史府中乌鸦在黑夜里啼叫，廷尉门前鸟雀将要栖息。大道旁边的宫城隐隐可见，一辆辆华美的车子遥遥驶向金堤边。长安城南那群飞鹰走狗打猎的少年，渭水桥西那帮为人报仇的游侠，都耀武扬威带着宝剑，一起来到娼家门前。日暮时分穿着紫罗裙，宛转唱着清歌，散发着浓郁的香气。堂上的人儿有如明月般美丽，门前的马骑有如云般涌集。在娼妓聚集的北里，道路纵横交错，繁华热闹。弱柳垂地，青槐葱郁，车水马龙，人声鼎沸，扬起的飞尘遮昏了天地。执法的金吾将军也被人前呼后拥来到这里，鹦鹉杯装着翡翠绿的美酒，饮了一杯又一杯。罗襦衣带为君解开，美妙的歌舞为君表演。还有那豪奢的将相权贵，他们互相倾轧，谁也不让谁。他们飞扬跋扈，不遗余力地排除异己，专权独断，容不下其他人。专权的意气昂扬到处称豪雄，坐着骏马在春风中奔驰。自以为这样的歌舞可以长达千年万载，自以为这样的骄奢逸乐可以超过五公。节物风光变换，不会等待人，桑田沧海须臾之间就改变了。昔日有金阶白玉堂的地方，如今只见青松蠹立在那儿。扬雄居住的宅院是何等的寂寥，年年岁岁只有一床书作伴。唯有南山的桂花盛开了，飘飞的花瓣落在人的衣襟上。

【赏析】

　　"古意"是一种托古意而讽今的诗题。这首诗以铺张扬厉的笔法，描绘了汉代长安形形色色的人物及其生活，大街小巷的热闹繁忙，帝都的壮丽辉煌，豪门贵族的骄奢淫逸，市井倡家的清歌曼舞，上层社会的倾轧排挤一一呈现，其繁华浓艳的景象被渲染到了极致，亦反映了当时社会的腐败、堕落、黑暗。诚如闻一多先生所说："这不是一场美丽的热闹，但这颠狂中有战栗，堕落中有灵性。"篇末突然作反跌，以历史的无情来证明人事的无常和荣华富贵的短暂虚妄，赞扬汉代著名大学问家扬雄闭门读书、不慕荣利、远离尘俗、甘于淡泊、与芳树为伴的高贵品格，与前面的描写形成强烈的比照，具有很深的现实意义。诗篇规模宏大，词采华艳富赡，采用了铺陈、夸张、对比、连珠等艺术手法，并隔句用韵，平仄协调，四语一转，形成缠绵往复的旋律和腾跃奔放的节奏。在七言歌行的发展史上具有划时代的意义，明代著名文艺批评家胡应麟在《诗薮》中评价说："七言长体，极于此矣。"

于易水送人一绝

◎骆宾王

此地别燕丹①，壮士发冲冠②。

昔时人已没，今日水犹寒。

【注释】

① 燕丹：即燕太子丹，战国末期燕王喜的太子。曾为质于秦，不受礼遇，怨怒而逃归，派荆轲前往秦国刺杀秦王嬴政。② 壮士：指荆轲，战国卫人，刺客。《史记·刺客列传》载，荆轲为了报答燕太子丹的知遇之恩，决意前去谋刺秦王。临行，"太子及宾客知其事者，皆白衣冠以送之。至易水之上，既祖，取道，高渐离击筑，荆轲和而歌，为变徵之声，士皆垂泪涕泣。又前而为歌曰：'风萧萧兮易水寒，壮士一去兮不复还！'复为羽声慷慨，士皆瞋目，发尽上指冠"。发冲冠：形容人极端愤怒，头发上竖，把帽子都顶起来了。

【译文】

这是荆轲告别燕太子丹的地方，壮士慷慨悲歌发竖冲冠。往时的人已经不在了，今日的易水还是那样清寒。

【赏析】

骆宾王一生坎坷，常为自己的遭际感到不平，这是他的一首悲愤之作。易水河畔，他送别友人，此情此景不禁叫他联想到燕太子丹为荆轲送行时的悲壮场景，由是感叹道：而今荆轲虽已不在，但他那视死如归的气概还在，作为历史见证的易水还在！骆宾王不满武则天的统治，一直有恢复大唐国业的雄心与抱负，只是时机尚未成熟，故心中有无限的苦闷。诗题为"送人"，实际诗人是在抒咏怀抱。全诗格调慷慨激越，抒发了壮志难酬、悲痛难抑的情怀。

◎作者简介◎

骆宾王（622—684），婺州义乌（今属浙江）人。七岁能诗。高宗朝历任奉礼郎、武功主簿、长安主簿、侍御史。因数度上疏言事，获罪下狱，贬临海（今属浙江）丞。后随徐敬业起兵讨武后，敬业兵败，宾王被杀（一说逃亡不知所之）。"初唐四杰"之一，尤擅七言歌行。有《骆临海集》。《全唐诗》存其诗三卷。

在狱咏蝉并序

◎骆宾王

余禁所禁垣西，是法厅事也。有古槐数株焉，虽生意可知，同殷仲文之古树，而听讼斯在，即周召伯之甘棠。每至夕照低阴，秋蝉疏引，发声幽息，有切尝闻。岂人心异于曩时，将虫响悲于前听？嗟乎！声以动容，德以象贤，故洁其身也，禀君子达人之高行；蜕其皮也，有仙都羽化之灵姿。候时而来，顺阴阳之数；应节为变，审藏用之机。有目斯开，不以道昏而昧其视；有翼自薄，不以俗厚而易其真。吟乔树之微风，韵资天纵；饮高秋之坠露，清畏人知。仆失路艰虞，遭时徽纆，不哀伤而自怨，未摇落而先衰。闻蟪蛄之流声，悟平反之已奏；见螳螂之抱影，怯危机之未安。感而缀诗，贻诸知己。庶情沿物应，哀弱羽之飘零；道寄人知，悯余声之寂寞。非谓文墨，取代幽忧云尔。

没有人相信（我的）高风亮节，谁能为我表白心迹衷肠。

西陆蝉声唱①，南冠客思深②。
不堪玄鬓影③，来对《白头吟》④。
露重飞难进，风多响易沉。
无人信高洁，谁为表予心。

【注释】

① 西陆：指秋天。《隋书·天文志》："日循黄道东行……行西陆谓之秋。"② 南冠：指囚犯。《左传·成公二年》："晋侯观于军府，见钟仪，问之曰：'南冠而絷者，谁也？'有司对曰：'郑人所献楚囚也。'"客思：客中游子的思绪。③ 玄鬓：即蝉鬓。古代妇女的鬓发梳得薄如蝉翼，看上去像蝉翼的影子。④ 白头吟：乐府曲名。相传西汉司马相如对卓文君用情不专，卓文君遂作《白头吟》以自伤。其诗云："凄凄重凄凄，嫁娶不须啼。愿得一心人，白头不相离。"

【译文】

深秋季节寒蝉犹在鸣唱，凄切声也扰动了我这阶下囚的思绪。不能忍受正当云鬓的美好年华，却在独自吟咏哀怨的《白头吟》。露重翼薄欲飞难以前进，风势迅急声响容易沉凝。

【赏析】

唐高宗仪凤三年（678），骆宾王迁任侍御史，因上疏论事触怒武后，遭诬，以贪赃罪名下狱。诗作于此时。诗人借高洁的秋蝉自况，抒写幽愤和怀抱。首联借蝉声起兴，引起客思。颔联以"那堪"和"来对"构成流水对，自伤老大无成又身陷囹圄，委婉曲折地表达了自己的凄伤。颈联纯用"比"体，以"露重"、"风多"喻环境恶劣，"飞难进"喻宦海浮沉难进，"响易沉"喻言论受压；两句中无一字不在说蝉，也无一字不在说自己，寄托遥深。尾联以蝉的高洁，喻己的品性，结句以设问点出冤狱未雪之恨。这首诗借咏蝉来寓意，抒发了自己在狱中悲痛、苦闷的心情，语意沉痛之至，读之令人涕下。

诗的品赏知识

借物抒怀，咏物明志

以比喻来寄托情志，是咏物诗的重要特质。本来诗以言志，诗人常借诗来传其情、达其意。但是由于政治环境的原因，作者有时不能在诗里尽情表达其情感，常会假借不关情的物来宣泄。

如骆宾王的《在狱咏蝉》，是诗人在狱中有感而发的一首诗，描写的对象是蝉。诗人抓住蝉鸣高远的特点，揉进了自己的独特感受和情感，发出的是"雾重飞难进，风多响易沉"的"患难人"的心声。

和晋陵陆丞早春游望

◎杜审言

独有宦游人①，偏惊物候新②。
云霞出海曙③，梅柳渡江春④。
淑气催黄鸟⑤，晴光转绿苹。
忽闻歌古调⑥，归思欲沾襟⑦。

【注释】

①宦游人：在外做官的人。这里既指陆丞，又指自己。②物候：景物变化的征状。③曙：晓色。④"梅柳"句：意谓春色由江南到了江北。⑤淑气：和暖的气候。催黄鸟：催着黄莺啼叫。⑥古调：指陆丞的《早春游望》。⑦沾襟：泪水沾湿衣服前襟。

【译文】

只有在外做官的游子，才吃惊于自然物候的更替。天色刚亮，云霞从海上升起；梅红柳绿，早已焕发春意。春气温暖，催着黄莺鸣啼；春光明媚，鼓动浮萍转绿。忽听你吟唱《早春游望》，引发我的归思，令人想哭泣。

【赏析】

这是作者为和晋陵陆丞《早春游望》而作的一首诗。当时杜审言在江阴县任职。他在诗中抒发了自己宦游江南的感慨和归思之意。

诗一开头就发感慨，说只有离别家乡、奔走仕途的游子才会对异乡的节物气候更新感到惊奇。在这"独有"、"偏惊"的强调语气中，已含有思乡之感慨。中间二联描写自己在江南所见的春景，其中用了"出"、"渡"、"催"、"转"四个字描绘早春物候变化之"新"。诗人是比照故乡中原物候，而见出异乡江南仲春风光之新鲜，新因旧而见奇，景因情而方惊，句句惊新而处处怀

乡。而"忽闻"陆丞"古调"，立即触发了诗人心中的思乡情结，因而感伤流泪。全诗结构谨严缜密，对仗工整，用字精妙传神。

诗 的 格 律

平仄规则

古人作诗作文，讲究"声调铿锵"，也就是要造成声调上的抑扬顿挫，要交替使用平声和仄声，才不单调。汉语基本上是以两个字为一个节奏单位的，重音落在后面的字上。让平仄以两个字为单位在本句中交错，在对句中相互对立，就是诗词的平仄规则。这种平仄规则在律诗中表现得很明显，如《和晋陵路丞早春游望》的平仄为：

仄仄仄平平　平平仄仄平
平平平仄仄　仄仄仄平平
仄仄平平仄　平平仄仄平
平平平仄仄　仄仄仄平平

◎作者简介◎

杜审言（约646—708），字必简，祖籍襄阳（今属湖北），迁居巩县（今属河南）。大诗人杜甫的祖父。唐高宗咸亨元年（670）进士。中宗时，因与张易之兄弟交往，被流放峰州（治所在今越南河西省西北）。不久召回，授国子监主簿、修文馆直学士。与李峤、崔融、苏味道齐名，被称为"文章四友"。尤擅五律，是唐代"近体诗"的奠基人之一。有《杜审言集》。

正月十五夜

◎苏味道

火树银花合①，星桥铁锁开②。
暗尘随马去，明月逐人来。
游妓皆秾李③，行歌尽落梅④。
金吾不禁夜⑤，玉漏莫相催⑥。

【注释】

① 火树：树上点缀装饰着灯火，故称。银花：明亮灿烂的灯彩。合：灯光连成一片。② 星桥：城河桥上，灯如繁星。铁锁开：唐朝都城有宵禁，此夜取消禁令，城门铁锁开启，任人通行。③ 游妓：四处游赏的歌女。秾李：形容歌女像桃李花开一样美丽。《诗经·召南·何彼秾矣》有："何彼秾矣，华如桃李"。④ 落梅：乐曲名，即《梅花落》。郭茂倩《乐府诗集》说："《梅花落》本笛中曲也"。《乐府解题》说：汉"横吹曲"共二十八解，李延年造。魏晋以后唯传十八曲。《梅花落》即其一。⑤ 金吾：即执金吾，官名，负责京城的戒备防护。平时夜间到一定时候，便禁绝行人通行。执金吾是汉代禁卫军军官名，唐亦置左右金吾卫。⑥ 漏：古代计时器具。

【译文】

灯光连成一片好像树上银白的花朵，城河桥上，灯如繁星，关锁尽开，任人通行。马蹄飞扬暗中带起尘土，明月当空似乎在追随行人。游玩赏月的歌伎都装扮得华美艳丽，边走边唱着《梅花落》。京都的禁军们今天取消了夜禁，计时的玉漏壶不要催促天明。

【赏析】

农历正月十五为上元节，后来也称元宵节。据《大唐新语》记载，武则天时，每年这天晚上，

京城长安都要大放花灯，夜间照例不戒严，观赏花灯的真是人山人海。豪门贵族车马喧哗，市井之民欢歌笑语，通宵都在热闹的气氛中度过。文人数百人赋诗记其盛，当时以苏味道、郭利贞、崔液三人所作为绝唱。这首诗描绘长安城元夜观灯繁华灿烂的景观和热闹欢快的情景，从"火树"、"银花"、"星桥"对灯光的传神形容，到节日风光的具体描绘，写得流光溢彩，有声有色。千载之后读之，犹令人感觉长安城里元宵佳节时的良辰美景，真是观赏不尽。

⊙作者简介⊙

苏味道（648—705），赵州栾城（今属河北省栾城县）人。九岁能诗文，与李峤以文辞齐名，时称"苏李"。圣历初官居相位。先后三度为相达七年之久，深得武则天赏识。中宗时因亲附张易之兄弟被贬为眉州刺史。不久复迁益州（今成都）大都督府长史，未行而卒。《全唐诗》存其诗一卷。

滕王阁

◎王勃

滕王高阁临江渚①，佩玉鸣鸾罢歌舞②。

画栋朝飞南浦云，珠帘暮卷西山雨。

闲云潭影日悠悠，物换星移几度秋③。

阁中帝子今何在④？槛外长江空自流。

【注释】

① 滕王高阁：故址在今江西新建县章江门上，西邻赣江。唐高宗显庆四年（659），高祖李渊的第二十二子李元婴为洪州都督时所建。江渚：江中的小洲。② 佩玉鸣鸾：指滕王身系佩玉乘车鸣銮而去。他曾"在太宗丧，集官属燕饮歌舞"（《新唐书》本传），后"转洪州都督，又数犯宪章"（《旧唐书》本传），终日征歌逐舞。其人一去则歌舞止歇。鸾，通"銮"，系在马勒或车前横木上的铃。③ 物换星移：形容时代的变迁、万物的更替。物，四季的景物。④ 帝子：指滕王李元婴。

【译文】

高高的滕王阁靠近江边，有着玉佩撞击的叮当声、如鸾鸟相鸣的銮铃声的豪华歌舞已停歇了。早晨，彩绘的栋梁上飞来南浦的云霞；傍晚，珠帘卷入西山飘过来的雨。悠闲的白云投影在江水中，岁月悠悠不尽；景物改变，星辰移动，不知度过多少个春秋了。阁中的滕王现在哪里呢？栏杆外的长江空自流淌不息。

【赏析】

《滕王阁诗》作于《滕王阁序》之后，用含蓄、凝练的笔调，营造出了一个变换无际的时空。

滕王阁临江而立，气势恢宏，景色宜人。昔时，

建阁人滕王李元婴常在此大宴宾客，场面豪华壮观。但如今那建阁之人已经长辞于世了，如今只剩下栏杆外的长江水在空自流淌。本诗寄慨遥深，通过对滕王阁今昔对比的描摹，抒发了人生盛衰无常而宇宙永恒的感慨。《滕王阁诗》为唐诗中的精品，写作手法对后代诗人产生了重大影响。其对表示时间和空间的辞章的有序排列，对大量实词的得当运用都表现出了诗人高超的作诗技艺与独特的匠心。

◎作者简介◎

王勃（649？—676），字子安，绛州龙门（今山西河津）人。隋末著名学者王通的孙子，为"初唐四杰"之一。才华早露，被誉为神童。乾封（666）初被征为沛王李贤的王府侍读，后因戏为《檄英王鸡》文，被高宗怒逐出府。咸亨三年（672），补虢州参军，因擅杀官奴当诛，遇赦除名。上元二年（675），去交趾省父，渡海溺水，惊悸而死。有《王子安集》。

送杜少府之任蜀州

◎王勃

城阙辅三秦①，风烟望五津②。

与君离别意，同是宦游人③。

海内存知己，天涯若比邻④。

无为在歧路⑤，儿女共沾巾。

【注释】

① 城阙：城垣，宫阙。这里指长安。阙，宫门前两边的望楼。辅：环抱。三秦：《史记·项羽本纪》载，项羽灭秦后，分秦之旧地为雍、塞、翟三国，统称"三秦"。这里泛指长安附近的关中之地，为王勃当时的宦游之地，也是当时的送别之地。② 五津：当时蜀中岷江有五大渡口，即白华津、万里津、江首津、涉头津、江南津。这里泛指蜀川，为杜少府即将宦游之地。③ 宦游人：远离家乡出外做官之人。④ 比邻：近邻，邻居。古时，五家为一比。曹植《赠白马王彪》："丈夫志四海，万里犹比邻。恩爱苟不亏，在远分日新。"⑤ 无为：不要。无，同"毋"。歧路：分岔路口，古人送行常至路的岔口而分手。

【译文】

　　长安四周，由三秦拱卫着；风烟渺渺，眺望蜀川五津。与你离别时，情深意切，只因同样是游宦之人。四海之内，只要知己连心，纵然远在天涯，也如近邻一般。不要因为就要在路口分别，而像小儿女一样泪湿沾襟。

【赏析】

　　这是王勃在长安送友人去四川时所写。古来写离别的诗有很多，"黯然销魂者，唯别而已矣"，离别诗大多含有悲酸之态，而这首送别诗却独标高格，意境开阔，音调爽朗。

　　首联写送别的地点，引到友人即将上任的地点。"三秦"和"五津"为地名对，属对精严，气势雄浑壮阔。长安与蜀川遥隔千里，相望而视却为迷蒙的风烟所遮，微露伤别之意。颔联以散调承之，写惜别之感，欲吐还吞。"同是宦游人"表明同样是远离故园，宦游异乡，有着惺惺相惜的宽慰之意。颈联"海内存知己，天涯若比邻"，

犹如奇峰突起，高度概括了深厚的友情不会受到时空的限制，化依依惜别之意为振奋激励，意气高华，故成为广为传诵的名句。尾联以劝慰杜少府作结。诗人为杜少府送行，一直送到大路分岔处，终于要分开了，杜少府难免涕泪沾巾。诗人劝慰说天下有知己，即使远隔千山万水，也会像近邻一样，不要像小儿女那样在临别之时哭泣。

　　全诗开合张弛，意脉流通，终篇不著景物，而兴象宛然，气格浑成。

诗 的 格 律

对仗

　　中国古代文化讲究对称，因为容易形成整齐的美。古代的仪仗队，都是左右两两相对的。后来人们把诗文词句的对偶，叫做对仗。

　　对偶的一般规则，是名词对名词，动词对动词，形容词对形容词，副词对副词。名词对还可以细分为若干类，同类名词相对被认为是工整的对偶，简称"工对"。初唐以后，律诗中的对仗还有它的规则：一、出句和对句平仄是相对立的；二、出句和对句同一位置上的词语，词性相同，字不能相同。颔联和颈联必须对仗，首联和尾联可对可不对。

　　从平仄、押韵来看，《送杜少府之任蜀州》符合五律的要求，但它首联对仗，颔联散行，与后来标准的五律有差异，说明初唐律诗还没有定型。

从军行

◎杨炯

烽火照西京①，心中自不平。
牙璋辞凤阙②，铁骑绕龙城③。
雪暗凋旗画④，风多杂鼓声。
宁为百夫长⑤，胜作一书生。

【注释】

① 烽火：古代边境用以报警的信号。西京：长安。
② 牙璋：古代发兵所用的兵符，分为两块，相合处呈牙状，朝廷和主帅各执其半。指代奉命出征的将帅。凤阙：汉武帝时所建建章宫前望楼上有金凤，故称凤阙。此处指皇宫。③ 龙城：汉代匈奴聚会祭天之处，旧址在今蒙古国境内。此处指匈奴汇聚处。④ 凋：原意指草木枯败凋零，此指失去了鲜艳的色彩。旗画：军旗上的彩画。⑤ 百夫长：一百个士兵的头目，泛指下级军官。古代军制，五人为一伍，长官为伍长，二十人为什长，百人为百夫长。

【译文】

报警的烽火照亮了西京长安，壮士的内心自然难以平静。持着调兵的符信辞别皇宫，率领精壮的骑兵部队包围匈奴龙城。大雪使军旗上的彩画变得暗淡，呼啸的寒风中交杂着战鼓声。宁愿做捍卫边疆的下级军官，也胜过做书斋中的一介书生。

【赏析】

"从军行"为乐府《相和歌·平调曲》旧题，内容多为从军征战之事。在唐高宗时期，边境不时有突厥和吐蕃前来侵扰，一些士子渴望从军边塞去建功立业、报效国家，本篇就是写一个怀有报国热情的读书人弃笔从戎、投军边塞、参加战争的全过程，生动地描述了人物的气概和豪情。

全诗极为洗练，抓住几个有代表性的片段，作了形象概括的描写，并采取了跳跃式的结构，用短短的四十个字就将人物的心理活动及闻警、从军、征战的全过程——铺于纸上，大有一气呵成之势，笔力十分雄健。

整首诗语言极其凝练形象，富有力感，结构紧凑，画面感强，从一个典型场景转到另一个典型场景，画面跳跃却衔接得当，又能给人留下丰富的想象余地。

此诗风格雄浑刚健，慷慨激昂，而其中传递出来的传统士子的爱国豪情及大无畏的精神，同样值得今人学习。

⊙作者简介⊙

杨炯（650—692），弘农华阴（今属陕西）人。"初唐四杰"之一，但对时人所称"王、杨、卢、骆"，自谓"愧在卢前，耻居王后"。上元三年（676）应制举及第，授校书郎。后又任崇文馆学士，迁詹事、司直。武后如意元年（692）秋改任盈川县令，因此后人称其为"杨盈川"。吏治以严酷著称，最后死于任所。事迹见《旧唐书》本传。以边塞征战诗著名，气势轩昂，风格豪放。今存诗三十三首，五律居多。

题大庾岭北驿

◎宋之问

阳月南飞雁①，传闻至此回。

我行殊未已，何日复归来。

江静潮初落，林昏瘴不开②。

明朝望乡处，应见陇头梅③。

【注释】

① 阳月：阴历十月。古人认为大庾岭是南北的分界线，有十月北雁至此折回的传说。② 瘴不开：指林中瘴气弥漫，一片迷蒙。③ 陇头梅：大庾岭上的梅花。大庾岭多梅，又称梅岭。《荆州记》记载，南朝梁诗人陆凯与范晔友善，曾在江南寄梅花一枝给范晔，并有诗云："折梅逢驿使，赠与陇头人。江南何所有，聊赠一枝春。"这里也有望梅而思乡的意思。

【译文】

十月，大雁就要南飞，传说飞到大庾岭就会北返。我也到了这里，却还没停下，不知什么时候才能再回来？大潮刚落，江面很平静，林间光线昏暗，瘴气驱不散。明天，我登高回望故乡，但愿能看见，岭上红梅开放。

【赏析】

宋之问在武后、中宗两朝颇得宠幸，但在睿宗执政后，却因依附张易之而成了谪罪之人，被发配岭南。这首诗就是他被流放钦州（治所在今广西钦州东北）途经大庾岭时而作。

大庾岭，在今江西大庾，因岭上多生梅花，故又名梅岭，古人往往将其视为南北分界，有十月北雁至此不再南飞的传说。而岭南区域，更是被视为人烟隔绝的荒凉僻远之地。

阴历十月，诗人看到南飞的大雁，想到它们到了大庾岭就飞回的传说，想起自己还在流徙的途中，不知何日可以回去。两相比照，自然带出人不如雁能北回的嗟伤。

五、六两句描写了眼前大庾岭北驿的景色，暮色降临，江上潮水初落，水面平静；林间瘴气遮蔽，一片迷蒙，仕途的失意与思乡之情交织在一起，更让这位落魄南去的逐臣觉得凄凉悲苦。

末二句又从写景转为抒情，揣想明晨踏上岭头，可看见岭上盛开的梅花。这里贴切化用了南朝梁时陆凯自江南寄梅花一枝与范晔并赠诗的典故。诗人宕开一笔，以自己的一段想象来关合全诗，情致凄婉，含悠然不尽之意。

本篇中实景虚想交织在一起，诗旨在写"愁"，却未着一"愁"字，吞吐深浅，欲露还藏，却真真切切地反映了诗人贬谪南荒哀肠百转、愁感丛集的心情，十分动人心弦。

⊙作者简介⊙

宋之问（约656—712），字延清，虢州弘农（今河南灵宝）人，一说汾州（今山西汾阳）人。唐上元二年（675）进士及第。武则天时因附张易之，左迁泷州参军。唐睿宗即位后，被流放到钦州（今广东省钦县），随即赐死。其诗与沈佺期齐名，为初唐律体定型的代表诗人。早期多粉饰太平、颂扬功德的应制诗，被贬后则写出了一些有较深生活感受的作品。明人辑有《宋之问集》。

代悲白头翁

◎刘希夷

洛阳城东桃李花，飞来飞去落谁家？

洛阳女儿惜颜色，行逢落花长叹息。

今年落花颜色改，明年花开复谁在？

已见松柏摧为薪①，更闻桑田变成海②。

古人无复洛城东，今人还对落花风。

年年岁岁花相似，岁岁年年人不同。

寄言全盛红颜子，应怜半死白头翁。

此翁白头真可怜，伊昔红颜美少年。

公子王孙芳树下，清歌妙舞落花前③。

光禄池台文锦绣，将军楼阁画神仙④。

一朝卧病无相识，三春行乐在谁边？

宛转蛾眉能几时⑤，须臾鹤发乱如丝。

但看古来歌舞地，惟有黄昏鸟雀悲。

【注释】

① 松柏摧为薪：松柏被砍伐作柴薪。出自《古诗十九首》："古墓犁为田，松柏摧为薪。"摧，折断。

② 桑田变成海：据《神仙传》记载，麻姑谓王方平曰："接待以来，已见东海三为桑田。"③ "公子"两句：是说白头翁年轻时曾和公子王孙在树下花前共赏清歌妙舞。④ "光禄池台"句：这两句说白头翁昔年曾出入权势之家，过豪华的生活。光禄：光禄勋，用的是东汉马援之子马防的典故。《后汉书·马援传》（附马防传）载：马防在汉章帝时拜光禄勋，生活很奢侈。文锦绣：指以锦绣装饰池台中物。文又作"开"或"丈"，皆误。将军：指东汉贵戚梁冀，他曾为大将军。《后汉书·梁冀传》载：梁冀大兴土木，建造府宅。⑤ 宛转蛾眉：本为年轻女子的面部画妆，这里代指青春年华。

◎作者简介◎

刘希夷（约651—约678），字延之（一作庭之），汝州（今河南临汝）人。上元进士，为人放荡不拘常格，以至终身落魄。其诗以歌行见长。《代悲白头吟》有"年年岁岁花相似，岁岁年年人不同"句，相传其舅宋之问欲据为己有，希夷不允，之问竟遣人用土囊将他压死。原有集，今已佚。《全唐诗》存其诗一卷。

【译文】

　　洛阳城东盛开着桃花和李花，花瓣纷飞，会飘落在谁家庭院呢？洛阳城中的女儿爱惜容颜，路过见到凋零的落花不禁长叹息。今年花落红颜褪，明年花开的时候还会有谁在呢？已经见过松柏被折断作柴火，更是听闻过桑田变成沧海。古人不复在洛阳城东了，今人却还迎着吹落桃李花的东风。年年岁岁开的花都是相似的，岁岁年年人却不同了。劝告风华正茂的年轻人，应该怜悯接近半死的白头老翁。这个老翁白发苍苍真可怜，他当年也曾是翩翩美少年。公子王孙在芳香的树下聚会，在落花前欣赏着清歌妙舞。显赫的宅第装饰得锦绣辉煌，将军的楼阁上绘着神仙图像。一朝卧病就再无相识的人了，三春时节的行乐到了谁那边？娇美的容颜能有几时，须臾之间就白发乱糟糟了。看看古来的歌舞地，黄昏时分惟有鸟雀在悲鸣。

【赏析】

　　这首诗题又作《白头吟》，是拟古乐府。《白头吟》是汉乐府相和歌楚调曲旧题，古辞写女子毅然与负心男子决裂。刘希夷这首诗则是通过洛阳女儿对落花

的感叹以及白头翁的经历，抒发了韶光易逝、红颜易老、富贵无常的感慨，揭示出自然永存而人生短促的哲理，充满了浓厚的感伤情绪。

　　刘希夷终生落魄失意，这首诗可说是他个人心态的真实写照。诗的开头两句起兴，描绘了洛阳城东暮春时的景色，为下文表达对大好春光、妙龄红颜的赞美与留恋，对桃李花落、青春易逝的感伤与惋惜作了铺垫。

　　诗篇的前半部巧妙化用了东汉宋子侯《董娇娆》的词句和意境，显得更为凝练概括，加上后半部白头翁具体命运的对照，富有典型性。他广泛融会汉魏歌行、南朝近体及梁陈宫体的艺术创作经验，加以熔铸创新，取得巨大的艺术成就。

　　"年年岁岁花相似，岁岁年年人不同"为千古传诵的名句。"年年岁岁"与"岁岁年年"的颠倒重复，不仅在音韵上形成了回环排沓的效果，而且让人体会到时光的不停流逝；而"花相似"和"人不同"之间的对偶、对比，深刻地揭示了自然花卉可以在天地中常新，人生青春却不可依旧的寓意，流露出人在时光迁逝、生命有限的无情事实前的徒然与无奈。

　　全诗汲取了乐府诗在叙事间发议论和古诗以叙事方式抒情的手法，又巧妙地交织运用对比、对偶、用典等艺术手法，使景和情完美地交融在一起，自成一种清丽婉转、绵长悠远的风格，堪称初唐诗坛的一朵奇葩。这首诗对后世也产生了颇为深远的影响。《红楼梦》中林黛玉的《葬花词》云："桃李明年能再发，明年闺中知有谁？""明媚鲜妍能几时，一朝漂泊难寻觅。"其中就有刘希夷这首诗的影子。

杂诗三首（其三）

◎沈佺期

闻道黄龙戍^①，频年不解兵^②。

可怜闺里月，长在汉家营^③。

少妇今春意，良人昨夜情^④。

谁能将旗鼓^⑤，一为取龙城^⑥。

【注释】

①闻道：听说。黄龙戍：即黄龙冈，在今辽宁开原县西北，唐时为边防要地。②频年：连年。不解兵：战事不断。③汉家营：即唐军军营。唐诗中常以汉代唐，避免直指。④良人：丈夫。⑤将：率领。旗鼓：用以指挥进军。《左传·成公二年》："师之耳目，在吾旗鼓。"这里用以代指军队。⑥一为：一举。龙城：汉代匈奴的名城，在今蒙古国境内。借指敌方要塞。

【译文】

　　听说黄龙冈的防地，连年争战，从不撤兵。那本应在闺房被人欣赏的明月，却长年挂在边地大营。少妇苦苦地思念从征的丈夫，丈夫也夜夜怀念着闺中的佳妻。谁能率领我们的军队，一举夺得黄龙城。

【赏析】

　　这首诗是沈佺期的传世名作之一，写闺中怨情，希望有良将早日结束战事，艺术上颇具特色。

　　首联是闺中少妇听闻黄龙戍一带常年战事不断，从而引发感情的导火线。

　　颔联借月抒怀，昔日闺中团圆之月，现在却是军营中的离别之月。通过暗寓着对比的画面，足见闺中人和征夫相互思念的绵邈深情。

　　颈联中，"今春意"与"昨夜情"互文对举，进一步表现出两地相思之情。

　　末二句是闺中少妇希望之词。攻取龙城后，良人就可回乡团聚了，照应首联。

　　全诗构思新颖精巧，一气开阖转折，闺中少妇层层自诉衷肠，口吻别致。中间四句在"情"、"意"二字上着力，翻出新意，为前人所未道。末尾以问句作结，越发显得言短意长，含蕴不尽。明人陆时雍在《诗镜总论》中说："沈佺期吞吐含芳，安详合度，亭亭整整，喁喁叮叮。觉其句自能言，字自能语，品之所以为美。"可谓至论。

⊙作者简介⊙

　　沈佺期（约656—713），字云卿，相州内黄（今属河南）人。上元二年（675）进士及第。武后时累迁考功员外郎。曾因受贿入狱。出狱后复职，迁给事中。中宗即位，因附张易之，被流放驩州（今属越南）。工五言律诗，与宋之问同为当时著名的宫廷诗人，并称"沈宋"，其所作多为应制诗，不脱梁陈宫体诗风，但他们也总结了六朝以来新体诗的创作经验，重视对仗的谨严精密与音律的和谐，是唐代五言律诗的奠基人。《唐诗品高序》中评道：沈宋之新声，苏（廷）张（说）之大手笔，此初唐之渐盛也。原有文集十卷，已散佚。明人辑有《沈佺期集》。

独不见

◎ 沈佺期

卢家少妇郁金堂^①，海燕双栖玳瑁梁^②。
九月寒砧催木叶，十年征戍忆辽阳^③。
白狼河北音书断^④，丹凤城南秋夜长^⑤。
谁谓含愁独不见，更教明月照流黄^⑥！

【注释】

① 卢家少妇：梁武帝萧衍《河中之水歌》中有"十五嫁为卢家妇，十六生子字阿侯。卢家兰室桂为梁，中有郁金苏合香"等句。这里代指长安富家少妇。郁金堂：这里指用郁金香浸酒和泥涂抹墙壁，使满室溢满芳香。② 海燕：胸部紫色、躯体轻小的越燕。玳（dài）瑁（mào）梁：指画梁。玳瑁，一种海龟，甲壳黄褐色，有黑斑，很光滑，可用作装饰品。③ 辽阳：今辽宁辽阳一带。《汉书·地理志》："辽东郡又辽阳县。"唐时为边防重地。④ 白狼河：即今辽宁大凌河，发源于白狼山，因有此名。《水经注》："辽水又会白狼水，水出右北平。"白狼山，在今沈阳西北。⑤ 丹凤城：指京城。⑥ 流黄：黄紫间色的丝织品。

【译文】

卢家少妇深居郁金香涂抹的闺房，一对海燕双栖在玳瑁装饰的屋梁上。深秋九月的捣衣声催落树上枯叶，十年来她日夜怀想着戍守辽阳的丈夫。他去白浪河北，而今音讯全部隔断；她在京师城南思虑，更觉秋夜漫长。有谁能了解她，独自怀思不得相见；偏偏明月透过纱窗，照着黄色帷帐！

【赏析】

这是一首拟古乐府之作，郭茂倩《乐府诗集》解题云："独不见，伤思而不得见也。"格式是完整的七言律，内容主要是一位长安少妇对征戍辽阳十年不归的丈夫的怀念。

诗以梁上海燕双栖起兴，渲染了身居华堂的思妇孤独寂寞的心境。中间两联写在寒砧处处、落叶萧萧的秋夜，更进一步勾起闺中少妇心中对一去十年的征夫的思念；可征人音信杳然，更让人牵挂惦念，故觉秋夜漫长。本已因愁无法成眠，而明月还前来把流黄帏帐照得明晃晃，她不胜其愁而迁怒于明月了，构思十分新巧，增强了抒情性。诗人善于通过环境气氛的描写烘托人物的心情，以双栖的燕子反衬思妇的孤独，以寒砧催落叶，以及明月照流黄来烘托长安少妇身居华屋之中，心驰万里之外，辗转反侧，久不能寐的孤独愁苦情状。

全诗情景结合，笔调委婉缠绵，境界广远，意象宏阔，余韵无穷，被历代诗评家认为是温丽高古之佳篇。姚鼐说它"高振唐音，远包古韵，此是神到之作，当取冠一朝矣"。

诗 的 格 律

律诗的对仗

律诗的四联，各有一个特定的名称，第一联叫首联，第二联叫颔联，第三联叫颈联，第四联叫尾联。按照规定，颔联和颈联必须对仗，首联和尾联可对可不对。

如沈佺期的《独不见》，这首诗用下平声七阳韵，韵脚为：堂、梁、阳、长、黄。中间两联对仗十分工整，颔联的"九月寒砧催木叶，十年征戍忆辽阳"，"九月"对"十年"是时间对，"催"对"忆"属于相同类型的动词的相对，"木叶"对"辽阳"是名词对名词。而颈联的"白狼河北音书断，丹凤城南秋夜长"，"白狼河北"对"丹凤城南"是地理对地理，方位对方位。

古剑篇

◎郭震

君不见昆吾铁冶飞炎烟①，

红光紫气俱赫然。

良工锻炼凡几年，铸得宝剑名龙泉②。

龙泉颜色如霜雪，良工咨嗟叹奇绝③。

琉璃玉匣吐莲花④，错镂金环映明月。

正逢天下无风尘⑤，幸得周防君子身⑥。

精光黯黯青蛇色，文章片片绿龟鳞⑦。

非直结交游侠子，亦曾亲近英雄人。

何言中路遭弃捐，零落飘沦古狱边。

虽复沉埋无所用，犹能夜夜气冲天⑧。

【注释】

① 昆吾：传说中的山名。据说此山中有石名叫琨瑶（昆吾），冶石成铁铸剑，光如水晶，削玉如泥。② 龙泉：宝剑名。《晋太康地理志》记载："（西平）县（今河南西平县）有龙泉水，可以砥砺刀剑，特坚利……是以龙泉之剑，为楚宝也。"③ 咨（zī）嗟（jiē）：赞叹。④ 琉璃玉匣：《西京杂记》载汉高祖斩白蛇所用的剑是用五色琉璃为剑匣。莲花：形容宝剑闪烁的光芒有如莲花。⑤ 风尘：风烟，指战争。⑥ 周防：周密防备。⑦ 文章：指宝剑上的花纹。⑧ "虽复"两句：据《晋书·张华传》载，张华夜观天象，发现在斗宿、牛宿之间有紫气上冲于天，问雷焕是什么原因。雷焕说是因为"宝剑之精上彻于天"。张华便荐雷焕为丰城令前往寻剑，雷焕后来在丰

城县监狱的屋基下掘得一石函，中有双剑，一名龙泉，一名泰阿。

【译文】

　　你没见昆吾的神石被冶炼成宝剑，通红的炉火中腾起青烟，红光紫气交相辉映夺目。出色的剑工锻炼多年，才铸出这把名叫龙泉的宝剑。宝剑寒光闪闪犹如霜雪，剑工自己也惊叹它奇绝非凡。琉璃玉匣里映出朵朵白莲花，镂金错彩的环柄有如明月映照。正逢天下战事平息，才有幸被君子佩带防身。剑气幽幽像青蛇游动，鞘上的花纹如浮起绿色的龟鳞。不只是游侠们见了十分珍爱，英难豪杰亦曾格外钟情。为什么中途遭到抛弃，零落沉沦在古狱旁边的地下。虽然被泥土掩埋不能发挥作用，剑气寒光依然夜夜直冲九天。

【赏析】

　　郭震素有大志，青年时期在梓州通泉尉任内，任侠使气，结交豪侠，不拘小节，故声名远播。武则天闻名召见，他呈上此诗。武则天读后十分欣赏，命人抄写了数十篇，赐给李峤等学士看。

　　诗人化用有关宝剑的种种传说，塑造了品质卓异、精光四射、装饰华美的古剑形象。这样的宝剑在太平年代虽乏用武之地，却仍然有所追求，可以被君子、游侠、英雄佩戴防身，尽力发挥自己的作用。即便是沦落被埋在地下，仍然能气冲斗牛。

　　诗人托物言志，借歌咏宝剑的铸造、形制、沦落来感叹人才的埋没，比喻贴切，字字明写剑，字字暗喻人才，形象十分鲜明。既不乏夸张、想象等浪漫色彩，又直接陈述人才被埋没的社会现实，议论得失，豪气回旋其间，格调壮健。

⊙作者简介⊙

　　郭震（656—713），字元振，魏州贵乡（今河北省大名县）人 。少有大志，十八岁时举进士。历任通泉尉、凉州都督、陇右诸军州大使、太仆卿，封代国公。曾出使吐蕃。有《郭震集》二十卷。《全唐诗》存其诗二十三首。

登幽州台歌

◎陈子昂

前不见古人，后不见来者①。

念天地之悠悠②，独怆然而涕下③。

【注释】

①"前不"两句：没有见到先代的圣主，也看不到后世的明君了。古人、来者，此处指圣主、明君。②悠悠：形容时间的久远和空间的广大。③怆然：悲伤的样子。

【译文】

先代的圣君，我见也没见到；后代的明主，我也见不到了。想到天地无限渺远，我深感人生短暂，独自凭吊，涕泪纵横，凄恻悲愁！

【赏析】

陈子昂是一个具有政治见识和政治才能的文人，他直言敢谏，多次针对时弊一再上书，直陈自己的政见。武则天万岁通天元年（696），建安王武攸宜征讨契丹，陈子昂以右拾遗随军参谋的身份前往。武攸宜是外戚，不懂军事，陈子昂屡次上策建言，皆不听，反而把他降为军曹。诗人眼看"奋身报国"的理想成为泡影，心情颇为抑郁悲愤，因而登上幽州台（遗址在今北京市）的蓟北楼远望，面对辽阔无垠的锦绣河山，眺望茫茫宇宙，想到燕昭王在此筑黄金台（又名贤士台），以招纳贤才的故事，不禁思绪万千，写下了《登幽州台歌》以及《蓟丘览古赠卢居士藏用七首》等诗篇。

这首《登幽州台歌》用了仅仅二十二个字，深刻地表现了诗人怀才不遇的悲愤心情。篇中前两句用两个"不见"，置身于古今绵长的时间里，感叹前贤已去而后贤未及，自己却生不逢时、怀才不遇。后二句转入广阔的空间，登楼眺望，天地一片苍茫，一个"独"字点出诗人深刻的孤独感，故不期然地洒下英雄热泪。

全诗语言苍劲奔放，句式长短参错，音节抑扬变化，格调慷慨悲凉，意境苍茫遒劲，十分富有艺术感染力，成为历来传诵的名篇。明人杨慎在其《升庵诗话》卷六评价"其辞简直，有汉魏之风"。

⊙**作者简介**⊙

陈子昂（661—702），字伯玉，梓州射洪（今属四川）人。曾任右拾遗，后人称之为"陈拾遗"。武后光宅元年（684）登进士第。初任麟台正字，后迁右拾遗。万岁通天元年（698），从武攸宜东征契丹，为武攸宜所恶，受到降职处分。辞官回乡后，武三思指示其令段简陷害他，下狱，忧愤而死。提倡"汉魏风骨"，以改革六朝以来纤弱靡丽的诗风，是唐代诗文革新运动的先驱。《全唐诗》存其诗二卷。有《陈伯玉集》。

咏柳

◎贺知章

碧玉妆成一树高^①，万条垂下绿丝绦^②。
不知细叶谁裁出^③，二月春风似剪刀^④。

【注释】

① 碧玉：碧绿色的玉。这里用以比喻春天嫩绿的柳叶颜色如碧绿色的玉。妆成：装饰，打扮。一树：满树。一，满、全。在中国古典诗词和文章中，数量词在使用中并不一定表示确切的数量。下一句的"万"，就是表示很多的意思。② 绦 (tāo)：用丝编成的绳带。③ 裁：裁剪，用刀或剪子把物体分成若干部分。④ 二月：农历二月，正是初春时节。似：好像，如同，似乎。

【译文】

如同碧玉装饰而成的高高的柳树，万条低垂的柳枝犹如绿色的丝带。不知这细细的柳叶是谁裁剪出来的，二月的春风恰似剪刀。

【赏析】

这是唐诗中的咏柳名篇，咏的是二月的柳树，几乎家喻户晓。

二月的杨柳，刚刚抽出嫩绿的新叶，多么像装饰着碧玉的美人啊。柳叶丝丝垂下，犹如一条条碧绿的丝带。上句的"高"字，衬托出柳树美人一般婷婷袅袅的风姿；下句的"垂"字，暗示出柳树在风中摇荡的轻柔纤细。诗人匠心独运，将杨柳的姿态描写得如此美丽生动，令见者生怜。"二月春风似剪刀"，诗人化无形为有形，把乍暖还寒的二月春风比作剪刀，将柳叶儿裁剪得如此精细，十分新颖贴切。通过诗人之眼我们看到了一个更为优美更为丰富的世界！谁都能欣赏那在风中飘荡的柳条儿，但不是谁都能将柳树的风姿

如此形象地描摹。《唐诗笺注》云："赋物入妙，语意温柔。"

诗的品赏知识

咏物诗常见的手法

咏物诗实写事物的形态，力求达到形似；又不一味地描摹事物的形态，而是在其中寄寓情志，力求达到神似。故咏物诗托物言志，在具体描写上经常用到拟人、比喻、双关、借代等修辞手法。

比喻，写物的特征时使用比喻往往更形象生动。"碧玉妆成一树高，万条垂下绿丝绦"，在贺知章眼中，高高的柳树有如碧玉装扮成的年轻貌美的女子，万千条柳枝是她垂下绿色的丝条。"不知细叶谁裁出，二月春风似剪刀"，把神奇灵巧的春风比作剪刀，说她是美的创造者，赞美她裁出了春天。

⊙作者简介⊙

贺知章（659—744？），字季真，越州永兴（今浙江萧山）人，自号"四明狂客"。武后证圣元年（695）登进士第，官至秘书监，故称"贺秘监"。天宝三年，请度为道士，回乡不久卒。为人旷达不羁，好饮酒。杜甫作《饮中八仙歌》，将其列为"八仙"之首。善诗歌及草隶书，与张旭、包融、张若虚号为"吴中四士"。其诗大多散失，今存二十首。《全唐诗》存其诗一卷。有《贺秘监集》。

回乡偶书二首（其一）

◎贺知章

少小离家老大回①，乡音无改鬓毛衰②。

儿童相见不相识，笑问客从何处来。

【注释】

①"少小"句：贺知章早年离开家乡。进士及第时三十七岁。辞官归来时已经八十六岁。②鬓毛：耳朵边的头发。衰（cuī）：稀少。

【译文】

少小时离开家乡，年老了方才回来，乡音没有改变，鬓发却已经斑白稀疏。儿童们看见我都不认识，笑着问我：客人你是从哪里来？

【赏析】

天宝二年（743）十二月，贺知章辞去朝廷官职，告老返回故乡越州永兴（今浙江萧山），时已八十六岁，距他少年离乡已经有五十来个年头了。诗人在年老之际置身于熟悉而又陌生的故乡环境中，心头有无限感慨，写下两首诗，此其一。

少小时就离开故乡，直到年老了方才回来，中间不知发生了多少人事沧桑变化，乡音虽依旧，鬓发却早已斑白稀疏，两相对照中自有不胜苍茫之感。

久别家乡老大回来，昔日相识的人不见，却有儿童迎笑相问："客从何处来？"在家乡已为异客了。全诗在有问无答中悄然作结，哀婉备至，动人心弦，千百年来为人传诵，老少皆知。

诗中一、二句尚是常语，三、四句从一个儿童不识相问的小小情节说来，将年老重返故乡时那种既喜悦又怅惘的复杂心情表现得十分真切，让人味之无穷，是"以少总多"的范例。

宋人范晞文《对床夜语》卷三："杨衡诗云：'正是忆山时，复送归山客。'张籍云：'长因送人处，忆得别家时。'卢象《还家》诗云：'小弟更孩幼，归来不相识。'贺知章云：'儿童相见不相识，笑问客从何处来。'语益换而益佳，善脱胎者宜参之。"

回乡偶书二首（其二）

◎贺知章

离别家乡岁月多，近来人事半消磨。

惟有门前镜湖水①，春风不改旧时波。

【注释】

① 镜湖：在浙江绍兴会稽山的北麓，原名庆湖，又称长湖、镜湖。方圆三百余里，风景优美，王羲之诗："山阴道上行，如在镜中游。"贺知章的故居即在镜湖之畔。

【译文】

离别家乡已经有很多年了，最近回来发现家乡的人事发生了很大的变化。只有门前的镜湖水，在春风的吹拂下，水波一如既往地粼粼可鉴。

【赏析】

这是《回乡偶书》中的第二首，虽不及第一首有名，却也蕴含着一股隽永的情味。

返乡后的贺知章在同故旧亲朋交谈中，发现家乡的人事已发生了沧海桑田的巨变，感情细腻的诗人由是生发出人事无常的感慨。"离别家乡岁月多"，相当于上一首的"少小离家老大回"。

因为诗人的一切感慨皆是由数十年背井离乡而引发的，故一再重复这同一意思。下一句笼而统之议论人事变化，多年离乡，当有许许多多深深触动诗人感情的具体内容，不胜枚举，故只好一笔带过。三、四句写景兼议论。故乡的人事俱已变换，只有门前那一湖碧波依旧荡漾，不改昔时模样。诗人妙用反衬，"不改"反衬"半消磨"，"惟有"进一步映衬"半消磨"之意，在湖波不改的衬映下，人事日非的感慨显得愈益深沉了。

全诗通过"岁月多"、"近来"、"旧时"等表示时间的词语贯穿而下，形成一种低回沉思、若不胜情的氛围。

与第一首诗人初进家门见到儿童时那种若悲若喜的情感不一样，在听了亲朋介绍故乡人事后，诗人独立于波光粼粼的镜湖之旁时，情感已变得更加感伤了。整首诗是诗人自然而然地从肺腑流出，毫不雕琢修饰，朴实无华，却最能深深打动读者的心。

春江花月夜

◎张若虚

　　春江潮水连海平，海上明月共潮生。滟滟随波千万里①，何处春江无月明。江流宛转绕芳甸②，月照花林皆似霰③。空里流霜不觉飞④，汀上白沙看不见⑤。江天一色无纤尘⑥，皎皎空中孤月轮⑦。江畔何人初见月？江月何年初照人？人生代代无穷已⑧，江月年年只相似。不知江月待何人，但见长江送流水⑨。白云一片去悠悠⑩，青枫浦上不胜愁⑪。谁家今夜扁舟子⑫？何处相思明月楼⑬？可怜楼上月徘徊⑭，应照离人妆镜台⑮。玉户帘中卷不去⑯，捣衣砧上拂还来⑰。此时相望不相闻⑱，愿逐月华流照君⑲。鸿雁长飞光不度，鱼龙潜跃水成文⑳。昨夜闲潭梦落花㉑，可怜春半不还家。江水流春去欲尽，江潭落月复西斜。斜月沉沉藏海雾，碣石潇湘无限路㉒。不知乘月几人归㉓，落月摇情满江树㉔。

【注释】

① 滟（yàn）滟：波光闪动的光彩。② 芳甸（diàn）：遍生花草的原野。③ 霰（xiàn）：天空中降落的白色不透明的小冰粒。④ 流霜：飞霜，古人以为霜和雪一样，是从空中落下来的，所以叫流霜。这里比喻月光皎洁，月色朦胧、流荡，所以不觉得有霜霰飞扬。⑤ 汀（tīng）：水边平地，小洲。⑥ 纤尘：微细的灰尘。⑦ 月轮：指月亮，因月圆时像车轮，故称月轮。⑧ 穷已：穷尽。⑨ 但见：只见、仅见。⑩ 悠悠：渺茫、深远。⑪ 青枫浦：在今湖南浏阳浏水中，一名双凤浦。这里泛指遥远的水边之地。浦，水边。⑫ 扁舟：孤舟，小船。⑬ 明月楼：明月照耀下的楼房，这里指思妇闺楼。⑭ 月徘徊：指月光移动。⑮ 离人：此处指思妇。妆镜台：梳妆台。⑯ 玉户：形容楼阁华丽，以玉石镶嵌。⑰ 捣衣砧（zhēn）：捣衣石、捶布石。⑱ 相闻：互通音信。⑲ 逐：跟从、跟随。月华：月光。⑳ 文：同"纹"。㉑ 闲潭：寂静的水潭。㉒ 碣石：山名，在渤海边，为古今观海胜地。潇湘：湘江与潇水。二水在湖南省零陵合流，北入洞庭湖，故称。碣石、潇湘一北一南，借喻离人相距之远。无限路：言离人相去很远。㉓ 乘月：趁着月光。㉔ 摇情：激荡情思，犹言牵情。

【译文】

春天浩荡的江潮水和大海连成一片，一轮明月从海上升起，仿佛是随着潮水一起涌现出来。月光照耀着春江，滟滟的光华随着万里的水波闪动，奔流的江水都无不闪耀着明亮的月光。江流弯弯曲曲地绕着长满花草的原野，月光照耀着无边的花草林木，好像着了一层细密的雪珠。在如水的月空下无从觉察到霜飞，小洲上白沙和月色融合在一起，让人看不分明。江水和天空成了一个颜色，纤尘未染一般纯净，皎洁的天空中一轮孤月高悬着。江畔是何人最初看见明月，江月又是何年最初照耀着世人？人生世世代代没有个穷尽，只有江月年复一年地总是相似。不知江月在等待着何人，只见长江日日夜夜不停地滚滚东流。离去的一片白云悠悠飘荡，青枫浦上送别的人不胜忧愁。谁家的游子在今夜春江上划着一叶小舟？何处有人在明月楼上升起相思？可怜明月在楼上徘徊不去，应该会照到那处于离别中的人儿的梳妆镜台。月光照进思妇的门帘，卷帘亦不走，照在捣衣砧上，拂去又还来。此时彼此共望同一轮月却无法听到对方的声音，愿随着多情的月光流走来照耀君子你啊。鸿雁长久不停地飞翔也飞不出这无边的月光世界，月光下水中的鱼龙跳跃，泛起阵阵波纹。昨夜梦见繁花落在幽静的水潭上，可怜春天已经过去了一半，人还未归还家乡。江水带着春光流走，将到尽头了，江潭上的月亮又复将西落。西斜的月亮渐渐下沉，藏在茫茫的海雾里，渤海的碣石和潇湘之间隔着无限遥远的路程。不知有几人能乘着月光归还，落月摇荡着离情，洒满了江边的树林。

【赏析】

这是一首宫体诗，被闻一多先生誉为"诗中的诗，顶峰上的顶峰"，一孤篇，压过全唐。"春江花月夜"为乐府旧题，属《清商曲·吴声歌》。相传始于南朝陈后主，但本诗除了曲调名沿用旧体外，内容和风格都与以前供宫廷娱乐的歌曲大异其趣。

在一个月光皎洁的晴澈夜晚，诗人张若虚临于春江边，看着浩瀚无垠的江潮及月光下那片澄澈无际的世界，牵动起无限情思。诗人讴歌优美的自然，赞颂纯洁的爱情，将诗情画意与哲理熔于一炉，营造出一片幽深渺远的意境。

开篇写景，勾勒出一幅春江月夜的壮丽画面。诗人把"月华"作为主体，作为情感的纽带，从"明月共潮生"写到"落月摇情满江树"，以月的运行来布局，展现了一个完整的心路历程。在月光的照耀下，哪一处春江不反射着明月的光辉呢。诗人神思飞跃，在写景的同时又在探索着宇宙和人生的奥秘，个体的生命虽然短暂有限，但人类的存在却同那日日升起在江上的明月一样，绵延不息。紧接着，诗人便向我们展现出一幅具体的人生图景，一幅思妇游子的人生图景，引入爱情这一飘荡在人世间永恒的旋律，将景与情巧妙相连，引人入胜！春、江、花、月、夜，这五种艺术形象集中体现了人生最动人的良辰美景，构成了诱人探寻的奇妙的艺术境界。

沈德潜云：前半见人有变易，月明常在，江月不必待人，惟江流与月同无尽也。后半写思妇怅惘之情，曲折三致。题中五字安放自然，犹是王、杨、卢、骆之体。（《唐诗别裁集》）

⊙作者简介⊙

张若虚，扬州（今属江苏）人，生卒年、字号均不详。与贺知章、张旭、包融并称"吴中四士"。其诗仅存二首于《全唐诗》中。

经鲁祭孔子而叹之

◎李隆基

夫子何为者①，栖栖一代中②。

地犹鄹氏邑③，宅即鲁王宫④。

叹凤嗟身否⑤，伤麟怨道穷⑥。

今看两楹奠⑦，当与梦时同。

【注释】

① 夫子：对孔子的尊称。何为者：为了什么。② 栖栖：忙碌不安的样子。这里指孔子周游列国。③ 鄹（zōu）：春秋鲁国地名，在今山东曲阜县东南。孔子父叔梁纥为鄹邑大夫，孔子出生于鄹地，后迁曲阜。④ "宅即"句：相传汉鲁恭王刘余（景帝子）曾欲平孔子旧宅以广其宫，开工时闻金石丝竹之音，于是不敢再进行。⑤ "叹凤"句：《论语·子罕》有"凤鸟不至，河不出图，吾已矣夫"之语，是孔子叹息自己生不逢时。否（pǐ）：塞涩，不顺利。⑥ 伤麟：相传鲁哀公十四年，狩猎获麒麟，孔子闻之而叹曰：我道穷矣。⑦ 两楹奠：孔子曾经梦见自己坐于两楹之间受人祭奠。两楹：指祭殿前的两根立柱。奠：致祭。

【译文】

　　夫子您究竟为了什么，周游列国，忙碌不休？这故居原是鄹人的城邑，鲁恭王也曾在此将宫殿翻修。凤鸟不飞来，您感慨命运闭塞；麒麟遭捕获，您悲叹宏愿难酬。今日两楹之间庄严致祭，您梦中的情境却应验在身后。

【赏析】

　　唐开元二十三年（735），玄宗到孔子宅祭奠而作此诗。孔子一生，复杂坎坷，这首诗从"叹之"立意，写孔子凄惶不遇的一面。

　　首两句发出问语，孔夫子为了什么而一生忙忙碌碌的呢？三、四句是写经过鲁地孔子故宅，五、六句是叹孔子凄惶不遇，末尾两句写对孔子的祭奠，赞美孔子。全诗运用了一系列孔子的典故和《论语》语意，叹息孔子生平的不遇，却也从中见出孔子毕生"知其不可而为之"的使命感和献身于理想信念的精神。句句是"叹"，更句句称颂叹美。诗句处处切题，章法整齐有序，格调雄健有力。

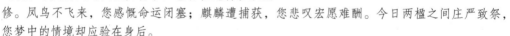

◎作者简介◎

　　李隆基（685—762），唐朝皇帝，唐睿宗李旦第三子，母窦德妃。公元712年9月8日至公元756年8月12日在位。庙号"玄宗"。谥"至道大圣大明孝皇帝"，故亦称"唐明皇"。清朝为避讳康熙皇帝之名（玄烨），多称其为唐明皇。在位期间开创了唐朝的鼎盛时期，史称"开元盛世"。但后期沉湎于声色，导致安史之乱的爆发，使唐朝的国势走向衰落。

汾上惊秋

◎ 苏颋

北风吹白云，万里渡河汾①。

心绪逢摇落②，秋声不可闻③。

【注释】

① 河汾：即汾河、汾水，在今山西省中部。② 摇落：万木凋残、零落。③ 秋声：秋风凋残草木的声音。

【译文】

凛冽的北风吹散了天上的白云，万里迢迢来渡河汾。低落的心绪又逢草木凋落，衰飒秋声实在不堪听闻。

【赏析】

这首五绝是诗人在汾水上惊觉秋天的来临，抒发岁暮时迈之类的感慨。

苏颋甚受唐玄宗器重，长期担任中枢要职。却于开元十一年（723）忽然被调离朝廷，任益州大都督府长史。开元十三年才又调回长安。这

两年，是他仕途中最感失意的时期，此诗可能就是这期间的某个秋天所作。

首句写在汾水上被北风一吹，一阵寒意使人惊觉秋天来临。次句点出自己漂泊异乡，有如被北风吹远的白云，把自己的身世寄寓自然景物之上。

第三句写愁绪纷乱，却又正当草木摇落。"摇落"用宋玉《九辩》语"悲哉秋之为气也，萧瑟兮草木摇落而变衰"。听到这肃杀的秋色，只会使愁绪更纷乱，心情更悲伤。

诗人把难以直言的思想感情和所描述的艺术客体巧妙结合起来，使景物由于情感的渗入而显出无尽的韵味，而情感又从具体可感景物中透露出来，让人得以意会。

◎作者简介◎

苏颋（670—727），字廷硕，京兆武功（今属陕西）人。武则天朝进士，袭封许国公。开元年间（713—741）居相位，与宋璟共理政事，朝廷许多重要文件都出其手。和张说（封燕国公）并称为"燕许大手笔"。有《苏廷硕集》。

诗的品赏知识

绝句

"绝句"又叫"绝诗"，或称"截句"、"断句"，截和断都含有短截的意思。清代王夫之曾经指出："五言绝句自五言古诗来，七言绝句自歌行来，此二体本在律诗之前，律诗从此出，遂令充畅尔。"

绝句起源于两汉，是从"五言短古，七言短歌"变化而来，成形于魏晋南北朝。唐人赋予它以声律，使它定型，遂成绝句。绝句每首四句，按照每句的字数，通常有五言、七言两种，简称五绝、七绝，偶有六绝。

感遇十二首（其一）

◎张九龄

兰叶春葳蕤①，桂华秋皎洁②。

欣欣此生意，自尔为佳节③。

谁知林栖者④，闻风坐相悦。

草木有本心⑤，何求美人折？

【注释】

① 兰：指兰草，是一种开花很芳香的植物。葳（wēi）蕤（ruí）：枝叶茂盛的样子。② 华：开花。③ 自尔：犹言自此，也就是自然而然的。④ 林栖者：林中之人。⑤ 本心：天性。

【译文】

　　兰草在春天枝繁叶茂，桂花在秋天皎洁芬芳。欣欣向荣生气勃勃，你们自然成为美好的季节。谁知道山林中的隐士，闻到了芬芳会不会心生喜爱之意，草木各有天性，何尝会希求美人来攀折呢？

【赏析】

　　玄宗时，张九龄官至尚书右丞相。《资治通鉴》评价说，唐玄宗开元盛世用的是贤相，姚崇尚通，宋璟尚法，张九龄尚直。张九龄"尚直"，就是坚持正义的主张，不因个人的私利，也不因为屈于权威而改变主张。他在主理朝政时经常直言进谏，规劝玄宗居安思危，整顿朝纲，以至屡忤玄宗意。玄宗遂于开元二十四年（736）罢张九龄而相李林甫，迁九龄为尚书右丞相。罢相后不久，又因他荐举的监察御史周子谅弹劾牛仙客，触怒玄宗，坐"举非其人"，贬为荆州长史。在此期间，诗人有感于心，遂作《感遇》诗十二首。此处选其二首。

　　所谓"感遇"，顾名思义，就是对人生际遇有所感而用言语来加以抒发。在这首诗中，诗人托物言志，以清雅高洁的春兰和秋桂来比喻自己不随俗浮沉、不求人知的志趣，表明自己有着坚贞清高的本心，不求君相（美人）的认用欣赏。诗一开始就用整齐的偶句，点出春兰秋桂的无限生机和芬芳皎洁的特征。三、四句写兰桂欣欣向荣却不媚俗求人知的品质。后四句以"谁知"引出兰桂无心与物相竞的情怀。诗中运用了比兴的手法，寄托深远。语言质朴洗练，不激不昂，饶有余味。《唐音癸籖》评之为"首创清淡之派"，对王孟诗派颇有影响。

⊙作者简介⊙

　　张九龄（678—740），字子寿（一名博物），韶州曲江（今广东韶关）人。七岁能文。以进士第授校书郎。历官左拾遗、中书侍郎同中书门下平章事。玄宗朝贤相，以正直著称。后为李林甫所谮，罢相。所著《感恩诗》格调刚健。

感遇十二首（其七）

◎张九龄

江南有丹橘①，经冬犹绿林②。

岂伊地气暖③，自有岁寒心④。

可以荐嘉客⑤，奈何阻重深⑥。

运命惟所遇，循环不可寻⑦。

徒言树桃李⑧，此木岂无阴⑨？

【注释】

①江南：长江之南。唐代分江南东、西两道，除今天的江浙地区外，还包括湖南、湖北、江西、安徽的大部分地区。张九龄被贬为荆州长史时，在今湖北。丹橘：红橘。②犹：还是。③岂伊：难道是。④岁寒心：语出《论语·子罕》："岁寒，然后知松柏之后凋也。"⑤可以：可以用来。荐：进献。嘉客：嘉宾，这里暗指君王。据《尚书·禹供》记载，江南橘本是贡品。⑥阻重深：阻隔重重深深，暗指君王身边的奸佞小人。⑦循环：指命运的否泰交替。这句指命运有如圆环，人无法分辨摸得其终始，而不可探究。⑧徒言：徒然。树桃李：种植桃树、李树。《韩诗外传》记载赵简子语："春树木、桃李，夏得阴其下，秋得食其实。"这里反用其意。⑨阴：同"荫"。

【译文】

江南生长着红橘树，它经历了严冬依是葱翠依然。这不是因为那里的气候温暖，而是橘树本身具有耐寒的裹性（罢了）。这样佳美的果子，可以用来招待嘉宾；无奈有重重阻隔，山高水深。命运只在机遇，事理难以穷究。世人只知道倾心于桃李的浮华艳媚，难道这红橘不是更有（葱郁不凋的）绿荫吗？

【赏析】

张九龄当时谪居在荆州的治所江陵，正是屈原故国的郢都，是著名的产橘区。丹橘是嘉木，屈原曾作《橘颂》，开头就说："后皇嘉树，橘徕服兮。受命不迁，生南国兮。"就是以橘树为喻，表达了自己追求美好品质和理想的坚定意志。诗

人效法前贤，这首诗亦是以丹橘自比。

丹橘具有耐寒的节操，经冬犹绿，有着"岁寒心"。这样的佳果本可进献于人，奈何山高路远，阻隔重重。诗从正面吟咏进入侧面抒写，慨叹自己怀才不遇，奸佞小人遮蔽贤人。在美好的品质和艰阻重深的对比中，自然引出对命运的追寻，叹息这种遭遇大概只能归于周而复始、不可追寻的运命了。最后两句以反诘语气指斥世人只忙于种植桃李而排斥果实甘美、绿叶成荫的橘树。作者官至宰相，本可施展他的抱负，但受李林甫谗陷而被罢相，这首诗隐指了自己这段经历，表达了对朝政昏暗和身世坎坷的愤懑之情。

全诗在醇厚冲淡之中有一种孤劲的风骨，短短的篇章中有三次用到发问的句子，具有正反起伏之势。语言委婉蕴藉，愤怒哀伤而不露痕迹，令人品味不尽。

诗的品赏知识

咏物诗的鉴赏方法

咏物诗在内容上是以某一物为描写对象，抓住物的某些特征去着意描摹，而在思想上往往是托物言志。由物到人，由实到虚，写出精神品格。常常会用到比喻、象征、拟人、对比等表现手法。

在赏析咏物诗时，首先要把握作者对于所咏之物特点的刻画，然后把握作者在描摹事物中所寄托的感情，最后分析咏物诗的写作技巧。

望月怀远

◎张九龄

海上生明月，天涯共此时①。

情人怨遥夜②，竟夕起相思③。

灭烛怜光满，披衣觉露滋④。

不堪盈手赠⑤，还寝梦佳期⑥。

【注释】

①"海上"二句：化用了南朝宋文学家谢庄《月赋》中"隔千里兮共明月"的意思。②情人：有情之人。怨遥夜：即《古诗》"愁多知夜长"之意。遥夜，长夜。魏曹叡《昭昭素明月》诗："昭昭素明月，晖光照我床。忧人不能寐，耿耿夜何长。"③竟夕：整夜。④"灭烛"两句：是"怜光满而灭烛，觉露滋而披衣"的倒文。意谓灭去蜡烛而见月光明亮；夜凉披衣，但觉月露渐多生凉，而披上衣服。⑤"不堪"句：谓月光有影无形，不可用双手捧起来相赠于你。意即难寄相思情恨。晋陆机《拟明月何皎皎》："照之有余辉，揽之不盈手。"⑥还寝：重新睡下。古诗《明月何皎皎》："引领还入户，泪下沾衣裳。"梦佳期：于梦中得到与你相会的佳期。《楚辞·九歌·湘夫人》中有"与佳期兮夕张"之语，此处化用其意。

【译文】

海上升起了一轮明月，天涯的离人此时都共赏月华。有情之人定在埋怨长夜，我也彻夜不眠，苦苦相思。熄灭蜡烛，因爱这满屋月光，披衣起来，发觉露水已重。既然不能手掬月华送你，那就睡觉梦里与你相会。

【赏析】

这首诗是张九龄在开元二十五年（737）由京师贬荆州长史后所作。全诗围绕望月，抒写怀念远人的幽情。

起句"海上生明月，天涯共此时"为千古传诵的佳句。一轮明月从海上冉冉升起，气象高华浑融，远在天边的亲友此时此刻正与我共望同一个月亮，一个"共"字逗出怀远，由景入情，衔接浑成自然。虽然暗用了谢庄"隔千里兮共明月"的句意，但"海上"、"天涯"相

应，开拓了一个大境界，而一个"生"字不仅写明月的升起，更将颔联的"起相思"引出来了，好像情人的怨思在月光的氤氲中酝酿，并随着海潮的涨起而升上来。

三、四两句，以"怨"字为中心，采用流水对，以"情人"与"相思"呼应，以"遥夜"与"竟夕"呼应，整夜对月相思不能寐，却怨长夜漫漫。一气呵成，如行云流水般自然流畅，妙韵天成。

相思不能入睡，于是灭烛望月，月亮的清辉满屋，更觉可爱。"怜光满"亦透露出月亮已经升到中天了。披衣到室外徘徊，月华风露凉。"觉露滋"表明月亮已经西斜，夜深露水渐多。

此际忽生奇想，想要把满手的月光相赠远人，却"不堪"，只好寄希望于虚无缥缈的梦境，去寻找相会的佳期，悠悠托出不尽情思。诗至此戛然而止，却觉余韵袅袅，更引起人们无尽的同情和猜想。

此诗是望月怀思的名篇，遣词造句十分空灵，写景抒情并举，层层深入不紊，情和景融成一片，意境幽清秀美，情真而意切。构思精巧却又自然浑成，高步瀛在《唐宋诗举要》中引姚南青语，说它是"五律中的《离骚》"。

登鹳雀楼

◎王之涣

白日依山尽，黄河入海流。
欲穷千里目，更上一层楼。

【译文】

夕阳傍着远山西坠；黄河向东海奔流。若要看尽千里风光，就要登上更高的一层。

【赏析】

鹳雀楼，因常有鹳雀停留其上而得名，旧址在今山西永济。楼有三层，向前可瞻望中条山，向下可俯瞰黄河。

诗人以千钧巨椽之笔，写登楼放眼所见的莽苍的中条山在夕阳中的壮丽景象和黄河奔腾入海的磅礴气势，其浩瀚壮阔、雄浑苍茫的大境界已经足以震撼心灵。但诗人并未就此固步自封，而是说要"更上一层楼"，才能穷其千里目。不仅衬出在写景之外，更有未写之景在，而且将楼之高形容到极致。全诗仅仅二十字，却有尺幅千里之势，又透出平易而深刻的哲理，千百年来为人们所传颂。

⊙作者简介⊙

王之涣（688—742），字季凌，并州（山西太原）人。祖籍晋阳（今山西太原），其高祖迁今山西绛县。为人豪放不羁，常击剑悲歌，其诗多被当时乐工制曲歌唱。名动一时，常与高适、王昌龄等相唱和，以善于描写边塞风光著称。代表作有《登鹳雀楼》、《凉州词》等。"白日依山尽，黄河入海流。欲穷千里目，更上一层楼"，更是千古绝唱。《全唐诗》存其诗六首。

诗 的 格 律

绝句——五言绝句

五言绝句是绝句的一种，是指五言四句而又合乎律诗规范的小诗。盛唐以前，五言绝句不但没有对仗，而且平仄也不讲究，盛唐之后五言绝句严格遵守格律诗之规定，主要表现在以下三个方面：（1）句数固定。只有四句，每句五字，总共二十字。（2）押韵严格。诗歌都是押韵的，有的句句押，有的隔句押，在隔句押韵上和古体诗没有本质区别，其押韵严格表现在一般只押平声韵且不能出韵。也就是说其不可押仄韵且韵脚必须用同一韵中的字，不得用邻韵的字。（3）讲究平仄。在"平平—仄仄、仄仄—平平"的基础上加一个音节形成"平平—仄仄—平、仄仄—平平—仄、平平—平—仄仄、仄仄—仄—平平"的四种基本句式。如《登鹳雀楼》：

白日依山尽，黄河入海流。
仄仄平平仄，平平仄仄平。
欲穷千里目，更上一层楼。
平平仄仄仄，仄仄仄平平。

凉州词

◎王之涣

黄河远上白云间^①，一片孤城万仞山^②。
羌笛何须怨杨柳^③，春风不度玉门关^④。

【注释】

① 黄河远上：远望黄河的源头。远上，远远向西望去。② 孤城：指孤零零地戍边的城堡。仞：古代的长度单位，一仞相当于七尺或八尺(约等于213厘米或264厘米)。③ 羌笛：古羌族主要分布在甘、青、川一带。羌笛是羌族乐器，属横吹式管乐。何须：何必。杨柳：《折杨柳》曲。古诗文中常以杨柳喻送别情事。《诗经·小雅·采薇》："昔我往矣，杨柳依依。"北朝乐府《鼓角横吹曲》有《折杨柳枝》："上马不捉鞭，反拗杨柳枝。下马吹横笛，愁杀行客儿。"④ 度：吹到过。玉门关：汉武帝置，因西域输入玉石取道于此而得名。故址在今甘肃敦煌西北小方盘城，是古代通往西域的要道。六朝时关址东移至今安西双塔附近。

【译文】

　　黄河源头好似远远地伸上到白云之端，那一座孤城背靠着万仞高山。不要埋怨羌笛吹起《折杨柳》的悲曲，只因和煦的春风未曾吹到玉门关。

【赏析】

　　凉州词，又名《出塞》。为当时流行的一首曲子《凉州》配的唱词。郭茂倩《乐府诗集》卷七十九《近代曲词》载有《凉州歌》，并引《乐苑》云："《凉州》，宫调曲，开元中西凉府都督郭知运进。"凉州，属唐陇右道，治所在姑臧县（今甘肃省武威市凉州区）。

　　向西眺望，滔滔黄河流水有若远在白云之间，向东眺望，一座孤零零的玉门关远远可见，还有那万仞高的群山，苍茫悲凉之中，更加见出古城的孤拔超绝。当此之际，忽闻羌笛所吹《折杨柳》曲，声音悲凉，如怨如诉，边塞征人之苦情自可想而知。诗中却用"何须"二字，转谓征人和煦春风不会吹度到玉门关，不须怨杨柳尚未萌芽，语意双关，曲折传达出戍边征人的悲怨，朝廷恩泽之不及于边塞犹如春风之不度玉门关，倍加见出沉痛。唐代常有吐蕃边乱，西边大部分地区每被吐蕃侵掠，长年征戍的艰苦，是朝廷所不知的。诗人代为歌吟，希冀在上者闻之。

　　全诗于壮观中寓苍凉，慷慨雄放而神气内敛，骨力浑融，意沉而调响，不愧为边塞诗的绝唱。

秋登万山寄张五

◎孟浩然

北山白云里①，隐者自怡悦②。

相望始登高，心随雁飞灭。

愁因薄暮起，兴是清秋发。

时见归村人，平沙渡头歇。

天边树若荠③，江畔洲如月。

何当载酒来，共醉重阳节。

【注释】

① 北山：指兰山。② 隐者：作者自指。晋陶弘景有诗云："山中何所有，岭上多白云。只可自怡悦，不堪持赠君。"③ 荠（jì）：荠菜。

【译文】

　　面对北山岭上白云起伏霏霏，我这隐者自己把欢欣来细细品味。试着登上高山是为了遥望，心情早就随着鸿雁远去高飞。忧愁每每是由薄暮引发的情绪，兴致往往是清秋招致的氛围。在山上时时望见回村的乡民，他们走过沙滩坐在渡口憩息歇累。远看天边的树林活像荠菜，俯视江畔的沙洲有如弯月。什么时候你能载酒到这里来，重阳佳节咱们开怀畅饮共谋一醉。

【赏析】

　　张五即张子容，襄阳人。唐人喜欢在称呼中用家族内子弟的排行次第，称为"行第"，显得更加亲切熟稔。常人初次见面之际，先问姓氏行第，问后即以行第相称。文人朝士在平居宴贺、诗酒唱酬之际最好称行第。最常见的是连姓氏或连姓名称之，本诗中的张五即是。据辛文房《唐才子传》记载，他和孟浩在青年时就"同隐鹿门山，为生死交，诗篇倡答颇多"。当时张子荣隐居在襄阳岘山南约两里的白鹤山，孟浩然隐居在岘山附近，秋日登上岘山对面的万山以望张五，并写诗寄意，约他重阳节那天同来登高饮酒。

　　开头四句写隐者自悦山中白云，因思念而登山去远望张五，望而不见，心随着鸿雁飞远。五、六句点明秋天的节气，因为时近薄暮，心头泛起一丝淡淡的哀愁，而清秋的山色却又引发诗人的逸兴，情景交融在一起。七、八句是在山上眺望到归村之人，衬托出不见张五。"天边树若荠，江畔洲如月"写远望所见的农村优美景象，创造出一个高远清幽的境界，是孟浩然的名句。末尾两句点出自己寄诗的意思，和开头数句相照应，显出友情的真挚。

　　全篇句句写登高望远，而情随景生，同时也句句述思念友人之情，景清淡而闲雅，情飘逸而真挚，自是名家风度。正如皮日休所谓："遇景入咏，不拘奇抉异……涵涵然有云霄之兴，若公输氏当巧而不巧者也。"

夏日南亭怀辛大

◎孟浩然

山光忽西落①，池月渐东上。

散发乘夕凉，开轩卧闲敞②。

荷风送香气，竹露滴清响。

欲取鸣琴弹，恨无知音赏③。

感此怀故人④，中宵劳梦想⑤。

【注释】

① 山光：山中日光。② 轩：窗户。闲敞：幽静宽畅的地方。③ 知音：《吕氏春秋》记载，伯牙善于鼓琴，钟子期善听之。伯牙鼓琴，志在泰山，子期说："善哉乎鼓琴，巍巍乎如泰山。"志在流水，子期说："善哉乎鼓琴，洋洋乎如流水。"④ 感此：有感于此。故人：老朋友。⑤ 中宵：整夜。劳：苦于。

【译文】

夕阳忽然间落下了西山，池角明月渐渐东上。披散头发今夕恰好乘凉，开窗闲卧多么清静舒畅。清风徐徐送来荷花幽香，竹叶轻轻滴下露珠清响。心想取来鸣琴轻弹一曲，只恨眼前没有知音欣赏。感此良宵不免怀念故友，只能在夜半里梦想一场。

【赏析】

此诗写诗人夏天夜晚在水亭乘凉时想念老朋友，在美景良宵下，本想取琴来弹奏，面前却无知音人，想念却不能见面，以致整夜情牵梦萦。

开头遇景入咏，写山光西落和池月东上，点出夏夜水亭乘凉的背景。三、四句写散发乘凉和开轩闲卧，足见诗人悠然自适的闲情。"荷风送香气，竹露滴清响"两句，风送过来荷花清淡细微的幽香，竹露滴在池面上，发出清脆响声。细香可嗅，滴水可闻，是诗人真切感受和细微体察的结果，让人"一时叹为清绝"（沈德潜《唐诗别裁集》），成为千古传诵的名句。末尾四句转为抒情，正面写对友人的怀念。自然界悦耳清心的天籁使诗人心有所动，想要取过琴来弹奏。琴是古雅平和的乐器，正宜在这种清幽绝俗的环境中弹奏。但弹琴却没有像钟子期那样的知音前来观赏，不由生发出一丝淡淡的怅惘，怀念起故人了。

这首诗只是就闲情逸致作轻描淡写，随兴下笔，文字如行云流水，层递自然，细腻入微地写出了各种感觉，引人渐入佳境，于自然中见真功，诗味盎然。

⊙作者简介⊙

孟浩然（689—740），襄州襄阳（今湖北襄樊）人。早年隐居家乡鹿门山。四十岁入长安求仕，无成，失意而归。开元二十八年（740），王昌龄游襄阳，二人相得甚欢，因饮食不当引发旧疾而卒。诗歌多写山水田园和隐逸、行旅等内容，同时也是唐代第一个大量写作山水田园诗的诗人，尤工五律。其诗清淡简朴，不事雕琢，与王维并称"王孟"。有《孟浩然集》。

宿业师山房待丁大不至

◎孟浩然

夕阳度西岭①，群壑倏已暝②。

松月生夜凉③，风泉满清听④。

樵人归欲尽，烟鸟栖初定⑤。

之子期宿来⑥，孤琴候萝径⑦。

【注释】

①度：形容夕阳光辉缓缓移动。②壑：山谷。倏（shū）：忽然。暝（míng）：昏暗。③松月：松间月色。④风泉：风中泉声。清听：悦耳的声音。⑤烟鸟：暮霭中的归鸟。⑥之子：那个人。之是指示代词。期宿来：相约来住宿。⑦孤琴：指自己相对孤琴，暗含等待知音人前来之意。萝径：为青萝所掩映的小径。萝，女萝，多附生在松树上，成丝状下垂。

【译文】

夕阳落入西边山岭，千山万壑忽然昏暗下来。松间明月增添夜的凉意，风中泉声发出悦耳的声音。打柴的樵夫们将要归尽，暮烟中的鸟儿刚刚栖定。期望你能如约来此憩宿，我独抱琴等在萝蔓路径。

【赏析】

孟浩然喜欢寻游方外，和僧人道士交游，常常住在寺庙道院。这首诗即是写他夜宿僧人山房等待友人前来的情景。眼看着夕阳从西边的山岭落下去，群山万壑蒙上烟雾而变得昏暗起来。月亮升起来，在山间打柴的人都回去了，鸟儿也在巢中栖息安定了，时间一刻刻过去，而所期待的友人还没有如约到来。而诗人却不心焦，毫无抱怨，还抱琴在松萝掩映的小路上去等候。

整首诗虽然是写等待友人前来这样极平凡的事情，但却写尽夜色逐渐降临时的景色，挥洒自如，诗中有画，富有美感。诗人之所以能把景物刻画得这么细微传神，是在于他有着平和闲适的心境，如果他是急躁地等待朋友前来，是决计不会留意到周边的景物的，更别说去加以提炼描写了。故后二句在前面景物描写的铺垫下，直接写

期待故人来宿而未至，于是抱琴等待，点明诗的主题。诗人抱琴相候，正是因为友人是自己的知音人，是值得等待的人。

诗人善于从平常的事物中提炼出诗情画意，如"松月生夜凉，风泉满清听"中，月夜、松林、风声、泉水组成一幅清幽空灵的山林夜色图，从中透露出时间的流逝和诗人恬淡的心境。正如宋人刘辰翁在《王孟诗评》所说："此诗愈淡愈浓，景物满眼，而清淡之趣更浮动，非寂寞者。"

诗的品赏知识

古体诗

古体诗，又叫古风，是依照古代的诗体来写的，形式比较自由，不受格律的束缚。在唐人看来，从《诗经》到南北朝庾信的作品，都算是古体。从诗句的字数看，可以分为四言诗、五言诗和七言诗。唐代以后，四言诗很少见了，所以通常只分五言、七言两类。五言古体诗简称五古；七言古体诗简称七古；三五七言兼用者，一般也算七古。唐以前的诗，除了所谓的"齐梁体"外，都被称为古体。唐以后不合近体的诗，也称为古体。如《宿业师山房待丁大不至》就是一首五言古诗。

夜归鹿门歌

◎孟浩然

山寺钟鸣昼已昏，渔梁渡头争渡喧[1]。

人随沙岸向江村，余亦乘舟归鹿门。

鹿门月照开烟树[2]，忽到庞公栖隐处[3]。

岩扉松径长寂寥[4]，惟有幽人独来去[5]。

【注释】

[1] 鱼梁：《水经注·沔水注》："沔水中有鱼梁洲，庞德公所居。"在襄阳东，离鹿门很近。[2] 烟树：指傍晚树色如烟，昏暗不清。[3] 庞公：庞德公，汉末隐士，住在岘山，为诸葛亮等所钦佩。荆州刺史刘表屡次延请他出山，他携妻子登鹿门山采药，一去不返。[4] 岩扉：山岩豁口如门状。[5] 幽人：隐居之人，此指作者自己。

【译文】

山寺里的钟声响起，天色已经昏暗，渔梁渡口人们争着过河喧闹不已。行人沿着沙岸向江村走去，我也乘着小舟去鹿门。鹿门的月亮照清楚了朦胧的树影。不觉中忽然来到庞公隐居的地方。岩穴的山门及松间的小路静悄悄的，只有我这个隐者独自来来去去。

【赏析】

鹿门山位于湖北襄阳县城东南的东津镇境内，濒临汉江东岸，与同是文化名山的岘山隔江相望。孟浩然早年一直隐居岘山南园的家里，四十岁赴长安求仕不遇，游历吴越数年后返乡，追慕先贤庞德公的行迹，幽居鹿门山。

这首《夜归鹿门歌》，写夜归时一路所见的情景，既有纪实之意，又歌咏了归隐的情怀志趣。首二句写傍晚江行见闻，悠然的钟声和尘杂的人声两相对照。三、四句说行人回家，自己离家去鹿门，两种归途，表明自己隐逸的志趣。五、六句是写乘着月色攀登鹿门山山路，到了以前庞德公的隐居处。末二句写隐居处的境况，一人在寂寥的山林里自在来回。

全诗以简淡的文字铺就，没有刻意的雕琢，却呈现了一幅充满和谐清远况味的山间晚景的水墨画。前人评孟浩然诗："襄阳气象清远，心惊孤寂，故其出语洒落，洗脱凡近。"（《唐音癸签》引徐献忠语）这首七古倒很能体现这些特点。

望洞庭湖上赠张丞相

◎孟浩然

八月湖水平①，涵虚混太清②。
气蒸云梦泽③，波撼岳阳城④。
欲济无舟楫⑤，端居耻圣明⑥。
坐观垂钓者，徒有羡鱼情⑦。

【注释】

① 湖水平：八月秋水至，湖水涨得与岸齐平。② 涵虚：水气浩淼的样子。太清：天空。③ 云梦泽：云泽和梦泽，古书称二泽范围极大，包括今湖南北部、湖北南部一带的低洼水泽之地，洞庭为其一部分。④ 岳阳城：宋人范致明《岳阳风土记》：“盖（岳阳）城居（洞庭）湖东北，湖面百里，常多西南风，夏秋水涨，涛声喧如万鼓，昼夜不息，漱齿城岸，岸常倾颓。”⑤ 济：渡。舟楫：船只。⑥ 端居：闲居独处。耻圣明：有愧于此圣朝明世。⑦ “坐观”二句：《淮南子·说林训》有“临渊慕鱼，不如退而结网”之语，此处是作者借之另翻新意，婉转表达希望张丞相援引自己的心情。

【译文】

八月的洞庭湖，平静而浩淼，水色跟青天相接，混成一片。水气蒸腾，弥漫云梦二泽；波涛汹涌，摇撼岳阳古城。想要渡水，却找不到船和桨；在家闲居，又愧对朝廷圣明。寂寞地观看那些垂钓之人，只能白白艳羡别人得鱼。

【赏析】

唐朝科考取士，采用的是考试与推荐相结合的录取制度。考卷的优劣只是考评的一个方面，主考官还要看名人达士的推荐。因此，应试举人为了增加及第的机会，便将自己平时所写的最得意的诗文作品加以编辑，写成卷轴，在考前托关系呈送给社会上有地位的人，以求他们向知贡举官推荐自己。投卷可以弥补考试选拔的不足，唐代有许多著名的人物是通过投卷、荐举等方式参与科举，进入仕途的。

这是一首“干谒”诗。唐玄宗开元二十一年（733），孟浩然西游长安，向当时在位的贤相张九龄投献这首诗，以求引荐录用。诗的前半写八月的洞庭湖汪洋浩阔的景象，其中“气蒸云梦泽，波撼岳阳城”十字写活洞庭湖雄浑的气势，可谓壮观非常。本来望洞庭湖的胜景似乎与“上赠张丞相”的干谒无关，但作者以欲渡这宽广雄阔的洞庭湖还须仗依舟楫，托出希望丞相引荐的意思，章法衔接十分巧妙。最后以“羡鱼情”表明自己处在圣明时代不甘心闲居无为，想要出仕的愿望。

全诗以洞庭风物起，以水边垂钓结，中间以“欲渡”承接，运用比兴的手法写自己希望张九龄援引的心情，显得雄阔高浑，得体有节。

秦中感秋寄远上人

◎孟浩然

一丘尝欲卧^①，三径苦无资^②。
北土非吾愿^③，东林怀我师^④。
黄金燃桂尽^⑤，壮志逐年衰。
日夕凉风至，闻蝉但益悲^⑥。

【注释】

①丘：小山。②三径：指隐居的家园。王莽专权时，蒋诩辞官回乡，在院中开辟了三条小径，只与友人求仲、羊仲往来。③北土：指京都长安，此处代指求仕做官。④东林：指远上人所在的寺庙。⑤燃桂：谓烧柴像烧桂枝一样贵，喻长安的生活费高昂。《战国策》中有这样的记载：楚国之食贵于玉，薪贵于桂，谒者难见如鬼，王难见如天帝，令臣食玉炊桂，因鬼见帝，不亦难乎？⑥但：只。益：愈加。

【译文】

我常常想退隐山林，想回到家乡，又苦于没有钱。久居北方不是我的心愿，怀念东林寺和我的老师。长安生活费用高昂，壮志也一年年衰退。傍晚，凉风吹来，听到蝉鸣，心中更是伤悲。

【赏析】

玄宗开元十六年（728），孟浩然到长安参加进士考试，应举落第，之后与僧道交游。这首诗是诗人滞留长安时寄给远上人的，向他报告秋来客居的凄凉苦况，诉说欲隐无地、欲仕非愿、进退两难之苦。

诗人与远上人交情深挚，故寄诗毫无客套虚文，一上来就坦率地直抒胸臆，一吐心中块垒。开头即写明自己不能偿愿的窘迫处境：想要归隐，却苦于"无资"，从中可见诗人当时穷困潦倒的情形。接着说在京城长安从仕做官非自己的本愿，于是不由怀念起在庐山东林寺的高僧来了。这两句，"北土"对"东林"，"非吾愿"对"怀我师"，对偶十分工整，且正反相对，更突出了诗人追求归隐的意向。滞留帝京囊中金尽，壮志也逐年消磨殆尽。在穷愁潦倒的客中，面对凉风、耳闻蝉声，

怎么不更加悲伤呢？

诗人采用这种不加润色的白描手法，直写心中的哀愁苦闷，读来直觉明朗直爽，不失清华高远。

宿桐庐江寄广陵旧游

◎孟浩然

山暝听猿愁①，沧江急夜流。

风鸣两岸叶，月照一孤舟。

建德非吾土②，维扬忆旧游③。

还将两行泪，遥寄海西头。

【注释】

①暝：昏暗。②建德：今属浙江，在桐江上游。《唐书·地理志》中记载：睦州，隋新定郡，武德四年改为睦州。万岁登封二年，移治建德。③维扬：即扬州。

【译文】

山色昏暗，听到猿啼，使人哀愁；桐江在夜以继日地奔流。风吹两岸草木，沙沙作响；明月照着一叶孤舟。建德虽美，却不是我的故土，常想起扬州的好友。我禁不住泪流两行，把愁思遥寄到海西头。

【赏析】

桐庐江，即桐江，在今浙江桐庐县境内。其风景十分优美，南朝梁文学家吴均曾在《与朱元思书》中称赞说："自富阳至桐庐，一百许里，奇山异水，天下独绝。"然而对奔波无定、身在旅途的孟浩然而言，却是听得深山猿啼声声哀，见得沧江奔流浪逐浪，风吹得两岸树叶飒飒响，月照得江中孤舟一影单，景象是多么的凄清萧瑟啊！原因只在于"建德非吾土"，景物在不同的人眼里会产生不同的主观感受。他乡虽好终不及故土，异乡是如此的孤寂寥落，难免怀念扬州的老朋友，而许多不如意横梗在心头眉间，不由两行热泪直下。而这湍急的沧江夜流，请把自己的热泪带给大海西头的友人吧。

孟浩然在四十岁去长安应举落第后，为排遣心中的苦闷而出游吴越，故这期间所写的诗中难免罩上一层忧郁愁闷的情绪。本诗的前半写景，后半写情，诗人结合自己的感情将景物描绘得如此清寂凄怆，蕴含了自己深深的孤独感和失意后情绪的动荡不宁。景与情完美地融合在一起，写景愈真切，其情愈深沉，显得浑成自然，韵味悠长。

早寒有怀

◎孟浩然

木落雁南度①，北风江上寒。

我家襄水曲②，遥隔楚云端③。

乡泪客中尽，归帆天际看④。

迷津欲有问⑤，平海夕漫漫⑥。

【注释】

① 木落：树叶飘落。汉武帝《秋风辞》："秋风起兮白云飞，草木黄落兮雁南归。"② 襄水：指汉水流经襄阳的一段，位置在湖北襄阳城西北，北为檀溪，南为襄水。孟浩然为襄阳人，在襄水之北。③ "遥隔"句：孟浩然当时正在吴越一带漫游，襄阳属于古楚之地，两地相隔较远。④ 天际：天边。南齐谢朓《之宣城郡出新林浦向板桥》："天际识归舟。"⑤ 迷津：找不到渡口。津，渡口。《论语·微子》记孔子使子路向长沮、桀溺问津，两人不说津口所在，反而说天下滔滔，没有谁能改变，而舍此适彼，实为徒劳，不如避世隐居。意思是讥讽孔子看似为知津者，实际上为迷津者。后世遂以迷津为茫然不知所之。这里是慨叹诗人自己彷徨失意，如同迷津的意思。⑥ 平海：平阔的江面。唐诗中常以"海"指大江或宽阔的江面。

【译文】

树叶黄落了，大雁纷纷南飞，北风吹来，江面上分外的寒冷。我的家在襄水回肠之处，在江上遥望楚地，仿佛在云端。思乡之泪，旅途中已经流尽；远看一叶孤帆，漂流在遥远的天边。迷失在渡口，想找人问路，却见暮色沉沉，江水漫漫无边。

【赏析】

孟浩然在长安求仕未成，沮丧地离开长安，孤身一人到长江中下游一带漫游。江上早寒，萧瑟的秋色秋声，触发了诗人客中思归的感情。当树叶摇落，鸿雁南飞，江上北风呼啸，天气寒冷，天地一派深秋景象时，自然勾起了乡愁。而家在遥远的古楚之地，两地隔绝。想着家人在盼望天际归舟的时节，诗人的思乡泪越发难禁。而前途

茫茫，欲归不得，诗人内心正如眼前黄昏的江水一样迷漫，彷徨不知所之。

孟浩然一生既为隐士，但始终有报国之心，渴望出仕做官；既羡慕田园生活，又想在政治上有所作为，这首诗就眼前情景层递展开，并越转越深，流露出诗人远离故土，思想处于矛盾的复杂感情。

物事的移换，季节的更迭，最容易勾起游子的思乡之情。诗人的心绪就投射在早秋的景物上，一切都显得那么寒冷，那样的迷茫，而他自己在一叶孤舟上远望天际，显得是那样的孤单。诗人捕捉了摇落的木叶、南飞的大雁、寒冷的北风这些秋天典型的景物，点出题目中的"早寒"。处身在这样的环境中，自然引起悲哀的情绪。

诗中的颔联、颈联都是自然成对，"襄水曲"和"楚云端"就地成对，都是指襄阳的地理位置，十分自然；而"乡泪"和"归帆"相对，以情对景，扣合自然，充分表达了作者的感情。最后以景作结。

全诗情景交融，语言含蓄自然，思归的哀情和前路茫茫的愁绪都寄寓在迷茫的黄昏江景中了。

留别王维

◎孟浩然

寂寂竟何待①，朝朝空自归。

欲寻芳草去②，惜与故人违③。

当路谁相假④，知音世所稀。

只应守寂寞⑤，还掩故园扉⑥。

【注释】

① 寂寂：冷落索寞的样子。西晋左思《咏史》："寂寂扬子居，门无卿相舆。"② 寻芳草：指寻找隐居的去处。古人常以芳草白云喻隐居。③ 故人：老友，这里指王维。违：分离。④ 当路：当权者。《孟子·公孙丑》上："夫子当路于齐。"假：提携，帮助。⑤ 守寂寞：即守默处常，清静无为。《庄子·天道》："夫虚静恬淡，寂寞无为者，万物之本也。"⑥ 扉：门。

【译文】

生活寂寞，我在等待什么？每天只是空手而归。想要归隐，探寻馨香花草，但珍惜友情，不愿与故友相违。当权的人，有谁能帮我？本来世上知己就很少。或许我注定该独守寂寞，还是回去吧，关上我的门扉。

【赏析】

孟浩然在长安落第后，滞留在长安无所为而打算还归襄阳，临行前给在朝中内阁任职的至交好友王维留赠了此诗。王维当时闲居长安，有《送孟六归襄阳》（孟浩然排行第六）诗。

诗人由落第而思归，由思归而惜别，从而在感情上产生了矛盾。开首两句就有一种空茫不知何去何从的况味，说自己还在京城等待什么呢，天天空自来回无功。"寂寂"两字既表现了门庭冷落的景象，又表现了作者茫然的心情。"朝朝"奔波，可见诗人求仕心切，一个"空"字则表明知音既少，朝廷又不能用，也就没必要在长安流连了。

想通了自身的处境之后，诗人意识到自己将要还乡归隐与芳草为伴，而这也意味着要与故人分离了，一个"惜"字，表明了他去意已决，故更见得对故人王维深深地依恋不舍之友情。

"当路谁相假，知音世所稀"是名句，承接上文说明了自己打算归去的原因。这是诗人对世态炎凉、知音难遇的社会现实的切身体会，语气沉痛，充满了怨愤之情、辛酸之泪。一个"谁"字，反诘得颇为有力，具有一种强烈的愤懑感情。

有了这样的认识后，诗人才觉得自己"只应"甘守寂寞，返回故园。"只应"表明在作者看来归隐是唯一的道路，其中的含义耐人寻味。

整首诗没有华丽的辞藻，没有优美的画面，语言极为平实，对偶也不求工整，但却将诗人落第后欲去不忍，最后又不得不去的矛盾心理和极复杂的情感自然而然流露出来，是个中人说给个中人的个中语，细嚼味无穷。

与诸子登岘山

◎孟浩然

人事有代谢①，往来成古今。
江山留胜迹②，我辈复登临。
水落鱼梁浅③，天寒梦泽深④。
羊公碑尚在，读罢泪沾襟。

【注释】

①代谢：交替，变换。晋代名将羊祜都督荆州诸军事，驻襄阳。每年春秋之季，他都步出襄城，攀登岘山，置酒咏诗，终日不倦。他曾深有感触地对僚属说："自有宇宙，便有此山，由来贤达胜士，登此远望，如我与卿者多矣，皆湮灭无闻，使人悲伤。如百岁后有知，魂魄犹应登此山也。"僚属邹湛答道："公德冠四海，道嗣前哲，令闻令望，必与此山俱传。"羊祜逝世之后，襄阳百姓感念他的德政，便在岘山建碑立庙，岁时祭飨。游人瞻望羊祜庙前的碑石，无不为之落泪洒涕。杜预继任，故称此碑为"堕泪碑"。②胜迹：名胜古迹。③鱼梁：鱼梁洲，在襄阳附近沔水渡口，汉末庞德公曾隐居此处。④梦泽：即云梦泽。

【译文】

　　世间的事，不停变化，时光穿梭，构成古今。江山依然保留着先圣遗迹，如今我们又登上这里。秋末水位降低，鱼梁州变浅；天气变冷，云梦泽寒意深深。羊公石碑，还在山头矗立，读完碑文，我泪沾衣襟。

【赏析】

　　岘山位于湖北襄阳市城区以南，背靠巍巍大荆山，东临汉江，与一水相之隔的鹿门山形成东西对峙，俨如扼守在江汉平原北部的两扇大门，雄踞一方。三千里汉水，流到这儿被岘山迎头一挡，拐出了一个大的急转弯。岘山美石不断被冲进汉水，在鱼梁州形成了汉水第一大卵石滩。

　　岘山作为一座历史文化名山，到处是名胜古迹。登临岘山顶往南看去，楚皇城、宋玉故里历历在目。朝东观望，夹鱼梁州与孟浩然的隐居地鹿门山隔汉水相望。向北远眺，古邓国和关羽水淹七军遗迹尽收眼底。注目西去，则是孔明古隆中躬耕之地。而山上尤以羊祜的堕泪碑著名。史载羊祜镇守荆襄，常登岘山，曾叹江山永存，而人多湮没无闻。羊祜去世后，百姓感念他的德政，立碑于岘山，望其碑者无不下泪。孟浩然与友人登上这座名山，吊古伤今，感慨不已。

　　诗的开头即发议论，引出作者的浩茫心事。再写江山留下名胜古迹，我辈今日登临，与前两句相照应。登临见水落石出，草木凋零，一派严冬的萧条景象。最后两句扣实，见羊祜"堕泪碑"而泪下沾襟，一个"尚"字，包含了复杂的内容，既体现了羊公碑历经岁月而至今屹立的感慨，又包含了对自己至今无所作为，死后难免湮没无闻的嗟伤，十分有力。

　　语言通俗易懂，感情深挚动人，以平淡深远见长。清人沈德潜评孟浩然诗是"从静悟中得之，故语淡而味终不薄"。

宴梅道士山房

◎孟浩然

林卧愁春尽①，搴帷览物华②。
忽逢青鸟使③，邀入赤松家④。
金灶初开火⑤，仙桃正发花⑥。
童颜若可驻⑦，何惜醉流霞⑧。

【注释】

① 林卧：林中闲卧。② 搴帷：撩起帐帷。搴(qiān)，掀、揭。物华：美好的自然景物。③ 青鸟使：传说中的神鸟，西王母的使者。《汉武故事》记七月七日中午，武帝在承华殿见有青鸟西来，便问东方朔。东方朔回答说："西王母黄昏必降临。"至时西王母果然前来，有两只如同鸾的青鸟侠住在她身边。后遂以青鸟为仙人或道士的使者。此处喻道士遣人前来。④ 赤松家：指道士之家。赤松，赤松子，传说中的仙人。⑤ 金灶：道家的炼金丹的炉灶。初开火：清明前三日为寒食，习俗禁火冷食，清明方举火。⑥ 仙桃：《汉武内传》记载："王母仙桃三千年一开花，三千年一生实。"此处指道士山房旁的桃花。⑦ 驻：驻留。⑧ 流霞：传说中的仙酒，饮之可以长生。流霞为红色流云，流霞酒的颜色当红如霞彩。王充《论衡·道虚》："(项)曼都曰：'口饥欲食，仙人辄饮我以流霞一杯，每饮一杯，数月不饥。'"此处代指道士之酒。

【译文】

高卧山林，哀愁春天将尽；掀开帷幔，观赏暮春景致。忽然见到青鸟传来书信，原来梅道士邀我去他家。金炉刚刚升起了火，园中仙桃树正盛开桃花。童颜如果可以永久驻存，又哪里在乎醉饮仙酒流霞。

【赏析】

唐代统治者将道教的始祖"老子"认作先祖，宣布道教在儒家和佛教之上，确定了有唐一代尊奉道教的国策，因而有唐一代道教大为兴盛。唐玄宗不仅自己炼药崖山，立坛宫中，亲受法箓，还通过一系列行政措施，提高道教的社会地位。他封庄子为南华真人，文子为通玄真人，列子为冲虚真人，庚桑子为洞灵真人，四子所著之书皆号真经。立玄学博士，依明经例举。玄宗亲自策试道举。当时公主、妃嫔和百官妻女多入道为女真，朝臣如贺知章之流都主动弃官乞为道士。

这样，从唐初到开元、天宝年间，由于统治者的大力扶植，道教空前兴盛起来，道教典籍日益增加，道教宫观遍布全国，入道人数不断增加，道士参与政事也司空见惯。道教作为一种宗教信仰，构成了大唐文明的重要内容之一，渗透在唐代文化生活的各个方面。唐代文人或自己学道炼丹，或与道士酬唱往来，写下不少含有道教思想的诗歌。

诗人隐居山林"愁春尽"，而想要"览物华"，却忽然逢梅道士派人前来相邀。道士山房中炼丹灶升起了火，仙桃树正花开灼灼。对此良辰美景，宾主尽欢，何惜一醉呢？道士山房晚来的春景使诗人从愁中振奋，而朋友那如春意般温暖的友情更是让人沉醉，篇末的"童颜若可驻，何惜醉流霞"已经是喜气洋洋、意兴正酣了。

全诗叙宴饮于道士山房，脉络自是清畅，尤妙在巧用金灶、仙桃、驻颜、流霞等道家术语和青鸟、赤松子等仙家典故，切合主人身份，字里字外颇有一股出尘脱俗的超逸之气。我们从中仿佛可见诗人和道士的飘然出尘、随心所欲的生活态度，这是何等的逍遥自在。

过故人庄

◎孟浩然

故人具鸡黍①，邀我至田家。

绿树村边合②，青山郭外斜③。

开轩面场圃④，把酒话桑麻。

待到重阳日⑤，还来就菊花⑥。

【注释】

①具：准备。鸡黍：农家待客的丰盛饭菜。《论语·微子》中记载子路跟随孔子落下了，荷蓧丈人"止子路宿，杀鸡为黍而食之。"黍（shǔ）：黄米饭。②合：环绕。③郭：外城。④轩：窗户。场圃：打谷场和菜圃。⑤重阳日：阴历九月初九重阳节。⑥就菊花：古俗重阳饮菊花酒。

【译文】

老朋友准备了丰盛的饭菜，邀请我去乡下他的家中做客。绿树环抱村庄，青山在城外平斜。推开窗对着晒谷场和菜园，边饮酒边闲聊耕作桑麻。等到重阳节那天，我还要来这里饮酒赏菊花。

【赏析】

诗的一、二句从应邀写起，文字上毫无渲染，却正说明彼此间的情谊已近乎至交，无须客套。故人准备了鸡黍相邀，"我"欣然前往。鸡黍虽然为平常之物，田庄是平凡之所，但故人来相邀别有意趣。诗人带着真诚的喜悦一路行来，未至村庄先见庄外绿树环抱，青山斜卧，远近相映，风景宜人，有清淡幽静之意，无孤僻冷傲之感。在故人家里打开轩窗，对着打谷场和菜园，呼吸田野之间的清新空气，和故人一边饮酒，一边闲话田园桑麻之事。这样恬静安乐的田园生活，这样能促膝对晤的老朋友，诗人深感沉醉，便觉欢会之短暂，于是又与主人相约，等重阳日菊花盛开之际再来开怀畅饮。一个"就"字，表明到了重阳日，不必邀约自会前来，诗人的真率洒脱于此可见。

一个普通的农庄、一顿寻常的农家饭，诗中对这次相聚似乎只是信口道出，没有任何雕饰，而这种平易近人的风格却正与诗中朴实的田园生活和谐一致，显得亲切有味，宛如闲话家常一般，富于浓厚的生活气息，还有一种清新的田园味道。各诗句之间平衡均匀，共同构成了一个完整的意境，不着痕迹地将清幽秀美的农村风光和淳朴真挚的情感融为一体。

诗的品赏知识

田园诗的特点

山水田园诗属于写景诗的范畴，其主要特点是"一切景语皆情语"，即作者笔下的山水自然景物都融入了作者的主观情愫，通过寓情于景和借景抒情手法，达到情景交融的艺术效果。中国田园诗的主要吟咏对象是农村的自然景物和田园生活，诗人们用细腻的笔触描绘了一幅幅田园牧歌式的生活画卷。唐代的山水田园诗人很多并未像陶渊明那样亲身参加过农业劳动，他们主要是以此为载体来寄托对宁静生活的向往以及对现实的不满。

如孟浩然的《过故人庄》，这首诗丝毫看不到雕琢的痕迹，而是将艺术美深深地融入整首诗的血肉之中，出语洒落，自然天成，正所谓"清水出芙蓉，天然去雕饰"。

岁暮归南山

◎孟浩然

北阙休上书①，南山归敝庐②。

不才明主弃，多病故人疏③。

白发催年老，青阳逼岁除④。

永怀愁不寐⑤，松月夜窗虚。

【注释】

① 北阙：指朝廷奏事处。② 敝庐：破旧的居所。③ 故人疏：老朋友因之而疏远。④ 青阳：春天。⑤ 永怀：郁于胸怀而不去。

【译文】

何必向朝廷上书求官？还是归隐南山草庐吧。我缺少才干，遭明主遗弃，穷途多病，朋友往来渐稀。白发日增催人老，新春转眼又一年。我满怀愁绪，彻夜不眠，窗外松树、月夜一片空虚。

【赏析】

孟浩然早年用世之心较强，四十岁时曾西游长安应进士举，然而落第，没被朝廷器重，于是归隐山林。这首诗就抒发了这种仕途失意后的失望、哀伤、自怜、自解的复杂感情。

相传，孟浩然曾被王维私邀至内署，适逢唐玄宗至，孟浩然于慌乱间躲入床下。王维不敢隐瞒，据实奏闻，玄宗命出见，索其诗，孟浩然于是诵读了此诗，至"不才明主弃"之句，玄宗不悦，道："卿不求仕，而朕未尝弃卿，奈何诬我！"可见此诗尽管写得婉曲含蓄，其弦外之音还是一闻即知，结果，孟浩然被放归襄阳。

起首二句记事，叙述停止向朝廷上书求仕进，归隐南山破旧的家居处。三、四句是回述自己不得志的缘由，说所以被明主抛弃，是因为不才、身体多病，所以与朋友来往也稀疏了，字字包含着悲伤、失意却又自我疏解的复杂心绪。仕途渺茫，而鬓发已白，又是新的一年到来了。"催"、"逼"二字生动地展现了诗人对年华虚度而功名难就的忧虑焦急和无能为力。他满怀不可排解的苦闷而夜不能寐，见得窗外松树月夜，一片空虚。其中"虚"字使情景浑一，那迷蒙空寂的夜景，与落寞惆怅的心绪融汇在一起。

全诗层层辗转表达，句句语涉数意，构成悠远深厚的艺术风格。

诗的品赏知识

对仗的种类

对仗在运用中有宽严之分，因而出现了各种不同的类型，这里简要介绍几种重要的类型。

一、工对。凡同类的词相对，叫作工对。名词可以细分为若干小类，同一小类的名词相对更是工对。如《岁暮归南山》中的"白发催人老，青阳逼岁除"。

二、宽对。一般而言，只要句型相同、词性相同，即可构成对仗，这种对仗，一般称为"宽对"。

三、借对。一个词有两个意义，诗人在诗中用的是甲义，但同时借用它的乙义来与另一个词互为对仗，叫作借对。如"行李淹吾舅，诛茅问老翁"，"行李"的"李"借用了桃李的"李"这一含义来与"茅"字对仗。

四、流水对。对仗，一般是平行的两句话，它们各自独立。但也有一种对仗的上联和下联之间是一个整体，分别独立没有意义，至少是意义不全，叫作流水对。

春晓

◎孟浩然

春眠不觉晓，处处闻啼鸟。
夜来风雨声，花落知多少。

【译文】

　　春夜睡得香甜，没察觉已经天亮，醒来到处都听到鸟叫。昨夜似有风雨之声，那春花不知被吹落了多少。

【赏析】

　　这是一首惜春诗，诗人抓住春晨生活的一刹那，通过听觉形象"处处闻啼鸟"，写出春天生命的蓬勃，多少烂漫醉人的春光也都在不写中写了；通过意觉形象"花落知多少"，写出了大自然的更

替代谢，又糅进了诗人的感觉和想象，几许惜春意也尽在其中了。诗以清浅的语言将美好的瞬间凝聚成永恒，看似一览无余却又含蓄曲折，反复吟哦又是回味无穷。正是诗到自然，无迹可寻，风流闲美，正不在言多，故能流传千百年而不衰。

宿建德江

◎孟浩然

移舟泊烟渚①，日暮客愁新。
野旷天低树②，江清月近人③。

【注释】

　　①移舟：靠岸。泊：停船靠岸。烟渚：弥漫雾气的沙洲。②旷：空阔远大。天低树：天幕低垂，好像和树木相连。③近：亲近。

【译文】

　　将船靠在烟雾缭绕的小洲上，暮色茫茫我又新添几分乡愁。荒野平旷，天似比树还低；江水清澈，月与人格外亲近。

【赏析】

　　江上孤舟轻移，停靠在烟雾迷蒙的小洲边。暮色苍茫，羁旅作客之愁涌上心头。三、四句写江上晚景，云天比树木还低，是远眺空旷原野所见，秋江清水浮动着一轮孤月，与客居他乡的游子的孤影相亲近。"天低树"、"月近人"是从人的主观感受着笔，将浓浓的客愁无声无迹地溶入画境；而一"旷"一"清"，则在空旷中突出诗人对明日前程渺茫的思索，在清冷月色中益发显出诗人的寂寞惆怅。全诗自然流出，风韵天成，含而不露，淡而有味，颇有特色。

古从军行

◎李颀

白日登山望烽火，黄昏饮马傍交河①。

行人刁斗风沙暗②，公主琵琶幽怨多③。

野云万里无城郭，雨雪纷纷连大漠。

胡雁哀鸣夜夜飞，胡儿眼泪双双落。

闻道玉门犹被遮，应将性命逐轻车④。

年年战骨埋荒外，空见蒲桃入汉家⑤。

【注释】

① 饮（yìn）马：给马喂水。交河：在今新疆吐鲁番西北。 ② 刁斗：古代军中白天来烧饭，晚上用来敲击巡更的铜器。③ "公主"句：指汉武帝时将江都王之女远嫁乌孙一事。④ "闻道"两句：意谓已然出了玉门关就没有归去的道路，只能追随将领一同出生入死。⑤ 蒲桃：葡萄。

【译文】

　　白天登上山头观望报警的烽火，黄昏时分到交河边饮马。行人在昏暗的风沙中听到刁斗的声音，隐约传来公主弹奏的琵琶声透出许多幽怨。原野的云遮天蔽日万里不见城郭，整个大漠雨夹着雪纷纷寒寒。胡地的大雁夜夜哀鸣着不停地飞，胡儿的眼泪双双落下。听闻玉门关的通道还被阻断，应是豁出性命跟随着将军去奋战。年年征战，多少尸骨埋于荒郊野外，却只见到西域的葡萄传入汉家。

【赏析】

　　"从军行"是乐府《相和歌平调曲》旧题，内容多为军情边思。这首诗借写汉武帝的开边，讽刺当时帝王好大喜功，穷兵黩武，以人命换取塞外之物。

　　诗开首四句写塞外紧张凄苦的征戍生活：白天要登山观望有无烽火报警，黄昏到河边让马饮水；行人在风沙弥漫中只听得见刁斗声和幽怨的琵琶声，这些景物共同营造出一种肃穆而凄凉的氛围。

　　次四句是写塞外恶劣的环境和所闻悲声。军营所在为辽阔的荒野，无城郭可依；雨雪纷飞，与大漠相连。在此环境下，连土生土长的胡雁胡儿都哀啼落泪，何况远戍到此的"行人"呢？

　　末四句是写征战不能生还，以葡萄感慨作结。在边地恶劣的环境下，将士谁不想还乡呢？

　　可是"闻道玉门犹被遮"一句，似当头一棒，打断了"行人"思归之念。据《史记·大宛传》记载，汉军攻大宛不利，请求罢兵。汉武帝闻之大怒，派人遮断玉门关，并下令："军有敢入者辄斩之。"班师还乡不能，只有去跟随将军拼命死战了。结果却是"年年战骨埋荒外，空见蒲桃入汉家"。这两句尤其深刻，揭露出君王连年征战牺牲无数战士来开边，换来不过是葡萄入贡。

　　全篇一句紧一句，步步紧逼，直到最后才画龙点睛，点出君王开边目的所在，显出巨大的讽谕力量。

⊙作者简介⊙

　　李颀（690？—754），赵郡（今河北赵县）人。开元进士，曾官新乡尉，后归隐，直至去世。其边塞诗、人物素描诗、音乐诗、咏史怀古诗均有佳作，七言歌行尤具特色。《全唐诗》存其诗三卷。有《李颀诗集》。

送陈章甫

◎李颀

四月南风大麦黄，枣花未落桐叶长。

青山朝别暮还见，嘶马出门思旧乡。

陈侯立身何坦荡，虬须虎眉仍大颡①。

腹中贮书一万卷，不肯低头在草莽。

东门酤酒饮我曹②，心轻万事皆鸿毛。

醉卧不知白日暮，有时空望孤云高。

长河浪头连天黑，津口停舟渡不得。

郑国游人未及家③，洛阳行子空叹息④。

闻道故林相识多，罢官昨日今如何？

【注释】

① 大颡（sǎng）：宽大的额头。② 我曹：我辈。③ 郑国游人：指陈章甫，陈章甫曾隐于嵩山，古为郑地。④ 洛阳行子：作者自指。

【译文】

　　四月的南风，将田野里的大麦吹得黄灿灿。枣花还未凋谢，梧桐叶已长得又密又长。早上辞别青山，到日暮黄昏依然看得见；骑着嘶鸣的骏马出门去，我是多么思念生长的故乡。陈侯心胸坦荡性格豪放，前额宽广仪表堂堂。满腹经纶博览古今，怎肯屈身沦落草莽。他从东门买来佳酿，与我们同饮共醉；心清飘扬，顿觉人事间万事万物如同鸿毛。他有时醉卧不知白天黑夜；有时将内心的清高寄托于碧空中的孤云。长河风急浪高，天昏地暗一片，往来的船只已停止摆渡。郑国的游子你还未返家，洛阳的行客我却望空叹息。你故乡亲朋好友众多，此次罢官回去，他们不知会怎样看待你？

【赏析】

　　江陵人陈章甫罢官后登程返乡之际，李颀送他到渡口，以诗赠别。

　　这首诗在结构上依时间、地点展开，然后对所送别之人赞颂，最后表达依依惜别之情。与一般送别诗并无二致，但它的独特之处在于，诗人将笔墨着重用在描绘人物上。

　　中段八句是全诗最精彩的部分，诗人首先突出陈章甫的立身坦荡，然后从容貌上抓住其虬须、虎眉、宽大的额头这些特征，突出刻画其性格的豪放；而且他满腹文章，不肯低头事人，行事洒脱豁达，不在意得失。仿佛一个雄杰豪放、坦荡不羁的奇士跃然纸上，同时也从中透露了陈章甫罢官返乡的情由。

　　全诗笔调轻松，风格豪爽，对陈章甫遭际的不平与同情隐含在字里行间，虽为送别却不作愁苦之语，在送别诗中确属别具一格。

古意

◎李颀

男儿事长征①，少小幽燕客②。

赌胜马蹄下，由来轻七尺③。

杀人莫敢前④，须如猬毛磔⑤。

黄云陇底白云飞⑥，未得报恩不能归。

辽东小妇年十五，惯弹琵琶解歌舞。

今为羌笛出塞声，使我三军泪如雨。

【注释】

① 事长征：从军远行。② 幽燕：幽州和燕地，指代边塞。③ 轻七尺：轻性命。④ "杀人"句：意谓厮杀时勇猛无敌，无人敢上前。⑤ 猬：刺猬。磔（zhé）：张立。⑥ 陇：山地。

【译文】

好男儿远去从军戍边，他们从小就游历幽燕。个个爱在疆场上逞能，为取胜不把生命依恋。厮杀时顽敌不敢上前，胡须像猬毛直竖满面。陇山黄云笼罩白云纷飞，不曾立过战功怎想回归？有个辽东少妇妙龄十五，一向善弹琵琶又善歌舞。她用羌笛吹奏出塞歌曲，吹得三军将士泪挥如雨。

【赏析】

诗题为"古意"，点明是一首拟古诗。

首六句用赋的手法直接铺叙了"长征男儿"的豪侠勇猛。其中"杀人莫敢前，须如猬毛磔"一句，抓住其胡须短、多、硬这一特征，用杀敌时须髯怒张的神气，简洁、鲜明、有力地刻画了边塞男儿威猛粗犷的形象。诗人在这里使用了简短的五言句和短促扎实的入声韵，是为了与诗情协调一致，加强了诗歌的艺术效果。

后六句勾勒了一个雄伟莽苍的背景，而粗犷的男儿见到这一片白云也难免兴起一丝思乡之情。但如果接下来诗人着力描写男儿思乡念切，急于求归，又不符合铁铮铮的硬汉子身份了，于是用"未得报恩不能归"一笔拉转，说明他虽偶有思乡之情，却因还没报答国恩而不回去，显出斩钉截铁的决心。"辽东"两句远远宕开，看似与上文全无干涉，颇有些出人意外。但"今为羌笛出塞声"一句用"今"字点醒，"羌笛"、"出塞"又与上文的"幽燕"、"辽东"照应呼应。此处似离实粘，可见作者谋篇布局之高明，有尺幅千里之势。

全诗鼓荡着一股壮气，前六句为五言句式，一气贯注，后六句为七言句式，奔腾顿挫，血脉豁然贯通，激越高昂中而又低回婉转，情韵并茂。

琴歌

◎李颀

主人有酒欢今夕，请奏鸣琴广陵客^①。
月照城头乌半飞^②，霜凄万木风入衣。
铜炉华烛烛增辉^③，初弹《渌水》后《楚妃》^④。
一声已动物皆静，四座无言星欲稀。
清淮奉使千余里^⑤，敢告云山从此始^⑥。

【注释】

① 广陵客：魏之嵇康曾作《广陵散》，此代琴艺高超的人。② 乌半飞：乌鸦四散飞走。半，散。③ 华烛：雕有文采的蜡烛。④《渌（lù）水》、《楚妃》：皆为琴曲名。⑤ 清淮：淮河，李颀曾任新乡县尉，地近淮水。奉使：奉命前往为官。⑥ 敢告：斗胆敬告。云山：这里是归隐的意思。

【译文】

今夜主人有酒，我们暂且欢乐；敬请弹琴高手，把广陵曲轻弹。城头月明星稀，乌鹊纷纷飞散；严霜寒侵树木，冷风吹透外装。铜炉薰燃檀香，华烛闪烁光辉；先弹一曲《渌水》，然后再奏《楚妃》。一声琴弦拨出，顿时万籁俱寂；星辰为之隐去，四座沉默陶醉。奉命出使清淮，离家千里万里；告归四川云山，是夜萌生此意。

【赏析】

广陵，即今江苏省扬州市，在唐代是淮南道的治所。从"广陵客"和"清淮奉使"可以判断出，这首诗是李颀奉命出使淮南道时，在友人饯别酒宴上听琴后所作。

首、二句以饮酒引出弹琴。三、四句写未弹琴时的室外夜景：月明星稀，乌鹊半飞，霜侵万木，冷风吹衣。五、六句从室外转入室内，写初弹情景：铜炉香绕，华烛高烧，初弹《渌水》，后弹《楚妃》。"一声已动物皆静，四座无言星欲稀"，以一片静谧衬托弹奏者技艺之高超，暗示琴声的美妙。末两句写琴声使作者感触颇深，立志归隐。

诗题名为"琴歌"，诗作却并不直接描写琴歌本身的优美动听，而是极力渲染环境气氛，写听琴的人。是全从背景着笔，用的是传统的"烘云托月"手法，写诗人不仅在听琴时为音乐所陶醉，甚至忘了自己奉命出使的身份，动了归隐的念头，更能衬托出琴歌的超凡入神及强大的感染力。

听安万善吹觱篥歌

◎李颀

南山截竹为觱篥①，此乐本自龟兹出。

流传汉地曲转奇，凉州胡人为我吹。

旁邻闻者多叹息，远客思乡皆泪垂。

世人解听不解赏，长飙风中自来往。

枯桑老柏寒飕飗，九雏鸣凤乱啾啾。

龙吟虎啸一时发，万籁百泉相与秋②。

忽然更作《渔阳掺》③，黄云萧条白日暗。

变调如闻《杨柳》春④，上林繁花照眼新⑤。

岁夜高堂列明烛，美酒一杯声一曲。

【注释】

①觱（bì）篥（lì）：即筚篥，竹制乐器。②万籁：大自然的各种声音。③《渔阳掺（càn）》：鼓曲名，声节悲壮。④《杨柳》：指古曲《杨柳枝》，乐曲欢快活泼。⑤上林：指皇家花苑。

【译文】

　　南山截来的竹子做成了筚篥，这种乐器本来出自西域龟兹。它传入中原后曲调更为新奇，凉州胡人安万善为我们吹奏。邻近的人听了乐曲人人叹息，离家游子生起乡思个个垂泪。世人只晓听声而不懂得欣赏，它恰如那狂飙旋风独来独往。像寒风吹摇枯桑老柏沙沙响，像九只雏凤绕着老母啾啾唤。像龙吟虎啸一齐迸发的吼声，像万籁百泉相杂咆哮的秋音。忽然声调急转变作了《渔阳掺》，有如黄云笼罩白日昏昏暗暗。声调多变仿佛听到了《杨柳》春，真像官苑繁花令人耳目一新。除夕之夜高堂明烛排排生辉，美酒一杯哀乐一曲心胸欲碎。

【赏析】

　　这首写音乐的诗在标题中即点明从"听"入手，正面着墨。

　　首六句先叙乐器的来源：是南山截来的竹子所制成，并总说其音凄清感人。下文忽然一转，"世人解听不解赏"，是说一般人只懂得泛泛听曲而不能欣赏乐声的美妙，使得这精妙的乐声只能孤自徘徊于大漠长风。

　　而诗人无疑是以"知音"自居，于是中间八句正面描写了变化多端的觱篥之声，如寒风吹过枯桑老柏，如凤鸣，如龙吟虎啸，如万籁百泉响。这样生动形象的比喻，使读者如闻其声，如临其境。同时采用通感手法，以黄云蔽日、"繁花照眼"来比喻音乐的沉着和明快，更显其独到之处，让人不禁赞叹诗人不愧是善于赏音之人。

　　末二句点出诗人从音乐的陶醉中回到现实，正是除夕夜，尤感孤寂凄苦。这首诗转韵频繁，一共十八句，却变换了七个不同的韵脚，声韵和诗句的内容意境相得益彰。

送魏万之京

◎李颀

朝闻游子唱离歌，昨夜微霜初渡河。
鸿雁不堪愁里听，云山况是客中过。
关城树色催寒近①，御苑砧声向晚多②。
莫见长安行乐处，空令岁月易蹉跎③。

【注释】

① 关城：指潼关。② 御苑：皇家园林。砧（zhēn）声：捣衣声。③ 蹉跎：光阴虚度。

【译文】

　　清晨，我听到游子吟唱离歌，昨夜有薄霜，你将渡过黄河。怎能忍受愁苦时听到雁叫，更别说旅途中翻过冷寂云山。潼关城树木凋零，催促寒冬临进京城，宫苑深秋捣衣声到晚上更多。千万不要把长安当成行乐之所，白白让光阴虚过。

【赏析】

　　魏万赴长安应举，途经洛阳遇李颀，李颀作下此诗为他送别。

　　诗开篇用倒戟法落笔，先写今晨"唱离歌"，然后马上联想到昨夜"微霜初渡河"，点出送别。"初渡河"三字，将霜拟人化了，点染出深秋时节萧瑟凄冷的氛围。

　　中间四联为诗人设想魏万只身去京路上的情景，以景色衬托其远行的孤寂艰辛。

　　古诗文中常常以秋天南去、春天北归的大雁比喻旅人，它的叫声自然也令人觉得凄切。云山本是令人向往的风景，但对于失意的人来说，只会感到前路茫茫的怅惘和黯然。作者推己及人，设身处地为友人着想。"不堪"、"况是"两个虚词前后呼应，可见诗人以自己的心情来体会、关怀友人，情真意切，让人唏嘘感叹。

　　五、六两句，诗人又对即将远行的友人作了情意深挚的推想，其中暗含着作者的身世之感以及年华易老的慨叹。

　　结尾劝勉友人当及时努力，不要虚度光阴，十分亲切。

　　全诗善于炼句，《唐诗直解》中说："其致酸楚，其语流利，'近'字好，'多'字工。"而且叙事、写景、抒情交织，或用倒装手法，或往复顿挫，转接离即巧妙，真情实意贯注其中，是盛唐脍炙人口的佳作。

春泛若耶溪

◎綦毋潜

幽意无断绝①，此去随所偶②。

晚风吹行舟，花路入溪口。

际夜转西壑③，隔山望南斗④。

潭烟飞溶溶⑤，林月低向后。

生事且弥漫，愿为持竿叟⑥。

【注释】

①"幽意"句：意谓归隐山林的念头一直未曾断绝。②随所偶：随遇而安，听凭自然。③"际夜"句：意谓入夜之际，舟已转入西面山谷。④南斗：即斗宿，位于北斗之南，故称南斗。⑤潭烟：水上雾气。⑥"生事"两句：意谓世事渺茫，前途不见，我宁愿做一个溪边垂钓的隐者。叟，老头。

【译文】

归隐之心长期以来不曾中断，此次泛舟随遇而安任其自然。阵阵晚风吹着小舟轻轻荡漾，一路春花撒到了溪口的两旁。傍晚时分船儿转出西山幽谷，隔山望见了南斗明亮的闪光。水潭烟雾升腾一片白白茫茫，岸树明月往后与船行走逆向。人间世情多么繁复多么茫然，愿做渔翁持竿垂钓在这溪旁。

【赏析】

这是一首写春夜泛舟若耶溪的诗。若耶溪在今浙江绍兴市东南，相传为西施当年浣纱处。

开篇两句以"幽意"两字点出了全诗的主旨，是幽居独处、随遇而安的意趣。因此，泛舟夜游，随水漂流，转西壑而望南斗，舟移景换，见水上雾烟浓密，舟向前而觉月向后。在这样幽静、清雅、迷蒙的环境中，诗人感到世事茫茫无穷尽，愿作若耶溪边持竿垂钓的隐者，追慕"幽意"的人生。

全诗紧扣题目中的"泛"字，在夜色曲折回环的扁舟行进中，沿岸的景物犹如一幅幅图画在诗人与读者眼前缓缓流淌而过，使寂静的景物富有动感，迷蒙流动，幽静美丽，令人心驰神往。全诗清丽幽秀，传达了作者超然出世的思想。

◎作者简介◎

綦毋潜(691—756)，字孝通，江西南康人。玄宗开元八年(720)落第返乡。开元十四年(726)，终于进士及第，历宜寿导尉、左拾遗。开元二十一年(733)冬离开长安。留传至今的诗多为描写风光之作。其诗风与王维接近。

从军行七首（其一）

◎王昌龄

烽火城西百尺楼①，黄昏独坐海风秋②。

更吹羌笛《关山月》③，无那金闺万里愁④。

【注释】

① 烽火：指烽火台。古代边境筑有高台瞭望，上置狼粪或柴草，敌至则燃火报警，叫烽火。② 海风秋：从青海湖吹来一阵阵秋风。③ 羌笛：羌族竹制乐器。④ 无那：即无奈。

【译文】

城西的报警烽火戍楼有百尺高，黄昏时独坐在这高楼上，从青海湖那边吹来带着秋意的寒风。更有远方传来的羌笛吹奏那伤别的《关山月》，想起万里之外闺中少妇的无可奈何的绮愁。

【赏析】

这是一首边疆士卒思归怀乡之作，笔法简洁，极富意蕴。

在城西的瞭望台上，征人独坐，四顾着浩瀚苍茫的边塞景象，一股寂寞感升涌心头。加上正值秋季，凉气侵人，又适逢黄昏，更容易触发人们对故乡、家人和朋友的思念之情。

就在此时，远方忽然传来一阵呜呜咽咽的笛声，如泣如诉，征人的思亲之情再也无法控制。

统治者好大喜功，不断用武力强行开边，致使边疆的将士们有家不能归，只能徒然地思念着亲人。作者写此诗表达的是对边疆戍卒深切的同情。

全诗情景交融，先描写环境，层层渲染，营造出一片苍凉寂寞的氛围，为最后一句的抒情作铺垫，使得所抒之情更有力度，感人肺腑。

◎作者简介◎

王昌龄（690—756），字少伯，京兆长安（今陕西西安）人。曾官江宁（今江苏南京）丞、龙标（今湖南黔阳）尉，后人因称"王江宁"、"王龙标"，又有"诗家天子王江宁"之称。安史乱起，避居江淮一带，因触忤刺史闾丘晓，为其所杀。其边塞诗气势雄浑，格调高昂，充满了积极向上的精神风貌。尤擅七绝，被称为"七绝圣手"。明王世贞论盛唐七绝，认为只有他可以与李白争胜，列为"神品"。《全唐诗》存其诗四卷。有《王昌龄集》。

从军行七首（其二）

◎王昌龄

琵琶起舞换新声①，总是关山旧别情②。

撩乱边愁听不尽，高高秋月照长城。

【注释】

① 琵琶：本作批杷。汉刘熙《释名·释乐器》："批杷本出于胡中，马上所鼓也。推手前曰批，引手却曰杷。"隋唐时琵琶盛行。② 关山：即边塞关防。

【译文】

军中弹奏着琵琶，在翩翩起舞之际又翻出新声；但不论怎样变换，都处处充满关山的离别之情。曲中撩乱的边关之愁听不尽，高高一轮清冷的秋月照着起伏的万里长城。

【赏析】

这首诗描写的是边疆士卒们生活的一个片段。诗人正是通过军中宴乐这个小小的片段，而将士卒们丰富的内心表现了出来。

军中宴乐开始了，琵琶虽翻成新声，可在远离故乡的将士们听来却总是

别离的曲调。那异域之声扰得人愁绪不断，永远牵动着戍边者的心，叫人既怕听，却又爱听。最后，离情入景：高高的秋月下万里长城连绵不尽。整首诗在此戛然而止，留下无限余味，供读者细品。

乡愁，是永远藏于戍边者内心的一种情感，纵使战功累累，那喜悦也总归是短暂的，异域的一切都会牵扯起战士们浓烈的思乡愁情。诗人笔触细腻，刻画入微，戍边者内心世界的复杂变化就于这短短的二十个字中毕现。

诗的品赏知识

边塞诗

边塞诗是以描写边塞自然风光及军民生活为主要内容的诗，其思想深刻，想象奇崛，艺术性极强，是唐代诗歌的主要题材之一。一般认为，边塞诗初步兴起于汉魏六朝，隋代开始兴盛，到唐代即进入发展的黄金时代。据统计，现存的唐以前的边塞诗还不到二百首，而《全唐诗》中收录的边塞诗多达两千余首，无论在数量还是在质量上，都有着根本性的突破。

王昌龄是唐代重要的边塞诗人，主要擅长七绝。与高适、岑参多用古体诗不同，王昌龄的边塞诗大部分是用乐府旧体抒写战士们爱国立功的壮志以及思乡之情，其中《从军行》向来被推为边塞诗中的千古名作。

从军行七首（其四）

◎王昌龄

青海长云暗雪山①，孤城遥望玉门关②。

黄沙百战穿金甲③，不破楼兰终不还④。

【注释】

① 青海：青海湖，在今青海省西宁市西。雪山：这里指甘肃省的祁连山脉。② 孤城：当是青海地区的一座城。一说孤城即玉门关。玉门关：汉武帝置，因西域输入玉石取道于此而得名。③ 穿：磨破。金甲：金属制的铠甲。④ 楼兰：汉代西域国名。这里泛指当时骚扰西北边疆的敌人。

【译文】

青海湖上长长的云朵使雪山显得暗淡，一座孤零零的城池遥望着玉门关。勇士们在黄沙里历经百战，铁甲磨穿，发誓不消灭敌人绝不归还故乡。

【赏析】

这首诗气势雄阔，是边塞诗中的经典之作。

一、二句对整个西北边陲进行了鸟瞰和概括，并重点突出了两个地理位置——"青海"和"玉门关"。这与当时民族间战争的态势有关：唐朝有两个强敌，一是吐蕃，一是突厥。青海地区，正是吐蕃与唐军多次作战的场所；而玉门关之外，则是突厥的势力范围。

诗中描写的边关景色是何其壮观，青海湖上长云滚滚，将雪山遮暗；群山间立着一座孤城，与玉门关遥遥相望。这壮阔的景象恰与将士们卫边杀敌的豪情壮志相应：不破楼兰始终不还返故乡！典型环境与人物感情高度统一，是王昌龄绝句的一个突出特点，于本诗中可见一斑。

这首诗写得雄壮有力，一改《从军行》前几首的低沉伤感，充分展现了戍边将士们豪情满怀的一面。

诗的品赏知识

边塞诗的思想内容

边塞诗涵盖的思想内容丰富，可以大致划分为以下几种：

一、表达渴望建功立业、杀敌报国的豪情。如王昌龄《从军行七首》（其四），是其中的典型代表。

二、描摹边地的奇异风光及独特的民风民俗。

三、描写边塞生活的单调艰辛、战争的惨烈及其造成的巨大破坏、连年征战的残酷、长期戍边所造成的精神创伤，表现对黩武开边政策以及将军贪功启衅的怨恨与不满。

四、抒发戍边将士的乡愁，或闺中思妇的离恨。

边塞诗中流露出的情感往往是矛盾而复杂的：既有慷慨从军、为国献身的壮志与激情，又有因单调艰苦的戍边生活所带来的思乡与无奈，还伴随着对统治者穷兵黩武与将领昏庸懦弱的悲慨。

从军行七首（其五）

◎王昌龄

大漠风尘日色昏，红旗半卷出辕门①。

前军夜战洮河北②，已报生擒吐谷浑③。

【注释】

① 辕门：军营的大门。古代行军扎营时，一般用车环卫，出口处把两车的车辕相对竖起，对立如门。② 洮河：黄河上游支流，在甘肃省甘南藏族自治州境内，源出甘青两省边界西倾山东麓，东流至岷县折而向北，经临洮县到永靖县城附近入黄河。长五百余公里。③ 吐谷（yù）浑：晋代鲜卑族慕容氏的后裔，唐前期据有洮水西南等处，后被唐高宗和吐蕃的联军所败。此处借指进犯之敌的首领。

【译文】

大漠的风沙遮天蔽日，天色昏暗，战士们半卷着红旗，从辕门出发。（行军中途，捷报传来）前锋部队已在夜战中大获全胜，连敌首领也被生擒。

【赏析】

这首诗描写了将士们行军途中戏剧性的一幕，表现了将士们的壮志豪情。

"大漠风尘日色昏"并非指天色已晚，而是描绘了风沙遮天蔽日的场景，这不光表现了气候的酷烈，还对军事形势起着烘托、暗示的作用——面对如此恶劣的气候，唐军并没有紧闭辕门、被动防守，反而斗志高昂、主动出征。为了减少狂风所带来的强大阻力，加快行军速度，战士们都半卷着红旗，向前挺进。

尽管风沙遮天蔽日，边陲的将士们都摩拳擦掌，如一柄利剑直指敌营。通过对气氛的渲染，让人感觉到一场恶战似乎已经迫在眉睫，而这也让读者的心悬得高高的：这支劲旅接下来将会面对何种惊心动魄的场景呢？

然而，就在部队急行的途中，富有戏剧性的一幕上演了：前线突然传来捷报，前锋部队已经在夜战中大获全胜，还生擒了敌军首领。这一发展可谓是急转直下，乍看出人意料，细想却又完全合乎情理，因为一、二句所渲染的大军出征时迅猛而凌厉的声势，已经暗示了唐军高昂的士气和强大的战斗力。而这支强大的增援部队，恰好衬托出前锋的胜利并非偶然。

诗人避开正面铺叙，通过气氛渲染和侧面描写，表现了唐军高昂的士气。他选取的对象是未和敌军交手的后援部队，后援部队尚且如此剽悍，更不用说前锋部队了，这一场胜战实在是理所当然。这样一种打破俗套的构思手法实在是巧妙！

出塞

◎王昌龄

秦时明月汉时关，万里长征人未还。

但使龙城飞将在①，不教胡马度阴山。

【注释】

① 但使：只要。龙城：在今河北省喜峰口一带，为汉代右北平郡所在地。汉武帝曾用李广为右北平太守。匈奴闻之，数年不敢来犯。龙城飞将：指西汉名将李广，匈奴称之为"汉之飞将军"。

【译文】

秦时的明月，汉时的边关，远征万里的将士还没有回还。假若卫青和李广雄风还在，绝不许匈奴战马越过阴山。

【赏析】

"龙城"指奇袭龙城的名将卫青，而"飞将"则指威名赫赫的飞将军李广。"龙城飞将"并不只一人，实指李广、卫青，更多的是借代众多汉朝抗击匈奴的名将。在西汉时期，常年有与匈奴的战争。李广、卫青就是在抗击匈奴战争中涌现出来的名将，李广出身于军人世家，少年时即从军抗击匈奴。他善于骑射，骁勇善战，立下显赫战功。元光六年（前129），匈奴兴兵南下，前锋直指上谷（今河北省怀来县）。汉军分四路出击。车骑将军卫青直出上谷，李广任骁骑将军，率军出雁门关，四路将领各率一万骑兵。卫青率领骑兵，一夕纵横八百里，奇袭直捣龙城（匈奴祭扫天地祖先的地方，现蒙古国塔米尔河岸），取得胜利。李广被成倍的匈奴大军包围。匈奴单于久仰李广威名，令部下务必生擒之。李广终因寡不敌众而受伤被俘。押解途中，他飞身夺得敌兵马匹，射杀追骑无数，终于回到了汉营。李广展现出的惊人骑射技术给匈奴人留下深刻的印象，在匈奴军中赢得了"汉之飞将军"称号。后来武帝重新起用李广为右北平太守。匈奴闻"飞将军"镇守右北平，数年不敢来犯。

明月还是那轮曾照过秦汉时的明月，关塞还是那秦汉时的关塞，诗的起句很是不凡，"秦时月"、"汉时关"乃互文见义，见出时间之悠远，有极为厚重的历史感，仿佛一股雄浑苍凉之气扑面而来。而万里出征，军劳力竭而功未成，未能归还故乡，"万里"，见出空间之寥廓。边月关山，千古而不变，而历史变化，征战依然不断，在时空流转中展开雄阔苍茫的画面。后两句发出深沉感慨，希望有李广那样的飞将军一举平息胡乱，不使胡马偷渡阴山，"但使"、"不教"为因果句式，从假设之语中可见出其未言之深意。全诗由写景披入，气势流畅，语意含蓄深沉，意境雄浑高昂，明人李攀龙将它推举为唐代七绝压卷之作。

采莲曲二首（其二）

◎王昌龄

荷叶罗裙一色裁①，芙蓉向脸两边开②。
乱入池中看不见③，闻歌始觉有人来。

【注释】
①罗裙：丝织的裙子。②芙蓉：荷花。③乱：混杂。

【译文】
采莲少女的绿色罗裙仿佛是和荷叶一并裁剪出来的，少女的脸掩映在两边粉红的荷花中。混杂在莲花池塘中难以看见，听见歌声方才发觉有人来了。

【赏析】
这是一首描写少女们采莲的诗，看似浅易，却韵味悠长。

诗一开头就巧妙地把采莲少女和周围的自然环境组成一个和谐统一的整体。"芙蓉向脸两边开"，"芙蓉"即荷花，将少女红润艳丽的脸庞比作荷花并不算新鲜，但它又不仅仅是比喻，而是描绘了一幅美丽的画卷：采莲少女的脸庞正掩映在盛放的荷花中间，看上去仿佛是艳丽的荷花正朝着少女娇美的脸庞开放，二者相互照映，人花难辨，这些采莲少女简直就是大自然最秀丽的一部分。

第三句紧承前两句而来。"乱入"，即混入、杂入。荷叶罗裙、芙蓉人面本就难以分辨，稍一分神，采莲少女即与绿荷红莲融为一体了。这一句描写了伫立凝望者刹那间所产生的一种变幻莫测的惊奇与怅惘。就在怅惘之际，莲塘中飘起了清脆的歌声，方才让人意识到，采莲少女仍然在这片荷塘间。这一细腻的描写，更增添了画面的生动和诗境的蕴藉。

诗人用平白洗练的语言，描绘了一幅优美的江南采莲图：初夏时节，荷叶田田，采莲女们提着小竹篮采莲其间，嬉笑放歌。有色、有声，整个画面洋溢着青春的欢乐，读之叫人如临其境。

诗题为采莲，全诗围绕着采莲少女们展开，可诗人却没对少女们进行任何正面描摹，而是始终将她们置于田田荷叶、艳艳荷花间，若隐若现，与美丽的大自然融为一体，让读者自己去想象采莲们的风姿以及她们的天真烂漫、朝气蓬勃，艺术构思十分巧妙，韵味悠悠。

同从弟南斋玩月忆山阴崔少府

◎王昌龄

高卧南斋时①，开帷月初吐②。

清辉澹水木，演漾在窗户。

荏苒几盈虚③，澄澄变今古。

美人清江畔④，是夜越吟苦⑤。

千里其如何，微风吹兰杜⑥。

【注释】

① 南斋：面南的书房。② 开帷：拉开帘帐。帷，帘帐。③ 荏（rěn）苒（rǎn）：时光于不知不觉中渐渐过去。盈虚：月缺月圆。④ 美人：可亲可爱的人，指崔少府。⑤ 是夜：此夜。越吟苦：意思是想必在越中苦吟诗篇。⑥ 兰杜：兰花与杜若，均为香草。

【译文】

我和从弟在南斋高卧的时候，掀开窗帘玩赏那初升的明月。淡淡月光泻在水木之上，轻悠悠的波光涟漪荡入窗户。光阴荏苒，这窗月已几盈几虚；清光千年依旧，世事不同今古。

德高望重的崔少府在清江河畔，今夜必定在吟诵思乡之曲。千里迢迢可否共赏醉人婵娟？您远播的名声，如同兰花、杜若的馨香，千里之外也会随风吹来。

【赏析】

"从弟"，即堂弟。诗题中的"玩"是全诗的主线。"玩月"即赏月，但又不是一般地赏，而是细细品赏。

诗人独卧南斋，掀开帘帷，一下子就看到了初升的月亮。淡淡的月光在水木间轻轻飘荡，逐渐洒落到窗户上。玩赏月色随即让诗人想到相隔千里的友人，窗外月的盈虚又让他想起人生的聚散无常与世事的变迁不定。

之后写友人崔少府在越地声名远扬，好像兰花和杜若的芳香随风飘来。这里不仅是怀念好友述相思之情，还是在称颂、钦佩友人的文章道德。

全诗笔不离月，写月"清辉澹水木，演漾在窗户"，水月清辉流动荡漾，显得清新生动；并对月兴感，"荏苒几盈虚，澄澄变今古"，景不离情，情景交融，风骨内含，意味深远，有极强的艺术感染力。

塞上曲

◎王昌龄

蝉鸣空桑林①，八月萧关道②。
出塞复入塞，处处黄芦草。
从来幽并客③，皆共尘沙老。
莫学游侠儿⑤，矜夸紫骝好⑥。

【注释】

① 空桑林：叶子已然枯落的桑树林。② 萧关：古时关中与塞北的交通要冲，在今宁夏固原东南。③ 幽并：幽州和并州，唐代时皆属于边防之地。④ 游侠儿：指恃勇逞强、意气用事、常常惹是生非的人。⑤ 矜夸：骄傲自夸。紫骝（liú）：泛指骏马。

【译文】

知了在枯秃的桑林鸣叫，八月的萧关道气爽秋高。出塞后再入塞天气变冷，关内关外尽是黄黄芦草。自古以来河北山西的豪杰，都与尘土黄沙相伴到老。莫学那自恃勇武的游侠儿，自命不凡地把骏马夸耀。

【赏析】

王昌龄的边塞诗在盛唐诗作中别树一帜，为人们所称道。这首《塞上曲》是诗人早年漫游西北边地时所作，诗由征戍边塞不回而告诫少年不要矜夸武力，表达了反战之意。

前四句写边塞秋景，诗人选取了寒蝉、桑林、萧关、边塞、秋草等中国古代诗歌中典型的悲情意象，寥寥数语，就将塞上的荒凉萧瑟景象呈现在读者眼前，作者刻意描写肃杀悲凉的秋景是为下文反对战争做背景和情感上的铺垫。

后四句写久戍边塞的将士，寄寓了深切的同情，"从来幽并客，皆共尘沙老"，与王翰的名句"醉卧沙场君莫笑，古来征战几人回"有异曲同工之妙。自古以来，试图通过沙场拼杀来封侯拜将的男儿数不胜数，诗人们也热衷于抒发建功立业的豪情壮志，然而，绝大多数人的宏图大志最后只是一场空，所以发出了"皆共尘沙老"的无奈慨叹。诗人对"幽并客"并无贬意，反而隐约可见对献身沙场的壮士的惋惜之情。最后劝勉少年莫学游侠儿自恃勇武，炫耀紫骝马善于驰骋，深刻地表达了作者对于战争的厌恶。

这首诗写边塞秋景，可见慷慨悲凉的建安风骨遗韵；写戍边征人，有汉乐府直抒胸臆的哀怨之情；讽喻市井游侠，直接否定和批判了唐代锦衣少年的浮夸风气。

塞下曲

◎王昌龄

饮马渡秋水①，水寒风似刀。

平沙日未没，黯黯见临洮②。

昔日长城战，咸言意气高③。

黄尘足今古，白骨乱蓬蒿④。

【注释】

① 饮（yìn）马：给马喝水。② 临洮（táo）：今甘肃岷县一带，是长城的起点。③ 咸：都。④ 蓬蒿：泛指野草。

【译文】

牵马饮水渡过了大河，水寒刺骨秋风如剑似刀。沙场广袤夕阳尚未下落，昏暗中看见遥远的临洮。当年长城曾经一次鏖战，都说戍边战士意气高昂。自古以来这里黄尘迷漫，遍地白骨零乱夹着野草。

【赏析】

《塞下曲》是古时边塞地区的一种军歌。唐朝很多诗人尤其是边塞诗人用过此题写诗，比较著名的有王昌龄、高适、李白、卢纶、李益、许浑等人的诗歌。

大约在开元十一、十二年至开元十四年间，王昌龄西出河陇，当时唐玄宗不听宰相张说的劝谏，派军西征吐蕃，结果先胜后败。开元十五年，主将被杀，整个河陇为之震惊。王昌龄在边时，正值战事最激烈的时期，所以有着切身感受。

秋在五行中属金，主刀兵，何况又是在大漠黄沙的边陲之地，越发让人体会到秋天所带来的肃杀之意。饮马河边，

水寒刺骨风凛冽似刀；平沙日落，昏暗苍茫中见长城逶迤。诗人用极简的语句写出了塞外晚秋时节的荒凉景象，意象宏阔，境界雄浑。而这样深邃苍茫的景色已经延续了多少世代？

后四句更是刻画了一幅触目惊心的古战场图画：当年血战长城，将士意气高昂，从古到今这里到处都是黄沙弥漫，战死者的白骨散乱在野草之间，发人警醒，点出强烈的反战思想。

开元前中期的边塞诗多以杀敌建功为主旨，而王昌龄却较早地唱出了反战的主题，这一方面是因为他亲眼目睹过当时的边防弊政，另一方面也是因为他有着高人一筹的识见。

诗人不愧是写边塞诗的能手，以雄健的笔力勾画出一幅震撼人心的塞外战场景象图，将战场的荒凉和战争的惨烈刻画得淋漓尽致。前人评价此诗说："极简、极纵、极古、极新，俱在汉魏之间。"（《唐诗选脉会通评林》）

春宫曲

◎王昌龄

昨夜风开露井桃①，未央前殿月轮高②。
平阳歌舞新承宠③，帘外春寒赐锦袍。

【注释】

① 井桃：井边的桃花。② 未央：汉宫殿名。也指唐宫。③ 平阳歌舞：平阳公主家中的歌女。

【译文】

昨夜东风吹开井边桃花；未央宫前殿，一轮明月高照。平阳公主的歌女，近来备受恩宠；帘外春寒料峭，皇上赐她锦袍。

【赏析】

诗写春宫之"怨"，却无怨语怨字。作者以汉武帝故事隐喻唐朝内宫生活：陈皇后因为助汉武帝登基有功，加之本性骄横跋扈，数年来专宠后宫，但始终无所出。一日，武帝至平阳公主府邸宴饮，爱悦其歌女卫子夫，临幸后将其接入宫中。卫子夫备受恩宠，陈皇后怨恨几死，多次暗中陷害卫家人，此举惹怒了汉武帝，遂下令废除陈皇后，并将其幽闭在长门宫，改立卫子夫为皇后。

此诗前两句写春天晚风吹开桃花，点明时令，而女主人公长夜难成眠，月高夜深犹自徘徊在前殿。"未央前殿月轮高"一句表明女主人公长夜难寐，又以他人之得意反衬自己之失意，嗔责明月也偏照得宠之人，忿怨之情隐含在字里行间。

三、四句从侧面写新人受宠的情状，虽春寒在帘外，却在温暖的室内获得特赐的锦袍。

诗不直接说宫人之怨，虚此实彼，只说他人受宠，而自己失宠自可会得，实为弦外有音的手法，言近意远，似乎无怨，怨却至深至长。

长信怨

◎王昌龄

奉帚平明金殿开①，且将团扇共徘徊。
玉颜不及寒鸦色，犹带昭阳日影来②。

【注释】

① 奉帚：手持扫帚。② 昭阳：赵合德所居之昭阳宫。

【译文】

拂晓金殿门开，宫人准备打扫，暂且让团扇伴着我踱步殿前。轻叹容颜如玉反不及乌鸦，只因它尚能去昭阳殿沐浴君恩而还。

【赏析】

班婕妤最初因美丽贤惠有才华而为汉成帝所重，后来赵飞燕、赵合德姐妹入宫，深受汉成帝偏宠。班婕妤便自请去长信宫侍奉太后，她曾作《怨歌行》，自比团扇，秋凉被弃捐。这首宫怨诗即咏其事。

首句写班婕妤供奉太后之事，二句暗用团扇典故，"共徘徊"三字，将团扇秋来被弃与人失宠失意后的彷徨苦闷心绪相并，极见精神。三、四句轻轻宕开一笔，借"寒鸦"与"玉颜"作鲜明奇特的对比，寒鸦自昭阳殿飞来，犹带昭阳日影，人虽有玉

颜，却不能沐浴君恩，故"玉颜"不及"寒鸦"，这想入非非的对比把人物的特定心理刻画得丝丝入微。构思巧妙而不伤浑成，语带双关，用典亲切，在优柔婉丽中含蕴无穷，使人一唱而三叹。

诗的品赏知识

宫怨诗

宫怨诗是以描写古代帝王后宫中的宫女以及妃嫔失宠后的幽怨之情为主题的，它跟六朝及唐初那些专门描写宫廷绮靡奢华生活的宫体诗截然不同。王昌龄的《春宫怨》和《长信怨》正是其中的佼佼者。

宫怨诗大都是从不同角度描写宫女或妃嫔们的悲惨生活及精神痛苦，将宫妃或宫女怨恨的原因归结为失宠或不得宠，一般只表露这些女性生活的一角，点到即止，或者展示得极为含蓄。

宫怨诗可以分为三类：

1. 诗人替怨。如《长信怨》。

2. 诗人观怨。如王建《宫词》："往来旧院不堪修，教近宣徽别起楼。闻有美人新进入，六宫未见一时愁。"

3. 宫女自怨。如相传为唐宣宗年间宫女韩氏所作的《红叶诗》："流水何太急，深宫尽日闲。殷勤谢红叶，好去到人间。"

闺怨

◎王昌龄

闺中少妇不知愁，春日凝妆上翠楼^①。

忽见陌头杨柳色^②，悔教夫婿觅封侯。

【注释】

① 凝妆：盛装。② 陌头：道边。

【译文】

  闺中少妇从不知道忧愁，春日里她打扮妥帖登上翠楼。忽然看到路口杨柳泛出新绿，才后悔教丈夫从军谋取功名。

【赏析】

  诗题为"闺怨"，首句却写闺中少妇"不知愁"，紧接着又写她在春光明媚的日子里盛装打扮后登上翠楼赏春的情形，活画出青春女子天真烂漫的憨态。然而，她是真的不知道忧愁吗？纵观全诗，显然并非如此。

  接下来"忽见"一词，轻轻一转，于不经意处翻出"陌头杨柳色"。眼前所见，不过杨柳这等寻常景物，何以称之为"忽见"？其实，这句诗关键是要表达这位少妇在见到杨柳后忽然触发的联想和心理变化。在古人心目中，杨柳不仅是"春色"的象征，也是别离时相赠的礼物，古人很早就有折柳相赠的习俗，送别诗中也经常出现"折柳"这一意象。眼前所见之景勾起了她一连串的情思：当年折柳送别，今春柳树又绿，夫君未归，时光流逝，红颜易老……于是一种强烈的空寂和怨愁之感迎面扑来。

  而在情思被触动之后，少妇心中那沉积已久的幽怨和离愁突然变得一发而不可收，顷刻间喷涌而出，于是自然而然地引出了"悔教夫婿觅封侯"一句。杨柳显然只是导致少妇情感变化的一个外在因素，如果没有平日感情的积蓄，杨柳不可能如此强烈地触发她心中的"悔"。因此，少妇的情感变化看似突然，实则尽在情理之中。最后一句的"悔"字为画龙点睛之笔，将登楼前的不知愁与登楼后的深知愁融汇在一起，形成强烈的反差。

  这首诗并未刻意写怨愁，然而怨之深、愁之重，已表露无遗。诗人抓住了少妇一刹那的心理变化，生动地揭示了"闺怨"的主题。

诗的品赏知识

闺怨诗

  闺怨诗主要表现古代民间弃妇和思妇（包括征妇、商妇、游子妇等）的忧伤，或者闺中少女怀春以及对情人的思念。无论是"宫怨"还是"闺怨"，都少不了一个"怨"字，两类诗集中反映了封建宗法制度下男尊女卑的社会现象，以及由此而引起的古代女性在婚姻问题上的种种复杂心态。

  如《闺怨》最后一句的"悔"字，在这位少妇看来，"杨柳色"比"觅封侯"更值得留恋，表现了作者对富贵功名的轻视，对美好时光和青春年华的珍惜，为"闺怨"这一传统题材注入了新的内涵。

芙蓉楼送辛渐

◎王昌龄

寒雨连江夜入吴①，平明送客楚山孤②。

洛阳亲友如相问③，一片冰心在玉壶④。

【注释】

① 寒雨：寒冷的雨。连江：满江。吴：三国时的吴国在长江下游一带，简称这一带为吴，与下文"楚"为互文。② 平明：清晨天刚亮。客：指辛渐。楚山：春秋时的楚国在长江中下游一带，所以称这一带的山为楚山。孤：独自，孤单一人。③ 洛阳：位于河南省西、黄河南岸。④ 一片冰心在玉壶：冰在玉壶之中，比喻人清廉正直。冰心：比喻心地纯洁。

【译文】

秋雨满江，夜里侵入吴地，清晨送你远行，楚山也显孤寂。洛阳的亲友如果问起我，就说我依然清白高洁如玉壶冰晶。

【赏析】

芙蓉楼，旧址在今江苏省镇江市。开元二十九年（742），王昌龄因"不谨小节，谤议沸腾"被贬为江宁丞，这首诗即作于其时。

首两句写雨夜饯别和平明相送，茫茫的江雨和孤耸的楚山，烘托出送别时的孤寂凄清之情；后两句是临别时的叮咛之语，辛渐是诗人的朋友和同乡。此次返乡，诗人托辛渐带给洛阳亲友的不是报平安或问候，而是"一片冰心在玉壶"的心志表白。

天气寒冷，玉壶中的水会结成冰，玉壶和冰都是晶莹澄澈之物，故常用以比喻高洁清纯。六朝刘宋时期的诗人鲍照就用"清如玉壶冰"（《代白头吟》）来比喻高洁清白的品格。自从开元宰相姚崇作《冰壶诫》以来，盛唐诗人如王维、崔颢、李白等曾以冰壶自励，推崇光明磊落、表里澄澈的品格。王昌龄托好友辛渐给洛阳亲友带去的口信不是通常的报平安，而是传达自己依然冰清玉洁、坚持操守的信念，是大有深意的。

据《唐才子传》和《河岳英灵集》载，王昌龄曾因不拘小节，"谤议沸腾，两窜遐荒"，开元二十七年（739）被贬岭南即是第一次。从岭南归来后，他被任为江宁丞，几年后再次被贬谪到更远的龙标，可见当时他正处于众口交毁的恶劣环境之中。诗人在这里以晶莹透明的冰心玉壶自喻，正是基于他与洛阳诗友亲朋之间的真正了解和相互信任。

诗人从清澈无瑕的玉壶中捧出一颗晶亮纯洁的冰心以告慰友人，这就比任何相思的言辞都更能表达对洛阳亲友的深情，其精巧的构思和深婉的用意均融化在一片清空明澈的意境之中，显得含蓄蕴藉，余韵无穷。

望蓟门

◎祖咏

燕台一去客心惊①，笳鼓喧喧汉将营。

万里寒光生积雪，三边曙色动危旌②。

沙场烽火侵胡月，海畔云山拥蓟城。

少小虽非投笔吏③，论功还欲请长缨④。

【注释】
① 燕台：即幽州台。② 三边：古称幽、并、凉三州为三边，此指蓟城一带边地。危旌：高扬的旗帜。
③ 投笔吏：东汉班超年少时曾是抄写文书的小吏，后投笔从戎，立功西域，封定远侯。④ 请长缨：终军
曾向汉武帝请求："愿受长缨，必羁南越王而致之阙下。"

【译文】
　　从燕台望去，我暗暗吃惊，笳鼓喧天，出自汉将兵营。万里积雪，发出寒光，天刚亮，三
州边地，军旗飘动。沙场烽火，遮蔽了明月，海边云烟，簇拥着蓟门城。少年时，虽没像班超
那样，投笔从戎，论功还是想学终军，自愿请缨。

【赏析】
　　蓟门是唐边防要地，在今北京德胜门外。诗人到闻名已久的边塞重镇，游目纵观蓟门壮丽的风光，
吊古感今，慨然生发报国从戎的豪情。
　　全诗由首句的一个"惊"字领起，一到燕台想起燕昭王为求贤才而筑黄金台，兴盛一时，可自郭
隗、乐毅等贤人故去后，燕国即被秦所灭，此为一惊。而将营中吹笳击鼓，喧声震天，体现了汉将营
中号令的严肃，深深震动了诗人的心灵。
　　接下来，诗人写望中所见，视线由远处移到高处，由内地到边塞，层次分明。连绵万里的积雪以
及积雪所反射的寒光，无不令人心惊，而边防地带如此的形势和气氛，更是让人震撼。故尾联因被望
中所见的雄浑壮丽的战场风光所激励感奋，涌起一股报国立功的豪情。

终南望余雪

◎祖咏

终南阴岭秀①，积雪浮云端。

林表明霁色②，城中增暮寒。

【注释】

① 终南：终南山，在今陕西省西安市南。阴岭：向阴的山岭。② 林表：树林的外表。霁色：雪后的阳光。

【译文】

终南山北面，山岭秀丽，峰顶的积雪，像浮在云端。雪停了，林外日色明朗，傍晚天晴，城中反增几分冷寒。

【赏析】

据《唐诗纪事》卷二十记载，这是作者在长安应进士考试诗。按照唐考试制度规定，应试诗当为五言六韵十二句，但祖咏作了四句就交卷了，考官问他为何不写完？他说："意尽。"从诗本身来看，四句的确写尽终南余雪的景色。长安城遥对终南山北麓，前两句写眺望所见：魏魏终南山北积满了白雪，顿添不少秀色；起伏峰峦上的积雪，好像白云飘浮在天际。后两句，重在写"余雪"，残阳的余晖斜照在雪峰山林上而分外明亮，望积雪而转觉苦寒侵袭，进而想到城中暮寒骤增，众生酷冷。前三句咏雪如画，末句为神来之笔，抒发深沉感受，使意在言外，蕴藉无穷。

诗的品赏知识

绝句

绝句起源于两汉，成形于魏晋南北朝，兴盛于唐朝。因为是四句一首，故称"联句"。唐代是我国诗歌发展的黄金时代，绝句风靡于世，名篇佳句不断涌现。关于绝句的来历，有两种说法：

一、"绝句"又叫"截句"、"断句"，"截"和"断"都有短截之意。按照《诗法源流》的解释，绝句是截取律诗中的四句，或截首尾二联，或截前二联或后二联，或截中间二联。

二、"绝句"来自于"五言短古，七言短歌"，而诗人赋它以声律，使其定型，遂成绝句。

关于绝句是截取律诗之半的说法，清代学者王夫之指出："五言绝句自五言古诗来，七言绝句自歌行来，此二体本在律诗之前，律诗从此出，遂令充畅尔。"可见第一种说法是不正确的。

⊙作者简介⊙

祖咏，洛阳人，开元进士，生卒年不详。曾隐居河南汝水间，渔樵自终。与王维相交三十年，诗风也与王维颇为近似，多写山水景色和隐逸生活。《全唐诗》存其诗一卷。

送綦毋潜落第还乡

◎王维

圣代无隐者，英灵尽来归。

遂令东山客①，不得顾采薇②。

既至金门远③，孰云吾道非。

江淮度寒食，京洛缝春衣④。

置酒长安道，同心与我违⑤。

行当浮桂棹⑥，未几拂荆扉⑦。

远树带行客，孤城当落晖。

吾谋适不用⑧，勿谓知音稀。

【注释】

① 东山客：东晋谢安曾隐居于会稽东山，此指隐居者。② 采薇：商末伯夷、叔齐不食周粟，在首阳山采薇代食。这里指隐居。③ 金门：金马门，汉代对优异贤良之士皆令至金马门待诏。④ "江淮"二句：意谓赴京赶考，渡江淮时正值寒食节，后落第滞留京洛，又自缝春衣。⑤ 同心：知心朋友。违：分离。⑥ 行当：将要。桂棹：船的美称。⑦ 未几：不久。荆扉：指故园的柴门。⑧ "吾谋"句：意指文章未为考官所赏识。

【译文】

　　政治清明时代绝无隐者存在，为朝政服务有才者纷纷出来。连你这个像谢安的山林隐者，也不再效法伯夷叔齐去采薇。你应试落弟不能待诏金马门，那是命运不济谁说吾道不对？去年寒食时节你正经过江淮，滞留京洛又缝春衣已过一载。我们又在长安城外设酒饯别，同心知己如今又要与我分开。你行将驾驶小船南下归去，不几天就可把自家柴门扣开。远山的树木把你的身影遮盖，夕阳余辉映得孤城艳丽多彩。你暂不被录用纯属偶然的事，别以为知音稀少而徒自感慨！

【赏析】

　　这是一首劝慰落第友人的诗。綦毋潜是荆南人，到长安应考进士不中，王维送他还乡，并作此诗对他进行勉励。

　　诗人先说圣明时代，有才能的人不再隐居。这次应考未中，谁说是因为你没有才能呢？不要为了偶然的失意，就认为世上没有知音的人了。诗人言辞恳切，体贴入微，正如清代沈德潜所谓"反复曲折，使落第人绝无怨尤"。

　　全诗虽是为送别落第友人惋惜，却并不显得悲伤愁苦，在抒情之中既有由衷的感慨，又有真挚的勉励，情调昂扬乐观，境界开阔，读之令人振奋。

　　"远树带行客，孤城当落晖"写送行景色，有如一幅暮春送别图，正是"诗中有画"。

送别

◎王维

下马饮君酒①，问君何所之②。

君言不得意，归卧南山陲③。

但去莫复问，白云无尽时。

【注释】

① 饮君酒：请君饮酒。② 何所之：去向何方？
③ 南山：终南山，今陕西西安市南。陲（chuí）：边。

【译文】

请你下马喝一杯美酒，我想问问你要去哪里？你说官场生活不得志，想要归隐南山的边陲。你只管去吧我不再问，白云无穷尽足以自娱。

【赏析】

这首诗写送友人归隐，旧注疑是送孟浩然归隐南山，则南山应当是指襄阳南岘山。

前四句中，一、二句起笔点题，写饮酒饯别，问君到哪里去，由此引出下文中要归隐的对答。其中"不得意"三个字显然是有深意的，是解开全诗的题旨所在。

后两句是写友人归隐山林，有山间悠悠白云可供消遣，别有一番悠闲自在，我又何必再苦苦寻问呢？

前四句平平道来，如话家常；后两句韵味骤增，诗意顿浓。友人仕途不得意而不得不归隐，心中必然有无限感慨，诗人正是借此来开解友人，同时也暗含了无限的羡慕和感慨之意。

这首诗虽然是送别诗，却表现得颇为洒脱，其佳处正在于最末两句：与永恒的大自然相比，人世间的荣华富贵、高官显爵就是过眼云烟；与终日奔波劳碌的人类相比，那山中飘飞的白云是多么自由自在、无拘无束。在仕途上失意了，就到大自然中寻回自身的价值，这不仅是盛唐士人，也是中国知识分子的普遍心态。

全诗借送别友人归隐，阐述了诗人想要回归自然、自寻其乐的志向，暗含着对追逐功名的否定。语句看似平淡无奇，却是藏而不露，含不尽之意在言外，给人"清音有余"（谢榛语）的感觉。清人张文荪《唐贤清雅集》评价说："五古短调要浑扩有余味，此篇是定式。"

◎作者简介◎

王维（701—761），字摩诘，祖籍祁（今属山西）。开元进士。累官至给事中。安史之乱中曾受伪职。后官至尚书右丞，故亦称"王右丞"。晚年居蓝田辋川，过着亦官亦隐的优游生活。其作品主要为山水诗，体物精细，状写传神。兼通音律，工书画。有《王右丞集》。

青溪

◎王维

言入黄花川①，每逐青溪水②。

随山将万转，趣途无百里③。

声喧乱石中，色静深松里④。

漾漾泛菱荇⑤，澄澄映葭苇⑥。

我心素已闲，清川澹如此⑦。

请留盘石上⑧，垂钓将已矣⑨。

【注释】

① 言：发语词，无意。黄花川：今陕西凤县东北黄花镇附近。② 逐：沿着。青溪：今陕西沔县东。③ "随山"两句：意思是清溪与黄花川相隔不过百里，溪水却依山势千回万转。趣，同"趋"。④ 色：山色。⑤ 漾漾：形容水波荡漾摇曳的样子。泛：浮漂。菱荇：菱叶荇菜等水生植物。⑥ 澄澄：形容溪水清澈透明。葭（jiā）苇：芦苇。⑦ 澹（dàn）：安静。⑧ 盘石：大石。⑨ 将已矣：将留此终身。

【译文】

每次我进入黄花川漫游，常常沿着青溪辗转飘流。流水依随山势千回万转，路途无百里却曲曲幽幽。乱石丛中水声喧哗不断，松林深处山色静谧清秀。溪中菱藕荇菜随波荡漾，澄澄碧水倒映芦苇蒲荇。我的心平素已习惯闲静，淡泊的青溪更使我忘忧。让我留在这盘石上好了，终日垂钓一直终老到头！

【赏析】

这首诗大约是王维初次隐居蓝田南山时所作，写了一条不知名的清溪的素淡景致，着眼在"我心素已闲，清川澹如此"，以清溪的淡泊来印证自己安闲的夙愿。

开头四句沿着清溪入黄花川游历，百里之间，途径千回万转。"声喧乱石中，色静深松里"写听到溪流声，看到溪边松色，动静相称，声色交通，极富意境美。七、八句写清溪流出松林，进入开阔地带的景色。诗人笔下的清溪深峭灵洁，既喧闹又沉静，既活泼又素淡，让人心生爱悦。"一切景语皆情语"（王国维《人间词话》），全诗写景又写情，物境、心境融合为一，浑然一体。这首诗，诗中有画，清新淡雅、醇厚隽永，很能体现王维山水诗的特色。

渭川田家

◎王维

斜光照墟落①，穷巷牛羊归②。

野老念牧童，倚杖候荆扉。

雉雊麦苗秀③，蚕眠桑叶稀④。

田夫荷锄至⑤，相见语依依。

即此羡闲逸⑥，怅然吟《式微》⑦。

【注释】

① 墟落：村落。② 穷巷：深巷。③ 雉雊（gòu）：野鸡叫。④ 蚕眠：蚕吐丝作茧后在内蜕皮化蛹，其间不食不动，称"眠"。⑤ 荷（hè）：扛着。⑥ "即此"句：意谓就是这样的情景也让人羡慕其安然闲逸了。⑦《式微》：《诗经·邶风·式微》中有："式微，式微，胡不归？"（胡不归：为何还不归去？）

【译文】

斜阳照在村墟篱落，放牧的牛羊回到了深深的小巷。村中一位老叟，拄着拐杖倚靠在柴门前，等候放牧晚归的牧童。吐穗华发的麦地里，传来野鸡的阵阵鸣叫声。桑树上桑叶稀疏，蚕儿就要吐丝。从田里归来的农夫扛着锄头，相见时打着招呼絮语依依。此情此景，怎能不羡慕隐居的安详，吟咏着《式微》的诗章，意欲归隐又不能如愿，心绪不免紊乱惆怅。

【赏析】

这首诗呈现了一幅陕西渭水流域初夏田家晚归图，作者抓住了"斜阳"、"墟落"、"牛羊"、"荆扉"、"雉雊"、"麦苗"、"桑叶"、"田夫"这些典型的农家特征，以白描的手法写了野老想念牧童，田夫荷锄相见，风物人情，历历如画，让人顿生欣慕之心。

结尾两句，就是诗人因为羡慕田家的闲逸，而生发出不如归去的感叹。其中"式微"是用《诗经·邶风·式微》："式微，式微，胡不归"一语，表示有归隐田园之意。写田家的平和安乐，不事雕绘，自然天成，诗意盎然。

诗的品赏知识

盛唐山水田园诗兴盛的原因

盛唐时社会经济有了长足的发展，为广大士人提供了优越的生活条件，游山玩水成为社会风尚，这是盛唐山水田园诗兴起的社会基础。

盛唐人的人生观念较为通达，在追求功名理想的同时，保持了独立的人格与超脱的精神，这是盛唐山水田园诗繁荣的心理基础。

在思想文化领域，儒、释、道并存，统治者推崇道教，佛教也非常兴盛，由此而形成了普遍的隐逸风尚。在这种背景下，由隐而仕往往成为士人心中的终南捷径；由仕而隐，或仕途不得意便归隐林泉，也成为理想的人生范式。这就使得广大文人始终能保持从容的心态来欣赏田园山水中蕴藏的自然意趣，无论仕隐都会加入田园山水诗的创作行列之中。

西施咏

◎王维

艳色天下重①，西施宁久微②。

朝为越溪女，暮作吴宫妃。

贱日岂殊众③，贵来方悟稀④。

邀人傅脂粉⑤，不自著罗衣⑥。

君宠益娇态⑦，君怜无是非⑧。

当时浣纱伴，莫得同车归。

持谢邻家子⑨，效颦安可希⑩。

【注释】

①"艳色"句：意谓艳丽的姿色为天下所看重。②"西施"句：意谓西施又怎能久居微贱？宁，岂。③"贱日"句：意谓微贱的时候难道有什么与众不同？④贵来：显贵的时候。方悟稀：方才感到稀罕。⑤傅：涂抹。⑥自：亲自。著：穿。⑦益：愈加。⑧"君怜"句：意谓君王怜爱而从不计较她的是非。⑨持谢：奉告。邻家子：指西施的邻居丑女东施。⑩"效颦"句：意谓光学西施皱眉又怎能希望得到别人的赏识。颦（pín），皱眉。

【译文】

　　艳丽的姿色向来为天下器重，美丽的西施怎么能久处低微？原先她是越溪的一个浣纱女，后来却成了吴王宫里的爱妃。贫贱时难道有什么与众不同？显贵了才惊悟她丽质天下罕稀。曾有多少宫女为她搽脂敷粉，她从来也不用自己穿著罗衣。君王宠幸她的姿态更加娇媚，君王怜爱从不计较她的是非。昔日一起溪浣纱的女伴，再不能与她同车去来同车归。奉告那盲目效颦的邻人东施，光学皱眉而想取宠并非容易！

【赏析】

　　西施是中国古代四大美女之一，姓施，名夷光，春秋时越国人，居住浙江诸暨苎萝村，苎萝有东西二村，夷光居西村，故名西施。她的人生颇具传奇性。越国战败后，被迫向吴国称臣求和。越王勾践遍选国内美女献给吴王夫差，天生丽质的西施也是其中的一员。夫差对西施万般宠爱，先是在姑苏建造春宵宫，又专门为西施建造了表演歌舞和欢宴的馆娃阁、灵馆等。西施擅长跳"响屐舞"，夫差又专门为她筑"响屐廊"。而与此同时，越王勾践卧薪尝胆，使越国强盛起来，最终打败了吴国。吴国灭亡后，西施不知去向，有说是被沉海而死，有说是与范蠡泛舟五湖隐居而去。

　　对这样一个具有历史传奇性的女子，唐代诗人多有写诗吟咏论及的。王维这首《西施咏》就是其中之一。这首诗借咏西施朝贱暮贵的故事，慨叹世情无常。"朝为越溪女，暮作吴宫妃"，实际上就是一些凭际遇而骤贵的幸运儿的写照。沈德潜在《唐诗别裁集》中说："写尽炎凉人眼界，不为题缚，乃臻斯诣。"全诗写暴富新贵气象，不加褒贬，神致逼肖。结末是奉劝没有像西施姿色的人不要徒然去模仿西施捧心颦眉，可谓别开生面，点化人生。全诗寄托深远，讽在言外，似浅实深。

老将行

◎王维

少年十五二十时，步行夺得胡马骑。

射杀山中白额虎，肯数邺下黄须儿①。

一身转战三千里，一剑曾当百万师。

汉兵奋迅如霹雳，虏骑崩腾畏蒺藜②。

卫青不败由天幸③，李广无功缘数奇④。

自从弃置便衰朽，世事蹉跎成白首。

昔时飞箭无全目⑤，今日垂杨生左肘⑥。

路旁时卖故侯瓜⑦，门前学种先生柳⑧。

苍茫古木连穷巷⑨，寥落寒山对虚牖⑩。

誓令疏勒出飞泉⑪，不似颍川空使酒⑫。

贺兰山下阵如云⑬，羽檄交驰日夕闻⑭。

节使三河募年少⑮，诏书五道出将军⑯。

【注释】

① 肯数：岂可只推。邺：曹操封魏王后都于邺。黄须儿：指曹操第二子曹彰，须黄而刚烈勇猛。② 虏骑：指匈奴的骑兵。蒺藜：此指铁蒺藜，战地所用的障碍物。③ 卫青：汉代名将，屡败匈奴而建功。但卫青最初被封官是因为姐姐卫子夫受到汉武帝的宠爱而沾了光，故本句说他"由天幸"。④ 李广无功：李广屡立奇功，但一生却坎坷不遇，终身未曾封侯，故曰"无功"。缘：因为。数奇：命运不好。⑤ 飞箭无全目：形容射艺之精，能使飞雀双目不全。⑥ 垂杨生左肘：指因为长时间不操弓箭而双肘僵硬。⑦ 故侯瓜：秦亡后，东陵侯召平曾在长安城东种瓜为生。⑧ 先生柳：晋陶渊明弃官归隐后，因门前有五株杨柳，故自号"五柳先生"。⑨ 穷巷：深巷。⑩ 牖(yǒu)：窗户。⑪ "誓令"句：东汉耿恭据守疏勒城，匈奴断其水源，耿恭于城中掘井而祈祷，后得水。⑫ 颍川空使酒：西汉颍阴人灌夫，为人刚直，好恃酒使气。⑬ 贺兰山：在今宁夏境内，

试拂铁衣如雪色，聊持宝剑动星文[17]。
愿得燕弓射大将[18]，耻令越甲鸣吾君[19]。
莫嫌旧日云中守[20]，犹堪一战取功勋。

唐代为战地。[14] 羽檄：紧急军书。[15] 节使：持有朝廷符节的使臣。三河：今河南一带。[16] "诏书"句：意谓诏令众将军分五路出兵。[17] 星文：指剑上所嵌的七星文。[18] 燕弓：燕地出产的劲弓。[19] "耻令"句：意谓以敌人甲兵惊动国君为可耻。用春秋越国进犯齐国，雍门子狄认为战事惊动国君是自己的耻辱事。[20]"莫嫌"句：汉魏尚为云中太守时，匈奴不敢犯境。他曾因所缴敌首差六级被削爵，后来汉文帝遣冯唐持符节赦其罪，复其官职。

【译文】

老将十五二十岁时，徒步就能夺了胡人战马。曾射杀过山中的白额虎，剽悍勇猛，不输于邺下曹彰。他身经百战，转战疆场三千里，曾一人抵挡百万雄师。汉军声势威壮，作战迅猛如霹雳；胡房骑兵逃窜，最害怕蒺藜。卫青常胜不败，因有天神佑庇；李广未能封侯，缘于命运不济。自从不被任用，便日渐衰朽，世事沧桑，黑发已成白头。当年，他像后羿一样箭术精湛；如今，肌肉松弛，像有疡瘤生在左肘。有时像东陵侯，在路边卖瓜；也学五柳先生，在门前栽种杨柳。古树苍茫，延伸到小巷尽头；寒山寂寞，空自对着寥寂的窗牖。要像东汉耿恭，让疏勒喷出泉水；不像颍川灌夫，白白借酒使气。贺兰山下，军阵严整如密云，紧急军书，相互传递日夜不断。朝廷使臣，向三河之内招募青年，诏书命令众将，兵分五路进军。老将拂去铁甲上的尘土，擦拭一新，手拿宝剑，耀动七星纹。希望得到燕地大弓，射杀敌将，决不让敌人甲兵惊扰君王。不要嫌老将无用，像当年的云中太守魏尚一样，还能一战为国建立功勋。

【赏析】

这首诗叙述了一位老将不幸的经历。

全诗分为三段。开头十句为第一段，是写老将少年时英勇善战，屡次立下战功。李广是汉朝著名大将，匈奴人对他非常敬畏；曹彰是曹操次子，曾经奋勇破敌，却将功劳归于诸将。诗人借用这两个典故来展现老将的才德智勇。但这样一位大将之才竟未得寸功之赏。诗人借用这两个典故，描绘老将的智勇才德。中间十句为第二段，写老将被弃置不用之后便"衰朽"了，连头发都白了，疡生左肘，不得不躬耕种瓜叫卖，门前冷落，从此无宾客往来。但是老将仍然志在千里，思量为国效力。最末十句为第三段，是写边烽未熄，老将不计恩怨，时时怀着请缨杀敌的爱国衷肠。

诗人用叙事的手法，从不同的角度传神地刻画了一个功勋卓著而不计荣辱，一心报国而不计恩怨的"老将"形象。作品在颂扬了老将的高尚节操和爱国热忱的同时也揭露了统治者的赏罚不公、冷酷无情。诗中大量使事用典，使"老将"的形象具有典型意义，有深重的历史感。

洛阳女儿行

◎王维

洛阳女儿对门居，才可容颜十五余①。
良人玉勒乘骢马②，侍女金盘脍鲤鱼③。
画阁朱楼尽相望，红桃绿柳垂檐向。
罗帷送上七香车，宝扇迎归九华帐④。
狂夫富贵在青春⑤，意气骄奢剧季伦⑥。
自怜碧玉亲教舞⑦，不惜珊瑚持与人⑧。
春窗曙灭九微火⑨，九微片片飞花琐⑩。
戏罢曾无理曲时，妆成只是薰香坐。
城中相识尽繁华，日夜经过赵李家。
谁怜越女颜如玉，贫贱江头自浣纱。

【注释】

① 才可：恰好。② 良人：丈夫。勒：马嚼子。骢马：青白杂色的马。③ 脍（kuài）鲤鱼：鲤鱼片。④ 宝扇：古代贵族出行时的遮蔽用具。⑤ 狂夫：古代妻自称其夫的谦词。⑥ 剧：戏弄，轻视。季伦：晋石崇字季伦，以奢豪著称于世。⑦ 碧玉：此指洛阳女儿。⑧ 珊瑚：石崇曾以拥有珊瑚树大小多少与人斗富。⑨ "春窗"句：意谓通宵欢娱，每每到清晨才熄灭灯火。九微，指珍贵的灯具。⑩ 花琐：指雕窗。

【译文】

洛阳有个女孩儿住对门，从容貌看，她有十五六岁。夫婿骑着玉笼头的青骢马迎亲，侍女手托金盘，盛着脍好的鲤鱼。亭台楼阁，座座相对而望；桃红柳绿，屋檐前垂垂成行。走出丝帘，登上七香宝车；宝扇遮日，将她迎归鲜艳的罗帐。丈夫是富家子，又青春年少；气盛骄纵，比石崇还厉害。他怜爱娇妻，亲自教她跳舞；不吝惜贵重的珊瑚，随便就送她。彻夜欢娱，天快亮才吹灭灯火；灯花片片飘落，掉在雕花窗棂上。嬉戏罢，没时间温习歌舞曲子；妆扮完，只坐等着熏好衣服。洛阳认识的人，都是豪门大户；经常来往的，都是赵李般的贵戚之家。谁还怜惜，容颜如玉的越女西施；贫贱时，只能自己在若耶溪浣纱。

【赏析】

这首诗采用铺叙的手法描写了一个洛阳贵妇及其丈夫的豪奢生活。

洛阳女儿本为出身寒微的小家碧玉，骤然成为贵妇人，饮食讲究，居住在画阁朱楼，出行则是香车宝扇，其丈夫是纨绔子弟，行为骄奢放荡甚至超过西晋富豪石崇。通宵欢娱舞蹈，交往的尽是贵戚，生活得十分奢侈阔绰，但从"妆成只是薰香坐"中却可见出她的无聊与寂寞。作者在对洛阳女儿豪奢行为的铺写中，含有讥刺之意。末两句更以贫贱而颜如玉的越女遭遇来加以对照，对命运的不公发出深沉的感叹，其中更是寄托了作者对贤者不遇的愤懑，从而深化了诗的主题，正如沈德潜所说："结意况君子不遇也。"（《唐诗别裁集》）

辋川闲居赠裴秀才迪

◎王维

寒山转苍翠，秋水日潺湲①。

倚杖柴门外，临风听暮蝉。

渡头余落日，墟里上孤烟②。

复值接舆醉③，狂歌五柳前④。

【注释】

①日潺湲(yuán)：意谓水流日日徐缓流淌。②墟里：村落。烟：指炊烟。③复值：又逢。接舆：春秋时楚国隐者，此指裴迪。④五柳：晋陶渊明号"五柳先生"，此处是作者自喻。

【译文】

秋山，变得郁郁苍苍；溪水，日日舒缓流淌。扶杖伫立在茅舍门外，迎风静听黄昏蝉鸣。渡口边，还留有夕阳余辉；村落上空，炊烟静静飘散。又碰到裴迪醉酒而来，狂歌高唱在我面前。

【赏析】

辋川在今陕西省蓝田县终南山下，王维晚年与秀才裴迪同隐于此。

黄昏薄暮，寒秋中的山色变得更加苍翠，林间的秋水潺潺作响；红日傍着渡头渐渐落下，一缕青烟从村落中悠然上升。人在这样的一幅静谧恬适的山水田园风景画中，安闲地拄着拐杖，在柴门外听那晚风中的蝉鸣，将诗人潇洒安逸的神态和超然物外的情致刻画得栩栩如生；而这时又正好有沉醉狂歌的好友前来拜访，让人陶然。辋川的风光人物相映成趣，形成物我一体、情景交融的艺术境界，可见诗人的闲居之乐和与友人相酬的真切情谊。

"渡头余落日，墟里上孤烟"一联为写景名句，逼真地再现了渡头落日与水面相切的动态瞬间和村落第一缕炊烟袅袅升到半空的景象，富有包孕性和典型性，从中可以体会到王维田园诗"诗中有画"的特点。

诗的品赏知识

王维的山水田园诗

王维是唐代山水田园诗的集大成者，在他的诗作中，以山水田园诗的影响最大，从而奠定了他在诗坛和文学史上的重要地位。

王维不仅是诗人，也是画家，所以他在诗歌创作中追求画意，并将绘画技法如色彩、构图、光线等运用到诗歌创作中，形成了淡雅优美、意境清远的特色。所以苏轼评价说："味摩诘之诗，诗中有画；观摩诘之画，画中有诗。"

《辋川闲居赠裴秀才迪》用寒山、秋水、落日、孤烟等富有季节和时间特征的景物支撑了一幅恬静的山水田园风景画，但这些景物实际上都经过了诗人主观情感的选择，从而形成了物我一体、情景交融的艺术境界。

桃源行

◎王维

渔舟逐水爱山春①，两岸桃花夹古津②。

坐看红树不知远，行尽青溪不见人。

山口潜行始隈隩③，山开旷望旋平陆。

遥看一处攒云树④，近入千家散花竹。

樵客初传汉姓名，居人未改秦衣服。

居人共住武陵源，还从物外起田园⑤。

月明松下房栊静⑥，日出云中鸡犬喧。

惊闻俗客争来集⑦，竞引还家问都邑⑧。

平明闾巷扫花开⑨，薄暮渔樵乘水入。

初因避地去人间，及至成仙遂不还⑩。

峡里谁知有人事，世中遥望空云山⑪。

不疑灵境难闻见⑫，尘心未尽思乡县。

出洞无论隔山水，辞家终拟长游衍⑬。

【注释】

① 逐水：沿着溪水。② 古津：古渡口。③ 隈（wēi）隩（yù）：曲窄幽深。④ 攒：聚集。⑤ 物外：世外。⑥ 房栊（lóng）：房舍。栊，窗户。⑦ 俗客：指误入桃花源的渔人。⑧ 竞：竞相。引：引领。⑨ 闾巷：里巷。⑩ "初因"两句：意谓桃源之人最初是为了逃避战乱而来此地的，后来过惯了神仙般的生活就不再想回故乡了。⑪ "峡里"两句：意谓桃花源中的人已不知俗世之事，而俗世中人也只能空自遥望云山而已。⑫ 灵境：仙境。⑬ "出洞"两句：意谓渔人出洞后又觉得桃源值得逗留，不管山高水远，还是想辞家来此长住。游衍：流连不去。⑭ 自谓：自以为。

自谓经过旧不迷⑭，安知峰壑今来变。
当时只记入山深，青溪几度到云林。
春来遍是桃花水，不辨仙源何处寻。

【译文】

渔船顺溪漂流，欣赏山间春色，两岸桃花盛开，夹列古渡两侧。贪看一树桃红，不知走了多远，到青溪的尽头，忽然遇见行人。从洞口进去，开始时曲折幽深，不一会儿，山洞开阔，现出平地。远望，有一个云树相聚的去处；近看，却是千家万户，种满花卉青竹。樵夫最初说的，是汉朝的名讳，这儿的人，也没有改换秦时的衣饰。这里的人，一起住在武陵桃花源，并在这世外之地，建立了田园。月光明亮，古松下房舍静谧；太阳升起，到处犬叫鸡鸣。听说有远客，便聚拢来看究竟，竞请客人回家，打听故乡情况。天刚亮，就有人把街上的落花扫开；傍晚，渔人和樵夫陆续乘船回来。当初，为躲避战乱，才离开家乡，后来过惯了这里的神仙生活，便不再回去。深山峡谷中，谁还知道人世间发生的事，世人遥望这里，也只能看到云山。渔人不怀疑这灵境幽妙难见，只是俗心未尽，仍然思念家乡。出洞后，不管桃花源远隔多少山水，定要辞别家乡，来这里长期游历。渔人以为曾经来过，不会迷路，怎知山峰沟壑都已改变。只记得当时进到大山深处，青溪转了几转才到了云林。春天，到处都溪水漫流，不知道桃花源去哪里寻找。

【赏析】

这是王维十九岁时写的一首七言乐府诗，题材取自东晋大诗人陶渊明的叙事散文《桃花源记》（为其诗《桃花源》之序）。

故事说的是武陵地方的一个渔夫一次意外地在一片桃花林后发现了一个美丽的新世界。在这个世界里，土地平旷，房屋整齐，人民生活古朴而富裕。当地人看到渔人后，大吃一惊，纷纷请他回家吃饭饮酒，自称祖先是为了逃避秦时的战乱，逃进桃花源来生活的。他们根本不知道秦以后的朝代。渔人在这桃花源里住了好几天才与他们告别。出了桃花源，以后再回头去寻找，却怎么也找不到了。关于桃花源的具体地址，说法不一。其实"桃花源"这一"仙境"本就是诗人的理想世界。而王维这首《桃源行》即以《桃花源记》为母题创造了一个充满诗意的桃源世界。

诗人充分发挥了诗歌的艺术表现能力，写渔人无意迷路进入桃源，见到桃源中一幅幅生动的景物画面和生活画面，之后离开桃源，怀念桃源，再寻桃源不得，"春来遍是桃花水"，诗笔飘忽，意境迷茫，令人回味无穷。

诗中从容自在地展现了桃源的一个个画面，画面中透出了和平、恬静的气氛和欣欣向荣的生机，反映了王维"诗中有画"的特色。这些形象的画面开拓了诗境，调动读者的想象力，去想象、玩味那画面以外的东西，获得一种美的感受。

唐宋以来，作桃源诗的很多，清人王士祯认为只有王维、韩愈、王安石三人的《桃源行》最好，其中又以王维所作更好，他评价说："观退之、介甫二诗，笔力意思甚可喜。及读摩诘诗，多少自在；二公便如努力挽强，不免面赤耳热，此盛唐所以高不可及"（《池北偶谈》）。翁方纲也极力推崇这首诗，说"古今咏桃源事者，至右丞而造极"（《石洲诗话》）。

酬张少府

◎王维

晚年惟好静，万事不关心。
自顾无长策^①，空知返旧林^②。
松风吹解带^③，山月照弹琴。
君问穷通理^④，渔歌入浦深。

【注释】

①自顾：自念。长策：超人的本领。②空：徒然，白白地。③解带：解带敞怀。④穷通：困顿与发达的道理。

【译文】

晚年，我只喜欢清净，对世事都不再关心。自认为没有高明的本领，只好归隐山林。松林清风，吹开我衣襟；山间明月，照我弹琴。你问我困顿与发达的道理，你听，水边深处渔歌声声。

【赏析】

酬是以诗酬答的意思，这是一首赠友诗。前四句是诗人的自白，自己人到老年惟好清静，对

万事不关心了，自问没有高明的策略来为国效力，只知道归隐山林自适本性。

开头乍一看好像王维的生活态度非常消极，但若是综观他的人生历程可以发现，王维早年也曾有过积极的政治抱负，只是后来经历政局变化，理想一直得不到实现。此时虽然担任京官，但对奸臣把持下的朝政已经彻底失望，再加上长期受佛教影响，这才过上了半官半隐的生活。因此，他晚年写诗自叙志趣，着意在"好静"二字。而从"空知返旧林"一句中，依稀可以看到，在诗人恬淡的外表下，内心深处的隐痛和感慨。

摆脱了现实政治的压力之后，隐居林泉的生活到底如何呢？诗人抓住隐逸生活的两个典型细节加以展开，细致地摹绘了一幅鲜明而生动的画面：松林的清风吹开衣襟，在山间明月的伴照下独坐弹琴，何等的闲远潇洒啊。

最后，君问穷通的道理，我唱着渔歌向河浦深处驶去。一问一答，既照应了首句的万事不关心，不以穷通为念，又似乎在用不答之答的行动表明"天下有道则见，无道则隐"的态度。含蓄而富有韵味，发人深省。

送梓州李使君

◎王维

万壑树参天，千山响杜鹃。
山中一夜雨，树杪百重泉①。
汉女输橦布②，巴人讼芋田③。
文翁翻教授④，不敢倚先贤⑤。

【注释】

① 杪（miǎo）：树梢。② 汉女：指蜀中女子。输橦（tóng）布：指以布匹纳税。橦布，橦木花织成的布匹。③ 巴人：指蜀人。讼芋田：为农田之事讼争。④ 文翁：汉景帝时为蜀郡太守，他施政宽宏，兴学育人，使巴蜀得以开化。此处指李使君。翻：翻新。教授：教化。⑤ 倚先贤：倚仗先人遗留下来的成果而无所作为。

【译文】

千山万壑到处古木参天，群山回荡着声声杜鹃。山中下了一夜透雨，树梢雨水淅沥如挂百道山泉。蜀汉妇女以橦树织的布纳税，巴郡农民常争讼芋田。你一定要学文翁翻新教化，切不可倚仗先贤遗泽而偷闲。

【赏析】

这是一首送友人去四川做官的赠别诗。

诗人一上来就从悬想着笔，遥写李使君赴任之地梓州（州治在今四川省三台县）的自然风光：万壑千山都是参天大树，到处都是杜鹃的啼叫声；一夜大雨过后，山间飞泉百道，远远望去，好似悬挂在树梢上一般。

前两句从大处落笔，互文见义，卓越不凡，将蜀地层峦叠嶂的群山、幽深险峻的岩壑、高耸云天的林木呈现在读者面前，如同展开了一卷气势磅礴的山水画，而杜鹃的啼鸣又让这幅画卷显得动静相宜。三、四句紧承起首的"万壑千山"，从细处着墨，重复"山"、"树"二字，又成流水对。上下两联一气贯注，神韵俊迈，充分表现出蜀中山川的雄奇壮丽。前人称赞说："起四句高调摩云。"（《唐宋诗举要》引纪昀语）

诗的后半转写蜀中风俗民情和使君政事。运用了文翁治蜀的典故，勉励李使君翻新教化，做出政绩，不要倚仗先贤原有的政绩，而变得懒惰懈怠、庸碌无为。

《送梓州李使君》虽然是一首送别诗，但诗中无一语涉及送别之时、地、情、事，全篇都在描绘蜀地的山水、风物和民事，构思新颖奇特。整首诗格调高远，是唐诗中写送别的名篇之一。清人王夫之对此评价说："景亦意，事亦意，前无古人，后无嗣者，文外独绝，不许有两。"（《唐诗评选》）

过香积寺

◎王维

不知香积寺①，数里入云峰。
古木无人径②，深山何处钟。
泉声咽危石③，日色冷青松④。
薄暮空潭曲⑤，安禅制毒龙⑥。

【注释】

① 香积寺：长安城外寺名，故址在今陕西长安县南。② 无人径：人迹罕至的林间小径。③ 咽危石：形容山石嶙峋，泉水于其间不能畅快流淌。④ 冷青松：谓夕阳西下，青松的颜色也因之黯淡下来。⑤ 薄暮：黄昏。⑥ 安禅：安然进入禅境。制毒龙：此处以毒龙喻人之情欲，以制服毒龙喻驱除情欲，入于禅定。

【译文】

　　原本不知道山中有个香积寺，入山数里登上高耸的山峰。这里古木森森，没有行人路径，深山中，是哪里传来的钟声？岩石高险，泉水流过发出呜咽声；松荫浓郁，连日光也觉清冷。暮色降临，我站在潭水边，坐禅入定，驱除了邪念妄想。

【赏析】

　　诗人"过香积寺"却以"不知香积寺"起头，既表明了香积寺所处之深幽僻远，又带出后面的走进深山的探寻。

　　沿途古木森森，人迹罕至，听见一阵阵隐隐的钟声在深山回响，给本就寂静的山林又蒙上了一层神秘的面纱，显得越发宁谧。

　　究竟寺庙在何处呢？抬头只见山中危石耸立，流泉发出幽咽之声，夕阳的余晖洒落在青冷的松林上。山中危石耸立，泉水无法自然流淌，只能在嶙峋的岩石间艰难穿行，"咽"字准确生动地描绘了泉水的幽咽之声。夕阳西下，昏黄的余晖撒在幽深的松林上，"冷"字可谓恰到好处。

　　薄暮时分方到香积寺，看见寺前空明澄澈的水潭，一切机心妄想都被这样的禅意制服了。

　　这首诗章法出奇，题意在写山寺，却不正面描摹，而是从侧面写寺院的环境；不写寺院，而寺院已在其中。"云峰"、"古木"、"深山"、"危石"、"青松"、"空潭"，清幽寂静，字字紧扣寺院而来。全诗构思奇妙、炼字精巧，尤其是"泉声咽危石，日色冷青松"一句，历代均被誉为炼字的典范。

山居秋暝

◎王维

空山新雨后①，天气晚来秋。

明月松间照，清泉石上流。

竹喧归浣女②，莲动下渔舟③。

随意春芳歇④，王孙自可留⑤。

【注释】

① 空山：空旷、空寂的山野。新：刚刚。② 竹喧：竹林中笑语喧哗。喧，喧哗，这里指洗衣女们的欢笑声。浣女：洗衣服的姑娘。浣（huàn），洗衣服。③ 莲动：意谓溪中莲花动荡，知是渔船沿水下行。④ 随意：任凭。春芳歇：春天的芳华凋谢了。歇，消散。⑤ 王孙自可留：王孙可以在此居住。《楚辞·招隐士》有"王孙游兮不归，春草生兮萋萋"和"王孙兮归来，山中兮不可久留"句，意思是说，既然春天已过，王孙就请归来吧，山中冷清，不可长久居住。

【译文】

　　空寂的山峦，雨后格外清新；秋天的傍晚，天气异常清凉。明月，照在如盖的青松间；泉水，在石头上静静流淌。竹林喧哗，原来是洗衣女子归来；莲叶摆动，只因下面有渔舟。任凭春日繁华消尽，避世的王孙啊，这秋色值得留恋。

【赏析】

　　"秋暝"是指秋天的傍晚。诗歌描绘了秋雨初晴后傍晚时分山村的风光和村民的淳朴，展现了诗人对隐居生活怡然自得的满足心情。

　　在诗中，王维描写了一个桃源般的山中世界：在一场新雨后，山中空气清新，景色宜人，微微有点寒意了。明月静静地照在青松上，清泉淙淙地流淌在山石之上。一阵阵欢笑声和喧哗声从竹林里传来，原来是洗衣的姑娘们归来了，莲叶晃动，泛舟的渔人也归来了。

　　"空山新雨后，天气晚来秋"，勾勒了幽静闲适、清新宜人的薄暮之景，其清新、淡远之境如在目前。隐居于此，是何等的闲适惬意。

　　经过雨水洗涤的松林青翠欲滴，月光也仿佛被洗过一般，显得明亮皎洁，照射在一尘不染的松林间；清泉在格外透明的石板上蜿蜒流淌，发出清脆悦耳的响声。此时此刻，诗人仿佛也被这场新雨荡涤过一般，将自然的美与心境的美完全融为一体，创造出了一种纯美诗境。

　　接下来，诗歌由写景转为写人，村民们的美也是山村自然美和谐的一部分。山民们的勤劳淳朴恰与官场的尔虞我诈形成了鲜明的对比。

　　这是一个多么美好而又富有生活气息的地方啊，所以诗人情不自禁地说："随意春芳歇，王孙自可留"！本来，《楚辞·招隐士》说："王孙兮归来，山中兮不可久留"！诗人却反其意而用之，因为他由衷地觉得洁净纯朴的山居生活很好，值得永远留驻，这也从侧面反映出他对官场生活的厌弃。

终南别业

◎王维

中岁颇好道^①，晚家南山陲^②。
兴来每独往^③，胜事空自知^④。
行到水穷处^⑤，坐看云起时。
偶然值林叟^⑥，谈笑无还期^⑦。

【注释】

①中岁：中年。好道：此处指信奉佛理。②家：安家。南山陲（chuí）：终南山边。③兴来：兴致来时。④胜事：喜悦的事情。⑤穷：尽。⑥值：遇到。林叟：山间老者。⑦还期：回来的时间。

【译文】

中年以后，我就非常喜爱佛理，晚年才安家在终南山边。高兴时，每每独自行走在山中，其中的快意，只有我自己知道。也曾走到山穷水尽之处，坐下来，凝望山中云雾漂移。偶然还能碰到山林野老，说说笑笑，不知不觉就忘了回家时间。

【赏析】

王维虽然后来身居要职，但在四十岁后就开始着半官半隐的生活，晚年得到宋之问的蓝田别墅，更是以隐居为乐。这首诗就是写隐居终南山的自然之趣和恬静自适的快乐。

王维晚年官至尚书右丞，但政局的变化早已让他看透了仕途的艰险，意欲从纷扰的世俗中超脱出来，于是在首联直叙自己中年以后就厌恶世俗而信奉佛教，晚年得以在终南山边隐居。接下来是记述兴来独往、胜事自知的情形，可见其自得其乐不求人知的情趣。行到水的尽头就坐看浮云的变幻；偶然碰见山林老人，相与谈笑而忘归。

诗的语言平白如话，自然随意之中又有耐人寻味的哲理。其中"行到水穷处，坐看云起时"两句粘对自然，天然一幅山水画，却又暗含无可解说的至理，诗语平白如话，却诗味、理趣兼备。近人俞陛云说："行至水穷，若已到尽头，而又看云起，见妙境之无穷。可悟处世变之无穷，求学之义理亦无穷。此二句有一片化机之妙。"（《诗境浅说》）

归嵩山作

◎王维

清川带长薄①，车马去闲闲②。

流水如有意，暮禽相与还③。

荒城临古渡，落日满秋山。

迢递嵩高下④，归来且闭关⑤。

【译文】

溪水清澈，两岸草木丛生，我的车马行进悠闲。流水好像很有情义，过来欢迎我；归巢的禽鸟，也跟我一起回还。荒凉的城镇，紧挨着古老的渡口；夕阳余晖，洒满秋天的山峦。我千里迢迢来到嵩山，决心在此归隐，把门闭关。

【注释】

① 薄：草木茂密的地方。② 闲闲：从容的样子。③ 暮禽：日暮的归鸟。相与还：结伴而还。④ 迢递：遥远的样子。⑤ 闭关：闭门谢客。关，门。

【赏析】

王维辞官还归嵩山居处，途中见清清的河川两岸草木丛生，车马悠悠前行。正因心中闲适自在，故而看流水似乎也是有意归隐，看暮色中飞还的禽鸟是与自己结伴而归。

首联紧扣题目中的"归"字，描写出发时的情形，所写的望中景色和车马动态，无不是诗人安详闲适心境的折射。

颔联移情及物，将"流水"和"暮禽"都拟人化了，

一方面描写了诗人归山之初悠然自得的心情；另一方面，"流水"多比喻一去不返，诗人借此表明自己对于归隐的坚决态度。"暮禽"句则包含了"鸟倦飞而知还"的含义，点出诗人是因为对现实政治的失望厌倦方才退隐，景中有情，言外有意。

一路行来，见荒城临靠古渡口，落日的余晖洒满萧飒秋山。诗人选取这样一片荒凉的景色，隐约折射出其情感上的变化，即越接近归隐地就越发感到冷淡凄清的心境。直到"归来且闭关"，点明辞官归隐后闭门谢客，不再过问社会人事，感情又回归于冲淡平和。

整首诗采用移步换景的方式写归嵩山路上所见的光景，并在景物中寄寓了自己的感情，显得很有层次。诗风质朴清新，自然天成。清人沈德潜说："写人情物性，每在有意无意间。"正道出了这首诗不加雕饰却精巧蕴藉的特点。

终南山

◎王维

太乙近天都①，连山接海隅②。
白云回望合，青霭入看无③。
分野中峰变④，阴晴众壑殊⑤。
欲投人处宿，隔水问樵夫。

【注释】

① 太乙：终南山主峰，也是终南山别名。天都：京都长安。② 连山：连绵不断的山势。接海隅(yú)：延伸到海角。③ 霭 (ǎi)：雾气。④ 分野：大地按星辰位置划分的范围。⑤ 众壑：万千山谷。殊：不同。

【译文】

太乙峰，高得靠近天都，山峦连绵，延伸到海边。白云缭绕，回头看似乎聚在一处；雾霭迷蒙，进山却什么都没看见。太乙峰把终南山一分为二，阴晴变化，众山个个不同。想找一户人家投宿，隔着涧水，问一问樵夫。

【赏析】

终南山又名太乙山，为秦岭山峰之一，西起今陕西咸阳武功县，东至今陕西省蓝田县。终南山地势险要、道路崎岖，大谷有五，小谷过百，连绵数百里。千峰叠翠，景色幽美，素有"仙都"、"洞天之冠"和"天下第一福地"的美称。

终南山是道教的发源地之一，传说老子骑牛西游入秦，过函谷关时受关令尹喜的执弟子礼邀请，到终南山的草楼观上为其讲解《道德经》五千言，然后飘然远去。到了唐代，唐统治者宣称自己是太上老君李耳的后代，因而大力扶持和尊奉道教。

在这首五言律诗中，王维"以少总多"，只用了四十个字就传神描绘出一幅终南山景图。

开头从大处着墨，突出描写从远处眺望时，终南山高与天齐，绵延的山峦伸展到遥远的海边这一壮阔景象，以夸张而写真实。

终南山上白云弥漫，既看不见路，也看不见其他景物，仿佛继续前行，即可在云海中浮游。然而再往前走，白云却不断向两边分开，可望而不可即；回头看来时的路，当初分向两边的白云重又聚拢来，汇成茫茫云海。这种奇异的经历和感觉，相信有游山经验的人都不会觉得陌生，然而王维只用了五个字就表现得如此真切。

"分野中峰变，阴晴众壑殊"，一山之中分野不同，阴晴明暗各异，云气变幻不定。此联从多种不同角度展示了终南山的雄伟壮阔、气象万千。

"欲投人处宿，隔水问樵夫"，面对这样的名山胜景，诗人终日远望近看，依旧觉得不满足，直至日暮，想要向山中樵夫借宿，明日再游山穷胜。

全诗融静穆与博大为一炉，气象峥嵘，意境雄阔奇丽，饶有画意。

观猎

◎王维

风劲角弓鸣①，将军猎渭城。

草枯鹰眼疾②，雪尽马蹄轻。

忽过新丰市③，还归细柳营④。

回看射雕处，千里暮云平⑤。

【注释】

① 角弓：用兽角装饰的弓 。② 眼疾：目光敏锐。③ 新丰市：故址在今陕西省临潼县东北，是古代盛产美酒的地方。④ 细柳营：在今陕西省长安县，是汉代名将周亚夫屯军之地。《史记·绛侯周勃世家》："亚夫为将军，军细柳以备胡。"借此指打猎将军所居军营。⑤ 暮云平：傍晚的云层与大地相连。

【译文】

风猛烈地吹着，角弓射出的箭发出呜呜的鸣声，将军正在渭城打猎。草木凋枯，猎鹰的目光分外明锐，残雪已经销尽，猎马迈蹄轻捷迅速。忽而已经穿过了新丰市，还归到了军营。回首远望刚刚引弓射雕的地方，千里无垠，茫茫的浮云都淹没在苍茫的暮色中。

【赏析】

这是一首描写打猎的诗，是王维早期的作品，风格遒劲有力。

在一个北风呼啸、草木萧条的冬日里，将军驾着快马来到渭城狩猎。将军眼明手快、箭术超群，不须多时猎物就尽收囊中，满载而归。《观猎》意在表现打猎者高超的箭术，全诗却不直接写打猎者捕杀猎物的场景，而是通过对打猎者的身姿、神态、动作的描写来表现。

诗的前半部分写出猎，后半部分写猎归，一气游走，自然天成，丝毫不给人以突兀之感。另外，诗人锤字练句的本领也令人惊叹，"枯"、"尽"、"疾"、"轻"，寥寥几个字就将将军那雄姿英发之态表现得淋漓尽致。

汉江临泛

◎王维

楚塞三湘接①，荆门九派通②。

江流天地外，山色有无中。

郡邑浮前浦③，波澜动远空。

襄阳好风日④，留醉与山翁⑤。

【注释】

① 楚塞：指古楚国边界。三湘：漓湘、潇湘、蒸湘
称三湘。② 荆门：即荆门山。九派：长江的许多支
流。九是多的意思。③ 郡邑：此指襄阳城。浦：江面。
④ 风日：风光。⑤ 山翁：指晋人山简，竹林七贤山涛
之子。曾任征南将军，镇守襄阳，好饮酒，每饮必醉。

【译文】

汉江，在楚地与三湘相接；荆门，与长江九
大支流相通。汉水浩荡，似要溢出天地；山色朦
胧，群山时隐时现。州城好似浮在水面，波涛在
天际翻涌。赞叹襄阳的风景，让人陶醉，我愿留
下来，陪伴常醉的山翁。

【赏析】

"临泛"就是登高望远的意思。这首诗主要写泛
游汉水的见闻，咏叹汉水的浩渺。

诗人先从大处落墨，以雄健的笔力描绘出汉水
横卧楚塞而接"三湘"、与长江"九派"相通的雄浑
壮阔的气势。不仅写出了荆门南接三湘、北通九派
的重要地位，更将笔触延展到了千里之外。有了这
样的开篇，后两联方显得不弱。

泛舟江上，纵目眺望，只见"江流天地外，山
色有无中"，汉水之水面宽广仿佛都流到天地之外了；
两岸青山迷蒙，烘托出江势的浩瀚空阔，气韵生动。

前句极言汉水的邈远，后句以苍茫山色烘托江水的浩瀚空阔。王世祯说这两句"是诗家俊语，却入画
三昧"。画面疏密有致，气韵生动。

接着，诗人视线从远处收回，转向眼前江面近景。"浮"字写沿江郡邑仿佛在水面浮动，"动"字
写出波涛汹涌如同摇动远方天空。明明是水波在动荡起伏，却给人以前方的城郭在水面上浮动和整个
天空都在动荡的错觉。这种"浮动"的错觉，足见水势之磅礴。面对襄阳这样的壮丽风光，诗人沉醉
其中，想要留下来。

全诗仿佛一幅色彩淡雅、格调清新、意境优美的山水画，雄健而不失从容，写出了汉江的千古奇
观，气魄宏大，意境开阔，给人以美的享受，堪称王维融画入诗的力作。

使至塞上

◎王维

单车欲问边①，属国过居延②。

征蓬出汉塞③，归雁入胡天。

大漠孤烟直④，长河落日圆⑤。

萧关逢候骑⑥，都护在燕然⑦。

【注释】

① 问边：到边塞去察看，指慰问守卫边疆的官兵。
② 属国：典属国的简称。汉代称负责外交事务的官员为典属国，这里诗人用来指自己的身份。居延：地名，汉代称居延泽，唐代称居延海，在今内蒙古额济纳旗北境。又西汉张掖郡有居延县（《汉书·地理志》），故城在今社员济纳旗东南。又东汉凉州刺史部有张掖居延属国，辖境在居延泽一带。③ 征蓬：随风飘飞的蓬草，此处为诗人自喻。④ 烟：烽烟，报警时点的烟火。
⑤ 长河：黄河。⑥ 萧关：古关名，故址在今宁夏固原东南。候骑：负责侦察、通讯的骑兵。王维出使河西并不经过萧关，此处大概是用何逊诗"候骑出萧关，追兵赴马邑"之意，非实写。⑦ 都护：官名。唐朝在西北置安西、安北等六大都护府，每府派大都护一人，副都护二人，负责辖区一切事务。燕然：古山名，即今蒙古国杭爱山。这里代指前线。此两句意谓在途中遇到候骑，得知主帅破敌后尚在前线未归。

【译文】

　　轻车简从出使边塞，要去的地方远过居延。像被风卷起的蓬草飞出了汉塞，又像归雁飞入胡地的天空。大漠中一道孤烟直上，黄河边一轮落日正圆。在萧关恰好遇见侦察通讯的骑兵，方知统帅都护正在燕然前线坐镇。

【赏析】

　　这首诗作于诗人赴边途中，其景象描写得雄奇壮丽，尤为后人所称道。

　　开元二十五年（737）河西节度副大使崔希逸战胜吐蕃，唐玄宗命王维以监察御史的身份出塞慰藉，察访军情。唐玄宗此举实际上是要将王维排挤出朝廷。王维驾着车走向茫茫大漠，去慰问戍边的将士，大漠雄奇的景色给诗人留下了深刻的印象，故留下此传世名篇。

　　由"归雁"可知，王维此次出使边塞是在春天。蓬草成熟后就会枝叶干枯，根也离开了大地，随风飘卷，所以称为"征蓬"。诗人被排挤出朝廷，心中自然抑郁悲愤，故有"征蓬"、"归雁"的自比，寓悲凉之情于壮美之景中，意境浑融。

　　五、六两句分别描述了两个画面，境界阔大，气象雄浑。一个画面是大漠孤烟。大漠之中，莽莽黄沙广阔无垠。极目远眺，天尽头一缕孤烟正缓缓升腾，为这片荒漠增添了一点生气。另一个画面是长河落日。这是一个特写镜头。"圆"字准确描述了河上落日的特点，使整个画面更显雄奇瑰丽。

　　诗歌语言平白易懂，用字凝练准确，其颈联的"直"与"圆"两字被《红楼梦》誉为"有情有理"。

奉和圣制从蓬莱向兴庆阁道中留春雨中春望之作应制

◎王维

渭水自萦秦塞曲①，黄山旧绕汉宫斜②。
銮舆迥出千门柳③，阁道回看上苑花④。
云里帝城双凤阙⑤，雨中春树万人家。
为乘阳气行时令⑥，不是宸游玩物华⑦。

【注释】

① 渭水：即渭河，源出甘肃省，经陕西流入黄河。秦塞：指长安城近郊。② 黄山：指黄麓山，在长安西北。汉宫：指唐宫。③ 銮舆：皇帝的车驾。迥（jiǒng）出：高出。千门：指皇宫内的重重门户。④ 上苑：泛指皇家园林。⑤ 双凤阙：泛指皇宫中的楼台。⑥ 阳气：指春气。时令：按季节颁布的政令。⑦ 宸（chén）游：指皇帝出游。宸，帝王的代称。物华：美好的景物。

【赏析】

王维的这首七律，是唐玄宗由阁道出游时在雨中春望赋诗的一首和作，所谓"应制"，即应皇帝之命而作。

应制诗一般都为歌功颂德，难以出彩，但王维这首却高出众人一筹。他紧扣题目中的"望"字，一开头就写出由阁道中向西北眺望所见的壮阔景象：渭水曲曲折折地流经秦地，渭水边的黄山盘旋在汉代黄山宫脚下。"渭水"、"黄山"和"秦塞"、"汉宫"作为长安的陪衬和背景，气势顿显开阔，而且"秦"、"汉"这样的字眼，极大地增强了时空感。再写人在阁道上回看宫苑的景象，"云里帝城双凤阙，雨中春树万人家"一联，给人一种高峰突起的感觉，呈现出一幅

【译文】

渭水围绕京城曲折东流，黄麓山本来就环抱着皇宫。帝辇从垂柳夹道的宫门远去，在阁道上，回头看林苑百花。大明宫的栖凤翔鸾二阙，高耸入云；细雨中，春树翠绿，装点万户人家。为了趁着春时，颁行适时召令，天子出游，并不是为玩赏春景。

阔大美好的春雨长安图。结尾寓规劝于颂奉中，指出了天子春游是顺天道而行时令，并非为了赏玩景物。

诗人善于取景布局，以饱满而又生动的艺术形象，传达出唐帝国处于兴盛时帝都长安的风采。

和贾至舍人早朝大明宫之作

◎王维

绛帻鸡人报晓筹①，尚衣方进翠云裘②。
九天阊阖开宫殿，万国衣冠拜冕旒③。
日色才临仙掌动④，香烟欲傍衮龙浮⑤。
朝罢须裁五色诏，佩声归向凤池头。

【译文】

红巾报时人，手拿更筹报晓，尚衣就捧进了翠云裘。重重宫殿打开大门，各国使臣与百官一齐向天子朝拜。阳光临照，掌扇随着它移动；轻烟缭绕，皇袍的绣龙像在浮游。早朝后，贾舍人要草拟诏书，听环佩叮当，他已回到中书省。

【注释】

① 绛帻：用红布包头似鸡冠状。鸡人：古代宫中，于天将亮时，有头戴红巾的卫士，于朱雀门外高声喊叫，好像鸡鸣，以警百官，故名鸡人。晓筹：即更筹，夜间计时的竹签。② 尚衣：官名。隋唐有尚衣局，掌管皇帝的衣服。翠云裘：饰有绿色云纹的皮衣。③ 衣冠：指文武百官。冕旒：古代帝王、诸侯及卿大夫的礼冠。旒，冠前后悬垂的玉串，天子之冕十二旒。这里指皇帝。④ 仙掌：即障扇，宫中的一种仪仗，用以蔽日障风。⑤ 香烟：这里是和贾至原诗"衣冠身惹御炉香"意。衮龙：指皇帝的龙袍。浮：指袍上锦绣光泽的闪动。

【赏析】

这首诗与岑参所写同题，是描写朝拜庄严华贵的唱和诗。全诗写了早朝的整个经过，分早朝前、早朝中、早朝后三个层次，利用细节描写和场景渲染，描绘出大明宫早朝庄严肃穆的氛围与皇帝的威仪。"九天阊阖开宫殿，万国衣冠拜冕旒"一联，大笔勾勒出早朝的景象：宫殿中九重天门迤逦打开，深邃伟丽，万国的使节纷纷拜倒朝见天子，威武庄严。突出了大唐帝国的威仪，气象非凡。颈联从细处落墨，用仙掌挡日、香烟缭绕营造出皇庭特有的雍容华贵的氛围。结尾归结到贾至任中书舍人起草诏书的职责，是"朝罢"之后。

这首和诗只和其意而不和韵，用语堂皇，造句雍容伟丽，格调和谐。明代胡震亨《唐音癸签》说"盛唐人和诗不和韵"，于此可窥一斑。

酬郭给事

◎王维

洞门高阁霭余辉①，桃李阴阴柳絮飞。
禁里疏钟官舍晚②，省中啼鸟吏人稀③。
晨摇玉佩趋金殿④，夕奉天书拜琐闱⑤。
强欲从君无那老⑥，将因卧病解朝衣。

【注释】

① 洞门：重重相通的宫门。霭：凝聚。② 禁里：指宫中。③ 省：指门下省。④ 趋：小步而行。⑤ 天书：皇帝的诏书。琐闱：有雕饰的门，此指宫门。琐，门窗上的连环形花纹。⑥ 强：勉强。君：指郭给事。无那：无奈。

【译文】

宫门高楼，沐浴夕阳余晖；桃李繁盛，柳絮随风飘飞。皇宫官舍的晚钟，疏疏落落；门下省内，鸟儿鸣叫官员已回。清晨环佩声声，到金殿朝拜；傍晚，又捧着天子诏书叩拜宫闱。想勉强跟随您，无奈我已老了，将因常常卧病，而脱下朝衣。

【赏析】

这是王维酬和郭给事的诗，称赞对方奉职贤劳，感慨自身老病，不能相从。"给事"，即给事中，是唐代门下省的要职，负责审议诏敕奏章，驳正其违失，常侍皇帝左右，地位显赫，位高权重。王维后半生虽然已经处于半隐居的状态，但在官场上却颇为显达，与王公权贵多有来往，因此这一类的应酬诗作甚多。

虽是应酬之作，但诗人独具匠心，不直接对郭给事唱赞歌，而是从对景物的描绘中传达颂扬之意，有避俗从雅的艺术效果。

首联写"洞门高阁"，是皇家的写照，"余辉"是皇恩普照的象征；"桃李阴阴"，是说郭给事桃李满天下，而"柳絮飞"是指那些门生故吏飞扬显达。表明郭给事上受皇恩临沐，下受门生故吏拥戴。

颔联以动写静。"省中啼鸟"这个意象，颇有内涵，因为一般的官衙内总是人来人往，熙熙攘攘，而门下省内居然可以听到鸟儿的啼鸣声。王维特别善于抓住平凡无奇的景物，赋予其某种象征意义。"省中啼鸟"看似描写景致，其实是暗赞郭给事政绩卓著，朝政清平，以至衙内清闲。虽是赞美之词，却不见谄媚之象。

颈联的"趋"字和"拜"字，生动地描写了郭给事本人官高位尊的情形，他早晨盛装朝拜，傍晚捧诏下达，终日忙碌，不辞辛劳。

尾联急转而下，表达了自己的出世思想。《唐诗援》评说道："结尾多少蕴藉，令人一唱三叹。"

积雨辋川庄作

◎王维

积雨空林烟火迟①，蒸藜炊黍饷东菑②。
漠漠水田飞白鹭，阴阴夏木啭黄鹂。
山中习静观朝槿③，松下清斋折露葵④。
野老与人争席罢⑤，海鸥何事更相疑⑥。

【注释】

① 空林：萧疏的树林。② 藜（lí）：指蔬菜。黍（shǔ）：此指饭食。饷（xiǎng）：送饭。菑（zī）：初耕的田地。③ 朝槿（jǐn）：木槿，其花朝开暮落。④ 清斋：指吃素。葵：葵菜。⑤ 野老：作者自指。⑥ 海鸥：用鸥鹭忘机典。

【译文】

连日阴雨，山林潮湿烟火难升；做好饭菜，给村东耕田的人。水田纵横，低飞着白鹭；夏日树阴浓密，传来黄鹂啼叫。山中养性，看木槿朝开暮谢；采摘沾露葵菜，在松下吃斋静心。我已与世无争，绝尽俗念，那海鸥为什么还不相信？

【赏析】

王维晚年隐居在终南山的辋川山庄。辋川山庄又称辋川别业，地处终南山下，最早是由宋之问在辋川山谷（今陕西省蓝田县西南十余公里处）所建的辋川别墅，后来王维得到了这个别墅，在原来基础上营建成园林，称为辋川庄。王维很多诗都是描述那里的景色，《辋川集》二十首山水诗的集成就是在辋川别墅时所作，是王维后期山水诗的代表作。

这首诗写辋川恬静优美的田园风光和禅寂生活之乐。

首联写诗人山上静观时所见田家生活，一个"迟"字，形象传神地写出来阴雨天空气潮湿、炊烟上升迟缓的样子。

颔联写白鹭飞行，黄鹂鸣啭，在视觉上自有色彩浓淡的差异，而且一取动态，一取声音，十分相宜；漠漠，形容水田广布，视野苍茫；阴阴，描状夏木茂盛，意境幽深，用开阔深邃、富有境界感的画面，渲染了积雨天气空蒙迷茫的色调和气氛。

诗人隐居在这美好的辋川山庄中，"习静"、"清斋"，吃斋念佛，修身养性，与世无争，心境澹泊自然。

全诗如同一幅淡雅的水墨画，清新明净，形象鲜明，创造了一个物我相惬、情景交融的意境。前人认为唐代七律中，"淡雅幽寂，莫过右丞《积雨》"（赵殿成笺注《王右丞集》卷十）。

鹿柴

◎王维

空山不见人，但闻人语响。
返景入深林①，复照青苔上。

【注释】

① 返景：夕阳返照的光。景，古时同"影"。

【译文】

山中空荡，看不到人影，只能听到有人说话。夕阳返照深深树林，又给青苔抹上一层淡黄色。

【赏析】

王维晚年为陕西蓝田的辋川别墅风景写了《辋川集》组诗二十首，鹿柴为辋川一景。诗人捕捉到傍晚时分鹿柴的幽静景色，落笔先写"空山"寂绝人迹，接着以"但闻"一转，引出"人语响"来。空谷传音，愈见其空；人语过后，愈添空寂。最后又写夕阳余晖映照深林，在青苔上洒下斑驳的光影，愈加衬托出山林的清寂幽邃，几如化外之景。诗的绝妙之处在于以动衬静，以局部衬全局，疏淡自然，毫不做作。

竹里馆

◎王维

独坐幽篁里①，弹琴复长啸。
深林人不知，明月来相照。

【注释】

① 幽篁：幽深的竹林。

【译文】

独自坐在幽深竹林，时而弹琴，时而吟唱长啸。深林僻静，无人知晓，只有明月殷勤相照。

【赏析】

竹里馆为辋川山庄一景，是建筑在大片竹林中的精舍。诗人以极浅淡的笔墨，描绘出一幅月夜独坐竹林弹琴长啸图，表现了隐者恬淡逸放和自得其乐的心情。全诗表面看来平平淡淡，似乎信手拈来、随意写就，其实却是匠心独运、颇具特色。其中"独坐"和"人不知"相映带，明月相照"幽篁"、"深林"，光影织成美景，弹琴长啸反衬月夜竹林的幽静，情景融为一体，蕴含着一种特殊的美的艺术魅力，使其成为千古佳品。

鸟鸣涧

◎王维

人闲桂花落①，夜静春山空②。

月出惊山鸟③，时鸣春涧中。

【注释】

① 闲：安静、悠闲，含有人声寂静的意思。② 空：空寂、空空荡荡。这里形容山中寂静无声，好像空无所有。③ 月出：月亮出来。惊：惊动，惊扰。

【译文】

人悠闲，桂花无声无息地飘落；夜寂静，春山让人觉得空空的。月亮出来惊动了栖息的山鸟，山涧中不时传来鸟的啼鸣声。

【赏析】

王维写了不少富有禅意的诗，而这首诗意境尤高，臻于"无我之境"。由于心境的"闲"，作为主体的人消失了，却感受到了四周最细微的变化，唯有在极静之中，方能得自然真意。

杂诗

◎王维

君自故乡来，应知故乡事。

来日绮窗前①，寒梅著花未②？

【注释】

① 来日：指动身前来的那天。绮窗：雕饰精美的窗子。② 著花：开花。

【译文】

你刚从我的家乡来，一定知道一些家乡的事。请问来时，我家窗前，那一株腊梅是否已开？

【赏析】

游子居异乡，遇故乡来人，有多少可问之事啊，却只问家园窗前那株寒梅开花了没有？真是"于细微处见精神"，因为一些细琐的生活小事或某一特殊的景物，最能引发思乡的感情。以家常絮语向人询问寒梅，问的是近况，更可见他对故乡以往的每一细微变化都在密切留意，了然于怀的。诗以白描记言的手法，写眷念窗前"寒梅著花未"，寓巧于朴，简洁而形象地刻画了主人公思乡的情感，亲切有味。

相思

◎王维

红豆生南国，春来发几枝。

愿君多采撷①，此物最相思。

【注释】

① 撷（xié）：摘。

【赏析】

红豆，一名相思子，产于岭南。相传古代有一个男子出征死于边关，妻子思念他，在树下哭泣，泪落染树结出殷红的豆子，故称此树为相思树。

"南国"既是红豆的产地，又是朋友的所在地，于是首句因物起兴，将生于南国的红豆与旅居南方的所思对象巧妙地联系在一起，语虽单纯，却富于想象。接着以设问寄语，承接自然，口吻亲切。

作者在诗末还不忘叮咛友人多采撷红豆，因为"此物最相思"，言在此而意在彼，嘱人相思，背后其实寄寓着自身深深的相思之意。末句以"相思"点题，一方面与首句中的"红豆"呼应，另一方面起到了一语双关的妙用：既切"相思"之名，又关合相思之情，可谓妙笔生花，婉曲动人。

此诗语浅情深，短短四句中，一叙一问一叮咛，极为明快，又含蓄蕴藉，将一腔柔情，尽情灌注在红豆之中。

【译文】

红豆生长在南方，春天来了，长出几个新枝。希望你，多多采摘佩戴它，这小小的红豆，最惹人相思。

诗的品赏知识

绝句的分类

按照每句的字数，可以将绝句分为五言绝句、六言绝句和七言绝句，其中以五、七言绝句居多，六言绝句很少。按照诗歌格律，可以将绝句分为律绝和古绝。

律绝是律诗兴起以后才有的。律绝押韵限用平声韵脚，并且依照律句的平仄，讲究粘对。

古绝早在律诗出现之前就有了，南朝陈人徐陵主编的《玉台新咏》中就有"古绝句"这一名称。而律绝盛行之后，古绝仍然继续发展。古绝不受律诗格律的束缚，或者虽然押韵，但相对来说平仄较为自由。古绝五言居多，七言非常少。凡符合下面任意一种情况或者二者兼备的，应该认为是古绝：一、用仄声韵；二、不用律句的平仄，有时还不粘、不对。

不过，古绝和律绝的界限并非壁垒分明，在律诗兴起以后，即使写古绝，也不可能完全脱离律句的影响。

如王维的《相思》，按字数划分是五绝，按格律划分是古绝。

少年行

◎ 王维

新丰美酒斗十千①，咸阳游侠多少年②。

相逢意气为君饮③，系马高楼垂柳边④。

【注释】

① 新丰：古县名，汉置，治所在今陕西省临潼（tóng）县东北。新丰镇古时产美酒，谓之新丰酒。斗（dǒu）十千：一斗酒值十千钱（钱是古代的一种货币），形容酒的名贵。斗是古代的盛酒器，后来成为容量单位。② 咸阳：秦朝的都城，故址在今陕西咸阳市东北二十里，此借指唐都长安。游侠：游历四方的侠客。③ 意气：指两人之间感情投合。④ 系（xì）马：拴马。

【译文】

新丰出产的美酒一斗价值十千钱，咸阳城的游侠儿多是少年。他们意气相投，一见如故，便相邀去酒楼酣饮，马儿就系在高高酒楼旁边的垂柳上。

【赏析】

这是一首描写少年游侠日常生活的诗。

在古都咸阳，游侠儿横穿于市，相逢马背，意气相投便以酒相邀，直饮到大醉酩酊。诗人通过对游侠儿高楼纵饮这一典型场景的描写，将游侠儿的风流与不羁完美地展现了出来，并表达了诗人对游侠儿这种富于浪漫气息的生活的向往。

一、二句将"新丰美酒"与"咸阳游侠"对举，让二者形成了"快马须健儿，健儿须快马"那样密不可分、相得益彰的关系，一张一弛，轻爽流利。

第三句将酒与游侠儿连结起来。对普通人来说，萍水相逢即是过客；而对少年侠士们来说，相逢片刻也可以一见如故，还要为对方干上一杯。但末句并未承接前文详写宴饮场景，只写到酒楼前就戛然而止。写"马"，是为了映衬侠少的豪迈英武。"高楼"与"垂柳"，相映成趣，华美、喧闹而不失飘逸，描述出一种富于浪漫气息的生活情调，为此突出侠少的精神风貌。此处运用了虚处传神的艺术手法，因为侧面虚写比正面实写所涵盖的内容要丰富得多。

短短二十个字，游侠儿的形象便跃然纸上，这全赖诗人的选材和用笔。诗人选取的是游侠儿生活中的一个场景——高楼纵饮，既散发着浓郁的生活气息，又弥漫着浓厚的浪漫色彩，寓真实于理想化之中，丝毫不给人以虚假之感。作者用笔精到，全诗不事雕饰，只几笔便将游侠儿的身姿神态勾勒了出来。

九月九日忆山东兄弟

◎王维

独在异乡为异客，每逢佳节倍思亲。

遥知兄弟登高处，遍插茱萸少一人①。

【注释】

① 茱萸（yú）：落叶小乔木，开小黄花，有浓香，古人每逢重阳便佩插它以辟邪。

【译文】

我独自漂泊，在异地作客，每到佳节，都倍加思念亲人。兄弟们在登高祈福，大家头插茱萸，只是少我一人。

【赏析】

王维原籍太原祁州（今山西省祁县），在华山以东，故称山东。诗题下原注："时年十七"，是在长安时所写。

农历九月九日是重阳节。二九相重，称为"重九"；九是阳数，故又称"重阳"。重阳节始于战国时代，唐代时被正式定为民间节日，并沿袭至今。

唐代城市在重阳节时，一般要做四件事：一是吃糕，糕与高谐音，吃糕是为了取吉祥的意义；二是饮菊花酒，赏菊花；三是把茱萸插在头上或者佩戴在身上；四是登高，一般选择附近的名山或者高塔。

诗一开头便以寻常语写思亲之切，诗人对故乡亲人的强烈思念，对孤独处境的感受，都凝聚在这个"独"字里。两个"异"字连用，表明地非故土，人无故人，备显凄凉孤苦。佳节，往往是举家团聚的好日子，一个"倍"字，则突出诗人无时不在怀念亲人，到了佳节思念之情更加强烈。

三、四句纯是想象之语：兄弟们重阳登高，独独少了自己一人。这里不说我忆兄弟，却说遍插茱萸少一人，更加重了凄凉之感。

语言浅显朴素有如喃喃细语，情意表达层转层深，却没有一个字可以删改移动，可谓自然妙绝。

渭城曲

◎王维

渭城朝雨浥轻尘①，客舍青青柳色新。

劝君更尽一杯酒，西出阳关无故人②。

【注释】

① 渭城：在今陕西省咸阳县东，位于渭水北岸，故址为秦时咸阳城，汉代改称渭城。唐时属京兆府咸阳县辖区。浥(yì)：润湿。② 阳关：在今甘肃敦煌西南，与玉门关一南一北，均为通西域的要隘。

【译文】

早上，渭城下了一场春雨，打湿大路轻尘。客舍前，柳树青青格外清新。老朋友啊，请再饮一杯，等向西出了阳关就再也见不到友人了。

【赏析】

诗的一、二句写明送别的时间、地点与氛围：渭城送别，清晨的细雨润湿了轻扬的灰尘，客舍外的杨柳在细雨的清洗下分外清新，一派素朴清雅的诗情画意。

客舍，总是与羁旅者相伴；古有折柳送别的习俗，柳谐音"留"，已经暗喻离别之意。二者总是呈现出一种黯淡的情调，此刻却因一场朝雨呈

出清新明朗的风貌——清朗的天空、洁净的道路、青青的客舍、翠绿的杨柳，虽然是极平常的景物，在诗人笔下却清新如画，为这场送别提供了典型的自然环境，没有一般送别场景的黯淡和沉重，反而带着几分轻快。

后两句，离情迸发，一杯别酒，盛满了朋友的无限深情，"更尽"二字，传神地写出了送别人惜别、劝慰、请君珍重等意，自然逗出末句。

阳关和玉门关都是西出敦煌通往西域的门户，一个在南，一个在北。阳关位于甘肃省敦煌县西南七十公里外的阳关镇境内，在玉门关之南，故曰阳关 (古人以山南水北为阳)。自汉至唐，阳关一直是丝路南道上的必经关隘。元二要到安西都护府 (治所在今新疆维吾尔自治区库车县境) 去，就必须经过阳关，故诗中有"西出阳关无故人"之句。

阳关本已远，而安西更在阳关之外，光是想象，其苍茫无垠已令人怅惘，而"无故人"更是可见此别的难以为情，一段离情自是萦绕心头，依依徘徊不忍去。此诗本作"送元二使安西"，因其道出人人意中所有，妙绝一时，当时就被人广为传诵，后更是被编入乐府，名《渭城曲》《阳关曲》，或名《阳关三叠》，成为流传千古的饯别名曲。

秋夜曲

◎王维

桂魄初生秋露微①，轻罗已薄未更衣。

银筝夜久殷勤弄，心怯空房不忍归。

【注释】

① 桂魄：月亮的别称，相传月中有桂树，故名。

【译文】

　　秋月初升，秋露轻盈细微；轻软罗衫已太薄，然而却无心加衣。夜已深，她还在拨弄银筝，只因怕空房孤寂不愿回去。

【赏析】

　　初秋夜晚月亮升起，已有微小晶莹的露珠了，罗衣已显轻薄却不更换厚衣，而在夜深了还在庭院频频弹奏银筝，不断的银筝声在这清冷夜晚似乎还显得很热闹。末句一语揭穿"心怯空房不忍归"，原来不是偶发清兴弄银筝，而是无良人相伴，寂寞难寝。这时再回头反观前三句，顿悟其已隐约传神于先，未更罗衣，是因其相思入神，频弹银筝，见其心生烦扰，首句更是先声夺人，为全诗渲染了清冷凄凉的气氛，又隐有望月怀人之意。语极委婉，情极细腻，把儿女之情写得如此深隐曲折，而一经点破，相思相怨之情即跃然纸上。

送沈子福之江东

◎王维

杨柳渡头行客稀，罟师荡桨向临圻①。

惟有相思似春色，江南江北送君归。

【注释】

① 罟师：渔夫。

【译文】

　　渡口杨柳依依，行人稀少，艄公荡起船桨向临圻方向摇去。我的相思又似那无边的春色，从江南到江北送君子你归去。

【赏析】

　　这是一首相思离别之作，想象奇特，感情奔放。

　　阳春时节，到处桃红柳绿，到处莺歌燕舞，在杨柳渡头，诗人送友人沈子福顺流而下归江东。望着那满园春色，诗人灵光乍现：我这绵绵无尽的相思之情不就像眼前的无边春色吗？何不让我这相思之情也同春色一般，蔓延江南江北，伴你归去。多么奇妙而美丽的想象啊，以无形之情比有形之景，将情与景结合无间！

送崔九

◎裴迪

归山深浅去，须尽丘壑美。
莫学武陵人①，暂游桃源里。

【注释】

① 武陵人：指陶渊明《桃花源记》中的武陵渔人。

【译文】

　　想要归隐，深壑浅滩就都要看看，定要赏尽山峦沟壑的秀美。千万别学那武陵捕鱼人，只在桃花源中游玩了几天。

【赏析】

　　开元末、天宝初，裴迪、王维同隐终南山。崔九，即崔兴宗，为王维内弟，他随后也归隐终南。这是一首劝勉诗，从诗中看，崔九有不甘久隐之意，裴迪便以自己的切身体验，劝崔九既然打算隐居，就应该坚定不移地真隐，劝勉含蓄而意远。

　　无论入山高下深浅，皆须尽会丘壑之美；不要学那武陵渔人，暂游桃源之后即行出山，浅尝辄止，没有饱览林壑之美。

　　一、二句劝勉崔兴宗不要再留恋世俗的生活。三、四句是说既然在山水间获得了人生的乐趣，就不要再回到现实中来了。

　　诗人为什么不仅自己归隐，还要劝人一起留在世外桃源中呢？

　　本诗大约作于唐玄宗后期，整个社会开始由盛转衰，唐玄宗宠幸杨贵妃，不理政事，先后任用奸相李林甫和杨国忠，他们结党营私，排斥异己，导致朝政腐败，社会黑暗，像裴迪、崔兴宗这样的下层知识分子没有出路，只能隐居山林。

　　诗人巧用陶渊明《桃花源记》中武陵渔人的典故，隐含哲思。全诗的语言浅白有如促膝话家常，亲切可感，却含蓄而意远。

⊙作者简介⊙

　　裴迪（716—？），河东（今山西）人。官蜀州刺史及尚书省郎。盛唐著名山水田园诗人一。早年与王维过从甚密，晚年居辋川、终南山，两人来往更为频繁，故其诗多是与王维的唱和应酬之作。受王维的影响，其诗多为五绝，描写的也常是幽寂的景色。

寻西山隐者不遇

◎丘为

绝顶一茅茨^①，直上三十里。

扣关无僮仆^②，窥室唯案几。

若非巾柴车^③，应是钓秋水。

差池不相见^④，黾勉空仰止^⑤。

草色新雨中，松声晚窗里。

及兹契幽绝^⑥，自足荡心耳。

虽无宾主意，颇得清净理。

兴尽方下山，何必待之子^⑦。

【注释】

① 绝顶：山之顶峰。茅茨（cí）：茅屋。② 扣关：扣门。③ 巾柴车：意谓乘车出游。柴车，简陋的车子。④ 差（cī）池：交错。⑤ "黾（mǐn）勉"句：意谓殷勤而来却不能相见，所以空怀景仰之思。黾勉，殷勤之意。⑥ 及兹：到此。契（qì）：相合。⑦ 之子：这个人，指隐者。

【译文】

　　西山顶上有一间小茅屋，寻访隐者直上三十里路。轻扣宅门竟无开门童仆，窥看室内只有几案摆住。主人不是驾着柴车外出，就是垂钓在秋水之渚。来得不巧不能与其见面，殷勤而来空留对他仰慕。绿草刚刚受到新雨沐浴，松涛声声随风送进窗户。来到这惬意幽静的绝景，我心耳荡涤，无比的满足。尽管没有宾主酬答之意，却能把清静的道理领悟。兴尽才下山来乐在其中，何必要见到你这个隐者？

【赏析】

　　丘为与王维相友善，诗风亦相近。这首诗写诗人原以为主人在山上，等爬到山顶茅屋，方知不在，猜想主人不是戴葛巾乘车出游了，就是去水边垂钓了。"绝顶"与"直上"都点出了山势的陡峭高峻，也暗示了寻访者攀登之劳。殷勤而来却不得相见，一般人都难免有些惆怅，但诗人随意游览山水，山间的草色松声和幽雅至极的环境涤荡心耳，得到清净无为之理趣，方才尽兴而归。此诗说不遇。然言不败兴，情无惆怅，乘兴寻隐者而不遇，心怀洒脱，自得其乐，仍得尽兴而返。虽未遇见隐者，却把隐者的性格和生活表现出来了，同时也抒发了自己的幽情雅趣，正如殷璠在《河岳英灵集》中所评："举体清秀，萧萧跨俗"。

◎作者简介◎

　　丘为（694—789？），苏州嘉兴（今属浙江）人。早年屡试不第，归山攻读数年，天宝初年，进士及第，累官至太子右庶子。善为诗，与王维、刘长卿友善，时相唱和。贞元年间卒，年九十六，相传是唐代享寿最高的一位诗人。其诗大抵为五言，多写田园风物，为盛唐田园山水诗派诗人者之一。以《题农父庐舍》《寻西山隐者不遇》《左掖梨花》《泛若耶溪》等较著名。原有集，已佚。

清平调词三首（其一）

◎李白

云想衣裳花想容，春风拂槛露华浓①。

若非群玉山头见②，会向瑶台月下逢③。

【注释】

① 槛：栏杆。② 若非……会向："不是……就是"的意思。玉山：群玉山相传是西王母所居之处。按《山海经·西山经》："玉山，是西王母所居也。"晋人郭璞注："此山多玉石，因以名云。"《穆天子传》谓之"群玉之山"，因为北山遍地都是青黄红白黑五色石，故称"群玉"。③ 瑶台：与前面的群玉山都是传说中西王母的居处。

【译文】

云一样绚烂的衣裳，花一样的姿容，春风轻拂栏杆，露珠闪动，花色更显娇浓。贵妃国色天香，若不是在那群玉山遇见，一定在月下瑶台才能相逢。

【赏析】

天宝三载（744），玄宗、杨贵妃赏牡丹于兴庆宫沉香亭，著名乐师李龟年在旁歌唱旧曲。玄宗说："赏名花，对妃子，焉用旧乐辞为？"遂召李白作《清平调》三章。李白时任供奉翰林，宿醉未解而援笔立成。梨园乐工抚丝竹以调之，李龟年歌之，玄宗倚笛伴之，为一时之盛事。

这首诗借眼前的牡丹花来隐喻当时的第一美人，衣裳似云霞，容颜似美丽的牡丹，春风吹拂着她，露珠滋润着她；后更以群玉山、琼瑶仙境来烘托出她的华贵与尊荣。浪漫主义的诗人想象奇特，极写牡丹的临风承露、风神摇曳，来喻贵妃之风姿绰约、芳华绝代，说花即是说人，花与人融为一体。诗人之奉旨填词亦是超拔卓绝，不同凡响。

◎作者简介◎

李白（701—762），字太白，号青莲居士。祖籍陇西成纪（今甘肃省泰安县），出生于中亚碎叶城（在今吉尔吉斯斯坦境内，唐时属安西都护府）。约五岁时随父迁居绵州昌隆（今四川江油）青莲乡。二十五岁离蜀漫游各地。天宝初供奉翰林，不久遭谗毁，被赐金放还。安史之乱时，入肃宗弟永王璘幕。李璘与肃宗争权，事败被杀，他受牵连入狱，后被流放夜郎（今贵州桐梓县），途中遇赦东还。后往依族叔当涂（今属安徽）县令李阳冰，不久病逝。其诗风雄奇豪放，想象丰富，语言流畅自然，韵律和谐多变。其诗作多绚烂多彩，富浪漫气息。有《李太白集》。

清平调词三首（其二）

◎李白

一枝红艳露凝香，云雨巫山枉断肠^①。
借问汉宫谁得似，可怜飞燕倚新妆^②。

【注释】

① 云雨巫山：用巫山神女会楚王典。此处是指有杨贵妃在侧，即便是巫山神女也无法吸引君王的视线。② 飞燕：指赵飞燕，西汉成帝的皇后，以美貌著称。倚：倚仗。

【译文】

（贵妃）犹如一枝红艳牡丹，露珠都凝染幽香，恩爱无限让巫山神女也悲伤断肠。请问汉宫之中谁能和她相比？可爱的赵飞燕恐怕还得倚仗新妆。

【赏析】

这首诗承接前首，一气相生。首句写红牡丹受雨露沐浴更加芳香，亦是喻杨贵妃受君王宠幸。后三句连用神、人两个典故，"云雨巫山"之典是言昔日楚王梦游，与巫山神女相会之事，终究属于虚妄，何如今之君王妃子相携赏花，以此衬托出杨贵妃之沐实惠；汉成帝的皇后赵飞燕堪称绝代美人，犹自倚仗着新妆方能"得似"，衬托出杨贵妃的天香国色。诗人没有直接实咏扬贵妃的容貌，而是用抑扬法，抑神女与飞燕，又用反问句式，更加衬托出杨贵妃的花容月貌及天然风致。语语浓艳，字字流葩，使人如觉春风满纸，神往想象贵妃之美。

清平调词三首（其三）

◎李白

名花倾国两相欢，长得君王带笑看。
解释春风无限恨，沉香亭北倚阑干。

【译文】

牡丹与美人两相辉映同样娇艳，君王常常带笑赏看。她娇艳柔媚犹如春风，能消解无限怨恨，而此刻正在沉香亭北斜倚栏杆。

【赏析】

牡丹为名花，贵妃为倾国佳人，两美交相辉映，故长得君王含笑细看欣赏。牡丹、美人风姿动人，纵然有无限愁恨，一见之下都随春风消解了。开元二十五年，玄宗隆宠的武惠妃病卒，玄宗常为此郁郁不欢，今初得杨贵妃而对名花，无限恨都为之消释了。末句点明地点，君王妃子在沉香亭北双双倚栏赏花。花在阑外，人倚阑干，多么优雅风流。这首诗实赋沉香亭赏花事，词藻颇为华丽，写出一片旖旎风情，而含思言外，留有无限想象的空间。这三首诗当时就深为唐玄宗所赞赏，为贵妃所喜爱，更为后世所传诵。

古朗月行

◎李白

小时不识月，呼作白玉盘^①。

又疑瑶台镜^②，飞在青云端。

仙人垂两足，桂树何团团^③。

白兔捣药成，问言与谁餐？

蟾蜍蚀圆影^④，大明夜已残。

羿昔落九乌，天人清且安^⑤。

阴精此沦惑^⑥，去去不足观^⑦。

忧来其如何？凄怆摧心肝^⑧。

【注释】

① 呼：称为。② 瑶台：传说中神仙居住的地方。③ 团团：圆圆的样子。④ 圆影：指月亮。⑤ 天人：天上人间。⑥ 沦惑：沉沦迷惑。⑦ 去去：远去，越去越远。⑧ 凄怆：悲愁伤感。

【译文】

　　小时候不认识月亮，把它叫作白玉盘。又怀疑是瑶台仙镜，飞在夜空的青云上。月中的仙人垂着两只脚，桂树长得何等的圆。白兔把药捣好了，问是给谁吃的呢？蟾蜍啃食了月亮，皎洁的月儿因此晦暗不明。过去后羿射下了九个太阳，天上人间从此变得清明安宁。现在月亮已经沦没迷惑，没有什么可看的，不如远远走开吧。但是心怀忧虑又怎么忍心这样做，凄惨悲伤让我肝肠寸断。

【赏析】

　　这是一首乐府诗，沿用鲍照《朗月行》旧题，但李白翻出了新意，传达了忧国忧民之思。唐玄宗晚年，专宠杨贵妃，奸臣宦官当道，朝纲败坏。李白作此诗以讽刺这种状况。在一个晴朗的夜里，诗人独自欣赏着头顶的明月。看到月儿由圆而蚀，诗人的感情也由昂扬变得惆怅、悲伤。此诗通篇作隐语，以蟾蜍蚀月来隐射现实，展现了诗人超凡的写作技巧及奇幻的想象力，更表达了诗人深沉的忧国忧民之情。

蜀道难

◎李白

噫吁嚱，危乎高哉！蜀道之难，难于上青天！蚕丛及鱼凫①，开国何茫然！尔来四万八千岁，不与秦塞通人烟②。西当太白有鸟道③，可以横绝峨眉巅。地崩山摧壮士死④，然后天梯石栈相钩连⑤。上有六龙回日之高标⑥，下有冲波逆折之回川⑦。黄鹤之飞尚不得，猿猱欲度愁攀援⑧。青泥何盘盘⑨，百步九折萦岩峦⑩。扪参历井仰胁息⑪，以手抚膺坐长叹。问君西游何时还？畏途巉岩不可攀⑫。但见悲鸟号古木，雄飞雌从绕林间。又闻子规啼夜月⑬，愁空山。蜀道之难，难于上青天，使人听此凋朱颜！连峰去天不盈尺，枯松倒挂倚绝壁。飞湍瀑流争喧豗⑭，砯崖转石万壑雷⑮。其险也如此，嗟尔远道之人，胡为乎来哉！剑阁峥嵘而崔嵬，一夫当关，万夫莫开。所守或匪亲，化为狼与豺⑯。朝避猛虎，夕避长蛇，磨牙吮血，杀人如麻。锦城虽云乐⑰，不如早还家。蜀道之难，难于上青天，侧身西望常咨嗟⑱！

【注释】

① 蚕丛、鱼凫：均为传说中的古蜀国国王。② 秦塞：秦地。古蜀国本与中原不通，至秦惠王灭蜀，始与中原相通。③ 太白：秦岭峰名。鸟道：仅能容鸟飞过的道路，形容山路狭窄。④ "地崩"句：相传秦惠王曾嫁五美女于蜀，蜀遣五壮士迎之，返回途中遇大蛇入洞穴中，五人牵住蛇尾而用力外拉，结果山崩，力士和美女都被压死，山也分成五岭。⑤ 石栈：于岩壁上凿石架木而成的通道。⑥ "上有"句：谓有能挡住太阳神六龙车的高峰。六龙：相传太阳神所乘之车有六条龙来拉。高标：最高的山峰。⑦ 回川：萦回的川流。⑧ 猱（náo）：猕猴。⑨ 青泥：山名，在今陕西略阳县。盘盘：盘旋曲折。⑩ 萦岩峦：指峰岭迂回环抱。⑪ 参、井：均为星宿名。扪参历井是说蜀道之上伸手便可触及星辰。胁息：屏住呼吸。⑫ 巉（chán）岩：险峭的山岩。⑬ 子规：杜鹃。⑭ 喧豗（huī）：喧闹碰撞的声音。⑮ 砯（pīng）：水击岩石的

声音。⑯"所守"两句：谓镇守这里的人若不可靠，一旦叛乱就会变成凶狠的豺狼。⑰锦城：即成都。⑱咨嗟：叹息。

【译文】

哎呀呀，多么高耸险峻！蜀道难于攀登，堪比登上青天！传说，蚕丛和鱼凫建立蜀国，开国的年代，实在是很渺远。自那时至今，总有四万八千年，还不能与中原沟通往来。西边太白山，有飞鸟才能过的小道，从那儿可横渡峨眉山巅。大地崩裂，高山垮塌，压死五壮士，才筑起天梯石栈，使秦蜀相连。上有挡住太阳神六龙车的山巅，下有激浪排空、回旋曲折的大川。黄鹤能高飞，尚且不能过，猿猴要想翻越，也愁于攀援。青泥岭，多么曲折盘旋，百步之内，萦绕岩峦要转九道弯。能摸到天上星辰，人仰头屏住呼吸，以手抚胸，惊恐得坐在地上感叹。我问你，云游西方，何时回来，路途艰险，山岩陡峭，难以登攀。只见悲鸟在古木上哀鸣，雄鸟前飞，雌鸟跟随，盘旋林间。又听到子规在月夜悲啼，哀愁啊，在这荒荡空山。蜀道难于攀登，堪比登上青天！使人听了，脸色遽变。连绵的山峰，距离青天不足一尺；枯松倒挂山岩，倚贴绝壁。流水湍急，瀑布飞泻，争相喧哗；石相击，旋涡转动，如万壑雷鸣。蜀道的艰险就像这样，感叹远道之人，为什么还要过来。大小剑山的剑阁，高峻险要，一个人把守，纵使千军万马，都难闯开。假如守关的人，不是皇家的近亲，在这割据造反，难免要变成豺狼。白天要躲避猛虎，晚上要防范长蛇。他们磨砺长牙，吸尽人血，杀害百姓，多如乱麻。锦官城虽说是个快乐的所在，但还是不如早早回家。蜀道难于攀登，堪比登上青天！侧身西望，令人不免感慨长叹。

【赏析】

蜀地被群山环绕，古时交通不便，道路难以行走。古代川北三条蜀道：金牛道、阴平道和米仓道，最重要的金牛道就是剑门蜀道。剑门蜀道在唐代北起京师长安，南至益州锦城，是中原通往西南的咽喉要道，而处于剑门蜀道中心，地形易守难攻，乃"一夫当关，万夫莫开"的兵家必争之地，三国时蜀汉大将军姜维仅以三万人马就拒魏国邓艾十万大军于关外。李白这首《蜀道难》，把蜀道之艰难描绘得淋漓尽致。

《蜀道难》本是乐府古题，李白以浪漫主义的手法，展开丰富的想象，淋漓尽致地刻画了蜀道峥嵘、险峻、突兀、崎岖等奇丽惊险和不可凌越的磅礴气势，并从中透露了对国事的忧虑与关切。

全诗大体按照由古及今，自秦入蜀的线索，抓住各处山水特点来描写，以展示蜀道之难。诗人善于把传说和想象、现实和历史融为一体，并加以充分的夸张的和渲染来进行写景抒情。言山之高峻，则曰"上有六龙回日之高标"；状道之险阻，则曰"地崩山摧壮士死，然后天梯石栈相钩连"，从蚕丛开国说到五丁开山，由六龙回日写到子规夜啼，从耳闻惊心转到"磨牙吮血，杀人如麻"，既有往古的传奇色彩，又有现实的严酷气氛，读来令人心潮激荡。诗中用了大量散文化诗句，有三言、四言、五言、七言，甚至十一言，参差错落，形成极为奔放的语言风格。在用韵方面，为方便描写蜀中险要环境，一连三换韵脚，极尽变化之能事。

据载，李白从蜀到长安，与前辈诗人贺知章相遇，以《蜀道难》示之。贺知章读罢"称叹数四"，认为此诗非凡人所能作，称李白为"谪仙"。殷璠在《河岳英灵集》中，称此诗"奇之又奇，自骚人以还，鲜有此体调"。

将进酒

◎李白

君不见黄河之水天上来，奔流到海不复回。君不见高堂明镜悲白发，朝如青丝暮成雪。人生得意须尽欢，莫使金樽空对月。天生我材必有用，千金散尽还复来。烹羊宰牛且为乐，会须一饮三百杯①。岑夫子，丹丘生②，将进酒，杯莫停。与君歌一曲，请君为我倾耳听。钟鼓馔玉不足贵③，但愿长醉不复醒。古来圣贤皆寂寞，惟有饮者留其名。陈王昔时宴平乐④，斗酒十千恣欢谑⑤。主人何为言少钱，径须沽取对君酌⑥。五花马⑦，千金裘⑧。呼儿将出换美酒，与尔同销万古愁。

【注释】

① 会须：正应当。② 岑夫子、丹丘生：指岑勋和元丹丘。二人都是李白的朋友。③ 钟鼓馔玉：泛指豪门的奢华生活。钟鼓，指富贵人家宴会奏乐时使用的乐器。馔玉，形容饭食像玉一样精美。足：值得。④ 陈王：指曹操之子曹植，曹植曾被封为陈王。平乐：观名，在洛阳西门外，汉代时为汉代富豪显贵的娱乐场所。⑤ 恣（zì）：尽情。⑥ 径须：只需。⑦ 五花马：毛色呈五种花纹的良马。⑧ 千金裘：价值千金的皮衣。

【译文】

你没看见吗，黄河的水是从天上流泻下来的，奔流到大海，就再不回还。你没看见吗，人们正在铜镜前，悲叹白发暗生，早上还是乌黑青丝，晚上就变得满头雪白。

人生得意时就该尽情欢乐，不要让金杯空自对着明月。上天造就我的才干，必然会有用处，银钱散尽，还能重新回来。让我们宰牛杀羊，暂且尽情作乐，一口气喝它三百杯。岑勋先生啊，丹丘先生，快喝完这酒，不要让酒杯暂停。我为你们唱一曲，请你们为我侧耳倾听。钟鼓和美食，都不值得珍贵，只愿与你们长醉不再醒。自古以来，圣德贤人怕都默默无闻，只有寄情美酒的人，才会永远留下姓名。陈王曹植，当年曾在平乐观宴饮，尽管一斗酒十千钱，仍旧恣意寻欢。主人家，你为什么说少银钱？只管出去买酒，让我与你对饮。五花马，千金裘，叫一声小儿，快拿出去换美酒，让我与你们，一同遣消忧愁。

【赏析】

　　《将进酒》原是汉乐府短箫铙歌的曲调，即"劝酒歌"。李白这首名篇，大约作于天宝十一载（752）。长安放还后，他到处游历，曾与友人岑勋、元丹丘三人欢宴豪饮。

　　在唐代，饮酒已蔚然成为一种社会文化现象，人们在生活中离不开酒。唐代的酒多带有"春"字，酒色有红、绿、黄、白、碧、青、紫，异彩纷呈；酒味有醇烈、甘辛、浓淡、清浊之别，其中以香醇最为贵重。在长安、洛阳等大都市中，酒的价格十分昂贵，名贵的酒大约一斗十千钱，这样的酒李白可以负担得起，而像杜甫这样的寒士，就只能饮一斗三百钱的中等酒。

　　李白一生放浪诗酒，酒是他消除忧愁的良方，又是激发他挥毫作诗的引子。"李白斗酒诗百篇"，这篇《将进酒》，醋畅淋漓地抒发了李白怀抱用世之才而不遇的一腔悲情，吐露了他沉醉酒中的痛苦矛盾心情，展现了他的人生态度和艺术个性。

　　"君不见黄河之水天上来"一句，想落天外，写大河之来，势不可挡；"奔流到海不复回"一句，写大河之去，势不可回。一涨一消，舒卷往复，余味不尽。正因为人生短促易逝，才更应该及时尽情地享受生命的欢乐，不要辜负光阴；"天生我材必有用"，因此要完美地实现自己的人生价值。然而，富贵只是过眼云烟，不能长保，古来圣贤也身后寂寞，黑暗的现实堵塞了李白实现抱负的道路，只有饮者才能留名千古，因此他要借酒"与尔同消万古愁"。

　　全诗大开大阖，篇首即用两个"君不见"领起，写大河之来，势不可挡；大河之去，势不可回，气势磅礴。诗中屡用巨大数目字如"千金"、"三百杯"、"斗酒十千"、"千金裘"、"万古愁"等来表现豪迈诗情和奔涌跌宕的感情激流，情悲而不伤，悲而能壮，具有震动古今的气势与力量。《唐诗别裁集》谓"读李诗者于雄快之中，得其深远宕逸之神，才是谪仙人面目"，此篇足以当之。

行路难三首（其一）

◎李白

金樽清酒斗十千①，玉盘珍羞直万钱②。
停杯投箸不能食③，拔剑四顾心茫然。
欲渡黄河冰塞川，将登太行雪满山。
闲来垂钓碧溪上，忽复乘舟梦日边④。
行路难，行路难，多歧路，今安在⑤？
长风破浪会有时⑥，直挂云帆济沧海⑦。

【注释】

① 樽（zūn）：古代盛酒的器具，以金为饰。清酒：清醇的美酒。斗十千：一斗值十千钱（即万钱），形容酒美价高。② 珍羞：珍贵的菜肴。羞，同"馐"，美味的食物。直：同"值"，价值。③ 箸（zhù）：筷子。④ "闲来"两句：这两句暗用典故。姜太公吕尚曾在渭水的磻溪上钓鱼，得遇周文王，助周灭商；伊尹曾梦见自己乘船从日月旁边经过，后被商汤聘请，助商灭夏。这两句表示诗人自己对从政仍有所期待。⑤ 今安在：如今身在何处？安，哪里。⑥ 长风破浪：比喻实现政治理想。据《宋书·宗悫传》载：宗悫少年时，叔父宗炳问他的志向，他说："愿乘长风破万里浪。"⑦ 云帆：高高的船帆。船在海里航行，因天水相连，船帆好像出没在云雾之中。

【译文】

金杯里的美酒，每斗要价十千，玉盘里的佳肴，恐怕也值上万钱。但是我放下杯筷，仍不能下咽，拔出剑来，环顾四周，心中茫然。想渡过黄河，冰川堵塞河道，要登上太行，又早已大雪封山。闲来无事，我坐在溪边钓鱼，忽然想像伊尹一样，梦见乘船经过日边。行路艰难啊，行路艰难！岔路那么多，现在我又该去哪？总有一天，我会乘风冲破万里巨浪，高挂云帆，横渡大海。

【赏析】

这是李白所写的三首《行路难》的第一首。李白受诏入京后，供奉翰林期间陪侍皇帝左右，后却遭谗被"赐金还山"。这组诗从内容看，应该是写在天宝三载（744）离开长安的时候。诗的前四句写朋友设下盛宴为之饯行，然而他却"停杯"、"投箸"、"拔剑"、"四顾"，毫无食欲饮兴，心绪茫然、苦闷、抑郁。他将要渡黄河登太行，可是冰塞大川雪满高山，人生道路上的艰难险阻重重。但诗人壮心不死，想到吕尚、伊尹这两位古代贤臣未遇明主前的经历，又增添了以后返回长安的信心。而在现实中，还是行路难，岔路有很多，要走的路，究竟在哪里呢？"长风破浪会有时，直挂云帆济沧海"，诗人摆脱了歧路彷徨的苦闷，相信总有一天会乘风破浪，到达理想的彼岸。全诗共十四句，八十二字，篇幅不长却具有跳荡纵横的气势格局，展现出诗人感情的激荡起伏、复杂变化，以及他在进退去就之际继续追求理想的执著精神和乐观豪迈的气概，充满了积极的浪漫主义情调。

北风行

◎李白

烛龙栖寒门①，光耀犹旦开。日月照之何不及此？惟有北风号怒天上来②。燕山雪花大如席，片片吹落轩辕台③。幽州思妇十二月，停歌罢笑双蛾摧④。倚门望行人，念君长城苦寒良可哀⑤。别时提剑救边去，遗此虎文金鞞靫⑥。中有一双白羽箭，蜘蛛结网生尘埃。箭空在，人今战死不复回。不忍见此物，焚之已成灰。黄河捧土尚可塞，北风雨雪恨难裁⑦。

【注释】

① 烛龙：我国古代神话中的龙。传说它睁眼为昼，闭眼为夜。② "日月"两句：本来为日月所照的幽州，为什么现在却不见阳光，只能听到满天北风在怒吼？这是指当时安禄山统治北方，一片黑暗。此：指幽州，治所在今北京大兴区。③ 轩辕台：纪念黄帝的建筑物，故址在今河北省怀来县乔山上。④ 双蛾摧：双眉紧锁，形容悲伤、愁闷的样子。⑤ 良：实在。⑥ 鞞（bǐng）靫（chái）：当作"鞴靫"。虎文鞞靫，绘有虎纹图案的箭袋。⑦ 北风雨雪：这是化用《诗经·邶风·北风》中的"北风其凉，雨雪其雱"句意，原意是指国家的危机将至而气象愁惨，这里借以衬托思妇悲惨的遭遇和凄凉的心情。裁：消除。

【译文】

烛龙栖息在寒冷的雁门北，街烛发出微弱的光芒来表示白天到了。日月为何不能照临到这里，只有那呼啸怒号的北风从天上扑下来。燕山飞舞的雪花有如席子那么大，一片片吹落在轩辕台上。幽州思念征夫的少妇一年十二个月，停止了歌舞不再欢笑，娥眉颦蹙。倚靠在门上望着过往的行人，哀念着征夫远在的长城更加苦寒。分别时征夫提着剑去从戎救边，留下装饰有虎文的箭袋。箭袋中有一双白羽箭，已经布满了蜘蛛网和尘埃。箭徒然在这儿，人现今已经战死沙场不复来。不忍心再看到此物，于是把它焚烧成灰。黄河尚可用捧土去堵塞，却恨难以裁剪北风雨雪。

【赏析】

《北风行》是乐府"时景曲"调名，内容多写北风雨雪、行人不归的伤感之情。本诗沿用乐府旧题，抒写思妇的愁怨。

在一个雪大如席的冬日里，幽州城中，一位妇人独倚着门槛，眼前过往的行人让她想起了自己那慨然出征、战死疆场的丈夫。诗人通过对思妇内心世界的描写，表达了诗人对战争的极度厌恶以及对人民的由衷同情。本诗运用了大量的夸张手法，如将燕山的雪比作席子，并呼喊出"黄河捧土尚可塞"这种生活中绝不可能发生的事来。但这些手法运用得当，不但不会闹出笑话，反而让读者从中品味出作者强烈而深沉的感情。

关山月

◎李白

明月出天山①，苍茫云海间。
长风几万里，吹度玉门关②。
汉下白登道③，胡窥青海湾④。
由来征战地⑤，不见有人还。
戍客望边邑⑥，思归多苦颜⑦。
高楼当此夜，叹息未应闲。

【注释】

①天山：今甘肃祁连山，古时匈奴称天为祁连，故名天山。②玉门关：在今甘肃敦煌西，相传和田美玉经此传入中原，因此得名，古时为中原通西域的门户。③"汉下"句：指汉高祖刘邦亲率军与匈奴交战，被困白登山七日一事。④胡：指吐蕃。窥：窥伺。青海湾：即青海湖。唐军多与吐蕃交战于此。⑤由来：从来。⑥戍客：戍边的官兵。⑦苦颜：愁容。

【译文】

明月升起，轻轻漂浮在迷茫的云海里。长风掀起尘沙席卷几万里，玉门关早被风沙层层封闭。白登道那里汉军旌旗林立，青海湾却是胡人窥视之地。自古以来这征战厮杀的场所，参战者从来不见有生还的。守卫边陲的征夫面对现实，哪个不愁容满面思归故里？今夜高楼上思夫的妻子们，又该是当窗不眠叹息不已。

【赏析】

吐蕃是中国古代藏族建立的政权，在其赞普（首领）松赞干布时期崛起。

从唐高祖武德六年（623）至唐亡（907），唐朝在河西、陇右、关中（今甘肃、青海、陕西一带）和西域（今新疆、中亚一带）等地区为保卫边防与对西域的控制，和吐蕃进行的长期作战。

"关山月"是乐府旧题，内容多为描述征戍离别之苦。李白的这首诗即以古题写边塞的将士和家中的妻子互相思念的感情。开头四句，以雄浑的笔墨描写了天山、云海、长风、明月、玉门关所构成的一幅辽阔的边塞图景。中间四句由边关过渡到战争，转出"由来征战地，不见有人还"的反战思想，无休止的战争使出征的战士无一生还故乡。末尾四句叙写征戍者思归之情，征戍者悬想妻子月夜高楼叹息不止，使全诗至此又翻进一层。全诗以征戍者的口吻，描写了边关的情形，更显出守边塞的将士对长期征战的厌恶和渴望还乡的心情。正如《艺苑卮言》所赞："太白古乐府，窈冥惝恍，纵横变化，极才人之致。"

静夜思

◎李白

床前明月光①，疑是地上霜②。
举头望明月③，低头思故乡。

【注释】

①床：胡床，即马扎，一种坐具。②疑：好像。
③举头：抬头。

【译文】

　　床前，一片明朗月光，疑心那是一地白霜。抬头仰望，原来是夜空明月，低头沉思，想起我的故乡。

【赏析】

　　这首诗是李白寓居湖北安陆小寿山时所作。静静的夜晚，月光从窗户穿进来，洒落在床前，让诗人在幻觉中以为是地上的霜，于是举头而望。月光引起人的乡愁乡思，诗人自然无法成眠，低头陷入无边无际的思家念亲之情中。举头低头之间，蕴蓄已久的心声一触即发，遂脱口而出。

　　明月为人人所常见，思乡之情为人人所共有，但被李白妙手拈来，信口道出，无意于工而无不工，可谓妙绝古今，使后人千古共鸣。

玉阶怨

◎李白

玉阶生白露，夜久侵罗袜。
却下水精帘①，玲珑望秋月。

【注释】

①水精：水晶。

【译文】

　　玉石台阶，生出露水，伫立太久，罗袜都湿了。她只好回屋放下水晶帘，却又不禁隔帘遥望秋月。

【赏析】

　　诗虽以"怨"为题，通篇却只写女主人公的活动：她先是风露立中宵，进而望月不眠，由于伫立太久，不知不觉重露已侵湿了罗袜。诗从玉阶、白露、罗袜，到水晶帘、玲珑秋月，委婉而入微，余音袅袅，不绝如缕。

长干行

◎李白

妾发初覆额^①，折花门前剧^②。

郎骑竹马来，绕床弄青梅^③。

同居长干里，两小无嫌猜。

十四为君妇，羞颜未尝开。

低头向暗壁，千唤不一回。

十五始展眉^④，愿同尘与灰。

常存抱柱信^⑤，岂上望夫台^⑥。

十六君远行，瞿塘滟滪堆^⑦。

五月不可触，猿声天上哀。

门前迟行迹^⑧，一一生绿苔。

苔深不能扫，落叶秋风早。

八月蝴蝶黄，双飞西园草。

感此伤妾心，坐愁红颜老。

早晚下三巴^⑨，预将书报家。

相迎不道远^⑩，直至长风沙^⑪。

【注释】

① 初覆额：头发刚刚盖住额头。② 剧：游戏。③ 弄青梅：指绕床追逐，投掷青梅嬉戏。④ 始展眉：意谓情感开始于眉宇间展露出来。⑤ 抱柱：据《庄子·盗跖》载：尾生曾与一女子约会于桥下，女子不来，潮水至而尾生却不离开，抱梁柱溺死。多用来指守信。此处喻坚贞。⑥ "岂上"句：意谓何曾想到要到望夫台去期盼丈夫的归来。⑦ 瞿塘：即瞿塘峡，长江三峡之一，位于四川奉节县东。滟（yàn）滪（yù）堆：瞿塘峡入口处的大礁石。每逢水涨，滟滪堆便被水所淹没，常有船只触礁而沉。⑧ 迟行迹：指丈夫离家时在门口留下的足迹。⑨ 早晚：何时。三巴：指巴郡、巴东、巴西，均在今四川东部。⑩ 不道远：不说远，不辞劳苦。⑪ 长风沙：地名，在今安徽省安庆市东长江边上。

【译文】

　　记得我刘海初盖前额的时候，常常折一朵花在门前嬉戏。郎君总是跨着竹竿当马骑来，手持青梅绕着交椅争夺紧追。长期来我俩一起住在长干里，二人天真无邪从不相互猜疑。十四岁那年做了你结发妻子，成婚时羞得我不敢把脸抬起。自己低头面向昏暗的墙角落，任你千呼万唤我也不把头回。十五岁才高兴地笑开了双眉，誓与你白头偕老到化为尘灰。你常存尾生抱柱般坚守信约，我怎么也不会想到有登上望夫台的一天。十六岁那年你离我出外远去，要经过瞿塘峡可怕的滟滪堆。五月水涨滟滪难辨担心触礁，猿猴在两岸山头嘶鸣更悲凄。门前那些你缓步离去的足印，日子久了一个个都长满青苔。苔藓长得太厚怎么也扫不了，秋风早到落叶纷纷把它覆盖。八月秋高粉黄蝴蝶多么轻快，双双飞过西园在草丛中戏爱。此情此景怎不叫我伤心欲绝，终日忧愁以至红颜早衰。迟早有一天你若离开了三巴，应该写封信告诉我寄到家来。为了迎接你我不辞路途遥远，哪怕赶到长风沙要走七百里的路！

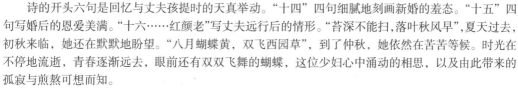

【赏析】

长干为地名，在今江苏省南京市秦淮河南，古时有长干里，靠近长江。

这首诗写一位少妇思念在外经商的丈夫。作者以少妇第一人称独白的口吻，叙述了她与丈夫童年青梅竹马两小无猜，她新婚出嫁时的腼腆羞涩，不难看出两个人的感情热恋而专一。其中"常存抱柱信，岂上望夫台"两句，表明两人忠贞的爱情，为全诗关键所在，有承上起下的作用。可惜好景不长，婚后丈夫远行经商长久不归，少妇不得不忍受离别的痛苦，以及对丈夫的牵挂和思念。

诗的开头六句是回忆与丈夫孩提时的天真举动。"十四"四句细腻地刻画新婚的羞态。"十五"四句写婚后的恩爱美满。"十六……红颜老"写丈夫远行后的情形。"苔深不能扫，落叶秋风早"，夏天过去，初秋来临，她还在默默地盼望。"八月蝴蝶黄，双飞西园草"，到了仲秋，她依然在苦苦等候。时光在不停地流逝，青春逐渐远去，眼前还有双双飞舞的蝴蝶，这位少妇心中涌动的相思，以及由此带来的孤寂与煎熬可想而知。

最后四句寄语丈夫：只要一接到预报回家的信，我就会不辞道远去迎接，把思念之情更推进一步。"长风沙"在今安徽省安庆市东部的长江边上，离今天的南京有数百里之遥，少妇不可能真到那么远的地方去迎接丈夫，但这种夸张的手法却有力地表现了少妇此时此刻的心情。

《唐宋诗醇》评说此诗曰："儿女情事，直从胸臆间流出，萦回曲折，一往情深。"

诗的品赏知识

乐府

乐府，是秦朝以来设立的负责采集民歌、配置乐曲和训练乐工的专门官署。汉武帝时，西汉乐府得到扩充和发展。汉乐府即指由汉朝乐府机关所采制的诗歌。这些诗原本是民歌，经乐府保存下来，汉人称之为"歌诗"，魏晋时始称"乐府"或"汉乐府"。后世文人仿照这种形式所作的诗，也称为"乐府诗"。

汉乐府是继《诗经》之后古代民歌的又一次大汇集。宋人郭茂倩所编《乐府诗集》是收罗汉迄五代乐府最为完备的一部诗集，共100卷，分为12类：郊庙歌辞、燕射歌辞、鼓吹曲辞、横吹曲辞、相和歌辞、清商曲辞、舞曲歌辞、琴曲歌辞、杂曲歌辞、近代曲辞、杂歌谣辞和新乐府辞。其中有汉乐府民歌40余篇，多为东汉时期作品，形式朴素自然，语言清新活泼，情感激烈直露，长于叙事铺陈，具有浓郁的生活气息，为我国古代叙事诗的发展奠定了基础。

长干行，又作长干曲，是乐府旧题《杂曲歌辞》调名，原本是长江下游一带的民歌，内容多写江上船家妇女的生活。在魏晋和唐朝，许多文人向往金陵的富丽繁华和婉转情致，便借用《长干行》这一乐府古题来谱写心声，如崔颢等。李白的《长干行》是文人仿作乐府诗中的名篇。成语"青梅竹马"和"两小无猜"正是来源于其中的名句"郎骑竹马来，绕床弄青梅。同居长干里，两小无嫌猜"。

春思

◎李白

燕草如碧丝①，秦桑低绿枝②。
当君怀归日③，是妾断肠时④。
春风不相识，何事入罗帏？

【注释】

① 燕：指今冀北辽西一带，唐时是边防重地。② 秦：今陕西。燕地寒冷，秦地较暖，故燕地的草木要迟生于秦地草木。③ 怀归日：萌生归家之情的时候。④ 断肠：肝肠寸断。形容思念之久之苦。

【译文】

燕地的青草嫩如碧青的细丝，秦地的桑树低垂着绿色的树枝。当你想念回家之日，正是我异常忧伤之时。春风啊我与你素不相识，为何要吹进我的罗帐？

【赏析】

"春思"，就是春日的思绪，古语有"春女感阳则思"之句，这样的题目多为描摹春天里思妇的心理。李白有不少写思妇的诗作，《春思》是其中著名的一首。

此诗开头两句以燕地、秦地春天的典型景物起兴，表明两地相隔遥远，一个春光来得迟，一个却早些。"燕草如碧丝"是思妇想象，"秦桑低绿枝"才是思妇眼前所见，看似跳跃，实际在情感上是一脉相承的。《楚辞·招隐士》"王孙游兮不归，春草生兮萋萋！"此处正是化用这一典故，浑成自然，不着痕迹。不仅起到了一般兴句烘托感情、气氛的作用，还把思妇和丈夫之间亲密真挚的情感表现了出来，这是一般兴句很难做到的。

接着由春色引起春思。思妇根据对丈夫的深切了解，推想远在燕地的丈夫见到碧丝般的芳草，必然会生发出怀归之心。但接下来一句又令人不解：为何丈夫怀归，妻子不但不觉欣喜，反而会"断肠"呢？这似乎违背了一般人的心理，然而联系上文细细品来，方知是因为燕地寒冷，春草生得迟。当"秦桑低绿枝"时，燕草才刚刚萌芽，也就是说，当丈夫刚有怀归之心时，妻子却是思念已久，这一句在表现思妇的感情上又进了一层。

最后两句，写春风吹入罗帏，撩人缠绵情思，而思妇却用反问语气申斥春风不识相，表明了她对爱情的忠贞不渝，不是外物所能引诱的。人对春风发话，看似违背常理、常情，但却深刻入微地表现了思妇独守春闺这一特定环境中的心理情态，表现了她对感情忠贞不二的高尚情操，又令人感到真实可信，真可谓无理而妙，恰到好处。

子夜吴歌四首（其三）

◎李白

长安一片月，万户捣衣声①。

秋风吹不尽，总是玉关情。

何日平胡虏②，良人罢远征③？

【注释】

①捣衣：将缝洗已毕的衣服置于砧板之上，用木棒捶打使之平服。②胡虏：指屡犯西北边境的游牧民族。③良人：指丈夫。

【译文】

秋月皎洁，长安城一片光明，家家户户传来捣衣的声音。砧声任凭秋风吹也吹不尽，声声总是牵系玉关的亲人。什么时候才能把敌人平定，丈夫就可以结束漫长征途。

【赏析】

《子夜吴歌》，又名《子夜歌》，相传为晋代吴地一位名叫子夜的女子所创制的乐府歌曲，内容多为女子对情人的思念，共春夏秋冬四首，五言四句。李白的《子夜吴歌》，增为六句，也是春夏秋冬四首，此处选了第三首秋歌。

全诗写思妇秋夜怀念远征边陲的丈夫。前三句写妇女们在月夜为戍边的丈夫赶制寒衣，选取了秋月、捣衣声和秋风几个典型意象，从视觉到听觉再到触觉，既是景语又是情语。见月怀人是古诗的传统表现手法，捣衣声为赶制寒衣做准备，是情的具体化。在这明朗的月夜下，长安城的砧杵声此起彼落，而这种特殊的"秋声"，对于思妇来说何尝不是一种煎熬。秋风吹不尽更容易逗起人的情思。"总是玉关情"是承接前三句而来的总结，是全诗主旨所在，"总是"二字，极力突出其深长情思充塞天地之间，可见其情甘思苦。

王夫之《唐诗评选》说："前四句是天壤间生成好句，被太白拾得。"浓厚的"玉关情"不可遏止，遂有末二句直表思妇心声："何日平胡虏，良人罢远征？"后世有人偏爱"含蓄"，于是认为这两句应该删去，但《子夜吴歌》本是民歌，慷慨天然才是其本色。而且末两句反映了古代劳动人民祈求和平的朴素愿望，大大深化了全诗的思想与主题。

这首诗语言明快天然，音调清越明亮，情感委婉深厚，一气浑成，既保留了民歌慷慨自然的本色，又不脱边塞诗的风韵。

峨眉山月歌

◎李白

峨眉山月半轮秋，影入平羌江水流①。

夜发清溪向三峡②，思君不见下渝州③。

【注释】

① 平羌：江名，即今青衣江，在峨眉山东北。源自四川芦山，流经乐山汇入岷江。② 清溪：指清溪驿，在四川犍（qián）为峨眉山附近。③ 渝州：今重庆一带。

【译文】

峨眉山头挂着一轮半圆的秋月，月光洒入平羌随着江水流动。夜晚从清溪出发奔向三峡，思念君子不能相见之际已到了渝州。

【赏析】

这首诗是李白早年初离蜀地的作品，节奏明快，语言浅近。

在一个秋天的夜里，一轮弯弯的月牙儿挂在天空，年轻的李白乘着轻舟，从峨眉到平羌江到清溪到三峡，一路顺江而下。去国离乡，不免别恨依依，在这一路上，故乡月儿也渐渐远离自己而去，这真令人神伤。这是一首七言绝句，短短的二十八个字却勾勒出一幅千里长江行的图景，空间和时间跨度极大，真可谓是思接千里，由此可见作者功力。诗人在状写江行之时，还不忘将自己对故乡与亲友的思念之情杂糅进去，景与情相生。

秋浦歌

◎李白

白发三千丈，缘愁似个长。

不知明镜里，何处得秋霜？

【译文】

白发有三千丈长，因为愁思像这样长。对着明亮的镜子，看到自己萧萧白发有如秋霜，不知道怎么会变得这样。

【赏析】

这是一首抒愤诗，作于李白晚年。

诗人仕途坎坷，长年受到官场排挤，得不到朝廷任用，壮志难酬。在他暮年时，一天他偶然望见镜子里头发斑白的自己，不禁悲从中来：生命已经消逝了一大半啊，自己那"寰区大定，海县清一"的理想却还未实现。

古人云，不平则鸣，李白对自己仕途屡遭挫折、时乖运蹇的遭际感到悲愤，故作此诗，以强烈的感情、浪漫主义的艺术手法，将自己心底的抑郁与不平全部宣泄了出来，具有极强的感染力。

赠孟浩然

◎李白

吾爱孟夫子①，风流天下闻②。

红颜弃轩冕，白首卧松云③。

醉月频中圣④，迷花不事君。

高山安可仰⑤，徒此揖清芬⑥。

【注释】

①夫子：对孟浩然的尊称。②风流：风雅潇洒。③"红颜"两句：言孟浩然少壮时便放弃仕途，老来更是隐居山林。红颜，年轻少壮。轩冕，古代官吏出行时用的车轿伞盖。④频中圣：频频酒醉。⑤"高山"句：引诗经中的"高山仰止，景行行止"，表达对孟浩然的崇敬之情。⑥徒此：惟有在此。揖清芬：向孟浩然的高风雅致深施一礼。

【译文】

我欣赏孟先生的庄重潇洒，他的品格文采天下闻名。少年时，不爱冠冕车马，晚年则隐居山林，躺卧松林下。常在月下醉饮，明月也似沉醉；迷恋山林花木，而不愿侍俸帝君。他高山般的品格，谁能够仰望？只有在此，揖敬芬芳的道德光华。

【赏析】

唐代的士人有隐居之风，或隐于朝市，或隐于山林、江湖。他们或因科考未及第而隐，或已及第但无意仕进而隐，但大多是因为性格孤峭、落拓不羁，在仕途中不愿趋炎附势，于是远离尘世，自娱自乐在山林乡野。不过只有像孟浩然这样雅致高怀的人才能隐出文采风流。

李白寓居湖北安陆时，常往来于襄汉一带，与年长十二岁的孟浩然结下了深厚友谊。

首联直抒胸臆，开门见山地表达了对孟浩然风流文采的钦敬爱慕之情，词显情深又出乎自然。"风流"指孟浩然潇洒清远的风度人品和超然不凡的文学才华。这一联提纲挈领，总摄全诗。

中间二联则从少弃轩冕、老隐山林、醉月中酒、迷花不仕等方面具体展现出孟浩然的风流本色，让人仿佛见到一个风神散朗、寄情山水的隐逸高人的形象。

尾联则又回到了直接抒情，进一步升华了对孟浩然高风清韵的敬慕之情。

全诗一气舒卷，依感情的自然流淌结撰成篇，用典自然浑成，不见斧凿痕迹，笔力豪宕，格调高古，自有一种风神飘逸之致，疏朗古朴之风。

庐山谣寄卢侍御虚舟

◎李白

　　我本楚狂人①，凤歌笑孔丘②。手持绿玉杖，朝别黄鹤楼。五岳寻仙不辞远，一生好入名山游。庐山秀出南斗旁③，屏风九叠云锦张，影落明湖青黛光。金阙前开二峰长④，银河倒挂三石梁。香炉瀑布遥相望，回崖沓障凌苍苍⑤。翠影红霞映朝日，鸟飞不到吴天长⑥。登高壮观天地间，大江茫茫去不还。黄云万里动风色，白波九道流雪山⑦。好为庐山谣，兴因庐山发。闲窥石镜清我心⑧，谢公行处苍苔没⑨。早服还丹无世情⑩，琴心三叠道初成⑪。遥见仙人彩云里，手把芙蓉朝玉京⑫。先期汗漫九垓上⑬，愿接卢敖游太清⑭。

【注释】

① 楚狂人：陆通，字接舆，因楚昭王时政治混乱，故佯狂不仕。② 凤歌：相传接舆经过孔子旁，歌曰："凤兮凤兮，何德之衰。"劝孔子，世道衰败，不要做官。③ "庐山"句：古以星宿指配地上的州域，庐山一带正是南斗的分野。④ 金阙：即金阙岩，在香炉峰西南。二峰：指香炉峰、双剑峰。⑤ 苍苍：天空。⑥ 吴天：庐山三国时为吴地。⑦ 九道：古说长江流到浔阳境而分九道。雪山：形容长江卷起的白浪。⑧ 石镜：庐山东有圆石，明净如镜。⑨ 谢公：指南朝的谢灵运，他曾于庐山作诗以记其游历。⑩ 还丹：道家仙丹。⑪ 琴心三叠：道家修炼术语，一种心神宁静的境界。⑫ 玉京：道家谓元始天尊之居处。⑬ 先期：预先约定。汗漫：广远、漫无边际。九垓：九天。⑭ 卢敖：秦始皇时的博士，秦始皇曾派他寻仙。太清：天空最高处。

【译文】

　　我本是楚地狂人，唱着凤歌笑对孔丘。手里拿着绿玉杖，清晨辞别了黄鹤楼。前往五岳寻访神仙，不畏路涂艰远，此生就喜欢踏上名山悠游。秀美的庐山挺拔在南斗星旁，九叠云屏恰似云锦布张，山影在鄱阳湖上映出青黛光芒。金阙岩前洞开处，香炉峰和双剑峰高耸入云。三叠泉水飞泻而下，像银河倒挂一般。香炉峰和瀑布遥遥相望，曲折回旋的山崖、层层叠起的峰峦直插穹苍。山色苍翠，红霞掩映着朝阳，飞鸟不见，吴天寥廓苍茫。登上高处豪情满怀览观天地，大江悠悠东去不复回还。黄云万里，天色变动不居，九条白波滚滚的支流有如流动的雪山。兴致好而写出这首《庐山谣》，诗性也因庐山而勃发。闲时面对石镜清净我的心灵，谢公的行迹早就被苍苔掩没。早就服下仙丹再没有尘世情欲，琴心三叠的境界可说是学道已然初成。远远望见仙人在彩云里，手捧着莲花去朝拜玉京。预先在浩瀚的天上约定，希望迎接卢敖一同邀游太清。

【赏析】

　　唐前期国家统一，疆域辽阔，经济繁荣，交通便利，民众充满了进取精神。漫游的风气在士大夫之间尤为突出，李白即是其中的典型代表人物。他年轻时出川游云梦，漫游齐鲁、江淮，而入京师长安。从长安城赐金放还后，再下江南，写下不少名垂千古的优秀诗篇。正如他自己所说是"五岳寻仙不辞远，一生好入名山游"。

　　李白晚年流放夜郎途中遇赦后，于肃宗上元元年（760）从江夏（今湖北武昌）到浔阳（今江西九江）游览了庐山，写下这首诗。卢虚舟曾与李白同游庐山。起句即化用楚狂接舆嘲笑孔丘的典故，表明自己蔑视礼法、厌恶现实要归隐自然的志趣。下四句诗人写他离开武昌到庐山，简笔勾勒出飘逸洒脱的自我形象。然后诗人以浓墨重彩正面描绘庐山雄奇秀丽的风光。先写山景鸟瞰，再加以细描"金阙"、"三石梁"、"香炉"、"瀑布"等庐山奇景，接着登高望远，总揽全景。诗人用笔开阖变化，层层写来，把山的瑰伟和秀丽写得淋漓尽致，引人入胜。大自然之美激发了诗人寻仙访道之思，并邀卢虚舟共游仙境。全诗想象丰富，气势奔腾，境界开阔，声韵清畅明朗，有着浓郁的浪漫主义气息，给人以雄奇的美感享受。前人对这首诗的艺术性评价颇高："太白天仙之词，语多率然而成者，故乐府歌词咸善。……《庐山谣》等作，长篇短韵，驱驾气势，殆与南山秋气并高可也。"（见《唐诗品汇》第三卷《正宗》）

梦游天姥吟留别

◎李白

海客谈瀛洲①，烟涛微茫信难求。越人语天姥②，云霞明灭或可睹。天姥连天向天横，势拔五岳掩赤城③。天台四万八千丈，对此欲倒东南倾④。我欲因之梦吴越⑤，一夜飞度镜湖月⑥。湖月照我影，送我至剡溪⑦。谢公宿处今尚在⑧，渌水荡漾清猿啼⑨。脚著谢公屐⑩，身登青云梯。半壁见海日⑪，空中闻天鸡⑫。千岩万转路不定，迷花倚石忽已暝⑬。熊咆龙吟殷岩泉⑭，栗深林兮惊层巅。云青青兮欲雨，水澹澹兮生烟⑮。列缺霹雳，丘峦崩摧。洞天石扉，訇然中开⑯。青冥浩荡不见底，日月照耀金银台⑰。霓为衣兮风为马，云之君兮纷纷而来下⑱。虎鼓瑟兮鸾回车，仙之人兮列如麻。忽魂悸以魄动，恍惊起而长嗟。惟觉时之枕席，失向来之烟霞。世间行乐亦如此，古来万事东流水。别君去兮何时还，且放白鹿青崖间，须行即骑访名山。安能摧眉折腰事权贵，使我不得开心颜！

【注释】

① 海客：来往海上的人。瀛洲：古以蓬莱、方丈、瀛洲为三座仙山。② 越：指今浙江一带。天姥山唐时属越州。③ 拔：超越。掩：盖过。赤城：山名，在今浙江天台县北。④ "天台"两句：意谓天台虽高，但比起天姥，却像是倾向东南低。⑤ "我欲"句：意谓日思游天姥，入夜则开始了梦游吴越。⑥ 镜湖：在今浙江绍兴。⑦ 剡（shàn）溪：在浙江省曹娥江上游。⑧ 谢公宿处：南朝谢灵运游天姥，曾在剡溪投宿。⑨ 渌（lù）水：清澈的水流。⑩ 谢公屐（jī）：谢灵运为登山所特制的木屐。⑪ 半壁：半山腰。⑫ 天鸡：传说桃都山中有大树名桃都，上有天鸡，日出照此木，天鸡则鸣，天下之鸡皆随之鸣。⑬ 暝：黑暗。⑭ 殷：形容水盛貌。⑮ 澹澹：水波荡漾闪动的样子。⑯ "列缺"四句：意谓忽然间电闪雷鸣，山峰为之坍塌。仙洞石门，轰然大开。訇（hōng）然，即轰然。⑰ 金银台：神仙所居的金阙银台。⑱ 云之君：指神仙。

【译文】

　　在海上来往的人谈起瀛洲，（大海）烟波渺茫，（瀛洲）实在难以寻求。越地的人说起天姥山，在云雾霞光中有时还能看见。天姥山连着天际，横向天外，山势超过五岳，遮掩了赤城山。天台山高四万八千丈，对着天姥山却好像要向东南倾斜拜倒一样。我根据这个传说梦游到了吴越，在一天夜里飞渡了明月映照下的镜湖。镜湖的光照着我的影子，一直送我到了剡溪。谢灵运住过的地方现在还在，水波荡漾，猿猴清啼。脚上穿着谢公特制的木屐，攀上了仿佛直通云霄的山路。（上到）半山腰就看见从海上升起的太阳，空中传来天鸡的叫声。山路盘旋不定，一路行走，贪花倚石，不觉天色已晚。熊在咆哮，龙在长鸣，震动了岩中的泉水，使森林和山峰都战栗惊惧。云层黑沉沉的，像是要下雨；水波动荡，生起了烟雾。电光闪闪，雷声轰鸣，山峰好似要崩塌。仙府的石门，"訇"的一声从中间打开。天色昏暗看不到洞底，日月照耀着金银筑成的宫阙。以彩虹为衣裳，以风为马，云中的神仙纷纷下来。老虎鼓瑟，鸾鸟拉车，许多仙人排成列行。忽然惊魂动魄，恍然惊醒起来而长长地叹息。醒来时只有身边的枕席，刚才梦中所见的云霞全都消失了。人世的欢乐不过如此，自古以来万事都像东流的水一样一去不复返。与君分别何时才能回来，暂且把白鹿放牧在青崖间，游览时就骑着它走访名川大山。我怎能卑躬屈膝去侍奉权贵，使我心中郁郁寡欢无法展颜！

【赏析】

　　天宝三载（744），李白受权贵排挤被玄宗"赐金放还"而离开长安，次年由东鲁（今山东南部）南游吴越（今浙江一带），行前向朋友们告别时作此诗。诗一开始先以传说中的瀛洲陪衬出现实中的天姥山，然后极尽夸张之能事，描绘了一幅瑰丽奇崛、不可思议的天姥胜景。这里用的是借宾定主法，借用诸名山，托出一个耸立天外非同凡比的天姥山。接着，诗人因热切地向往而梦游天姥山，到半壁见海日升空，听天鸡高唱，一路行来已经是变幻莫测了。再到熊咆龙吟震动山林，云雨水烟，闪电迅雷，洞天石扉訇然中开更是使人惊骇，诗境越出越奇。这段运用了丰富想象和大胆的夸张，营造了一个惝恍迷离的艺术境界。大梦醒来，万象消失殆尽，诗人从中悟出"世间行乐亦如此，古来万事东流水"，想要骑上白鹿去访问名山洞天。结末的"安能摧眉折腰事权贵，使我不得开心颜"既突现了诗人狷介狂放的性格，又大大深化了全诗的主题和境界。这首诗内容丰富离奇，语言绚丽华富，格调昂扬振奋、潇洒出尘。形式上杂言相间，兼用骚体，信手写来，笔随兴至，堪称绝世名作。

沙丘城下寄杜甫

◎李白

我来竟何事？高卧沙丘城①。

城边有古树，日夕连秋声②。

鲁酒不可醉，齐歌空复情③。

思君若汶水④，浩荡寄南征。

【译文】

　　我来这里究竟为了何事？独自一人闲呆在沙丘城。城边有高大的古树，白天黑夜都发出萧瑟的秋声。饮味道淡薄的鲁酒不能沉醉，悠扬的齐歌徒然有情。对君子你的思念有如那汶水，浩荡绵延追随着你南行。

【注释】

①高卧：这里指闲居。《晋书·陶潜传》："尝言夏月虚闲，高卧北窗之下。清风飒至，自谓羲皇上人。"沙丘：坐落在大汶河南下支流分水口附近（大汶河呈东西流向）。沙丘城应为位于今山东肥城市汶阳镇东、大汶河南下支流洸河（今名洸府河）分水口对岸。②日夕：朝暮，从早到晚。③"鲁酒"两句：《庄子·胠箧》："鲁酒薄而邯郸围。此谓鲁酒之薄，不能醉人；齐歌之艳，听之无绪。皆因无共赏之人。"④汶水：鲁地的河流名，河的正流在现代叫大汶河，源出山东省莱芜市东北原山，向西南流经泰安市、徂徕山、汶上县，入运河。

【赏析】

　　李白在离开长安后漫游梁宋时，遇到了比他小十多岁的另一位大诗人杜甫。当时杜甫尚未进入仕途，二人终日把臂同游，诗酒酬唱，甚为相契。

　　天宝五载（746）秋，李白在鲁郡石门送别杜甫，杜甫回到长安，李白则回到汶水附近的沙丘城，从此以后，两人再也未曾见过面。李白与杜甫分别后，独自一人，倍感寂寞，因而写下这首寄怀诗。

　　诗劈头就说："我来竟何事？"颇有几分难言的恼恨和自责，造成了一种悬念。"高卧沙丘城"一方面描写了闲居乏味的生活，一方面

也回答了上面的问题。前六句全是落墨在诗人一方，从不同角度，用不同笔法来写自身怅惘的情怀，周围苍凉、萧瑟的景色，抑郁的心境，没有出现一个"思"或"君"字。但看后二句以浩荡绵延的江水为喻，直接抒发思念之情，好比情感的闸门一旦打开，满腹情思便喷涌而出，方知前六句是蓄势待发，句句都是写"思君"之情，而且是一联强似一联，以致最后不能不直抒其情。诗人寄情于浩荡的流水，把抽象的思情化为具象，不仅点明了主旨，还形成了流水绵绵、相思不绝的意境。

金陵酒肆留别

◎李白

风吹柳花满店香，吴姬压酒唤客尝①。
金陵子弟来相送②，欲行不行各尽觞③。
请君试问东流水，别意与之谁短长？

【注释】

① 吴姬：指吴地酒店侍女。压酒：压糟取酒汁。② 子弟：年轻人。③ 欲行不行：将走的人和不走的人。觞（shāng）：酒杯。

【译文】

　　风吹柳絮，满店都是香味，吴地的女子压好了酒请客人品尝。金陵的年轻朋友们都来为我送行，送与被送的人都频频举杯尽觞。请你们问问这东流的水，离情别意与它相比究竟谁短谁长？

【赏析】

　　唐人饮酒成风，所以无论是在都市还是在乡村，酒肆随处可见。

　　酒肆中除了有芬芳醇厚的美酒，还有年轻貌美、伶俐乖巧的侑觞侍女的殷勤招待，她们自小便学习弹唱待客的技艺，有些人还能吟诗作文，颇能引起宾客的酒兴，所以在不少诗作中都留下了这些女子曼妙的倩影。

　　这首小诗是李白离开金陵东游扬州时留赠友人之作。全诗虽然短小，却情深意长，有力地表现了李白与友人们的豪放性格及他们之间的深厚情谊。

　　首两句点出送别的时间、地点："柳花"，说明正是暮春；"金陵"，点明地点在江南。在柳烟迷蒙的江南三月，沁人心脾的香气满溢在酒肆之中。一个"香"字，顿时将店内店外连成一片。还有那容颜如花的吴姬，正一边压酒，一边笑语殷勤地招呼客人。

　　风吹柳花，吴姬压酒，可见景之美、酒之佳，已足以使人留恋。何况金陵子弟意气相投，前来相送呢？行者固然要痛饮，不行者也应当尽觞。李白性格豪爽，又喜好交游，朋友自是不少。送别的既然是一帮年轻人，自然是没有别离之恨，反而敞开胸怀，尽情畅饮，这一描写非常符合年轻人的特点。

　　本诗结语尤妙，离情别意与东流的长江水相比，谁短谁长呢？以设问句来融情于景，化抽象为形象，让人觉得余韵不尽，可谓神来之笔。李煜的《虞美人》词中"问君能有几多愁，恰似一江春水向东流"正是脱胎于此句。沈德潜在《唐诗别裁集》评说此诗"语不必深，写情已足"。

送孟浩然之广陵

◎李白

故人西辞黄鹤楼①，烟花三月下扬州②。

孤帆远影碧空尽③，唯见长江天际流④。

【注释】

① 故人：老朋友，这里指孟浩然。孟浩然的年龄比李白大，在诗坛上很早就享有盛名。李白对他很敬佩，彼此感情深厚，因此称之为"故人"。② 烟花：形容柳絮如烟、鲜花似锦的春天景物。下：顺流向下而行。③ 碧空尽：在碧蓝的天际消失。尽，没了，消失了。碧空，一作"碧山"。陆游的《入蜀记》云："八月二十八日访黄鹤楼故址，太白登此楼送孟浩然诗云：'孤帆远映碧山尽，惟见长江天际流。'盖帆樯映远，山尤可观，非江行久不能知也。"④ 唯见：只看见。天际流：流向天边。天际，天边。

【译文】

老友要西去，在黄鹤楼告别，繁花如烟的三月，他去了扬州。孤帆渐行渐远，消失在碧空尽头，只看见江水浩荡，向天边奔流。

【赏析】

李白十分欣赏比他年长十二岁的孟浩然，曾写下"吾爱孟夫子，风流天下闻"的诗句。这首诗写的是在黄鹤楼送别孟浩然的情景。

李白与孟浩然交往时还非常年轻，这次离别时正处于开元盛世，精神面貌普遍积极昂扬；送别的季节是春意盎然的烟花三月，而扬州更是当时最繁华的都会之一。李白生性浪漫，一生都喜欢游览，所以这次离别对他来说并不觉得悲伤，反而认为孟浩然这趟旅行会非常快乐，所以全诗也洋溢着浓郁的想象和抒情气氛。

在繁花似锦、江水迷离的阳春三月，诗人送他到扬州。"烟花三月"，再现了暮春时节那富庶繁华之地的迷人景色。此句意境优美，文字绮丽，被后人誉为"千古丽句"。

三四句看似写景，其实暗示了一个细节：诗人一直目送着故人的行舟，即使它已经远去，诗人仍伫立在江岸，久久凝望，直到孤帆远影消失在天的尽头，唯有茫茫离别之思，伴君顺着长江水东去。

此诗以明丽的烟花春色和浩渺无垠的长江为背景，绘出一幅意境高远、深情无限的送别画，堪称绝句中的神品。

送友人

◎李白

青山横北郭①，白水绕东城。

此地一为别，孤蓬万里征②。

浮云游子意，落日故人情。

挥手自兹去③，萧萧班马鸣④。

【注释】

① 郭：外城。② 蓬：蓬草枯后断根，随风飞扬，古人常以之喻征人。③ 兹：此。④ 班马：离群之马。

【译文】

　　青山巍巍，横亘城北；白水如练，萦绕城东。在这里你我一分别，将独自漂泊万里征程。你好比天边浮云，落日脉脉，如难舍友情。挥手作别，从此离去，马儿相向，也萧萧哀鸣。

【赏析】

　　这首诗是天宝末年李白在安徽宣城送别友人而作。

　　首联点出送别的地方，以"青山"对"白水"，"北郭"对"东城"，十分工丽整齐，写景中已经蕴含了惜别之意。

　　颔联是慨叹此地一别后，友人就要像蓬草那样随风飞转，无处归依，到万里之外去了，表达了对朋友漂泊生涯的深切关怀。

　　颈联从景抒发离别深情，"浮云"来去不定，好比游子之意；"落日"徐徐而下，依恋不舍，有如故人之情。夕阳西下，这山明水秀的景色更令人感到难舍难分。此联景中有情，情景交融，扣人心弦。

　　"萧萧班马鸣"一句出自《诗经·小雅·车攻》："萧萧马鸣。"尾联两句写二人挥手作别，但诗人没有直接言明内心的感受，而是借马儿犹自不愿离群而不停地相向嘶鸣，仿佛有无限深情，来衬托两人间的种种离情别绪。

　　这首诗写得新颖别致，自然美与人情美交融在一起，情感深挚悲壮，却不失豪迈洒脱之本色，有回肠荡气之致。

渡荆门送别

◎李白

渡远荆门外①，来从楚国游②。

山随平野尽，江入大荒流③。

月下飞天镜，云生结海楼④。

仍怜故乡水，万里送行舟。

【译文】

从遥远的荆门山之外的西蜀顺江东下，来到这古老的楚国大地漫游。高山随着平原旷野的出现渐渐消逝，奔腾的大江进入莽原缓缓而流。圆月倒映江水中像从天上飞下的明镜，云雾缭绕结成迷离的海市蜃楼。仍然怜爱着这来自故乡的流水，一直相伴万里送我这一叶行舟。

【注释】

① 荆门：荆门山，在今湖北宜都西北，古时为楚蜀交界。② 从：向。③ 大荒：广阔的田野。④ 海楼：海市蜃楼。

【赏析】

这首诗作于李白出蜀入楚之时，诗中处处洋溢着年轻诗人的喜悦与朝气。

诗人驾着船儿，由水路向东而行，经巴渝，出三峡，向着荆门山之外驶去，由蜀入楚。一路上，长江两岸景色秀美，赏此美景，诗人兴致勃勃。但楚地的景色与蜀地大不相同，茫茫无际的平原取代了夹岸而生的山峰。于这开阔的原野之上，所见之夜景也迥异于平常。打小生活在蜀地的诗人何尝见过此种景色，心中自然要生出许多新鲜感来。然而不久之后，诗人对着这楚地的陌生奇景，不禁联想到了故乡，生出一片浓浓的思乡之情。

这首诗将瑰丽的想象与真挚的感情结合起来，描绘出了一片清奇之境。

宣州谢朓楼饯别校书叔云

◎李白

弃我去者，昨日之日不可留。乱我心者，今日之日多烦忧。长风万里送秋雁，对此可以酣高楼。蓬莱文章建安骨①，中间小谢又清发②。俱怀逸兴壮思飞，欲上青天览明月③。抽刀断水水更流，举杯销愁愁更愁。人生在世不称意，明朝散发弄扁舟。

【注释】

① 蓬莱文章：蓬莱本是传说中的仙山，多藏宝典秘录。东汉时人称国家藏书处为蓬莱山，这里是用蓬莱文章代指汉代的文章。建安骨：曹操父子和建安七子作品风格苍健遒劲，被后人称为建安风骨。② 小谢：这里指谢朓。他以山水风景诗见长，后人常将他和谢灵运并举，因他的时代在后，故称为"小谢"。清发：清新秀发。③ 览：同"揽"。

【译文】

弃我而去的昨天已不可挽留，扰乱我心绪的今天使我极为烦忧。万里长风吹送南归的鸿雁，面对此景，正可以登上高楼开怀畅饮。由衷地赞美汉家文章建安风骨，更喜爱小谢这种清新秀发的诗风。我

们都满怀豪情逸兴，飞跃的神思像要腾空而上高高的青天，去摘取那皎洁的明月。好像抽出宝刀去砍流水一样，水不但没有被斩断，反而流得更湍急了。我举起酒杯痛饮，本想借酒消去烦忧，结果反倒愁上加愁。啊！人生在世竟然如此不称心如意，还不如明天就披散了头发，乘一只小舟在江湖之上自在地漂流罢了。

【赏析】

诗一开头既不写楼，更不叙别，而是直接抒发郁积已久的强烈精神苦闷。紧接着作了转折，从苦闷中放眼万里秋空，遥望长风吹送鸿雁的壮美景色，激发出酣饮高楼的豪情逸兴。"送"字和"酣"字，点出了"饯别"的主题。"蓬莱"四句承接饯别，分写主客双方，"俱怀逸兴壮思飞，欲上青天览明月"。然后又是一个大转折，从青天揽月的幻想中跌入苦闷的深渊，感到理想与现实的矛盾不可调和，"抽刀断水水更流，举杯销愁愁更愁"正是在这种情况下出现的。在这种"不称意"的苦闷中，诗人决定归隐江湖。全诗直起直落，大开大阖，没有任何承转过渡的痕迹，表现出诗人因理想与现实的尖锐矛盾而产生的复杂感情。虽然诗人精神上是苦闷烦忧的，却没有放弃对美好理想的追求，诗中仍然贯注着豪迈雄放的气概。

山中问答

◎李白

问余何意栖碧山①，笑而不答心自闲②。
桃花流水窅然去③，别有天地非人间④。

【注释】

①余：我。栖：居住。碧山：在今湖北省安陆县内，传说山下桃花岩是当年李白读书之处。②闲：安然，泰然。③窅（yǎo）然：深远的样子。④别：另外。非人间：不是人间，这里指诗人的隐居生活。

【译文】

有人问我为什么栖隐在碧山之中，（我）笑而不答，心中闲适自乐。山中桃花随着流水悠然远去，这里别有天地，非凡俗人间可比。

【赏析】

这是一首隐逸之作，刻画了诗人淡泊名利、不苟同于时俗的心理，塑造了一个隐逸的君子形象。

诗人栖居在清翠秀丽的山间，生活得恬淡而自足。山中桃花烂漫，片片飘落，随着潺潺流水悠然远去。不明诗人志趣的俗人对此甚为不解，好奇地询问他为何甘愿隐匿于这僻远的山中，诗人只是微笑，并不作回答。

全诗只有短短四句，却有问、有答，有叙述、有描绘、有议论，句与句之间转接轻灵流利，充满变化，寓庄于谐，引人入胜。

这首诗的诗题一名《山中答俗人》，由此可以推知，首句中"问"的主语即为"俗人"，"余"即指诗人自己。

"问余何意栖碧山"，首句以设问的形式领起全诗，突出了题旨，也引起了读者的好奇心。然而正当人们凝神倾听答案时，诗人却只是"笑而不答"。这四个字不仅刻画了诗人喜悦而矜持的神态，还带着几分神秘的色彩，诱发了读者思索的兴味。

最后飞出两句，看似写"碧山"之景，与前文毫无关联，其实是对"何意栖碧山"的作答。这种"不答"而答、似断实连的结构，加深了整首诗的韵味。第三句虽写桃花随流水，却不见衰飒，诗人对其只有赞美与欣赏，这一切皆因"天然"二字，反映了诗人热爱自由、率真开朗的性格。"碧山"这充满天然、宁静之美的"天地"，非"人间"所能比，其中隐含了李白对自身经历的感慨，由此也可见这首诗并不完全是抒写闲适的心情，而是愤世嫉俗与乐观浪漫的统一。

此诗风格淡远清新，有变幻曲折之致，意蕴悠长，耐人寻味。

下终南山过斛斯山人宿置酒

◎李白

暮从碧山下，山月随人归。
却顾所来径①，苍苍横翠微②。
相携及田家，童稚开荆扉。
绿竹入幽径，青萝拂行衣。
欢言得所憩③，美酒聊共挥④。
长歌吟松风⑤，曲尽河星稀。
我醉君复乐，陶然共忘机⑥。

【注释】

① 却顾：回头望。② 翠微：青翠幽深的山林。③ 所憩（qì）：留宿休息。④ 聊：姑且。⑤ 松风：指古乐府《风入松》。⑥ 忘机：忘记世间庸俗心机。

【译文】

傍晚从山上下来，山中月亮随我而归。回头望来时之路，已横卧在青翠山坡。挽着老友到农家，年幼之童打开柴门。幽静小路通向竹林，松萝之藤轻拂衣衫。欢声笑语中主人留宿，畅饮美酒共同举杯。高歌一曲《风入松》，曲罢银河星光稀微。我醉了，您也快乐，陶陶然共忘世俗机巧。

【赏析】

这首诗是写作者到长安南面的终南山去拜访一位姓斛斯的隐士朋友，下山路上相逢友人，一起到家欢言畅谈，饮酒高歌。李白作此诗时，正在长安供奉翰林，但这只是一个闲职，并没有为李白提供大展身手的空间。而且有人嫉妒李白的才能，借故中伤他，这些流言后来传入李白耳中，让他颇感烦恼。这些情绪在诗中都有所体现。

这首诗以田家、饮酒为题材，本属普通，碧山、山月、荆扉、绿竹、青萝、美酒等在一般的田园诗中亦是常见。但就是这样一件到朋友家拜访的平常之事，李白随随便便写来，从碧山欣赏山景，到置酒留宿，欢乐谈笑畅饮至河汉星稀，一气呵成。

全诗所写尽是眼前真景，但李白观察入微，刻画形象，写景如"苍苍横翠微"、"绿竹入幽径，青萝拂行衣"，色彩鲜明，神色俱佳。写情从心流出，语语率真，如"山月随人归"，把月拟人化，脉脉有情；而"我醉君复乐，陶然共忘机"写出酒后风味，陶陶然忘记人世的机巧之心，返于淳朴。

全诗写景、叙事、抒情融为一体，色彩鲜明，神情飞扬，在平淡清俊之中仍有一股英风豪气。

把酒问月

◎李白

青天有月来几时？我今停杯一问之。
人攀明月不可得，月行却与人相随。
皎如飞镜临丹阙①，绿烟灭尽清辉发②。
但见宵从海上来③，宁知晓向云间没④？
白兔捣药秋复春⑤，嫦娥孤栖与谁邻⑥？
今人不见古时月，今月曾经照古人。
古人今人若流水，共看明月皆如此。
唯愿当歌对酒时⑦，月光长照金樽里⑧。

【注释】

① 丹阙：朱红色的宫门。② 绿烟：指遮蔽月光的浓重的云雾。③ 但见：只看到。④ 宁知：怎知。没：隐没。⑤ 白兔捣药：古代神话传说。西晋傅玄《拟天问》："月中何有，白兔捣药。"⑥ 嫦娥：传说中后羿的妻子，她偷吃了后羿的仙药，成为仙人，奔入月中。见《淮南子·览冥训》。⑦ 当歌对酒时：在唱歌饮酒的时候。曹操《短歌行》："对酒当歌，人生几何？"⑧ 金樽：精美的酒具。

【赏析】

这是一首咏月诗，诗集诗情与哲理于一体。

一、二句以倒装句式统摄全篇，以疑问句表达了对宇宙本源的困惑，极有气势。

月夜下，诗人把盏独酌，仰望着浩瀚的天空，不禁浮想联翩，由宇宙及人生，一连串的追问，一连串的喟叹，将我们带入一个哲意漾漾又诗意融融的奇妙世界里。在经过一番海阔天空的驰骋与遐想之后，诗人又回归自我，回到生活，带出人生苦短、行乐须及时的人生感悟。

诗人意绪多端，从酒到月，从月到酒；从空间感受到时间感受；由宇宙而人生，随兴而至，挥墨自如。既塑造了一个神秘、美好的月亮形象，又将一个孤独脱尘的诗人形象凸显了出来。

【译文】

青天上有月亮，它是什么时候来的？我现今停下酒杯来一一相问。人要攀上月亮是不可能实现的，月亮行走却和人如影相随。皎洁有如飞镜般照临朱红色的宫阙，在浓厚的云烟散尽后发出清辉。但见月亮夜晚从海上升上来，又是否拂晓时向云间隐没？白兔在月中年复一年的捣药，嫦娥在月宫里孤独一人居住，与谁为邻？现今的人不能见到古时的月，而现今的月却曾经照射过古时的人。古人今人有若流水般逝去，共同看过同一轮明月都是如此。唯有希望对着美酒高歌时，月光能够长久地照在盛酒的杯中。

登金陵凤凰台

◎李白

凤凰台上凤凰游，凤去台空江自流。
吴宫花草埋幽径①，晋代衣冠成古丘②。
三山半落青天外③，一水中分白鹭洲④。
总为浮云能蔽日，长安不见使人愁。

【注释】

① 吴宫：三国时吴国王宫。② 衣冠：指名门世族。古丘：指坟墓。③ 三山：山名，在南京西南长江边上。④ 一水：秦淮河经南京后入长江，被横于其间的白鹭洲分为两支。

【译文】

　　凤凰台上曾经有凤凰来翱翔，而今凤凰已经飞去，只留下空台和依旧奔流不息的江水。昔日吴国的宫殿，闲花杂草已经把幽静的小径埋没了，晋代的世族、士绅也已经变成了古老的荒丘。三山半隐半现在青天之外，白鹭洲把江水一分为二。总是因为天上的浮云能遮蔽太阳的光辉，望不见长安啊，使人心生无限的愁闷。

【赏析】

　　金陵，即今江苏南京。凤凰台在金陵凤凰山上，相传南朝刘宋年间有凤凰集于此山，乃筑台，山和台由此得名。

　　本诗是一首登临吊古之作，诗人凭吊古迹，抚今追昔，伤逝感怀。

　　对于此诗的创作背景历来有争议，一说是作者流放夜郎遇赦返回后所作，一说是作者天宝年间被排挤离开长安南游金陵时所作。无论何种说法，有一点可以肯定，此诗定是作于诗人抑郁不得志之时。

　　诗人来到吴越一带，登上凤凰古台，凭吊古迹。开头两句以凤凰台的传说起笔，以表达对时空变幻的感慨；虽然

十四个字中连用三个"凤"字，但明快畅顺，丝毫不显生硬、刻板或重复。看着金陵故都，诗人想到国都长安，想到自己远离国都、报国无门的境遇，不禁愁绪满怀。这首诗是诗人壮烈的悲鸣，悲叹皇帝被奸邪所遮蔽，悲叹自己空有一腔报国之情，却得不到任用。

　　这首登临吊古之作也烙印了李白诗歌的特点，气韵高古，格调悠远，语言流畅自然，潇洒清丽；意绪变幻无端，挥洒自如；情与景交织于诗歌的始终。

望庐山瀑布

◎李白

日照香炉生紫烟①，遥看瀑布挂前川②。
飞流直下三千尺③，疑是银河落九天④。

【注释】

① 香炉：指香炉峰。紫烟：指日光透过云雾，远望如紫色的烟云。② 遥看：从远处看。挂：悬挂。前川：一作"长川"。川，河流，这里指瀑布。③ 直：笔直。三千尺：形容山高。这里是夸张的说法，不是实指。④ 疑：怀疑。银河：古人指银河系构成的带状星群。九天：一作"半天"。古人认为天有九重，九天是天的最高层，九重天，即天空最高处。此句极言瀑布落差之大。

【译文】

太阳照射着香炉峰，生发出紫色的烟雾，远远地看到瀑布挂在前面的山川上。飞流奔腾直下有三千尺长，让人疑惑是银河从九天之上倾落下来了。

【赏析】

这首诗运思奇特，新奇而又真切，夸张而又自然，不愧是脍炙人口的千古名篇。

李白初游庐山，看到阳光照射下的香炉峰上紫烟袅袅升起，看到奔腾飞泻的庐山瀑布，诗人惊呆了，于是挥笔一就，写成此诗。

袅袅白烟在高耸的香炉峰周围冉冉升起，将整座山环绕其中，在红日的映照下幻化成紫色的云霞，这一神奇的景象为下文那庐山瀑布创造了不寻常的背景。

接着，诗人将视线移向从山壁上倾泻而下的瀑布，"遥看瀑布"四字点题；"挂"字化动为静，将奔腾流泻的瀑布在"遥看"时的情景刻画得惟妙惟肖。

全诗运用高度夸张的艺术手法写出了庐山瀑布飞流直下的雄壮气势，读者读之，宛在眼前。而将瀑布比作银河，实在是神来之笔：遥遥看着奔腾飞泻的瀑布，就仿佛从云端落

下一般，自然让人联想到银河从天而降的景象。这一比喻看似在情理之外，细品却又是在情理之中。这一比喻，新颖奇特，而又清新自然，无怪乎常为后人所称道了。

秋登宣城谢朓北楼

◎李白

江城如画里①，山晚望晴空。
两水夹明镜②，双桥落彩虹③。
人烟寒橘柚④，秋色老梧桐。
谁念北楼上⑤，临风怀谢公⑥。

【注释】

① 江城：泛指水边的城，这里指宣城。唐代江南地区方言，无论大水小水都称之为"江"。② 两水：指宛溪、句溪。宛溪上有凤凰桥，句溪上有济川桥。明镜：指拱桥桥洞和它在水中的倒影合成的圆形，像明亮的镜子一样。③ 彩虹：指水中的桥影。④ 人烟：人家里的炊烟。⑤ 北楼：即谢朓楼。⑥ 谢公：谢朓。

【译文】

依山傍水的宣城犹如是在美丽的图画中，在晴朗秋天的傍晚登上谢朓楼眺望。宛溪和句溪两条溪水有如明镜般汇合在一起，两道彩虹似的桥飞架在溪水上方。炊烟袅袅，深碧色的橘柚林呈现出一片苍寒景色，秋色中的梧桐叶开始变得微黄。谁知道我在谢朓北楼思念谢公、临风感叹呢？

【赏析】

这是一首缅怀古人的诗作，感情含蓄，耐人寻味。

李白在长安为官，屡遭排挤，仕途不顺。弃官去后，四处游历，放浪形骸于山水之间。秋天一个晴朗的傍晚，诗人登上了谢公楼，缅怀古人谢朓。因政治上的失意，诗人心情悲愤，这悲愤还无处诉说。诗人只得寄情山水，尚友古人，以平其气。这首诗要表达的感情是复杂的，它不仅仅是在缅怀古人，更是在抒发诗人心中那不得志的抑郁之情。

一、二句开门见山，总摄全篇，概括地写出了诗人登览时所见景色。中间四句从上面的"望"字出发，具体描写秋日景象，色泽瑰丽，笔致空灵。

结尾两句，看上去好像只是和开头二句呼应，点明登览的地点是在谢朓所建的"北楼上"，而从登临到怀古可以算是一种定式。但值得注意的是，"谁念"两个字，其实是慨叹诗人"临风怀谢公"的心情没有谁能够理解，这就从一般的怀古中跳了出来。

这首诗用笔活泼轻灵，语言清丽似洗。所写之景真实如画，所抒之情真挚动人。

客中作

◎李白

兰陵美酒郁金香，玉碗盛来琥珀光。

但使主人能醉客，不知何处是他乡。

【译文】

　　兰陵出产的美酒带着郁金香草的芬芳，盛在玉碗中闪耀着琥珀般晶莹的光泽。只要主人能同我一道畅饮酣醉，也就不觉什么地方是他乡了。

【赏析】

　　这是李白客居他乡时的作品，描写的是他客居生活的一个片段。

　　天宝初年，李白结束长安之行后，移居东鲁。这首诗作于东鲁兰陵，而诗人以兰陵为"客中"，可见此诗作于开元年间。

　　开元时期是大唐的鼎盛时期，这一时期社会安定繁荣，人们的精神面貌非常昂扬。李白虽客居他乡，却全无客愁。喝着兰陵美酒，诗人竟不知自己是在他乡了。本诗将李白的洒脱不羁淋漓尽致地展现了出来。

　　古来以客居他乡为主题的诗不在少数，但大都写得低沉忧伤，李白这首《客中作》却写出了另外一种情致：由身在客中，发展到乐而不觉其为他乡，格调激昂。

望天门山

◎李白

天门中断楚江开①，碧水东流至此回②。

两岸青山相对出，孤帆一片日边来。

【注释】

① 中断：指东西两山之间被水隔开。楚江：即长江。开：开掘；开通。② 回：转变方向，改变方向。

【译文】

　　天门山被楚江从中拦腰劈开冲断，向东流的碧水在这里回旋澎湃。两岸的青山相对耸峙巍峨险峻，一叶帆船从天水相接处划过来。

【赏析】

　　这是一首写景诗，场面阔大，气势壮阔。

　　诗人乘着舟，沿着长江，向天门山驶去，一路上景色奇丽。楚江仿佛有着巨大的生命力，冲破一切阻碍往前奔腾，将天门山冲撞开去。但天门山对水又有反作用，使这条奔腾的巨龙受阻返回。坐在舟船上前行，两岸的青山仿佛相对而出。

　　诗人感觉敏锐，用笔入神，能迅速地将景物带给他的感觉瞬间抓住，以饱满的激情将它们状写下来。因诗人情感弥满，其笔下之景物也显得格外雄奇壮丽，影像鲜明清晰。

早发白帝城

◎李白

朝辞白帝彩云间①，千里江陵一日还。

两岸猿声啼不住，轻舟已过万重山。

【注释】

① 白帝：白帝城，在今重庆奉节。

【译文】

清晨我辞别高入彩云间的白帝城，远在千里之外的湖北江陵一天之内就可以到达。两岸猿声还在耳边不停地啼叫，轻快的小舟已经穿过万重青山了。

【赏析】

永王李璘与唐肃宗争夺帝位失败后，唐肃宗乾元二年（759），李白因为曾入李璘幕府无辜受累，以"从逆"之名被判流放夜郎。夜郎在现在的贵州遵义附近。那时李白已经五十八岁。

乾元二年（759），正值全国大旱，肃宗按照古来"天人合一"的理论，认为是百姓怨气冲天，上天生气不肯降雨。另外，为了庆祝新立皇太子，肃宗下了一道大赦令，全国的罪犯都减刑。当时李白还在巫峡里艰难前行，行至白帝城时，忽然收到朝廷的赦书，惊喜交加之下，随即乘舟东下江陵，途中他以轻松愉快的心情吟成这首千古绝唱，题一名"早发白帝城"。

这首诗以舟行迅捷来表现重获自由后的欢快心情。

首句写白帝城高出彩云之间，有居高顺流而下之意。正因为白帝城地势高入云霄，船在水中走得快，下面几句描写舟行的迅捷、行期的短暂、耳边不停啼叫的猿声、眼前的万重山影，才有了着落。

二句写舟行迅速，千里江陵竟然短短一日内就到达了。"千里"和"一日"，空间之远与时间之短形成了悬殊对比。

三、四句以山影猿声烘托行舟飞进。第三句写沿江景物一闪而过，来不及细看，只听得两岸的猿声不绝于耳。猿啼声肯定不止一处，山影也不止一处，而由于小舟行驶速度太快，使得啼声和山影在耳目之间"浑然一片"。清代桂馥对此称赞道："妙在第三句，能使通首精神飞越。"一个"轻"字，不仅写出行舟轻盈飞动之感，而且细腻传达出诗人轻松愉快的心情。

夜泊牛渚怀古

◎李白

牛渚西江夜①，青天无片云。
登舟望秋月，空忆谢将军②。
余亦能高咏，斯人不可闻③。
明朝挂帆席，枫叶落纷纷。

【译文】

　　牛渚山西江畔的夜晚，天上没有半片游云。登上船，仰望秋月，空自想起谢尚将军。我也跟袁宏一样，善于吟唱，可他却不能听到。明天高挂船帆又将离去，前途如这枫叶，飘落纷纷。

【注释】

①西江：九江至南京段的长江古称西江，牛渚亦在其中。②谢将军：谢尚，东晋时人，官至镇西将军。③斯人：指谢尚。

【赏析】

　　牛渚山，在今安徽省当涂县境内，北端突入江中，即著名的采石矶。

　　李白夜晚泊舟牛渚山下，对着青天明月，触发怀古之思，想起几百年前袁宏曾在这里月下朗吟而受到谢尚赏识的故事，由此产生追慕之情和自伤知音不可遇的深沉感喟。

　　寥廓的天宇和浩渺的西江在夜色中溶为一体，诗人的思绪就由眼前的牛渚秋夜景色而联想到往古，然后由往古回到现实，发出了世无知音的感慨，再宕开写景，想象明朝挂帆离去的情景，结句以枫叶摇落萧瑟的景象来衬托诗人内心的苍凉怅惘，寓意悠深。

　　这首诗写景清新隽永而不加藻饰，抒情豪爽豁达而不忸怩作态，可谓意至笔随，纯任自然，虽"无一句属对，而调则无一字不律"（王琦注引赵宦光评），具有一种悠然不尽的神韵。

月下独酌四首（其一）

◎李白

花间一壶酒，独酌无相亲。

举杯邀明月，对影成三人。

月既不解饮，影徒随我身。

暂伴月将影①，行乐须及春②。

我歌月徘徊，我舞影零乱。

醒时同交欢，醉后各分散。

永结无情游③，相期邈云汉④。

【注释】

① 将：和。② 及：趁着。③ 无情：忘情。④ 云汉：天河，银河。

【译文】

　　花丛中一壶美酒，独自喝酒无亲无友。举起酒杯相邀明月，明月、身影与我同饮。明月既不能同饮酒，身影也徒然陪伴我身。暂且伴随月亮与身影，寻求乐趣还须趁此春风。我高歌，明月缓缓行；我跳舞，身影随之凌乱。清醒时共同把酒言欢，酒醉后各自分手离散。我们永作忘情之交游，约定在那遥远的天河相见。

【赏析】

　　有唐一朝，天子所居之宫，必于邻近设一院，以置待诏之士。然而，待诏之士冠以翰林之名，是在唐开元初翰林院设立之后。

　　李白在唐玄宗天宝元年（742）供奉翰林，职务是草拟文告，陪侍皇帝左右。玄宗每有宴请或郊游，必命李白侍从，利用他敏捷的诗才，赋诗纪实。然而李白此时不过是玄宗的随侍文人，有虚名而无实职，自然无从施展自己的"大济苍生"的志向，加上权贵的嫉恨诽谤，给李白以强烈的压抑感。他"彷徨城阙下，叹息光阴逝"，写下《月下独酌四首》，此为其一。

　　李白在月夜独自饮酒，无人相伴。月下独酌，本来寂寞，然而诗人忽发奇想，邀明月和影子来凑成三人，可谓无中生有，别开生面。诗人又从"花"字想到"春"字，从"酌"到"歌"、"舞"，终于将寂寞的环境渲染得极为热闹，表达了诗人

旷达不羁和善于排遣寂寞的个性。篇中"月、影、我"交互回环，"我"唱歌，月徘徊不去；"我"跳舞，影子随着转动零乱，颇为热闹。但这样的"热闹"也是暂时的，于是诗人最后与"月、影"相约："永结无情游，相期邈云汉"。

　　从表面上看，诗人好像真的能自得其乐，实际上，诗人与明月之间的亲密欢愉，更加反衬出诗人在人世间独酌无亲时的孤傲寂寞的心情。虽是在长安失意后所作，却仍有一份豪放旷达贯穿其中，境界高妙。

与史郎中钦听黄鹤楼上吹笛

◎李白

一为迁客去长沙①，西望长安不见家。

黄鹤楼中吹玉笛，江城五月落梅花②。

【注释】

① 迁客：指流迁或被贬到外地的官员。
② 江城：指江夏，今湖北武昌。梅花：这里指"梅花落"，为笛曲曲牌名。

【译文】

　　一旦作为贬谪之人到了长沙，向西眺望长安不能见到家。听到黄鹤楼上吹奏《梅花落》的笛声，仿佛看到江城五月飘满了梅花。

【赏析】

　　乾元元年（758），李白因永王李璘事件受到牵连，被加之以"附逆"的罪名流放夜郎。途中经过武昌，诗人游黄鹤楼写下此诗，主要抒写了诗人无辜遭迁后内心的愁苦。

　　西汉时著名文臣贾谊才华横溢，年纪轻轻就身居高位，却因为上书指斥时政，触怒了权臣，结果受到谗毁，被贬官长沙。李白的遭际与他有些类似，同为无辜受累之人。"一为迁客去长沙"，正是用贾谊的不幸来比喻自身的遭际，既有对自身无辜受害的愤懑，也含着自我辩白之意。

　　然而，不幸的遭遇和沉重的打击并未使诗人就此忘怀国事，即便是在流放途中，他依然会"西望长安"，这一动作里即有对往事的回忆，也包含了对朝廷的眷恋以及对国运的关切。然而，长安远隔千里，又怎么可能望见呢？对此诗人自然不免感到惆怅。

　　恰好在他游览黄鹤楼的同时，听到有人在吹奏《梅花落》，这凄清的曲调正与诗人低迷的心情相符，听着听着诗人仿佛真的看到了梅花飘落于这五月天里。

　　这首诗胜在艺术结构独特，诗人写闻笛之感，却没有按照闻笛而生情那样的顺序去一一叙写，而是先写情，然后再写闻笛。前半部分捕捉了"西望"的典型动作加以描写，传神地表达了怀念帝都之情和"望"而"不见"的愁苦；后半部分才点出闻笛，从笛声化出"江城五月落梅花"的苍凉景象，借景抒情，使前后情景相生，妙合无垠。艺术结构独特，曲折有致。

访戴天山道士不遇

◎李白

犬吠水声中，桃花带露浓。

树深时见鹿，溪午不闻钟。

野竹分青霭^①，飞泉挂碧峰。

无人知所去，愁倚两三松^②。

【注释】

①霭：云气。②"愁倚"句：再三地依靠在松树上发愁。

【译文】

泉水声中夹杂着隐隐的犬吠声，桃花带着晓露格外鲜艳。深林里不时见到麋鹿出没，正午来到溪边没听见寺院的钟声。野生的竹子自然而然分开青色的雾霭，飞泉仿佛挂在碧峰上。没有人知道他所去的地方，不时地倚靠在松树上发愁。

【赏析】

这首五律是诗人前期的作品，用笔迂回，情致婉转。

戴天山，又名大康山或大匡山，在今四川省江油县。李白早年曾在山中的大明寺读书，这首诗大约作于这一时期。

在一个明净的春日里，诗人于戴天山中，寻访道士，但久寻不遇，令诗人怅然若失。诗的前六句虽然写"访"，却重在写景，全不写人事，只精心描绘了一片桃园景色，清幽恬静；后两句抒情，方才点出"不遇"。

首联描绘了宛如世外桃源般的景象：流水淙淙，还夹杂着犬吠声；桃花沾着露珠，浓艳耀目，点出了入山的时间是在早晨。颔联以"时见鹿"极写山中之幽静，以"不闻钟"暗示道士已经外出。"野竹分青霭，飞泉挂碧峰"，既表现了道院的高洁，又暗示了诗人造访不遇后爽然若失的心情。尾联从侧面写出了"不遇"的事实，表现诗人惆怅的心情。

此诗写得含蓄，前人吴大受评此诗说得好，"无一字道士，无一句说不遇，却句句是不遇，句句是访道士不遇不语"。

长相思二首（其一）

◎李白

　　长相思，在长安。络纬秋啼金井阑①，微霜凄凄簟色寒②。孤灯不明思欲绝，卷帷望月空长叹③。美人如花隔云端。上有青冥之长天，下有渌水之波澜④。天长路远魂飞苦，梦魂不到关山难。长相思，摧心肝！

【注释】

① 络纬：虫名，又名莎鸡，俗称纺织娘。金井阑：精美的井阑。② 簟(diàn)：竹席。③ 帷：窗帘。④ 渌(lù)水：清澈的水。

【译文】

　　那缠绵的相思之地啊，就是在繁华的长安。秋夜，莎鸡在金井阑下悲鸣，薄霜有寒气，竹席也凉寒。孤灯昏暗，相思让我魂断，卷起帷幔，仰望明月，只能长叹。容颜如花的美人，仿佛相隔云端。上面有广阔高远的青天，下面有碧水浩荡的波澜。天高地远，灵魂飞渡，但关山重重阻隔，梦魂无法越穿。那缠绵的相思啊，真是要摧裂我的心和肝！

【赏析】

　　"长相思"本汉代诗中用语，六朝诗人多以名篇，并以"长相思"发端，属乐府《杂曲歌辞》。现存歌辞多写思妇之怨。李白此诗拟其格而诉述相思之苦及相思的执着。

　　"美人如花隔云端"是作为一个独立句，把前后段分开。前段写相思的悲苦之情，"孤灯不明思欲绝"，可见其因相思而长夜不眠，用情之苦到"思欲绝"。所思的如花美人远隔云端，简直就如天上的明月一样可望而不可即，对此只能"空长叹"。

　　后段写梦魂追求。无法抑制这无望的思念，导致魂牵梦萦，但是天长地远两相隔绝，梦魂也越不过关山，以致"摧心肝"。这种相思悲苦，却仍然执着追求的精神，已经超出一般男女之情的范围。中国古典诗歌具有以"美人"比喻所追求的理想人物的传统，而"长安"这个特定地点更有政治托寓的可能，表明此诗可能是诗人抒写追求政治理想未能实现的苦闷及其对理想的执着追求。

　　这首诗在形式上颇具对称整饬之美，韵律感极强，淋漓尽致地抒写了相思苦情，诗意又深含于形象之中，具备一种蕴藉的风度。所以王夫之赞此诗道："题中偏不欲显，象外偏令有余，一以为风度，一以为淋漓，乌乎，观止矣。"（《唐诗评选》）

长相思二首（其二）

◎李白

　　日色欲尽花含烟①，月明如素愁不眠②。赵瑟初停凤凰柱③，蜀琴欲奏鸳鸯弦④。此曲有意无人传，愿随春风寄燕然⑤。忆君迢迢隔青天，昔日横波目⑥，今作流泪泉。不信妾断肠，归来看取明镜前。

【注释】

① 花含烟：形容暮色中花为雾气所笼罩。② 素：洁白的绢，这里形容月色。③ 赵瑟：相传古代赵国人善弹瑟。④ 蜀琴：蜀地出产的琴，古人常以"蜀琴"来比喻佳器。⑤ 燕然：燕然山。这里指边陲。⑥ 横波：形容眼波流动。

【译文】

　　日色将尽，花朵仿佛笼罩着轻烟，月如白绢，我心忧愁，难以入眠。刚奏完柱上雕有凤凰的赵瑟，又拿起蜀琴拨弄鸳鸯弦。这一曲饱含情意，却无人传递，希望它随风寄到燕然山。思念你，山水迢迢远在天边。旧时如横塘水波的美目，如今成了流淌眼泪的泪泉。你若不信我因思念肝肠寸断，那就回来看看铜镜前憔悴的容颜。

【赏析】

　　这首诗用乐府旧题，描写妻子对从征戍边丈夫的思念之情，而在传统思妇题材上翻出了新意。

　　诗歌先描绘了春夜美景，而思妇感物起兴，望着春晚的月亮不眠，于是起来抚琴奏瑟。琴瑟本是夫妻感情和美的象征，何况是"凤凰柱"、"鸳鸯弦"的形象呢？独自弹琴鼓瑟本欲解闷，反而触动了思妇满怀的愁绪。她希望借着春风把自己弹奏的有情曲传到燕然，一片深情之中见出相思之深。

　　诗的后几句写女子怀念远人之切切，只可惜丈夫在万里迢迢之外，念及此处，不由泪如泉涌。"昔日横波目，今作流泪泉"两句以夸张之笔作细节刻画，昔日一双顾盼有神的美目如今却成为不竭的流泪泉，形象十分鲜明，明镜里的红颜已经憔悴到何等模样，就等君归来看取。

　　这首诗以春花春风起兴，写思妇望月怀思，抚琴寄情，挂怀远人，缠绵悱恻，其中的深情与执着，让人为之动容。李白写情，真是不同凡响。

听蜀僧濬弹琴

◎李白

蜀僧抱绿绮，西下峨眉峰。

为我一挥手，如听万壑松。

客心洗流水①，余响入霜钟②。

不觉碧山暮③，秋云暗几重。

【译文】

　　蜀地僧人抱着绿绮琴弹奏，他从峨眉山西边下来。挥手拨弦，为我弹奏名曲，如同听群山松涛之声。我的心似被清水洗过，余音袅袅，应和寺院的钟声。不知不觉，碧山已披暮色，秋云似也暗淡了几重。

【注释】

　　①"客心"句：意谓听蜀僧琴声，心似被流水所涤，清新畅快。客，诗人自称。②余响：指琴的余音。霜钟：指钟声。③"碧山"句：意谓因为听得入神，不知不觉天就黑下来了。不觉，意思是不知不觉中。

【赏析】

　　这首五律写的是听蜀地一位法名叫濬的和尚弹琴，不像一般描写音乐的作品那样使用多种比喻来细致具体描摹乐声之妙，而是着重抒写了听琴时内心的特殊感受和氛围。

　　汉代司马相如有一张琴，名叫绿绮，这里是用"绿绮"来代指名贵的琴。李白对故乡四川一直非常怀恋，面对来自故乡的琴师自然也会感到格外亲切，所以首联就写抱着名琴的僧人来自四川峨眉。虽然只有简单的十个字，然而僧人音乐家的气派已经隐隐可见。

　　颔联直接描写琴声"如听万壑松"，仿佛听到千山万壑发出的呼呼松涛声，用大自然的宏大声响来比喻琴声，从中可见音乐的动人与乐师的高明。

　　颈联写琴声荡涤胸怀，使人心旷神怡，余音和寺院的晚钟融合在一起。"客心洗流水"从字面意思上讲，是说听了蜀僧的琴声，自己的心仿佛被流水洗涤过那样畅快愉悦。其实它还用了"高山流水"的典故，含蓄而自然。

　　尾联写聚精会神听琴，而不觉日暮，反衬琴声能入神移情的强大力量。

　　全诗一气呵成，势如行云流水，清新明快，澄怀涤胸，让人觉得余味隽永。

怨情

◎李白

美人卷珠帘，深坐蹙蛾眉①。

但见泪痕湿，不知心恨谁。

【注释】

① 深坐：久久呆坐。蹙：皱。

【译文】

　　美人卷起珠帘，久久坐定，皱着秀眉。只见她脸上泪痕点点，却不知道，心里在怨恨谁。

【赏析】

　　美人缓缓地卷起珠帘，何等美丽的意象，她长久地枯坐着若有所待，所等待的人还没有出现，娥眉紧蹙。最后希望的泡影破灭，跌入绝望的深渊，点点泪痕湿透罗衫。而末句偏说"不知心恨谁"，正是恨至不可解处，即使是自己也不自知了，实为点睛神妙之笔。卷珠帘、深坐、蹙蛾眉、泪痕湿，此诗以一系列细微的动作图景，生动描摹出美人幽怨的情态，层层深化了"怨情"的主题。至于心恨谁，作者留下了无限的悬想空间，解人可以自解。

独坐敬亭山

◎李白

众鸟高飞尽①，孤云独去闲②。

相看两不厌③，只有敬亭山。

【译文】

　　众多的鸟儿在高空中飞尽，孤云独自向远处悠闲地飘去。长久相互对看而两不厌倦的，只有这高大的敬亭山了。

【注释】

① 尽：没有了。② 孤云：陶渊明《咏贫士诗》中有"孤云独无依"的句子。独去闲：独去，独自去；闲，形容云彩飘来飘去，悠闲自在的样子。孤单的云彩飘来飘去。③ 厌：满足。

【赏析】

　　此诗作于天宝十二载（753）李白秋游宣城之时。李白一生七游宣城，这次游历距他被迫于天宝三载离开长安已有十年。由于仕途不顺，现实黑暗，李白寄情于山水，这首诗正是他内心孤寂的真实写照。诗人独自坐于敬亭山中，由于内心孤寂，景物也都染上了一层寂寥的色彩。鸟儿飞尽，云儿去尽，一切都离诗人而去。只有眼前这敬亭山安然不动，似乎只有它愿意与诗人做伴。这首诗于恬静之中，流露出诗人历尽人事后心底的孤寂落寞。这首诗将情与景高度融合，创造出一片"寂静"之境，十分传神。

阙题

◎刘眘虚

道由白云尽①，春与青溪长。

时有落花至，远随流水香。

闲门向山路，深柳读书堂。

幽映每白日，清辉照衣裳。

【注释】

①"道由"句：指山路起自于白云尽处。

【译文】

山路，蜿蜒到白云尽头；春意，如青溪般悠长。不时有落花飘下，芳香随着溪水流到远方。闲静的门扉正对山路，柳林深处有个读书堂。白天，每当阳光穿过柳荫，清幽的光辉便洒满衣裳。

【赏析】

这是一首缺题目的诗，编书人加上"阙题"为题。从诗的语意看来，是写友人在暮春山中隐居读书的生活。

开头用粗略的笔墨写了山路和溪流。"道由白云尽"，道路是从白云尽处开始的，可见这里的地势之高峻。沿着青溪行走，路上处处可见青草繁花，青溪行不尽，春色自然也看不尽，于是春色也就显得悠长了。

三、四两句紧承上文细细描绘了青溪和春色，文字间透露出一股喜悦之情。诗以"春"字为主题，白云清溪，落花流水，绿柳成荫，一片春光春色，清新自然，幽静多趣。而书堂正当其处，白日阳光透过柳树的浓荫，掩映着读书处，暖洋洋地照在读书人的衣服上，是何等的悠闲自在。

全诗无奇词丽句，诗人只把所见所闻所感娓娓道来，自然而不简率，精整而无雕琢之痕，读之犹如同其一道进入白云深山，来到读书堂，生发清静读书之心。

⊙作者简介⊙

刘眘（shèn）虚，生卒年不详。八岁能文。开元进士，官洛阳尉及夏县令。为人较淡泊，不慕荣利，交游多山僧道侣。其诗多写山水隐逸之趣，尤工于五言。诗风近似孟浩然、常建。与贺知章、包融、张旭合称"吴中四友"。今存诗一卷。《全唐诗》存其诗十五首。

次北固山下

◎王湾

客路青山外，行舟绿水前。

潮平两岸阔，风正一帆悬①。

海日生残夜，江春入旧年。

乡书何处达，归雁洛阳边②。

【注释】

① 风正：风顺。② "归雁"句：古人相信大雁能传书，所以作者希望大雁能把家书带回故乡（作者故乡在洛阳）。

【译文】

我经过苍翠的北固山，小舟穿行，眼前江水碧绿。江潮退去，两岸视野开阔，顺风鼓动着高悬的白帆。海上，红日从残夜中升起，江南的春意年末就已显现。家书什么时候能到？回去的鸿雁，几时能到洛阳。

【赏析】

北固山在今江苏省镇江市以北，三面临江。王湾是洛阳人，一生中尝往来吴楚间，这首诗当是他经镇江到江南一带时所作。全诗描绘了诗人在北固山下停泊时所见的江南景象，意境优美，情景交融，抒发了深切的思乡之情。

诗人一路行来，舟行进在青青的北固山下，朝着展现在眼前的"绿水"前进。"客路"、"行舟"之词语中，已流露出飘泊羁旅之情。

"潮平"一联生动地展现出一幅春江行舟图：春来潮水涌涨，江面似乎与岸平齐了，两岸顿然显得宽阔，而浩茫的江景中还有"风正一帆悬"，"以小景传大景之神"（王夫之《姜斋诗话》卷上），愈见精采。

第三联更是妙语，见得一轮红日从海上残夜中升起，江春已入旧年，写出了羁旅中人对时序的交替特别敏感的心态。"生"、"入"二字赋予自然景物以人的情思，在跳脱巧妙之中蕴含着一种自然的理趣。日复一日，年复一年，天涯作客久，见大雁不由动归思，盼望大雁传达乡书。

这首五律不仅驰誉当时，而且传诵后世。殷璠云："'海日生残夜，江春入旧年'，诗人已来，少有此句。张燕公（张说）手题政事堂，每示能文，令为楷式。"

⊙**作者简介**⊙

王湾，洛阳（今属河南）人。先天进士，官洛阳尉。曾往来吴楚间。多有著述。开元中卒。《全唐诗》存其诗十首。

黄鹤楼

◎崔颢

昔人已乘黄鹤去^①，此地空余黄鹤楼。
黄鹤一去不复返，白云千载空悠悠。
晴川历历汉阳树^②，芳草萋萋鹦鹉洲^③。
日暮乡关何处是^④，烟波江上使人愁。

【注释】

① 昔人：指传说中的仙人。② 历历：景物清晰分明的样子。汉阳：在武昌（黄鹤楼所在地）西。③ 鹦鹉洲：在今武汉市西南长江中，相传因东汉祢衡在此作《鹦鹉赋》而得名。④ 乡关：家乡。

【译文】

传说中的仙人，已乘着黄鹤飞走了，这里只留下空荡的黄鹤楼。黄鹤飞走后，再也没有回来，只有白云千年在此，伴它依旧。天气晴朗，汉阳的绿树清晰可见，芳草凄迷如烟，长满鹦鹉洲。眺望夕阳，何处是我家乡，江水烟波浩渺，使我忧愁。

【赏析】

黄鹤楼是中国四大名楼之一，在湖北武昌蛇山黄鹤楼矶头，传说古代仙人子安乘黄鹤过此。诗人登临古迹黄鹤楼，泛览眼前景物，即景而生情，写下这首吊古怀乡的佳作。

诗前四句即从传说落笔，然后生发开去。仙人跨鹤飞去不复返回，包含了岁月不再、古人不可见之憾，而白云千载悠悠之中，有着世事苍茫之感。"黄鹤"二字再三出现，亦不拘对仗，却一气旋转直下，将眼前景物脱口而出，高唱入云，自然宏丽中带着风骨。

后四句写在楼上所见，并由此而引发乡愁。此诗艺术上出神入化，无论是句式还是意境、气势，都以自然超妙取胜，被人们推崇为题黄鹤楼的绝唱。沈德潜评此诗是"意得象先，神行语外，纵笔写去，遂擅千古之奇"（《唐诗别裁集》卷十三）。

◎作者简介◎

崔颢（714—754），汴州（今河南开封）人。开元十一年（723）进士及第，官至太仆寺丞，天宝中为司勋员外郎。以才思敏捷著称，然好饮酒博弈，放浪不羁，轻薄无行。早年为诗情志浮艳，后来经历边塞、游览山川，视野大开，风格一变而为雄浑自然。《旧唐书·文苑传》将其与王昌龄、高适、孟浩然并提。现存诗仅四十余首。《全唐诗》存其诗一卷。

长干行四首（其一）

◎崔颢

君家何处住，妾住在横塘①。
停船暂借问②，或恐是同乡③。

【注释】

① 横塘：在今南京西南麒麟门外，与长干相近。② 暂：暂且，姑且。借问：请问一下。③ 或恐：也许。

【译文】

请问阿哥，家住哪里？我的家在金陵横塘。停停船，请问一下，或许，我们是同乡。

【赏析】

长干，地名，在今江苏省南京市秦淮河南。行，古诗的一种体裁。长干行，南朝乐府旧题，多写长干里（今南京秦淮河南）一带船家妇女的生活。

此篇为船家女子的问话。她见到心仪的男子主动发问，不待对方答话，即自报家门。旋即省悟到对方可能会怪自己的唐突，于是赶忙补叙出原委——"或恐是同乡"。寥寥数语，船家女热情而又聪明、率直而又婉曲、大胆而又有些小羞怯的形象跃然纸上。"或恐"云云，不仅委婉写出女子羞涩心态，而且可见女子对男方爱慕已久，以同乡作为攀谈由头。语言生动，惟妙惟肖。

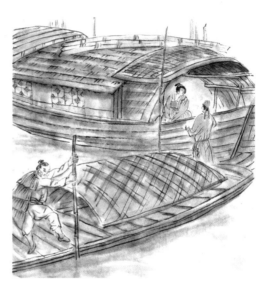

长干行四首（其二）

◎崔颢

家临九江水①，来去九江侧。
同是长干人，生小不相识。

【译文】

我家靠近九江，来来去去，都在九江边。你我都是江边长干人，遗憾的是从小不认识。

【注释】

① 九江：今江西省九江市。

【赏析】

民歌中有男女对唱的传统，在《乐府诗集》中成为"相和歌辞"。第一首是女子发问，这一首便是男子作答。诗的内容反复肯定船家女子的判断，强调他家临九江，往来九江之上，与她的确同是长干人，只是可惜未能自幼就认识，大有相见恨晚的意思。

两首诗有如民歌中的对唱，以生动灵活的来往问答之语，含蓄蕴藉地演绎了一对虽是同乡却从不相识的船家青年男女之间相亲相悦的情感，荡漾着朴实清新的水乡生活气息。诗人用笔收放自如，曲直尽妙，对人物心理的刻画细致入微，生动活泼，令人击节赞叹。

行经华阴

◎崔颢

岧峣太华俯咸京^①，天外三峰削不成^②。
武帝祠前云欲散^③，仙人掌上雨初晴^④。
河山北枕秦关险^⑤，驿树西连汉畤平^⑥。
借问路旁名利客，何如此处学长生。

【注释】

① 岧（tiáo）峣（yáo）：高峻貌。太华：指华山。咸京：本指秦都咸阳，这里借指长安。② 三峰：指华山之莲花、明星、玉女三峰。削不成：指非人力所能成形。③ 武帝祠：指巨灵祠，汉武帝华山登顶后建。④ 仙人掌：指华山仙人掌峰。⑤ 秦关：指函谷关。⑥ 畤（zhì）：秦汉时祭天地五帝的祭坛。

【译文】

高峻的华山，俯视着京城，直插天外的三峰，人工削凿不成。巨灵神祠前，云雾就要消散；仙人掌峰顶，大雨初晴。黄河华山，北枕险要的函谷关；驿道西边，连接平阔的祭祠。敢问路旁热衷名利的行客，为什么不在这里学道，以求得长生？

【赏析】

诗人前往长安而行经华阴，览其山水之胜，萌生了栖隐的念头。

诗的前六句由总而分，由此及彼，有条不紊的写景，将华山的高大险峻描绘得令人拍案叫绝。

首联统写华山的形胜。它俯压长安城，三峰高耸云天，气势磅礴，令人高山仰止。"削不成"三字说明这等奇景非人力可为，只有大自然的鬼斧神工方可办到，在似乎纯然写景中暗含出世高于追名逐利之意。

颔联写晴雨时的景色。云散雨晴，古迹名胜显现，自然美妙，反而不显其对仗之工整。"武帝祠"和"仙人掌"则为结处"学长生"的发问作了铺垫。

颈联从正面说华阴地形的险要，一个"枕"字，是何等豪气万千！而一"险"一"平"，比对中隐含着何去何从的疑问以及诗人自己的选择。

结尾两句是从上六句自然落出的，以反诘的句式，向旁人劝喻何不就在此地学长生之术，实际是自己见华山高耸出世而移情，感叹自己何苦为了名利之途奔波劳碌，显得隐约曲折。

全诗融神灵古迹与山河胜景于一炉，写景有条不紊，诗境雄浑壮阔而寓意深刻，别具神韵。

凉州曲

◎王翰

葡萄美酒夜光杯①，欲饮琵琶马上催。

醉卧沙场君莫笑，古来征战几人回！

【注释】

① 夜光杯：西域献给周穆王的白玉杯，夜间有光。

【译文】

　　葡萄酒，倒满了夜光杯，正要畅饮，却闻琵琶声起，催我上马出征。如果我醉倒在沙场，你不要见笑，自古征战，有几人能活着返回！

【赏析】

　　《凉州曲》是唐乐府名，属《近代曲辞》。凉州即今甘肃省武威县。本诗描写了在荒寒艰苦的边地，军中盛宴欢饮的场面。

　　须知边地环境荒寒艰苦，加上长期处于紧张动荡的状态，将士们必须提高警惕，随时应对突发的战事，使他们很难得到放松或欢乐的时刻，一旦有幸遇上一次热闹的酒宴，他们自然是情绪激昂，开怀畅饮，一醉方休。这首诗正是这种生活与情感的写照。

　　首句用语华丽优美，音调清幽悦耳，宛如大幕缓缓拉开，就见葡萄美酒盛满夜光玉石杯，显出盛宴的豪华气派。这一景象令人惊喜和兴奋，为全诗定下了基调。

　　二句用"欲饮"两字，进一层极写热烈的场面所具有的魅力。酒宴外加音乐助饮，让原本热闹的场面瞬间沸腾起来。这一句着意渲染气氛，表现了将士们豪爽的性格。

　　在前两句的渲染铺垫下，三、四句极写征人互相斟酌劝饮，传达出一种豪情壮志。关于"醉卧沙场君莫笑，古来征战几人回"一句有两种理解：一是认为其意为拼得今宵沉醉，君莫笑其放浪形骸醉卧沙场，但观古来征战有几人生还。故其今宵纵情豪饮，不过是于百死中姑且作片时之乐，其豪迈旷达之语，更让人不胜沉痛。二是认为它并非悲伤之情，而是席间的劝酒之词，"醉卧沙场"四字不仅表现了豪放、兴奋的感情，还有着视死如归的勇气，开朗昂扬，明快热烈，正体现了盛唐边塞诗的特色。

⊙作者简介⊙

　　王翰，字子羽，并州晋阳（今山西太原）人，生卒年不详。睿宗景云元年（710）登进士第。曾任驾部员外郎、仙州别驾，后贬道州司马，旋卒。原有集，已失传。《全唐诗》存其诗十五首。

燕歌行并序

◎高适

开元二十六年，客有从御史大夫张公出塞而还者，作《燕歌行》以示适，感征戍之事，因而和焉。

汉家烟尘在东北，汉将辞家破残贼①。男儿本自重横行，天子非常赐颜色。摐金伐鼓下榆关②，旌旆逶迤碣石间③。校尉羽书飞瀚海④，单于猎火照狼山。 山川萧条极边土，胡骑凭陵杂风雨⑤。战士军前半死生，美人帐下犹歌舞！大漠穷秋塞草腓，孤城落日斗兵稀。身当恩遇恒轻敌，力尽关山未解围。 铁衣远戍辛勤久，玉箸应啼别离后⑥。少妇城南欲断肠，征人蓟北空回首。边风飘飖那可度，绝域苍茫更何有！杀气三时作阵云，寒声一夜传刁斗⑦。相看白刃血纷纷，死节从来岂顾勋？君不见沙场征战苦，至今犹忆李将军！

【注释】

① 残：凶残。② 摐（chuāng）：撞击。金：指钲一类铜制打击乐器。榆关：即今山海关。③ 旌（jīng）旆（pèi）：旌是竿头饰羽的旗，旆是末端状如燕尾的旗。此处泛指各种旗帜。碣石：古山名，在今河北省昌黎县西北。④ 羽书：紧急军书。瀚海：此处指大沙漠。⑤ 凭陵：侵扰。⑥ 玉箸：形容颜色像玉制的筷子。⑦ 刁斗：古代军中的一种铜器，白天用来烧饭，晚上用来敲击巡更。

【译文】

战争的烟尘，在东北边疆弥漫，将士们辞别家乡，征讨凶残寇贼。男子汉本来就应该在疆场上纵横驰骋，何况天子破格恩遇又给予了重赏。将士们奏着钲和鼓进发到山海关，战旗绵延在碣石之间。校尉的紧急军书飞速穿越沙漠，说单于的战火已经照亮了狼山。山川萧条，直到边境，胡人骑兵的侵犯犹如狂风暴雨。战士在前线，一半已经为国捐躯，只有一半幸存；将军却在营帐中悠闲地观看美人

的轻歌曼舞。大漠在秋末，尽是萋萋衰草；落日下，孤城战士越来越少。将军身受皇恩，当蔑视敌人、竭力奋战，却仍未解除重围。将士们远征戍边已经很久，家中妻子因别后感伤泪如玉箸。城南少妇思念丈夫而肝肠寸断，戍边将士在边境徒然回望故乡。边塞风狂，哪能度越；边地旷远，更是绝无仅有。晨午晚三时，杀气腾腾战云弥漫；刁斗寒声，频繁传来一夜不断。相看战刀，血迹斑斑，自古为国家而死，哪能顾及功勋？你没看到沙场征战多苦辛，到现在人们还在怀念李广将军。

【赏析】

这首诗是高适有感于边塞征戍之苦而作。全诗以浓缩的笔墨，描绘了一次战役的全过程。

第一段八句写将士奉命出师，辞家破敌，声势极盛，而敌人气焰嚣张。西汉大将樊哙曾在吕后面前说："臣愿得十万众，横行匈奴中。"季布斥责他当面欺君，该斩（见《史记·季布传》）。所以，"横行"二字看似褒扬将领的威武，其实是斥责他的恃勇轻敌。

第二段八句写忠勇的军士和敌人死战，仍未能解除重围，而"战士军前半死生，美人帐下犹歌舞"，对比中可见主将的昏庸荒淫和前方军政的败坏。

第三段十二句一方面写被围军士死斗的结局，"相看白刃血纷纷，死节从来岂顾勋"，可见战争的艰苦、惨烈，而从中表现出的军士杀身取义的气节，尤其悲壮慷慨。另一方面也写征夫思妇久别之苦，边塞的荒凉，渴望有好的将军来领导。

末句"至今犹忆李将军"意义深广。史书上记载，李广治兵，"士卒不尽饮，广不近水；士卒不尽食，广不尝食"，他处处爱护士卒，使士卒"咸乐为之死"。能与士卒同甘共苦而威镇北边的飞将军李广，与那些骄横的将军形成多么鲜明的对比。

诗中虽然有对骄奢且不恤士卒将领的愤怒的流露，有对征夫思妇怨情的抒写，但全诗的总体基调却是慷慨激昂的，高扬着建功立业、视死如归的豪迈精神，为盛唐边塞诗的代表作。全诗用韵平仄相间，抑扬有节，音调和美，正是"金戈铁马之声，有玉磬鸣球之节"（《唐风定》卷九邢昉评语）。

◎作者简介◎

高适（702？—765），字达夫，渤海蓨县（今河北景县）人。玄宗天宝八载（749）应举及第，授封丘尉。后游河西，为哥舒翰掌书记。安史乱起，历官谏议大夫、淮南节度使、彭州刺史、蜀州刺史、西川节度使等职，终左散骑常侍，进封渤海县侯。其边塞诗雄健苍凉，气骨凛然，与岑参齐名，世称"高岑"。《全唐诗》存其诗四卷。有《高常侍集》。

送李少府贬峡中王少府贬长沙

◎高适

嗟君此别意何如，驻马衔杯问谪居①。
巫峡啼猿数行泪，衡阳归雁几封书②。
青枫江上秋帆远③，白帝城边古木疏④。
圣代即今多雨露⑤，暂时分手莫踌躇。

【注释】

① 衔杯：饮酒。谪居：贬往的地方。② 衡阳归雁：古人认为大雁南飞至衡阳而止。③ 青枫江：在湖南长沙。④ 白帝城：在今四川奉节。⑤ 雨露：喻朝廷的恩泽。

【译文】

叹息与你们分别，心情又是如何？停下马饮酒，谈谈贬谪之所。巫峡猿啼，李少府听了，一定会落泪；王少府到了衡阳，要多多写信。秋天青枫江上，白帆远去；白帝城边的古树，也叶落黄稀。圣明时代，恩泽雨露甚多，我们只是暂时分别，不要太难过。

【赏析】

作者送别两位被贬官的友人，一个被贬谪到巫峡，一个被贬到湖南长沙，故一诗同赠两人，富有劝慰鼓励之意。

首尾两联合起来总写，中间两联双双分写，条理井然，适如其分。上句写李少府贬峡中。诗人设想李少府来到荒远的峡中，听到悲凄的猿啼，不禁流下感伤的眼泪。下句写王少府贬长沙。衡阳在长沙以南，衡山上有著名的回雁峰。传说秋天时大雁往南飞，飞到这里即驻足，不再往南，等到春季就飞回北方，故得名。然而长沙路途遥远，归雁也不能传递几封信。但王少府可以在秋高泛舟中洗尽烦恼，而李少府可以去古木参天、枝叶扶疏的白帝城凭吊古迹，寻求心灵上的慰藉。

作者嗟叹他俩所去之地的景象，一边是巫峡猿啼，一边是衡阳雁归，都是人迹罕至的荒凉僻远之地；而青枫江上孤帆，白帝城古木，均切送别之意。双双交错进行，切时切地切事，章法十分严密，情感交织。

尾联是劝慰语，谓皇恩浩荡，二人现虽遭远贬，不久即可召还，仍有聚首之日。

桃花溪

◎张旭

隐隐飞桥隔野烟，石矶西畔问渔船①。

桃花尽日随流水，洞在清溪何处边。

【注释】

① 矶（jī）：水边突出的岩石。

【译文】

一座长桥隐隐约约飞动在远处的山野云烟中，我站在石矶的西畔，向船上的渔夫打听。桃花终日随着春水漂流不尽，桃花源洞口在清溪的哪边呢？

【赏析】

桃花溪在今湖南省桃源县西南，源出桃花山。张旭在诗中暗用陶渊明《桃花源记》的意境来泛咏桃花溪的秀美景色。

诗由远外落笔，写深山野谷，云烟缭绕；溪桥若隐若现，恍若在虚空里飞舞。静止的桥和浮动的野烟相映成趣，合力营造了一个朦胧、幽深、神秘的境界，令人如入仙境。"隔"字则使这两种景物交相映衬，

融为一个艺术整体，并暗示了诗人所处的角度是站在远处观望。

然后画近景，由实及虚，桃花流水，有渔舟在轻摇，诗人伫立在石矶旁，问"洞在清溪何处边？"表达出诗人对世外桃源的向往之情。淡淡几笔就将桃花溪的轮廓勾勒出来，一个"问"字将诗人自己也纳入了图画之中。

粉红的花瓣让诗人不由联想到《桃花源记》中那"林尽水源"仿佛透着光亮的"洞"，而且诗人似乎也真的相信了这"随流水"的桃花是从桃花源中流出的，便向渔人发问了，有力地表达了诗人向往世外桃源的急切心情。全诗至此戛然而止，但末句提出的问题却引人生发遐想，更是趣在墨外。

⊙作者简介⊙

张旭（675—750？），字伯高，一字季明，吴（今江苏苏州）人。曾官常熟县尉、金吾长史，人称"张长史"。善草书，性好酒，世称"张颠"，与李白、贺知章等人共列"饮中八仙"。后怀素继承和发展了其笔法，也以草书闻名，二人并称"颠张醉素"。唐文宗曾下诏，以李白诗歌、裴旻剑舞、张旭草书为"三绝"。又工诗，以七绝见长，与贺知章、张若虚、包融号称"吴中四士"。传世书迹有《肚痛帖》《古诗四帖》等。

早梅

◎张谓

一树寒梅白玉条，迥临村路傍溪桥①。

不知近水花先发②，疑是经冬雪未销③。

【注释】

①迥：远。傍：靠近。②发：开放。③经冬：
过冬。销：同"消"，融化。这里指冰雪融化。

【译文】

一树梅花凌寒早开，枝条洁白如
玉，它长在村路的溪水桥边。不知道是不
是靠近溪水而先开花，疑惑它大概是那经
历了冬天而尚未消融的白雪。

【赏析】

这是一首咏梅诗，写出了早梅的形与
神，重在突出一个"早"字。

在远离人语马喧的溪桥边，一树寒梅正
凌寒独自开放。诗人远远看到这树梅花时，
还以为那是经冬未销的白雪，再定睛一看，
哦，原来是临水先发的一树寒梅！因梅花洁
白晶莹而将其疑作雪，不少诗人都产生过类
似的错觉。宋人王安石那句"遥知不是雪，
为有暗香来"与此诗可谓有异曲同工之妙。

首句用"白玉条"形容寒梅的洁白，又
照应了"寒"字，勾勒出梅花凌寒傲然绽放
的丰姿。第二句写出了寒梅独开的环境——
在行人稀少的村路，临近溪水桥边。此句起
着承上启下的作用。第三句指出寒梅早发是
由于"近水"。第四句照应首句，写诗人将
寒梅疑作经冬未消的白雪。

这首诗写梅侧重一个"早"字，写的是
早梅的形态与神貌。早梅似雪，不胜洁白；
经冬首发，一种孤高之姿毕现。

◎作者简介◎

张谓（？—777），字正言，河内（今河南省泌阳县）人。天宝二年（743）登进士第，乾元中为尚书郎，
后官至礼部侍郎、三典贡举。其诗多饮宴送别之作。代表作有《早梅》、《邵陵作》、《送裴侍御归上都》等，其中
以《早梅》为最著名。《全唐诗》存其诗一卷。

逢雪宿芙蓉山主人

◎刘长卿

日暮苍山远①，天寒白屋贫②。
柴门闻犬吠③，风雪夜归人④。

【注释】

① 苍山：青黑色的山。② 白屋：贫家的住所。房顶用白茅覆盖，或木材不加油漆叫白屋。③ 吠：狗叫。④ 夜归：夜晚归来。

【译文】

日落暮色降临，更觉得苍山遥远，天寒时节，简陋的茅草屋显得更加贫困。听得柴门外忽然传来犬吠声，原来是有人在夜晚冒着风雪归来了。

【赏析】

这是一首如画的小诗，诗人为我们描绘出一幅寒山夜宿图。

在一个寂静的冬夜里，诗人正赶着路，准备去前方的芙蓉山借宿。"日暮"点明时间正是傍晚，"苍山远"则暗示了路途跋涉的艰辛，以及诗人急于投宿的心情。"白屋贫"点明投宿的地点。

安顿下来后，于万籁俱寂中，诗人忽闻一片犬吠之声，原来是主人冒着风雪归来了。从用字来看，"柴门"紧承"白屋"，"风雪"遥承"天寒"，"夜"则对应"日暮"。从整体上来看，虽然下半首另外开辟了一个诗境，但又紧扣上半首，并没有上下脱节之感。

此诗共四句，每一句独立成画，但又彼此相属，联成整体，构成一片苍凉悠远之境。本诗用凝练的笔调将旅夜投宿、宿后所闻——勾勒，诗中有画，画外见情。在诗人为我们描绘的画面之中，我们可以感受到山居的荒凉、冬夜的凄寂以及旅人的孤独。

⊙作者简介⊙

刘长卿（714—790？），字文房，河间（今属河北）人。曾任随州（今属湖北）刺史，世称"刘随州"。肃宗时曾任长州（今江苏苏州）尉，因事被贬为南巴（今广东电白）尉。代宗时任鄂岳转运留后，遭诬陷被贬为睦州司马。晚岁入淮南节度使幕。为人性情刚直，虽两度被贬，但终不改其节。诗多写政治失意感，也有反映离乱之作。长于五言，称"五言长城"。与钱起并称"钱刘"。《全唐诗》存其诗五卷。有《刘随州集》。

送灵澈上人

◎刘长卿

苍苍竹林寺，杳杳钟声晚①。
荷笠带斜阳②，青山独归远。

【注释】

① 杳杳（yǎo）：悠远。② 荷（hè）笠：将斗笠挂在肩上。

【赏析】

灵澈上人将云游远方，诗人前往林木掩映的竹林寺话别，写下此诗。诗中隐去了一般送别诗中常见的分手话别的情景，而是以空灵之笔写景，在苍苍的暮色中，远远地传来寺院的晚钟声，而在斜阳中背负斗笠的灵澈上人独自远游，行走青山之中。诗人写景如同绘就一幅绝妙的图画，诗人目送所见的这些潇洒出尘的景致，不仅形成含蓄幽邃的意境，而且突出了高僧超拔出尘、飘然远游的形象。正所谓"诗中有画"，是一首绝妙的写景诗。

【译文】

苍翠的竹林掩映着寺院，远远传来阵阵晚钟。他背着斗笠、披着夕阳远去，独自归向青山深处。

弹琴

◎刘长卿

泠泠七弦上①，静听松风寒②。
古调虽自爱，今人多不弹。

【译文】

清越之声，发自七弦古琴，静心细听，是《风入松》的音调。我虽喜爱古曲，只可惜，现在的人多已不弹。

【注释】

① 泠泠（líng）：形容声音清越。七弦：古琴七弦，故又称七弦琴。② 松风寒：指琴曲《风入松》。

【赏析】

《风入松》是古琴曲，相传为魏晋时嵇康所作，描摹月夜寒风穿越松林的声音。七弦古琴弹奏起《风入松》的古曲，琴声清越悠扬，静听之人不觉丝丝春寒。自己虽然喜爱这美妙的古调，但当今的人们好趋时尚，多不爱弹。诗以虚实相生的手法，借咏古调清扬的音乐境界，渲染出诗人雅韵孤标、不媚流俗的情操，同时抒发了世风日下、知音稀少的慨叹。

送上人

◎刘长卿

孤云将野鹤^①，岂向人间住。
莫买沃洲山^②，时人已知处^③。

【注释】

① 孤云、野鹤：都用来比喻方外上人。将：与共。
② 沃洲山：在浙江新昌县东，上有支遁岭、放鹤峰、养马坡，相传为晋代名僧支遁放鹤、养马之地。
③ 时人：指时俗之人。

【译文】

你像孤云为伴的野鹤，怎能在人间栖居。请不要买沃洲名山归隐，那是世人早已知晓的去处。

【赏析】

"上人"是对僧人的敬称，诗中指灵澈和尚。

诗人认为灵澈上人有如孤云野鹤般闲散自在和超尘脱俗，岂会在凡俗的人间居住呢？人世间已无净土，可见诗人对人生是何等失望。

南朝宋人刘义庆《世说新语·排调》："支道林因人就深公买印山，深公答曰：'未闻巢由买山而隐。'"后世即"买山"喻指贤士的归隐。三、四句的意思是，沃洲山是时人熟知的名山福地，已经深染俗尘，上人要买地隐居修行，当去凡俗莫识的清静之地。诗人曾经宦海沉浮，几度遭诬被贬，写此诗为上人送行，自己也大有远离尘世隐居之意。

"孤云将野鹤"一句极好，既切合上人清高出尘的身份，又以"将"字点题，见出送别之意。

诗的品赏知识

送别诗

古时候由于生产力低下，交通不便，通信极不发达，亲人朋友之间一旦分手，何日方能重逢难以预料，短则数载难以相见，长则几十年音讯全无，有的甚至一别即成永决，再也不可能见面，所以古人特别看重离别。而在离别之际，人们往往会郑重地设酒饯别、折柳相送，有时还要吟诗话别。抒发诗人离别之情的诗歌，就是送别诗。

送别诗中的题目中往往有"送、别、赠"等字眼，内容则涵盖了亲人之别、夫妻之别、情人之别、友人之别、同僚之别，甚至包括匆匆过客之别。诗中常见的意象有酒、柳、秋、夕阳、长亭等。送别诗常用直抒胸臆或借景抒情的艺术手法，或豪放旷达，或委婉含蓄。

如《送上人》写离别时并没有着重写依依不舍的情形，而是寄寓了诗人自己在贬谪后的失望之情和归隐之意。

秋日登吴公台上寺远眺

◎刘长卿

古台摇落后①，秋日望乡心。

野寺人来少，云峰水隔深。

夕阳依旧垒②，寒磬满空林。

惆怅南朝事③，长江独至今。

【译文】

　　草木凋零，我登上吴公台，环顾秋景，勾起我思乡之心。偏僻的寺院，来的人很少，隔水而望，云峰更显幽深。夕阳依傍着吴公弩台，清冷的磬声回响在空荡山林。想起南朝往事，不禁满怀惆怅，唯独浩浩长江，奔流至今。

【注释】

① 摇落：零落。② 旧垒：指吴公台。③ 南朝：指在金陵（今南京）建都的宋、齐、梁、陈四朝。

【赏析】

　　昔日兵戈相争的弩台如今已为荒野的寺庙代替，草木凋零，人迹罕至，远处山峦笼罩在云雾之中，夕阳依着旧日的堡垒，寺院的钟磬声在空林中回荡，一片荒凉苍茫。诗人不禁感慨南朝多少兴废，多少人事沧桑，到头来空留下个依稀难辨的故迹，只有那滚滚长江水依旧奔流至今。

　　诗的前六句很好地描绘了古台、野寺、云峰、旧垒、寒磬等一派寥落、荒凉而幽静的景象，让人即景生情，心绪苍茫，展开抚今追昔的遐想和喟叹。诗句淡淡写来，使人读之如处在诗人笔下所描摹的空明萧瑟的境界中，胸中自有万古吐呐翻腾。

送李中丞归汉阳别业

◎刘长卿

流落征南将，曾驱十万师。
罢归无旧业①，老去恋明时②。
独立三边静③，轻生一剑知④。
茫茫江汉上，日暮欲何之⑤。

【译文】

　　你是流落的征南将军，曾率领过数十万军队。罢官归来后，没有什么田产，年老了，还留恋过往的清平盛世。独自镇守三边疆土，曾经出生入死只有宝剑深知。面对着这浩荡江水，垂暮之年，你要去哪里？

【注释】

① 罢归：罢官而归。无旧业：意谓家乡没有产业。② 明时：清明的时代。③ 三边：幽、并、凉三州，此处泛指边疆地带。④ 轻生：不畏死亡。⑤ 何之：去向何处。

【赏析】

　　李中丞是一位退职的武将，他曾经指挥过千军万马，纵横沙场南征北战，独自威镇边疆，使边境安定，不畏死亡一剑横行。然而这样一位当年雄姿英发的将军现今怎样呢？他被罢官归家，而家中没有什么产业维持生计，暮年流落在江湖间，茫然不知该到何处去。

　　全诗四十个字中，既见李中丞早年驰骋沙场的威武勇猛，又见他暮年的流落失意，往昔的辉煌和今日的落寞交织在一起，形成强烈的对比和嗟伤。诗人没对李中丞的不平遭遇直接发出议论，却在"茫茫江汉上，日暮欲何之"的一问中包含了无限的同情与感慨。

饯别王十一南游

◎刘长卿

望君烟水阔，挥手泪沾巾。

飞鸟没何处^①，青山空向人。

长江一帆远，落日五湖春^②。

谁见汀洲上^③，相思愁白蘋^④。

【译文】

　　遥望你，却只见烟水浩荡，我不停挥手，泪珠沾湿丝巾。你像鸟儿飞走，不知会消失在哪儿，只留下青山，面对我们。江水浩荡，小船渐行渐远，去欣赏夕阳下的五湖春色。谁看见，我在汀州徘徊，心中充满愁情，凝望白蘋。

【注释】

① 没：消失。② 五湖：此指太湖。③ 汀洲：水中陆地。④ 白蘋（pín）：水草名。

【赏析】

　　朋友即将南游，诗人便送别赠诗。

　　首联写朋友在茫茫的烟水中行舟远去，诗人挥手作别，落泪沾巾，依依之情跃然纸上。诗人通过"望"、"挥手"、"泪沾巾"这一系列动作，渲染了送别时的心情，笔墨凝炼，构思巧妙。颔联以飞鸟比兴，写友人南游行踪不定，眼前只有青山空对，愁思绵绵，不绝如缕。暗含着对友人的关切。一个"空"字，不仅活灵活现地刻画出诗人远望朋友渐行渐远直至身影完全消失的情景，还表明了诗人此时空虚寂寞的心境。颈联写友人一叶风帆沿长江远去，消失在尽头，虽然眼睛是看不到了，但诗人的心却一路追随着友人远去，想象他已经抵达五湖，正在观赏春色。尾联又回到了送别的现实场景，写眷怀友人徘徊汀州，愁对白蘋，情景交融，首尾相应。

　　虽然是抒发离情别绪，但全诗并无"别离"二字，只写飞鸟青山，江帆落日，汀州白蘋等饯别时的风光，再加上"没"、"空"、"远"几个字，满腔离情完全化入景中，达到情景交融的境地。

寻南溪常山道人隐居

◎刘长卿

一路经行处，莓苔见屐痕①。

白云依静渚②，春草闭闲门。

过雨看松色③，随山到水源。

溪花与禅意，相对亦忘言。

【注释】

① 莓苔：苔藓。屐（jī）痕：木屐留下的痕迹。唐人游赏时多着木屐。②渚（zhǔ）：水中的小洲。③ 过雨：雨后。

【译文】

为了寻访常道士，我一路走过，莓苔上面留下了我的足迹。白云依傍着静静的小洲，芳草遮蔽了清净的柴门。雨过天晴，欣赏松柏的翠色，沿着山势，漫步到溪流的发源之处。溪边花朵摇曳，已领悟其中禅意，彼此会意，相对却忘记说什么了。

【赏析】

一般上门寻人而不遇，难免会有懊恼失望之情，然而在这首诗中，寻隐者不遇，却得到别的情趣，领悟到"禅意"之妙处。

诗人不为事而来寻访常道士，故一路行来，心情闲适放松，只管不紧不慢地边走边欣赏沿途的风景。见雨后青苔上留下木屐的痕迹，白云依恋在静水汀洲上方。渚是"静"的，白云、芳草也是静静的；门"闲"，来访者心境也"闲"，一切都显得恬静清闲，不见丝毫纷扰，营造了一种淡逸而静穆的氛围。

到隐士的居处，芳草鲜美而空门紧闭。诗人乘兴继续看雨后的青松色，绕山探寻水源，见到溪边野花自在开放，领悟到无为的禅理。诗人在对自然景物的观照中，悄然融入了自身平静闲适的心绪，而访人不遇的怅然，也被这清幽的环境及"禅意"所冲化，渐趋恬然。

在这首诗中，人和山水相对意会忘言，在精神上达到契合，诗人乘兴而来兴尽而返的惬意自得的感受也融入了"忘言"之中，既富有悠远的诗味，又寓有意蕴丰富的哲理。

新年作

◎刘长卿

乡心新岁切，天畔独潸然①。
老至居人下②，春归在客先。
岭猿同旦暮，江柳共风烟。
已似长沙傅③，从今又几年？

【注释】

① 天畔：天涯。潸然：流泪的样子。②"老至"两句：意谓老来客居人下，如今春又回归自己却不得回归。客，诗人自指。③ 长沙傅：西汉贾谊曾被贬为长沙王太傅。此处借以自喻。

【译文】

新年时，思乡之心更加迫切，漂泊天涯，只能独自潸然泪下。年纪老大了，还寄人篱下，连春天都比我更早归来。在岭上，只能早晚与猿作伴；或与江边杨柳，共赏风烟。我就像长沙王太傅贾谊，不知回家还要再等几年！

【赏析】

新年，本该是一家人团圆快乐的时候，而诗人却从苏州被贬至潘州南巴尉（今广东省茂名市），远在天涯异乡。受冤被贬，从富饶的江南鱼米之乡迁至荒僻的边地，又是孤身一人，与故乡的亲人相隔万里。在这样的新春佳节里，诗人自然百感交集。

诗歌一开头就直抒怀乡之心在新年时更加迫切，难以抑制，于是独自在天涯潸然泪下，与王维的"每逢佳节倍思亲"有异曲同工之妙。

"老至居人下，春归在客先"为沉痛至极之语。一般情况下，老年本应是儿孙绕膝、安享天伦之福的时候，但诗人却因受诽谤获罪而被贬谪，至今远离故乡而作客他乡，连春天都先在他之前归回。这一句化用薛道衡《人日思归》中的"人归落雁后，思发在花前"句，又在前人单纯的思乡之情中融入了仕宦身世之感，抒写的感情更加深厚。

在异乡，只能整日与岭猿、江柳相伴相处，孤独的境况在这新春佳节之际更增诗人的悲伤惆怅。猿蹄声凄厉，故"猿啼"在古诗中象征着哀伤。而江柳不仅没有增添几分生机和新意，这风烟迷蒙之景反而在诗人心头笼上了一层厚厚的愁雾。

自己好比当年的贾谊吧，从今又得几年才能回家呢？全诗在没有答案的问句中结束，而无尽的孤寂、悲切、怀乡、不平，却还在言外飘荡不去。

江州重别
薛六柳八二员外

◎刘长卿

生涯岂料承优诏①，世事空知学醉歌②。
江上月明胡雁过③，淮南木落楚山多。
寄身且喜沧洲近④，顾影无如白发何⑤。
今日龙钟人共老，愧君犹遣慎风波⑥。

【注释】

① 承优诏：得到朝廷恩遇的诏书。② 空知：徒知。③ 胡雁：北来的大雁。④ 沧洲：滨海之地。⑤ 顾影：看着自己的影子。无如：无奈。⑥ "愧君"句：意谓承蒙你还总是告诫我当心风波。

【译文】

生平哪能预料，会收到升迁的诏书。徒然通晓世事，却只能学醉酒纵歌。江上月光明朗，有鸿雁飞过；淮南树叶凋落，楚地的山峦众多。寄身异乡，可喜的是离海较近，看镜中自己，白发斑斑无可奈何。如今，我们都已显龙钟老态，惭愧啊，谢谢你仍告诫我要小心风波。

【赏析】

刘长卿遭际坎坷，一生中两次遭贬。这首诗是他第二次贬往潘州南巴尉（今广东省茂名市）经过江州（今江西省九江市）与两位友人话别时所写。

诗人明明是遭到贬谪，诗歌却说"承优诏"，这是正话反说，抒发了诗人胸中的不平之气。

领联写江州的秋景，月明雁过，落叶纷纷，有不胜凄凉惆怅之感。"楚山多"三个字最为传神：树叶凋零，整个山头都显得光秃秃的，这才见出山之"多"，不由让人想到现在早已不是春夏葱葱郁郁的繁茂景色，只余下一片凄清萧瑟。

但诗人却强作欢颜，明明是老态龙钟，白发丛生，顾影自怜，无可奈何，却说"寄身且喜沧洲近"，努力想从萧瑟中振起，将凄凉伤心掩饰住，委婉地发抒不满情绪。

结尾叙送别的二员外殷切叮嘱他留意风波险恶，是因为挚友深知他脾气耿直，担心他因此而遭受更多的不测，表现了朋友间的真挚情谊。

全诗虽感叹身世，抒发悲愤不平，却怨而不直露，但从"学醉歌"、"且喜沧州近"、"慎风波"中可见他对宦途风波早已看穿，其深沉凄楚之情溢于言表。

长沙过贾谊宅

◎刘长卿

三年谪宦此栖迟①，万古惟留楚客悲②。
秋草独寻人去后，寒林空见日斜时。
汉文有道恩犹薄③，湘水无情吊岂知④。
寂寂江山摇落处，怜君何事到天涯！

【注释】

①谪宦：贬官。西汉贾谊曾被贬往长沙三年。
②楚客：指羁泊楚地之人。③"汉文"句：意谓汉文帝是有道的明君，但终是不能重用贾谊。④"湘水"句：贾谊往长沙渡湘水时曾作赋吊屈原。

【译文】

贾谊被贬官在此虽只三年，却永远留下了楚地作客之人的悲伤。我在秋草中寻找已逝之人的遗迹，却只见山林冷寂，披着落日余晖。汉文帝虽是明君，但恩情仍然太薄；湘水无情，怎知你凭吊时的伤心。这江山冷清、草木纷落的地方，你究竟为什么被贬至此？

【赏析】

此诗似是作者赴潘州（今广东茂名市）贬所，路过长沙，凭吊贾谊故宅时所作。西汉贾谊为一代英才，生当明时圣君，却因受排挤不得重用，被贬长沙三年，抑郁而死，年仅三十三岁。刘长卿在昏庸的代宗统治下，被贬途中见到贾谊故宅的情景，难免勾起一片心酸，落得"万古"留悲。古宅萧条冷落的景色，"秋草"、"寒林"、"人去"、"日斜"，一派黯然气象。贾谊当年不得意而凭吊屈原，湘水无知，如今自己不得志又凭吊贾谊。故尾联故作设问，曲折写一"怜"字，既是怜贾谊的非罪远谪天涯，又是自怜。全诗虽是吊古，实在伤今，运用典故无痕迹，语言含蓄蕴藉，感情哀楚动人。

自夏口至鹦鹉洲夕望岳阳寄元中丞

◎刘长卿

汀洲无浪复无烟①，楚客相思益渺然②。
汉口夕阳斜渡鸟③，洞庭秋水远连天。
孤城背岭寒吹角④，独树临江夜泊船。
贾谊上书忧汉室，长沙谪去古今怜。

【注释】

① 汀洲：水中小洲，指鹦鹉洲。② 楚客：羁泊于楚地的人。③ 汉口：这里指汉水流入长江处。④ 孤城：指汉阳城。角：号角。

【译文】

　　鹦鹉洲没有风浪，也没有云烟，作客楚地的我，思念中丞心绪渺远。汉口夕阳残照，鸥鸟斜飞；洞庭湖秋水浩瀚，远处连接青天。孤城后的山岭，传来凄寒的号角声；孤树对着江面，夜晚有船靠在那儿。贾谊多次上书，是在忧心汉室，却被谪贬到长沙，古今谁不哀怜！

【赏析】

　　诗人被贬途中由夏口（今湖北武汉）到鹦鹉洲，抚景感怀，借怜贾谊贬谪长沙，以喻自己遭贬谪之事，诗意与前一首《长江过贾谊宅》相同。

　　全诗前六句以写景为主，汀洲无浪无烟，诗人思绪渺然。夕阳下，归鸟横渡长江，洞庭秋水连天，孤城吹角，独树临江，这是遭贬诗人沿途临江的所见所闻。对着这样无限的苍凉之景，诗人又一次想到贾谊的"长沙谪去古今怜"，用贾谊比元中丞，揭示出向元中丞寄诗的意图，同时也是自况。全诗的主体为写景，但处处切题，以"汀洲"切鹦鹉洲，以"汉口"切夏口，以"孤城"切岳阳，最后即景生情，在离愁别绪中有迁谪的幽愤之心，情调哀婉凄清。

望岳

◎杜甫

岱宗夫如何①？齐鲁青未了。

造化钟神秀②，阴阳割昏晓。

荡胸生层云，决眦入归鸟③。

会当凌绝顶④，一览众山小。

【注释】

① 岱宗：对泰山的尊称。② 钟：赋予，集中。
③ "决眦"句：意指山高鸟小，远望飞鸟，几乎要睁裂眼眶。决，裂开。眦，（zì），眼眶。④ 会当：终当。

【译文】

　　泰山到底怎么样？在齐鲁大地上，那青翠的山色没有尽头。大自然把神奇秀丽的景色都汇聚在泰山，山南和山北的天色被分割为一明一暗两部分。山中的浮云一层层地生发出来，心胸因此得到洗涤；薄暮时分，归巢的山鸟正远远地从高空掠过，只有睁大眼睛才能看得清楚。一定要登上泰山最高峰，俯首一览，众山匍匐在山脚下是那么渺小。

【赏析】

　　玄宗开元二十三年（735），杜甫到洛阳应进士考试落第，于是北游齐、赵（今河南、河北、山东等地）一带。这首诗就是在漫游途中所作。《望岳》共有三首，分咏东岳泰山、南岳衡山、西岳华山。这一首是望东岳泰山。

　　诗题为"望岳"，全诗却没有一个"望"字，但句句写近泰山而望的感受，描绘出一幅苍茫开阔的"泰山图"。全诗以"齐鲁青未了"首先勾画出泰山横亘数千里那磅礴雄阔的气势和苍翠葱郁

的景色，之后再写近望所见泰山的高大之势，第五、六句则是细望泰山所见之景，末尾两句写由望岳而产生"会当凌绝顶，一览众山小"的意愿。全诗层次分明，气骨峥嵘，体势雄浑，是写泰山的"绝唱"，至今仍能引起人们强烈的共鸣。清代浦起龙在《杜诗心解》中评价此诗为杜诗之首，说"杜子心胸气魄，于斯可观。取为压卷，屹然作镇"。

⊙作者简介⊙

　　杜甫（712—770），字子美，自称"少陵野老"。原籍湖北襄阳，后迁居河南巩县。诗人杜审言之孙。年轻时应进士举，不第，漫游各地，后客居长安十年。安史之乱中投奔唐肃宗，授左拾遗。后弃官入蜀，定居成都浣花溪草堂。一度在剑南节度使严武幕中任参谋，表为检校工部员外郎，故世称"杜工部"。严武死后携家出蜀，漂泊江南，病死于途中。其诗以古体、律诗见长，展现了唐代由盛而衰的历史过程，被称为"诗史"，是我国最伟大的诗人之一，与李白齐名，并称"李杜"。有《杜工部集》。

饮中八仙歌

◎杜甫

知章骑马似乘船①，眼花落井水底眠。
汝阳三斗始朝天②，道逢曲车口流涎③，
恨不移封向酒泉④。左相日兴费万钱⑤，
饮如长鲸吸百川⑥，衔杯乐圣称避贤。
宗之潇洒美少年⑦，举觞白眼望青天⑧，
皎如玉树临风前⑨。苏晋长斋绣佛前⑩，
醉中往往爱逃禅⑪。李白一斗诗百篇⑫，
长安市上酒家眠，天子呼来不上船，
自称臣是酒中仙。张旭三杯草圣传⑬，
脱帽露顶王公前⑭，挥毫落纸如云烟。
焦遂五斗方卓然⑮，高谈雄辩惊四筵。

【译文】

知章酒醉后骑在马上像是在乘船，醉眼昏花掉落井中，就在水底睡眠。汝阳王李琎饮了三斗酒才去朝见天子，路上碰见载酒车仍是馋口流涎，恨不能把封地移到酒泉。左相每日花费万钱以尽酒兴，畅饮有如长鲸吞吸百川之水，衔着酒杯乐饮清酒称罢相是为贤人让路。宗之是个潇洒的美少年，举杯饮酒时，翻着白眼望青天，皎皎如玉树临风。苏晋长在佛祖绣像前持斋念经，酒醉之后就把佛门戒律丢到一边。李白饮一斗酒就能立即赋诗百篇，常常醉眠于长安街市的酒肆，天子呼他上船作诗他不情愿，自称是酒中的活神仙。张旭流传着"三杯草圣"的美名，在王公贵戚面前脱帽露顶，挥毫疾书，有如云烟落在纸张上。焦遂五斗酒下肚后方才神采焕发，高谈雄辩震惊四座。

【注释】

① 知章：即贺知章，越州永兴(今浙江萧山)人，官至秘书监。② 汝阳：汝阳王李琎，唐玄宗的侄子。朝天：朝见天子。此谓李琎痛饮后才入朝。③ 曲车：酒车。④ 移封：改换封地。酒泉：郡名，在今甘肃酒泉县。传说郡城下有泉，味如酒，故名酒泉。⑤ 左相：指左丞相李适之。⑥ 长鲸：鲸鱼。⑦ 宗之：崔宗之，吏部尚书崔日用之子，袭父封为齐国公，官至侍御史，也是李白的朋友。⑧ 觞：大酒杯。⑨ 玉树临风：崔宗之风姿秀美，故以玉树为喻。⑩ 苏晋：开元间进士，曾为户部和吏部侍郎。长斋：长期斋戒。绣佛：画的佛像。⑪ 逃禅：这里指不守佛门戒律。⑫ 李白：以豪饮闻名，且文思敏捷，常以酒助诗兴。⑬ 张旭：吴人，唐代著名书法家，善草书，时人称为"草圣"。⑭ 脱帽露顶：据说张旭每当大醉，常呼叫奔走，索笔挥洒，甚至以头濡墨而书。醒后自视手迹，以为神异，不可复得。世称"张颠"。⑮ 焦遂：布衣之士，事迹不详。卓然：神采焕发的样子。

【赏析】

　　这首诗大约是天宝五载（746）杜甫初到长安时所作。史称李白与贺知章、李适之、李琎、崔宗之、苏晋、张旭、焦遂八人俱善饮，称为"酒中八仙人"。本诗用诙谐幽默的语言将他们的特点生动传神地刻画了出来。此诗最为后人称道的是其艺术上的独创性。此诗如一串珠链，八个人物为八颗闪烁着璀璨光芒的珍珠。每个人物自成一章，主次分明；每个人性格上既有相似之处，又有各自的特点，多样而统一。

兵车行

◎杜甫

车辚辚①，马萧萧②，行人弓箭各在腰。耶娘妻子走相送③，尘埃不见咸阳桥。牵衣顿足拦道哭，哭声直上干云霄④。道旁过者问行人，行人但云点行频⑤。或从十五北防河⑥，便至四十西营田⑦。去时里正与裹头⑧，归来头白还戍边。边庭流血成海水，武皇开边意未已⑨。君不闻汉家山东二百州，千村万落生荆杞⑩。纵有健妇把锄犁，禾生陇亩无东西⑪。况复秦兵耐苦战⑫，被驱不异犬与鸡。长者虽有问，役夫敢申恨⑬？且如今年冬，未休关西卒。县官急索租，租税从何出？信知生男恶，反是生女好。生女犹得嫁比邻，生男埋没随百草！君不见青海头，古来白骨无人收。新鬼烦冤旧鬼哭，天阴雨湿声啾啾。

【注释】

① 辚辚(lín)：车行时发出的咯咯的声音。② 萧萧：形容马的嘶鸣声。③ 妻子：妻子和儿女。④ 干：犯，冲。⑤ 点行：按丁口册强制点征入伍。⑥ 北防河：黄河以北设防。⑦ 营田：即屯田，士兵们不作战时垦荒种田。⑧ 里正：即里长，管理户口、赋役等事。与裹头：替被征者裹头巾。因应征者年龄尚小，所以由里正替他裹头。⑨ 武皇：汉武帝，他在历史上以开疆扩土著称。此处喻唐玄宗。⑩ 荆杞：即荆棘。⑪ 无东西：指庄稼长得不成行列。⑫ 秦兵：来自秦地的兵士。⑬ 役夫：被征集的士兵。

【译文】

兵车辚辚作响，战马萧萧嘶鸣，出征兵士的弓箭都系在腰间。爹娘妻儿都赶来相送，尘埃滚滚，淹没咸阳桥。亲人们牵着衣边，跺着双脚，拦道哭泣，哭声凄惨，直冲九天。过路的人向征夫打听，征人只说年年频繁点兵。有的人十五岁就去北方戍守防河，到四十岁又编入军营去西北屯田。当年去的时候，里正为他缠头巾，归来时，头发已白，还要再去戍边。边境上尸骨成山血流如海，皇帝开疆拓土的雄心，还未改变。你难道没听说，关东的二百州，村里荒草和荆杞都连成片。纵然有健壮的农妇在田间耕作，庄稼也长得陇亩混乱东西不辨。关东士兵吃苦又耐战，如今被调来遣去，还不如鸡犬。要不是你老人家问起这些，役夫我哪里敢倾吐怨言。就说今年已到了冬天，关西兵士却没有人能回家休息。官府急切地向百姓索要租税，可没有人耕种，租税从哪里征集？早知道生男孩会带来许多麻烦，倒不如生个女孩比较好保平安。生女孩，还能嫁给咱乡里的近邻；生男孩，却会战死埋没在荒草边。你难道没听说，就在那青海岸，自古以来白骨都无人收敛。新死的冤魂不散，旧鬼仍旧哭泣，天阴下雨哀声啾啾，让人肠断。

【赏析】

天宝以后，唐王朝统治者连年对西北、西南少数民族发动战争，给人民造成了巨大的灾难。对此，钱谦益描述道："天宝十载，鲜于仲通讨南诏蛮，士卒死者六万。杨国忠掩其败状，反以捷闻。制大募两京及河南、北兵，以击南诏。人闻云南瘴疠，士卒未战而死者十八九，莫肯应募。杨国忠遣御史

分道捕人，连枷送诣军所。于是行者愁怨，父母妻子送之，所在哭声振野。"(《钱注杜诗》)

　　杜甫学习汉乐府民歌"感于哀乐，缘事而发"的现实主义精神，自创新题以讽刺时世。他在诗中写出他在咸阳桥畔亲眼所见亲耳所闻的情形，并假托与征夫的问答，深刻地反映了唐玄宗穷兵黩武发动开边战争给人民带来的苦难。

　　篇首写行色匆匆的出征送别，兵车隆隆，战马嘶鸣，尘烟滚滚，千万人嚎啕大哭之声汇聚成震天的巨响在云际回荡。这段蓦然而起的描写展现了一幅亲人被抓兵出征、眷属们奔走相送的震人心弦的图画，其中"牵衣顿足拦道哭"一句抓住细节刻画，连续用四个动作，把送行者那种眷恋、悲怆、愤恨、绝望的动作神态，表现得细腻入微。

　　"点行频"中的"点"字，是征、抽之意；"行"，是古代军制，二十五人为一行，所以把军队出身的叫"出身行伍"。"点行"就是征兵抽丁，"点行频"就是频繁地征兵抽兵抽丁。之所以会出现这种情况，与唐代的兵役制度有关。

　　本来，唐初因袭隋朝，实行府兵制。每三年或六年从军府州二十岁到六十岁的成年壮丁中征发，一旦确定军名，即成为府兵，隶属于折冲府，定期上番服役，冬季农闲参加军事训练。因为府兵服役还要自备衣粮，轮番服役更代也多不按时，家里又不免征徭，士兵很多逃亡，军队的战斗力越来越弱。

　　开元十一年，唐王朝废弃了府兵轮番卫戍首都的制度，召募强壮兵丁十二万人，免其征镇赋役，长期驻守长安。开元二十五年，朝廷又召募壮丁，长期戍守边疆。此后，卫士不再简补，中央禁卫军和边镇国防军全由召募而来的雇佣兵组成。至天宝年间，府兵制已名存实亡，而以募兵代替。

　　但由于统治者好大喜功，年年用兵，人民厌战，募而不应，甚至以"折臂"来逃避兵役，官府就强行拉捕。安史之乱爆发后，唐王朝四处抽丁捕勇，补充兵力。"点行频"也正是"战争频"的时代产物。

　　以下写"点行频"，是全篇的"诗眼"。朝廷频繁地征兵开边，边庭流血成海，妇女在家代耕，田园荒废，荆棘横生，而县官催租急迫，点出统治者开边之非。

　　末以惨语结，悲惨哀怨的鬼泣和开头那种惊天动地的人哭，形成强烈的对照。诗人心情沉重，笔调哀痛，寓情于叙事之中，随着句型、韵脚不断变化，三、五、七言错杂运用，充分展现了他悲愤难遏、焦虑不安的心情，也让读者为之潸然泪下。

　　诗中多处使用顶真的修辞手法，使音调和谐动听。诗歌还运用了对话的方式以及部分口语，使读者有身临其境的真切感。《唐宋诗醇》云："此体创自老杜，讽刺时事而托为征夫问答之词。言之者无罪，闻之者足以为戒，《小雅》遗音也。"

春日忆李白

◎杜甫

白也诗无敌，飘然思不群。清新庾开府①，俊逸鲍参军②。

渭北春天树③，江东日暮云④。何时一樽酒，重与细论文⑤。

【注释】

①庾开府：指庾信。在北周官至骠骑大将军、开府仪同三司（司马、司徒、司空），世称庾开府。②鲍参军：指鲍照。南朝宋时任荆州前军参军，世称鲍参军。③渭北：渭水北岸，借指长安一带，当时杜甫在此地。④江东：指今江苏省南部和浙江省北部一带，当时李白在此地。⑤论文：即论诗。六朝以来，通称诗为文。

【译文】

李白的诗作天下无人能敌，高超的才思远远超出一般人。诗风清新有如北朝的庾信，气度俊逸好似南朝的鲍照。渭北此刻已经是春树葱郁，身在江东的你正远望那日暮薄云。哪天才能摆上一杯酒，我们再一起细细品论诗歌文章。

【赏析】

杜甫和李白可谓唐代的双子星座，他们因诗文而结识。天宝五载（746），李白因为触犯权贵而被罢官，前往江东一带漫游，杜甫客居长安，怀念这位令他敬重的诗友，写下这首诗。

杜甫本身就是一个大诗人，因此他更能欣赏到李白飘逸不凡、冠绝当代的诗才，故全诗主要从这方面来落笔。开头四句，一气贯注，高度评价了李白的诗歌天下无敌，其诗的清新、俊逸有如南北朝时的著名诗人庾信、鲍照。这样忆其人而忆及其诗，赞诗亦即忆人。第三联两句写两人各自所在地的景色，自然见出深重的离情别恨。诗人对李白的人和诗都十分倾慕怀念，故末联为热切的盼望：什么时候才能再次欢聚，像过去那样，把酒论诗啊！全诗在问句中结束，令人读完后，心中犹自回荡着作者绵绵的思念之情。

前出塞九首（其六）

◎杜甫

挽弓当挽强①，用箭当用长②。
射人先射马，擒贼先擒王③。
杀人亦有限④，列国自有疆⑤。
苟能制侵陵⑥，岂在多杀伤⑦！

【注释】

① 挽弓：拉弓。强：指坚硬的弓。拉这种弓要用很大力气，但射的远。② 长：长的箭。③ 擒：捉拿。④ 亦有限：也应该有个限度。⑤ 列：分立，建立。疆：边界，领土。⑥ 苟：如果。制侵陵：制止侵略。制，制止。侵，侵犯。陵，这里同"凌"，欺侮的意思。⑦ 岂：难道。

【译文】

　　拉弓应当拉强弓，用箭应当用长箭。射人先射他所骑的马，擒贼先擒贼的首领。杀人也要有个限度，各国都有自己的疆域。如能制止侵略欺凌，何须过多地杀伤他们。

【赏析】

　　这是一首讽谏诗，为千古传诵的名篇。

　　诗人写过两组出塞诗，先写了《出塞》九首，后又写《出塞》五首；加"前"、"后"以示区别。《前出塞》是写天宝末年哥舒翰征伐吐蕃的事，意在讽刺唐玄宗的开边黩武。

　　此诗说理性很强，采用先扬后抑的手法，前四句写如何用兵；后四句则劝诫统治者节制武功，力避杀伐。

　　前四句以排句出之，两个"当"和两个"先"，指出了作战步骤的关键所在，强调部伍要强悍，士气要高昂，对敌时要讲求方略，既要勇敢，也要机智。看似对战斗经验如数家珍，实际它并非作品的主旨所在，只是下文的衬笔。

　　在后四句中，诗人慷慨陈词，直抒胸臆，道出了赴边作战的最终目的：训练强兵只是为了戍守边疆，赴边更不是为了杀伐；应当以"制侵陵"为限度，决不可穷兵黩武、妄动干戈。这种以战去战、以强兵制止侵略的思想，才是恢宏正论、安边良策，可谓是振聋发聩。

　　唐诗中以议论见长的诗不多，而此诗好评不断，则是因为其气势磅礴，富有哲理且有正气贯之，传递了一份传统士子的忧国忧民情怀。

丽人行

◎杜甫

　　三月三日天气新①，长安水边多丽人。态浓意远淑且真②，肌理细腻骨肉匀③。绣罗衣裳照暮春，蹙金孔雀银麒麟④。头上何所有？翠为匌叶垂鬓唇⑤。背后何所见？珠压腰衱稳称身⑥。就中云幕椒房亲⑦，赐名大国虢与秦⑧。紫驼之峰出翠釜⑨，水精之盘行素鳞⑩。犀箸厌饫久未下⑪，鸾刀缕切空纷纶⑫。黄门飞鞚不动尘⑬，御厨络绎送八珍⑭。箫鼓哀吟感鬼神，宾从杂遝实要津⑮。后来鞍马何逡巡⑯，当轩下马入锦茵⑰。杨花雪落覆白苹，青鸟飞去衔红巾⑱。炙手可热势绝伦，慎莫近前丞相嗔⑲。

【注释】

①三月三日：上巳节。古人常于这一天来到水边祭祀以求祛除不祥，后来逐渐变成春游欢宴的节日。②淑且真：优雅而自然。③骨肉匀：指体态匀称。④蹙（cù）：此指刺绣。⑤翠为：一种翠鸟的羽毛。匌（gē）叶：一种首饰。⑥腰衱（jié）：裙带。⑦云幕：画着云彩的帐幕。椒房亲：指杨贵妃的家族。⑧虢（guó）与秦：杨贵妃的两个姐姐被封为虢国夫人和秦国夫人。⑨紫驼之峰：驼峰上的肉。釜：锅。⑩水精之盘：水晶盘。素鳞：洁白的鱼。⑪犀箸：犀牛角做的筷子。厌饫（yù）：因饱而厌食。⑫鸾刀：带有铃铛的刀。缕切：切丝。空纷纶：指厨人们空忙了一番。⑬黄门：宦官的通称。鞚（kòng）：马缰绳。不动尘：喻马跑得轻快。⑭八珍：泛指各种珍贵菜肴。⑮杂遝（tà）：纷杂。要津：要职。⑯后来鞍马：指杨国忠。逡巡：形容左顾右盼、甚是得意的样子。⑰锦茵：锦绣地毯。⑱青鸟：传说中的神鸟，为西王母的使者。红巾：红帕。以上两句实是暗指虢国夫人与杨国忠之间的暧昧关系。⑲丞相：指杨国忠。嗔：发怒，生气。

【译文】

三月三日，天气清新，长安曲江边，有几个美人。她们浓妆精致，神情悠闲，美丽纯真，肌肤细腻光洁，身材匀称。绣罗衣裳鲜艳，映衬着晚春，上面还绣着金孔雀和银麒麟。她们头上戴了什么头饰？薄薄的翡翠叶，垂挂在两鬓。她们后背上又能看到什么？珠宝压住裙腰，既妥贴又合身。她们中，有云幕椒房后妃的至亲，皇上亲封为虢国夫人和秦国夫人。翡翠蒸锅，端出美味的紫驼峰；水晶托盘，盛着香嫩的白鱼鲜。吃腻了珍馐，犀角筷子许久没动；鸾刀细切，白白地忙活了一阵。黄门骑马奔来，不扬灰尘，御膳房络绎送出海味山珍。箫鼓声悲，能感动鬼神，宾客随从纷杂，都是达官要人。最后骑马来的人，多么自得，到窗轩才下马，踏着地毯进门。杨花似雪，覆盖浮萍变白，青鸟飞来传信，嘴里衔着红巾。炙手可热，气势天下绝伦，小心啊，不要近前，以防丞相怒嗔。

【赏析】

天宝年间，唐玄宗宠幸杨贵妃，整个杨氏家族因此而飞黄腾达。其兄杨国忠被封为右丞相，姐妹亦被封为韩国夫人、虢国夫人、秦国夫人。

杜甫这首诗作于天宝十二载（753）的春天，也就是"安史之乱"爆发前（755），借描写杨氏姐妹的奢侈铺排和杨国忠的声势煊赫、气焰嚣张，曲折地反映出当时君王的昏庸和朝政的腐败，讽刺和鞭挞了杨氏兄妹的骄横。

开首十句描绘出一幅曲江边丽人春游图，她们容貌娇艳，意态娴雅，体态优美，衣着华丽。诗人用工笔彩绘仕女图的画法作讽刺画，正是本诗的一大特色。

"就中"十句，具体写出丽人中虢、秦、二人，她们的肴馔精美丰盛，却厌饫久未下箸，箫管悠扬，趋附的宾从很多，有着豪华的排场。内廷太监飞马而来，却路不动尘，如此规矩真不愧是皇家气派。那么，皇帝这样络绎不绝地遣人前来，到底所为何事？原来这些人只是奉旨从御膳房为这些丽人们添菜助兴，可见唐玄宗的体贴与多情。只可惜，他越是体贴，就越显出他身为一国之君的昏庸。

"后来"六句，写杨国忠意气骄恣，势焰熏天，将他和杨氏姊妹间的无耻丑态刻画得淋漓尽致。

全诗采取了像《陌上桑》这种乐府民歌常用的正面咏叹方式，用严肃认真的态度和细腻精致的笔触，描摹刻画了杨氏兄妹的穷奢极欲，语极铺排，富丽华美中蕴含清刚之气。虽全然不见一句直接讽刺的语辞，但在维妙维肖的描摹中，不难看出诗人强烈的厌恶和讥讽之意。

清人浦起龙在《读杜甫心解》中评《丽人行》说："无一刺讥语，描摹处，语语刺讥；无一慨叹声，点逗处，声声慨叹。"

贫交行

◎杜甫

翻手为云覆手雨①，纷纷轻薄何须数。

君不见管鲍贫时交②，此道今人弃如土③。

【注释】

① 覆：颠倒。② 管鲍：指管仲和鲍叔牙。管仲早年与鲍叔牙相处很好，管仲贫困，也欺负过鲍叔牙，但鲍叔牙却始终善待管仲。现在人们常用"管鲍"来比喻情谊深厚的朋友。③ 弃：抛弃。

【译文】

翻手为云覆手为雨，众多的轻薄之交何须去一一数点。君不见管仲和鲍叔牙不因贫富而异的交情，这种交友之道被现在的人弃之如土。

【赏析】

古歌说："采葵莫伤根，伤根葵不生。结交莫羞贫，羞贫友不成。"富贵时的交游未必可靠，贫贱方能见真交，所以"贫交行"就是描写贫贱之交的诗歌，本诗讽刺当世交友之道。

当世世风浅薄，今人之交皆势利之交，人得意时众人如云一般趋附，失意后则如雨一般纷纷散去，趋合离散就在一翻手、一覆手之间，古人那种贫富不移的交友之道已经被今人挥手扬弃了。诗人对现实之黑暗真是愤慨至极，全诗虽然只有四句，但恨意不绝，充分地将诗人对于假、丑、恶的憎恶表达了出来。

首句为千古名句，语言极富创造性，将小人之交那种变化无常形象地刻画了出来。本诗还将古人今人进行对比，揭露出今人之交的丑恶。

月夜

◎杜甫

今夜鄜州月①，闺中只独看②。
遥怜小儿女③，未解忆长安④。
香雾云鬟湿⑤，清辉玉臂寒。
何时倚虚幌⑥，双照泪痕干⑦？

【注释】

① 鄜(fū)州：今陕西富县。② 闺中：指妻子。③ 小儿女：尚不懂事的子女。④ 解：懂得。忆长安：思念身在长安的父亲。肃宗至德元载（756），叛军攻陷潼关，杜甫携家眷逃至鄜州，闻肃宗在灵武即位，于是前往效力，途中为叛军所俘，被解回长安。⑤ 香雾：月夜的雾气。⑥ 虚幌：薄纱帐。⑦ 双照：指月光同时照着身处异地夫妻二人。

【译文】

今晚秋月是多么皎洁，你却只能在鄜州的家中独看。料想家中年幼的儿女，还不懂你为何思念长安。雾气浓重，可沾湿你秀发？月光如水，玉臂可觉凉寒？什么时候，才能共倚薄幔，让明月照干那满是泪痕的脸。

【赏析】

安史之乱爆发后，杜甫独自困居在沦陷的长安城中，在月夜思念家人，写下这首情深意切的诗。

此诗构思巧妙，诗人本来望月怀妻，却设想妻子在月下想念自己；本来自己在月下怀念年幼的儿女，却设想天真幼稚的小儿女随着母亲看月还不懂得想念在长安的自己。

诗人只身在外，当然是独自看月。但是妻子身边有儿女陪伴，为什么也是"独看"呢？下一联随即给出了答案：妻子看月，并不是真的在赏月，而是在"忆长安"，但是小儿女不谙世事，自然也不明白人间的离别之恨与相思之情，又哪里会懂得"忆长安"呢。诗人巧妙地用小儿女的"未解忆"来反衬妻子的"忆"，突出了"独"字，情感上又深化了一层。

接下来通过描写妻子独自看月的形象，进一步表现"忆长安"。诗人想象妻子在月下久久伫立徘徊，以至于雾湿云鬟，月寒玉臂。进而盼望聚首相倚，双照团圆。

每当想到妻子夜不能寐的情景时，诗人自己也忍不住伤心落泪，由此激起了对于结束这种痛苦生活的渴望，于是很自然地以表现希望的诗句收束全篇："何时倚虚幌，双照泪痕干？"

这首诗借看月而抒离情，但又不仅仅是一般的夫妻离别之情，而是浸透了天下乱离的悲哀，在"独看"的泪痕里，"双照"的清辉中闪耀着诗人期待四海升平的理想。辞旨婉切，章法紧密，无一字不是从月色中照出，既精丽绝俗，又感人肺腑。

悗陈陶

◎杜甫

孟冬十郡良家子①，血作陈陶泽中水②。
野旷天清无战声，四万义军同日死③。
群胡归来血洗箭④，仍唱胡歌饮都市⑤。
都人回面向北啼⑥，日夜更望官军至。

【注释】

① 孟冬：农历十月。十郡：指秦中各郡。② 陈陶：地名，在长安西北。③ 义军：官军。④ 群胡：指安史叛军。安禄山是奚族人，史思明是突厥人。他们的部下也多为北方少数民族人。⑤ 都市：指长安街市。⑥ 向北啼：这时唐肃宗驻守灵武，在长安之北，故都人向北而啼。

【译文】

　　初冬时节，从十几个郡征来的良家子弟，一战之后鲜血流满了陈陶水泽。晴空下的旷野现在已经没有战斗杀伐之声，四万正义之师在一日之内全部战死。胡兵战罢归来，箭镞上沾满了鲜血，如同用血洗过，他们唱胡歌在长安街市上饮酒作乐。长安百姓转头向灵武方向啼哭，日日夜夜更加盼望官军前来收复国都。

【赏析】

　　唐肃宗至德元载（756）冬，宰相房琯亲自率领唐军跟安史叛军在长安西北的陈陶作战，他采取兵车战术，本想等待时机出击，中人邢廷恩却催促战斗，结果安史叛军采用火攻的办法，致使一夜之间唐军四万人全军覆没，血染陈陶战场，景象惨烈。杜甫这时被困在长安，此诗即为这次战事而作。

　　开首四句写在这场惨败的战役中，十几个郡征来的良家子弟转眼间献血流满了陈陶水泽，战后的原野一片空旷，天地间一片肃穆。诗的第一句就郑重地记录了这场悲剧事件的时间、牺牲者的籍贯和身份，渲染了庄重严肃的气氛。"血作陈陶泽中水"一句则令人痛心，乃至目不忍睹。诗人所感受到的是战罢以后原野显得格外空旷，好像天地也在沉痛哀悼"四万义军同日死"这样一个悲惨的事件。

　　后四句写胡兵的嚣张骄横，他们妄想用血与火将一切都置于自己的铁蹄之下。长安人民向着北方，为四万义军悲伤哭泣，更加渴望官军前来讨平叛乱，收复长安。一"哭"一"望"，加上中间一个"更"字，充分体现了人民的情绪。陈陶之战虽然伤亡惨重，但杜甫着力表现的是一种悲壮之美，它能带给人们力量，鼓舞人民为讨平叛乱而继续斗争。

春望

◎杜甫

国破山河在①，城春草木深②。
感时花溅泪，恨别鸟惊心。
烽火连三月③，家书抵万金④。
白头搔更短⑤，浑欲不胜簪⑥。

【注释】
① 在：依旧。② 草木深：指草木丛生。③ 烽火：战火。连三月：三月不断，指整个春天。④ 抵：值，相当。⑤ 白头：白发。⑥ 浑：简直。不胜簪：插不上发簪。

【译文】

国家破碎，山河仍在，城空人稀，今春荒草深深。感伤国事，看着鲜花也会流泪；离恨深深，听鸟鸣也觉惊心。战争已持续了三个月，音讯难求，一封家书能抵万金。因忧搔头，白发日渐稀短，头发脱落得几乎不能插簪。

【赏析】

唐玄宗天宝十五载（756）七月，安史叛军攻陷了唐朝的都城长安，肃宗在灵武即位，改元至德。杜甫在投奔灵武途中，被叛军俘至长安。因为他官卑职微，所以未被囚禁。于次年（至德二年）三月写下此诗。

诗人目睹长安沦陷后的破败春景，身历乱世心念亲人，不免感慨万端。

诗的前四句写春望所见。起首一句"国破山河在"，写出了国破城荒的凄凉景象，带着物是人非的历史沧桑感，真可谓触目惊心。司马光说："'国破山河在'，明无余物矣；'城春草木深'，明无人迹矣。花鸟平时可娱之物，见之则泣，闻之则悲，则时可知矣。"（《温公续诗话》）"国破"与"城春"、"草木深"对照强烈，而看花溅泪，闻鸟惊心，更是眼中景与心中伤情浑然一体，令人伤心惨目。

后四句写战火连续不断，心念亲人境况。"家书抵万金"，写出了消息隔绝久盼音讯不至时的迫切心情，是千古传诵的名句。

杜甫心系天下，忧时伤世，全诗的感情沉痛之至，"此第一等好诗。想天宝、至德以至大历之乱，不忍读也"（方回《瀛奎律髓》）。

蜀相

◎杜甫

丞相祠堂何处寻①，锦官城外柏森森②。
映阶碧草自春色③，隔叶黄鹂空好音。
三顾频烦天下计④，两朝开济老臣心⑤。
出师未捷身先死，长使英雄泪满襟。

【译文】

何处去寻找武侯诸葛亮的祠堂？在成都城外那柏树茂密的地方。碧草照映台阶呈现自然的春色，树上的黄鹂隔枝空对婉转鸣唱。定夺天下，先主曾三顾茅庐拜访；辅佐两朝，开国与继业忠诚满腔。可惜出师伐魏未捷而病亡军中，长使历代英雄对此涕泪满裳！

【注释】

① 丞相祠堂：即诸葛武侯祠，在今四川成都，晋李雄初建。
② 锦官城：古代成都的别名。森森：树木茂盛繁密的样子。
③ 自：空。④ 三顾：指刘备三顾茅庐。顾，拜访，探望。频烦：频繁叨扰。频，频繁；烦，烦扰。⑤ 两朝开济：指诸葛亮辅助刘备三分天下，建立了蜀国，后又辅佐刘禅。两朝，刘备、刘禅父子两朝。开，开创。济，扶助、救济。

【赏析】

安史之乱期间，杜甫曾寓居秦州、同谷（今甘肃省成县）达四年。唐肃宗乾元二年（759）十二月，杜甫结束了颠沛流离的生活，来到成都，在朋友的资助下，定居在浣花溪畔。第二年的春天，他游览了武侯祠，感慨于运蹇时艰，遂写下这首称颂诸葛丞相的千古绝唱。

诗的前半首写武侯祠的景色。首联自问自答，指出了祠堂的所在，"柏森森"三字，渲染了一种静谧而肃穆的氛围。颔联"碧草自春色"、"黄鹂空好音"，暗含着碧草和黄鹂并不理解朝代的更替和人世的变迁之意，渲染了祠堂的荒凉，字里行间寄寓着感物思人的情怀。

后半首写丞相之事。颈联写他雄才大略，"天下计"可见其匡时济世之才具，"老臣心"见其鞠躬尽瘁忠心报国。末联作者笔锋一转，叹惜诸葛亮功业未成而身先死的悲剧结局，引得千载事业未竟、壮志未酬的英雄扼腕叹息。

全诗吊古深情，悲凉感慨，在所有咏诸葛亮的诗中可列为第一。

哀江头

◎杜甫

少陵野老吞声哭[1]，春日潜行曲江曲[2]。江头宫殿锁千门，细柳新蒲为谁绿？忆昔霓旌下南苑[3]，苑中万物生颜色。昭阳殿里第一人[4]，同辇随君侍君侧[5]。辇前才人带弓箭[6]，白马嚼啮黄金勒。翻身向天仰射云，一箭正坠双飞翼。明眸皓齿今何在[7]？血污游魂归不得。清渭东流剑阁深[8]，去住彼此无消息！人生有情泪沾臆，江水江花岂终极？黄昏胡骑尘满城[9]，欲往城南望城北[10]。

【注释】

① 少陵野老：杜甫自号。吞声：不敢哭出声来。② 潜：偷偷地。曲江曲：曲江的曲折之处。③ 霓旌：指皇帝仪仗中的彩旗。④ 昭阳殿：汉赵飞燕姊妹的居处。此喻唐玄宗的后宫。⑤ 辇：皇帝的车驾。⑥ 才人：宫中女官名。⑦ 明眸皓齿：指杨贵妃。⑧ 清渭：杨贵妃自缢处马嵬坡南滨渭水。⑨ 胡骑：指安禄山的军队。⑩ "欲往"句：意谓心意迷茫，以致认错方向。

【译文】

我忍气吞声地抽泣，春日偷偷沿曲折的曲江前行。江边宫殿千门重锁，细细柳枝和新生嫩蒲为谁而绿？想当年彩旗飘扬，帝王驾临南苑，苑中花草仿佛平添鲜艳。昭阳殿的杨贵妃是皇帝最宠爱的人，与皇帝一同乘车出入，常伴皇帝身边。车辇前侍卫女官人人携带弓箭，白马嘴里的嚼口由黄金制炼。曾有一个宫女，翻身仰射云天，一箭就射中两只飞雁。明眸皓齿的美人现在在哪里？带着血污的贵妃游魂不能回殿。清澈的渭水东流，剑阁依旧幽深，君去妃留，阴阳两隔，再无牵连。人生有情，生死离别谁不悲泣，像水长流、花飘飞，悲伤哪有终极？黄昏时胡骑弄得满城烟尘，我要去城南，却到了北边。

【赏析】

杜甫去投奔唐肃宗时被叛军抓获，带到沦陷了的长安。次年春天，诗人沿长安城东南的曲江行走，触景伤怀，哀恸之下写下这首杰作。"哀"是全诗的核心。开篇第一句"吞声哭"，就创造出强烈的氛围。接着写春日潜行曲江，不由回忆起当年的繁华景象及唐玄宗和杨贵妃游苑的情景，然而这一切"今何在"？乐极生悲，转眼人死国亡，在昔盛今衰的强烈对比中更是"泪沾臆"，极度哀伤中思绪迷惘烦乱，以致不辨南北。"哀"字为题，以"哀"统领全篇，在这种由眼前到回忆、由回忆到现实的过程描述中，"哀"情复杂而深沉。既有对国破家亡的深切巨恸，也流露了对蒙难君王的伤悼之情。全诗给人一种波澜起伏、纡曲难伸、愁肠百结的感觉，读之令人断肠。

哀王孙

◎杜甫

　　长安城头头白乌①，夜飞延秋门上呼②。又向人家啄大屋，屋底达官走避胡③。金鞭断折九马死，骨肉不待同驰驱。腰下宝玦青珊瑚④，可怜王孙泣路隅⑤。问之不肯道姓名，但道困苦乞为奴。已经百日窜荆棘，身上无有完肌肤。高帝子孙尽隆准⑥，龙种自与常人殊。豺狼在邑龙在野，王孙善保千金躯⑦。不敢长语临交衢⑧，且为王孙立斯须⑨。昨夜东风吹血腥，东来橐驼满旧都⑩。朔方健儿好身手，昔何勇锐今何愚⑪。窃闻天子已传位，圣德北服南单于⑫。花门䵣面请雪耻⑬，慎勿出口他人狙⑭。哀哉王孙慎勿疏⑮，五陵佳气无时无⑯。

【注释】

① 头白乌：白脑袋的乌鸦，旧时以为乌鸦是不祥之物。② 延秋门：唐宫苑西门，安史之乱爆发后，唐玄宗奔蜀时就是从此门逃走。③ 胡：指安禄山叛军。④ 玦（jué）：环形而有缺口的玉佩。⑤ 路隅：路边街角。⑥ 高帝：指汉高祖刘邦，此处是以汉喻唐。隆准：高鼻。此句是说王孙们自有皇族的特征。⑦ "豺狼"句：指安禄山占据京城，玄宗出奔巴蜀。⑧ 长语：长谈。交衢（qú）：四通八达的道路。⑨ 斯须：一会儿。⑩ 橐（tuó）驼：骆驼。⑪ "朔方"两句：指唐名将哥舒翰因遵从杨国忠的出战策略弃守为攻，麾下朔方军二十万为安禄山所败之事。⑫ "圣德"句：指肃宗即位，与回纥结好之事。⑬ 花门：借指回纥。䵣（lí）面：用刀割脸以示忠诚。⑭ "慎勿"句：意谓慎防为贼人耳目所察。⑮ 疏：疏忽。⑯ 五陵：玄宗以前的唐室有五陵。佳气：指陵墓间郁郁葱葱之气。本句是说唐朝随时都有中兴之望。

【译文】

　　长安城的城头，有只白头乌鸦，夜里飞到延秋门叫呱呱。又飞到官家大宅啄个不停，屋里的达官都去躲避

胡兵。皇帝出逃，用折金鞭，累死九匹马，皇亲国戚都顾不得一起同行。王孙腰中系着玉玦和青珊瑚，可怜他在路角哭泣。问他是谁，不肯说姓名，只说生活困苦，求人收做家奴。他流窜荆棘，已有百天，身上已没有一处完好的皮肤。高祖的子孙，都是高鼻挺直，龙种自然与常人不同。豺狼占据都城，天子出逃在外，但愿王孙好好保重身体。不敢在大道上跟他长谈，只是跟他站立片刻而已。昨夜东风，吹来血腥之气，东边来的骆驼，挤满都城。北方的兵将个个身手矫健，往日多么勇猛，而今多么凄惨。听说玄宗已传位给太子，新帝圣德，使北部南单于拜服。回纥部割面誓要雪耻，千万谨慎，不要被窥探者听去。悲哀啊，王孙千万不要疏忽，五陵瑞气葱郁，大唐中兴有望。

【赏析】

天宝十四载十一月初九（755 年 12 月 16 日），身兼范阳、平卢、河东三镇节度使的安禄山突然在范阳起兵叛乱。唐军猝不及防，节节败退，叛军一路势如破竹。

天宝十五载（756）六月九日，潼关失守。十三日，唐玄宗仓皇奔蜀，仅携杨贵妃姊妹几人，其余妃嫔、皇孙、公主都来不及逃走，只能各自逃命。七月，安禄山部将孙孝哲攻陷长安，大肆搜捕百官，杀戮宗室。幸存的王孙们只能隐匿逃窜，流离乞食为生，曾经的金枝玉叶瞬间从锦衣玉食的天之骄子落入尘埃中，处境万分凄惨。杜甫这首《哀王孙》，就是述咏此事的。

诗中先追忆安史祸乱发生前的征兆；接着写玄宗急欲出奔而委弃王孙，王孙在战乱中颠沛流窜遭受种种苦楚；最后是密告王孙此时内外的形势，叮嘱王孙慎勿疏忽，等待河山光复。

杜甫的诗被称为"诗史"，就在于他时时刻刻心存社稷，叙事明净爽利，语气真实亲切，使人读后可以想见当时的情形。这首诗所写的都是诗人的亲身感受，自然是情真意切，荡人胸怀。诗中极言王孙在战乱中颠沛流离的情形，写同情处见其神，写对话处见其情，写议论处见其真，写希望处见其切。既对王孙们的悲惨遭遇寄予了深切的同情，又含蓄地规劝统治者应当居安思危，不可一味骄奢淫逸、贪图享乐，以致到头来祸及子孙。

全诗辞色古泽，气魄宏大。明王嗣奭《杜臆》评价这首诗说："通篇哀痛顾惜，潦倒淋漓，似乱似整，断而复续，无一懈语，无一死字，真下笔有神。"

春宿左省

◎杜甫

花隐掖垣暮①，啾啾栖鸟过②。

星临万户动，月傍九霄多③。

不寝听金钥④，因风想玉珂⑤。

明朝有封事⑥，数问夜如何？

【注释】

① 掖垣：唐时门下省与中书省分立宣政殿两侧，如人之两腋（"掖"同"腋"），故名。② 啾啾（jiū）：鸟鸣之声。③ 九霄：此代皇宫。④ 金钥：指钥匙开启宫门的声音。⑤ 玉珂（kē）：马铃。⑥ 封事：奏章。

【译文】

傍晚，花丛隐没门下省墙边，啾啾声处，一群回巢的鸟儿飞过。星光闪烁，千门万户像在闪动，宫殿靠近云霄，得到月光很多。深夜不眠，静听宫门钥锁，晚风吹动，想起马上的玉珂。明天上朝，还有重要奏章上奏，所以屡次探问，到什么时辰了。

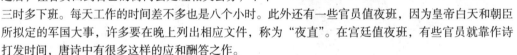

【赏析】

在唐朝，早朝的时间一般在六点半至八点半举行。之后，让官员回到自己的衙内去处理相关公务，下午三时多下班。每天工作的时间差不多也是八个小时。此外还有一些官员值夜班，因为皇帝白天和朝臣所拟定的军国大事，许多要在晚上列出相应文件，称为"夜直"。在宫廷值夜班，有些官员就靠作诗打发时间，唐诗中有很多这样的应和酬答之作。

这首诗是杜甫在肃宗朝任左拾遗时所作。诗中刻画了一个尽心国事、忠于职守的正直官员的形象：他寝不安席，心中时刻都在惦念着明天一早向天子上疏的事情。

诗开头两联写景，诗中描绘了左省（即门下省）从薄暮到夜晚的清丽景色，看似信手拈来，实则章法谨严。在傍晚越来越暗淡的光线中，花朵还隐约可见，投林栖息的鸟儿啾啾地鸣叫着飞过。这些景色起到了点题的作用：花和鸟是点"春"；"花隐"的状态和"栖鸟"的"啾啾"鸣声是傍晚时的景致，是作者在"左省"值"宿"开始时的所见所闻。

"星临万户动，月傍九霄多"是说在夜空群星的照耀下，宫殿中的千门万户也似乎在闪动；宫殿高入云霄，靠近月亮，仿佛照到的月光也特别多。"动"字和"多"字用得极好，被前人称为"句眼"。这一联精警异常，对仗工整妥帖，描绘生动传神，意象奇俊清超，在结构上起到了由写景到写情的过渡作用。

后两联写情，描写从深夜到晨晓作者在门下省值夜，唯恐耽误上朝时的心情。

全诗结构严谨而又灵活，叙述详明而有变化，语句矫健有力，词意含蓄隽永，忠君之意、爱国之情充溢于字里行间。

曲江二首（其一）

◎杜甫

一片花飞减却春①，风飘万点正愁人②。
且看欲尽花经眼③，莫厌伤多酒入唇④。
江上小堂巢翡翠⑤，苑边高冢卧麒麟⑥。
细推物理须行乐⑦，何用浮名绊此身⑧？

【注释】
① 减却春：减掉春色。② 万点：形容落花之多。③ 且：暂且。经眼：从眼前经过。④ 伤：伤感，忧伤。⑤ 巢翡翠：翡翠鸟筑巢。⑥ 冢：坟墓。⑦ 推：推究。物理：事物的道理。⑧ 浮名：虚名。

【译文】
一片花瓣飞落就能使春色衰减了，何况是眼前风飘万点落花，正让人心生愁闷。且看飘零欲尽的春花从眼前飞过，不要推辞将过多的美酒吸入唇口。曲江上的楼堂有翡翠鸟筑巢栖身，芙蓉苑边高坟前的石麒麟倒卧在草丛间。细细推究事物盛衰变化的道理，应当及时行乐，何必用浮名来把自身羁绊住呢？

【赏析】
曲江，又名曲江池，在今陕西省西安市东南郊，原为汉武帝所造。唐玄宗开元年间大加整修，是著名的游赏胜地。

这是一首惜春伤怀诗，写诗人在曲江池上看花吃酒的故事。

这首诗作于乾元元年（758）暮春时节，当时杜甫刚刚担任左拾遗一职。左拾遗为八品谏官，是对君主的过失直言规劝以促使其改正的官吏。

杜甫为了上疏救房琯，触怒了肃宗，招致了灾祸。在这首诗作成后两个月，诗人受到处罚，被贬为华州司功参军。

政治失意的诗人，在暮春时节来到曲江池看花吃酒，看到那万花飘零，诗人愁绪满怀。在曲江看花吃酒，也算是一大美事，只可惜诗人心中愁绪万端，于是产生了惊心动魄的艺术效果：他只用"风飘万点"四字，就概括了一切，再缀以"正愁人"三个字，立刻就达到了触景生情的效果。

诗人的目光随着那"风飘万点"而移动：江上，如今翡翠鸟在原来住人的小堂筑起了窝；苑边，原来雄踞高冢之前的石雕麒麟倒卧在地。这飘零之景不仅牵动起诗人的伤春情怀，更由伤春而伤己。他的愁绪实在无法排遣，只得高喊出："抛却浮名，及时行乐"，故作豪放语来安慰自己。

此诗情景交融，将情抒得慷慨淋漓，欲断人魂。

曲江二首（其二）

◎杜甫

朝回日日典春衣^①，每日江头尽醉归^②。
酒债寻常行处有，人生七十古来稀。
穿花蛱蝶深深见^③，点水蜻蜓款款飞^④。
传语风光共流转^⑤，暂时相赏莫相违^⑥。

【注释】
① 朝回：退朝回来。典春衣：典当春衣换钱买酒。② 江头：曲江边。③ 蛱蝶：蝴蝶恋花，飞来飞去。深深见：忽隐忽现。"见"即"现"。④ 款款飞：忽上忽下，从容自在地飞。⑤ 传语：请转告。共流转：一起游玩。⑥ 莫相违：希望春光不要抛人而去。

【译文】

散朝回来天天去典当春衣，换得的钱每天到江头痛饮至醉方归。到处都欠着酒债是寻常事，自古以来能活到七十岁的人很稀少。看那蝴蝶在花丛深处穿来穿去，不时点下水的蜻蜓缓缓地飞着。传话给春光，让我与你一同流转，虽是暂时相赏，春光也莫要抛人而去啊。

【赏析】

《曲江二首》是联章诗，上下两首之间有内在的联系，这首诗就是承接上一首"何用浮名绊此身"而来。

诗人出仕不得其志，无以排遣心中的忧愁，只得借酒消愁。由于生活清苦，诗人只能典衣买酒，甚至赊酒。拿着酒壶，诗人走在明媚的春光里，把那春景赏玩。诗人狂放的酒态下，实藏着一颗悲愁的心。

时值暮春，以长安的天气而言，春衣才派上用场，何况，就算要典当

衣服，也应该先典当冬衣。显然是冬衣已经典光，如今才要典当春衣，这是透过一层的写法。而且，这种典当并非偶一为之，而是日日如此，这是更透过一层的写法。而诗人这样做，并非是要解什么燃眉之急，不过是为了"每日江头尽醉归"。

为何会出现上述情况呢？诗人并没有马上解开这个疑惑，紧跟着又来了一句"酒债寻常行处有"，既然是"寻常行处"，说明他走到哪里，就在那里喝得酩酊大醉，只靠典春衣买酒，根本无法承担开销，以至于"寻常行处"均欠有"酒债"。至此，诗人终于给出了答案："人生七十古来稀。"言下之意就是，反正人活不了多久，既然郁郁不得志，就借酒消愁吧。联系诗的全篇，回想杜甫的为人以及他毕生的追求，不难理解这些愤激之言的言外之意。

这首诗写得颇有神韵，景外有景，情中见情。写景选的是典型的景物，通过对景物点到即止的描写引发读者无限遐想。就抒情方面来说，则言外有意，看似豁达，实则是内心激愤的曲折表达。

赠卫八处士

◎杜甫

人生不相见，动如参与商①。今夕复何夕②，共此灯烛光。

少壮能几时？鬓发各已苍！访旧半为鬼，惊呼热中肠③。

焉知二十载，重上君子堂。昔别君未婚，儿女忽成行。

怡然敬父执④，问我来何方。问答乃未已，驱儿罗酒浆。

夜雨剪春韭，新炊间黄粱⑤。主称会面难，一举累十觞⑥。

十觞亦不醉，感子故意长⑦。明日隔山岳，世事两茫茫。

【注释】

①动：动辄。参（shēn）与商：参星与商星。参星于西，商星于东，此起彼隐，永不相见。②"今夕"句：意谓今天是什么日子。③热中肠：形容情绪激动异常。④怡然：和悦的样子。父执：父亲的挚友。⑤间（jiàn）：掺杂。⑥累：接连。觞（shāng）：酒杯。⑦故意：子：指卫八处士。对故交的情谊。

【译文】

世间上的挚友真难得相见，好比此现彼隐的参星商辰。今晚是什么日子如此幸运，竟然能与你挑灯共叙衷情？青春壮年实在是没有几时，不觉得你我各已鬓发苍苍。打听故友大半早入了鬼籍，听到你惊呼胸中热流回荡。真没想到阔别二十年之后，能有机会再次来登门拜访。当年握别时你还没有成亲，今日见到你儿女已经成行。他们和顺地敬重父亲挚友，热情地问我来自哪个地方。三两句问答话还没有说完，你便叫他们张罗家常酒筵。雨夜割来的春韭嫩嫩长长，刚烧好的黄粱掺米饭喷喷香。你说难得有这个机会见面，一举杯就接连喝了十觞。十几杯酒我也难得一醉呵，谢谢你对故友的情深意长。明朝你我又要被山岳阻隔，人情世事竟然都如此渺茫！

【赏析】

肃宗乾元元年（758），杜甫被贬为华州司功参军，冬末赴洛阳，次年（759）从洛阳返回华州任所，途中遇见二十年不见的老友卫八处士，遂写下此诗。

当时安史之乱已延续三年多，局势动荡不安，故诗歌起句就为"人生不相见，动如参与商"，慨叹干戈乱离时代别易会难，再见已经是二十年之后了，感今怀旧，悲喜交集。卫八处士竭诚款待留他吃饭：冒雨剪韭，新炊黄粱，殷勤劝酒。末尾二句，写暂聚复别，慨叹世事茫茫。全诗以平易真切的语言，描绘了故友久别重逢、把酒话旧之际的惊喜、悲伤、感慨、惆怅、茫然等复杂的心情，写得层次井然，自然浑成，兼具顿挫起伏之妙。

新安吏

◎杜甫

客行新安道，喧呼闻点兵。借问新安吏："县小更无丁①？""府帖昨夜下，次选中男行②。""中男绝短小③，何以守王城？"肥男有母送，瘦男独伶俜④。白水暮东流，青山犹哭声。"莫自使眼枯，收汝泪纵横。眼枯即见骨，天地终无情！我军取相州，日夕望其平。岂意贼难料，归军星散营。就粮近故垒，练卒依旧京。掘壕不到水⑤，牧马役亦轻。况乃王师顺，抚养甚分明。送行勿泣血，仆射如父兄⑥。"

【注释】

① 更：岂。② 次：依次。③ 中男：唐玄宗时期，定十八岁为"中男"。④ 伶俜（pīng）：形容孤独。⑤ 不到水：指掘壕很浅。⑥ 仆射（yè）：官名。此指郭子仪。如父兄：指极爱士卒。

【译文】

旅客走在新安县的道路上，听见阵阵喧哗呼叫征兵的声音。走上前去问新安吏："难道是新安县小，再也抽调不出壮丁吗？"新安吏回答说："昨晚下达的府帖，没有壮丁就依次选调中男去。""中男实在又矮又小，怎么能够去守卫王城呢？"稍胖

的中男还有母亲前来相送，瘦弱的中男则是孤单伶仃。暮色中白茫茫的河水向东流去，青山好像还犹自带着哭声。"莫要自己使眼泪枯干了，收住你们纵横的泪水。眼泪枯干了即会露出骨头，苍天大地终归是无情的！我们的军队这次攻取相州，日夜盼望他们能迅速平定叛贼。哪里想到贼心难料，溃败的军队零零星星地归回本营。这次征兵屯营故垒以就粮草，操练士卒就在洛阳附近。挖掘战壕不会深到见水，放牧战马的差役也还算轻。何况朝廷官军名正言顺，抚养爱护战士的条例很分明。送行的人不要悲伤泣血，郭仆射待士兵亲如父兄。"

【赏析】

唐肃宗乾元元年（758）冬，郭子仪和李光弼等九节度使在邺城包围了安庆绪叛军。但昏庸多疑的唐肃宗不善统率，又兼粮食不足，士气低落，后来史思明援军至，唐军大败。唐王朝为了补充兵力，大肆抽丁拉夫。杜甫亲眼目睹了这次惨败后人民罹难的痛苦情状，经过艺术提炼，写成组诗"三吏"、"三别"。《新安吏》是组诗的第一首。诗人通过对官吏大量抓捕中男服役这一眼见事实的描写，表达了诗人对人民的深重同情。但除此之外，诗中还反映出杜甫矛盾的心理。一方面，诗人对统治者大肆征丁感到愤怒，对人民表示同情；另一方面，诗人又劝说中男，鼓励他们参军作战。这种矛盾心理主要是由当时的社会现实决定的：安史之乱给人民带来的深重灾难，维护国家和平统一是摆在第一位的；统治者昏庸无能，将战争的灾难推向人民，强征丁壮，这也确实闻之令人激愤。

石壕吏

◎杜甫

暮投石壕村①，有吏夜捉人②。老翁逾墙走③，老妇出门看。吏呼一何怒④！妇啼一何苦⑤！听妇前致词⑥："三男邺城戍⑦。一男附书至⑧，二男新战死⑨。存者且偷生⑩，死者长已矣⑪！室中更无人⑫，惟有乳下孙⑬。有孙母未去⑭，出入无完裙⑮。老妪力虽衰⑯，请从吏夜归⑰，急应河阳役⑱，犹得备晨炊⑲。"夜久语声绝⑳，如闻泣幽咽㉑。天明登前途㉒，独与老翁别。

【注释】

① 暮：时间名词作状语，在傍晚。投：投宿。② 吏：低级官员，这里指抓壮丁的差役。夜：时间名词作状语，在夜里。③ 逾（yú）：越过，翻过。走：跑，这里指逃跑。④ 一何：何其，多么。⑤ 啼：哭啼。⑥ 前致词：指老妇走上前去（对差役）说话。前，上前，向前。致，对……说。⑦ 邺（yè）城：即相州，在今河南安阳。戍（shù）：防守，这里指服役。⑧ 附书至：捎信回来。⑨ 新：最近，刚刚。⑩ 且：姑且，暂且。偷生：苟且活着。⑪ 长已矣：永远完了。已，停止，这里引申为完结。⑫ 室中：家中。更无人：再没有别的（男）人了。更，再。⑬ 乳下孙：正在吃奶的孙子。⑭ 去：离开，这里指改嫁。⑮ 完裙：完整的衣服。⑯ 老妪（yù）：老妇人。衰：弱。⑰ 请从吏夜归：请让我和你晚上一起回去。⑱ 应：应征。河阳：今河南省洛阳市吉利区（原河南省孟县），当时唐王朝官兵与叛军在此对峙。⑲ 犹得：还能够。备：准备。晨炊：早饭。⑳ 夜久：夜深了。㉑ 闻：听。泣幽咽：有泪无声为"泣"，哭声哽塞低沉为"咽"。㉒ 登：踏上。前途：前行的路。

【译文】

傍晚投宿石壕村，有差吏夜里来抓人。老翁越墙逃走，老妇出门去查看情况。差吏怒喝得多么凶，老妇啼哭得多么凄苦！听见老妇上前对差吏说："三个儿子都去邺城服役了。一个儿子捎信回来，说两个儿子最近战死了。活着的人姑且偷生，死去的人永远完结了。屋里再没有可去当兵的人，只有个吃奶的孙子。孩子他娘还没有改嫁而去，进出都没有一件完整的衣裙。老妇我虽然年老力衰，但请让我跟从你们连夜赶回去吧。急步赶到河阳兵营，还来得及为部队准备早餐。"夜深人静语声断绝，似乎听到低微的哽咽声。天亮后我踏上前行的路，只与老翁一人告别。

【赏析】

这是一首反映官吏横暴、人民苦难深重的诗。邺城大败后，唐军四处抽丁补充兵力。杜甫根据亲眼所见写了一组诗，《石壕吏》是其中的一首。此诗讲述了诗人在经过石壕村时亲眼目睹的一个故事：诗人在日暮时分投宿到石壕村的一户人家里，正要入睡时，突然听到一阵喧哗，原来是官兵来抓人当兵。这家唯一的男丁——老翁，听到响动逾墙逃跑，家里只剩下一个年迈的妇人和她的儿媳、孙子。老妇为了保护母孙两个，请求官吏将她带走，去前线备炊。通过这亲眼目睹的一幕，诗人深刻地揭露了社会的黑暗，表达了对人民的强烈同情。

潼关吏

◎杜甫

士卒何草草①，筑城潼关道。

大城铁不如，小城万丈余。

借问潼关吏："修关还备胡？"

要我下马行，为我指山隅：

"连云列战格，飞鸟不能逾。

胡来但自守②，岂复忧西都。

丈人视要处，窄狭容单车。

艰难奋长戟，万古用一夫。"

"哀哉桃林战③，百万化为鱼。

请嘱防关将，慎勿学哥舒！④"

【注释】

① 草草：劳苦的样子。② 胡：安史叛军。③ 桃林：桃林塞，指河南灵宝县以西至潼关一带的地方。④ 哥舒：指名将哥舒翰。

【译文】

士卒们多么的劳碌，在潼关要道修筑城墙。大城墙比铁还坚固，小城墙都有万丈多高。请问潼关的守吏："修筑关卡仍旧防胡兵攻打吗？"潼关守吏邀我下马步行，为我指点山势，说："山上排列的战栅和云相连，飞鸟也不能逾越。胡兵若来犯只要在此守住，哪里还须忧心京都。老人家您看这险要的地方，狭窄到仅容一辆单车通过。在那里挥动长戟都艰难，万古守关也就只用一人。""悲哀啊！三年前桃林塞那一战，百万官军惨死黄河。请叮嘱防守边关的将领，务必小心谨慎，别重蹈哥舒翰的覆辙。"

【赏析】

乾元二年（759）春，唐军在相州（治所在今河南安阳）大败，安史叛军乘势进逼洛阳。如果洛阳再次失陷，叛军必将西攻长安，那么作为长安和关中地区屏障的潼关势必有一场恶战。杜甫经过这里时，刚好看到了紧张的备战气氛。

"借问潼关吏：'修关还备胡？'""修关"的目的，其实杜甫很清楚，这里是故意发问。"还"暗暗引出三年前潼关失守一事，设置悬念。接下来通过关吏之口对潼关的守备状况进行讲解，反映了守关将士昂扬的斗志。但诗人并没有因此发出赞叹，因为他牢记着"前车之覆"，所以最后说道："请嘱防关将，慎勿学哥舒。"

此诗通过对话的形式，生动地刻画了守卫潼关的将士，展现了将士们昂扬的斗志，以及显示了诗人对历史教训的痛心，抒发了其心中久久难以消磨的沉痛悲愤之感。

新婚别

◎杜甫

　　兔丝附蓬麻①，引蔓故不长。嫁女与征夫，不如弃路旁。结发为君妻，席不暖君床。暮婚晨告别，无乃太匆忙②。君行虽不远，守边赴河阳③。妾身未分明④，何以拜姑嫜⑤？父母养我时，日夜令我藏⑥。生女有所归⑦，鸡狗亦得将⑧。君今往死地，沉痛迫中肠⑨。誓欲随君去，形势反苍黄⑩。勿为新婚念，努力事戎行⑪！妇人在军中，兵气恐不扬。自嗟贫家女，久致罗襦裳⑫。罗襦不复施⑬，对君洗红妆⑭。仰视百鸟飞，大小必双翔⑮。人事多错迕⑯，与君永相望⑰。

【注释】

① 兔丝：即菟丝子，一种蔓生的草，依附在其他植物枝干上生长。比喻女子嫁给征夫，相处难久。② 无乃：岂不是。③ 河阳：今河南孟县，当时唐军与叛军在此对峙。④ 身：身份，指在新家中的名份地位。唐代习俗，嫁后三日，始上坟告庙，才算成婚。仅宿一夜，婚礼尚未完成，故身份不明。⑤ 姑嫜：婆婆、公公。⑥ 藏：躲藏，不随便见外人。⑦ 归：古代女子出嫁称"归"。⑧ 将：相随。这两句即俗语所说的"嫁鸡随鸡，嫁狗随狗"。⑨ 迫：煎熬、压抑。中肠：内心。⑩ 苍黄：仓皇。意思是多所不便，更麻烦。⑪ 事戎行：从军打仗。⑫ 久致：许久才制成。襦：短袄。裳：下衣。⑬ 不复施：不再穿。⑭ 洗红妆：洗去脂粉，不再打扮。⑮ 双翔：成双成对地一起飞翔。此句写出了女子的寂寞和对那些能够成双成对的鸟儿的羡慕。⑯ 错迕：差错，不如意。⑰ 永相望：永远盼望重聚。表示对丈夫的爱情始终不渝。

【译文】

　　菟丝子缠附在矮小的蓬麻上，所以牵引的藤蔓不会长。把女儿嫁给从军出征的人，还不如把她扔在道路旁。结发后做了你的妻子，连你的床席都还没有来得及坐暖和。昨晚成婚，今晨你就告别，不是太匆忙了吗？你此行虽说不算遥远，却是奔赴河阳守卫边防。我的名分尚未明确定下来，叫人如何去拜见公婆呢？父母抚养我的时候，日夜都叫我深居闺阁之中。女儿一旦出嫁了，就是"嫁鸡随鸡，嫁狗随狗"。你如今前往九死一生的战场，沉痛压迫着心肠。真想下定决心随同你前去，只怕形势反而会紧张不安。不要以新婚为念，努力去参军报效国家吧。有妇人在军队中，恐怕会影响到士气。嗟叹自己是贫家女儿，历时很久才筹办好嫁衣。新嫁衣今后不再穿了，当着你的面洗去脂粉红妆。仰头看见天上群鸟飞翔，大大小小都是成对成双。人间事多有不顺利，但愿我们永远同心永远在一起。

【赏析】

　　《新婚别》是唐代诗人杜甫所写的新题乐府组诗"三别"之一，作于唐肃宗乾元二年（759）。

　　本诗采用独白的形式描写了一对新婚夫妻的离别。因为是刚刚结婚，新娘难免羞涩，所以用比喻引起下文。头天结婚，丈夫第二天就要去战场作战，新娘内心虽然十分悲痛，但她知道，他们的生死与幸福同国家的命运是紧密相连的，要实现美好的爱情理想，必须作出牺牲。内心做了一番挣扎后，新娘忍痛鼓励丈夫参军，并坚定地表达至死不渝的爱情誓言。

　　这首诗写出了当时人民面对战争的态度和复杂的心理，深刻地揭示了战争带给人民的巨大灾难。

垂老别

◎杜甫

　　四郊未宁静，垂老不得安。子孙阵亡尽，焉用身独完！投杖出门去①，同行为辛酸。幸有牙齿存，所悲骨髓干。男儿既介胄②，长揖别上官③。老妻卧路啼，岁暮衣裳单。孰知是死别，且复伤其寒。此去必不归，还闻劝加餐。土门壁甚坚，杏园度亦难④。势异邺城下，纵死时犹宽。人生有离合，岂择衰盛端⑤！忆昔少壮日，迟回竟长叹⑥。万国尽征戍，烽火被冈峦。积尸草木腥，流血川原丹。何乡为乐土？安敢尚盘桓⑦！弃绝蓬室居⑧，塌然摧肺肝。

【注释】

①投杖：扔掉拐杖。②介胄：即甲胄。铠甲和头盔。③长揖：不分尊卑的相见礼，拱手高举，自上而下。④土门、杏园：均为当时唐军防守的重要据点。⑤"岂择"句：哪管什么老年人还是青年人的心愿？端：端绪、思绪。⑥迟回：徘徊。⑦盘桓：留恋不忍离去。⑧蓬室：茅舍。

【译文】

　　四郊的战乱尚未弭平，临近老年了还得不到安定。子孙们尽都死在战场，我又何须独自保全老命呢？扔掉拐杖出门参军去，同行的人都为此感到辛酸。幸亏还有牙齿存在，所悲的是骨瘦如柴枯槁不堪。男儿既有铠甲披挂在身，只好长揖行礼辞别长官。老妻卧在路上放声啼哭，严寒中所穿的衣裳单薄。怎知这次与她是死别，仍为她的寒冷而感到伤心。这次去必然不能归回，还听得她劝我要多加餐饭。土门关壁垒甚是坚固，杏园水急敌人偷渡也难。

形势不同于当年邺城之围，纵然战死时间也宽泛。人生总有分离聚合，哪会选择你是盛年还是衰年！忆起往昔少壮时的太平，不禁徘徊踟蹰吁声长叹。天下各地都尽在征战，战争的烽火已经燃遍冈峦。尸骨堆积污腥了草木，流淌的鲜血染红了山川平原。哪个地方是乐土呢？怎么敢再犹豫徘徊呢？决然抛弃所居的几间茅草屋奔赴前线，天下大乱真是摧人肺肠啊。

【赏析】

　　在平定安史之乱的战争中，唐军于邺城兵败之后，朝廷为防止叛军重新向西进扰，在洛阳一带到处征丁，连老翁老妇也不能幸免。《垂老别》就是抒写一老翁暮年从军与老妻惜别的情景。

　　这首叙事诗写得平白易懂，不以情节取胜，重在刻画人物曲折的心理活动。本诗通过老翁的自诉、自叹及慰人表现了老翁时而忧愤、时而旷达的复杂心理状态。诗人之所以能将人物刻画得细致入微，是因为他怀抱一颗忧国忧民之心，能深入体察人民的苦难与不幸。

无家别

◎杜甫

寂寞天宝后，园庐但蒿藜。我里百余家，世乱各东西。

存者无消息，死者为尘泥。贱子因阵败，归来寻旧蹊。

久行见空巷，日瘦气惨凄，但对狐与狸，竖毛怒我啼。

四邻何所有？一二老寡妻。宿鸟恋本枝，安辞且穷栖。

方春独荷锄，日暮还灌畦。县吏知我至，召令习鼓鞞。

虽从本州役，内顾无所携。近行止一身，远去终转迷，

家乡既荡尽，远近理亦齐。永痛长病母，五年委沟溪，

生我不得力，终身两酸嘶，人生无家别，何以为蒸黎！

【译文】

　　天宝之后一片萧条寂寞，田园庐舍只剩下蒿草蒺藜。我的乡里一百多户人家，因世道乱离已各奔东西了。活着的人没有消息往来，死了的已经化为尘泥。我因为邺城败阵的混乱，回来寻找家乡的旧路。转了很久却只见到空巷，太阳暗淡失色一片凄惨。面对着一只只狐狸，竖起毛来向我怒号。街坊四邻哪里还有呢？只剩下一两个寡妇老妻。归宿的鸟儿眷念旧枝，我也是穷窝难舍故土难离。正当春季我独自荷锄下地，太阳落山了还在灌溉田畦。县令知道我回来了，征召命令我去军营中练习敲鼓鞞。尽管是在本州服役，看看家里没有什么东西可携带。到近处去只有我空身一人，到远处去终究会转晕迷失。家乡既然已经洗荡一空了，远行近行对我来说都是一样。永远心痛长年生病的母亲，在我五年从军期间凄然死去。她生养了我却得不到我的服侍，母子二人终身辛酸不堪。人活在世上却无家可别，这老百姓可怎么当呢？

【赏析】

　　这首叙事诗是一个再次被征的单身汉在踏上征途时的悲鸣。

　　因连年的战乱，到处荒草丛生，人们流离失所。主人公回到故乡企图去寻找家乡的遗迹，却是满目疮痍。县令知道他回来了，马上就传他去习鼓鞞。战事不断，人民的苦难也跟着不断，国已残破，更不用说家了，无家可归之人比比皆是。诗人有一颗忧国爱民之心，通过主人公之口对统治者穷兵黩武、不体恤民情的行为进行了强烈的抨击。

　　诗人用简练的语言描写了富有特征的事物，融情于景，凄恻动人。除了写景渲染以外，诗人还通过主人公之口直接揭露了社会的腐朽，反映了人民的深重苦难。

佳人

◎杜甫

　　绝代有佳人，幽居在空谷。自云良家子①，零落依草木。关中昔丧乱②，兄弟遭杀戮。官高何足论③，不得收骨肉。世情恶衰歇④，万事随转烛⑤。夫婿轻薄儿，新人美如玉。合昏尚知时⑥，鸳鸯不独宿。但见新人笑，那闻旧人哭。在山泉水清，出山泉水浊⑦。侍婢卖珠回⑧，牵萝补茅屋。摘花不插发⑨，采柏动盈掬⑩。天寒翠袖薄，日暮倚修竹。

【注释】

①良家子：好人家的女儿。②丧乱：指安禄山攻陷长安之事。③"官高"句：意谓官高显赫又有什么用呢？④"世情"句：意谓世人总是厌恶衰落破败。歇：衰退。⑤"万事"句：意谓世上的事情好像随风抖动的蜡烛，变化无常。⑥合昏：夜合花，叶子朝舒夜合。人们常以此比喻夫妻恩爱。⑦"在山"两句：喻自己隐于山中贞节自守，不愿因进入世俗而污浊了自己。⑧卖珠：指因为生活贫困而变卖珠宝。⑨"摘花"句：意谓无心修饰打扮。⑩动：动辄。盈掬：一满把。

【译文】

　　有位举世无双的美人，隐居在空旷的山谷中。她说自己是高门府第的女子，飘零沦落到与草木相依。过去关中一带遭遇战乱，家里的兄弟全被乱军杀戮。官居高位又有什么用？自己的尸骨都无法收埋。世俗人情都厌恶衰败的人家，万事都像随风而转的烛火。丈夫是个轻薄子弟，抛弃了我又娶了个美丽如玉的新人。合欢花尚且知道朝开夜合，鸳鸯鸟成双成对从不独宿。丈夫只看见新人欢笑，哪里听得到旧人哭泣？泉水在山里是清澈的，出了山就浑浊了。让侍女典卖珠宝维持生计，牵把青萝修补茅屋。摘下来的花不愿插在头上，喜欢采折满把的柏枝。天气寒冷，罗袖显得分外单薄，黄昏时分，独自倚在修长的竹子上。

【赏析】

　　"佳人"，指美貌有才德的女子，也可用以比喻有才德的人。此诗是杜甫辞掉华州司功参军职务移家到秦州（今甘肃天水）时所作。关于这首诗的作意，有两种说法：一说是将幽居的佳人比为被放逐的老臣。一说是天宝丧乱之后，杜甫曾遇见过这样一位佳人，是据实直叙。单就全诗本身来看，写了一个出身良家的妇女遭逢丧乱，兄弟被杀害，家境衰落，轻薄的丈夫无情地遗弃了她，在社会上流落无依。但这位时乖运蹇的女子虽幽居深谷，卖珠饰来修补茅屋，生活困窘却能安贫自守，花不插发，不去取悦于人，有着高洁的情操。"天寒翠袖薄，日暮倚修竹"，更是刻画了佳人的嫣然神貌和幽娴贞静之意，成为后世称颂的佳句。此诗采用佳人自白遭遇的第一人称手法时，语气直率顺畅；而赞美佳人品格时，却用第三人称来描摹，笔调含蓄蕴藉。两者相互配合，刻画了一个独特而鲜明的女性形象。

梦李白二首（其一）

◎杜甫

死别已吞声①，生别常恻恻②。

江南瘴疠地③，逐客无消息④。

故人入我梦，明我长相忆⑤。

君今在罗网，何以有羽翼？

恐非平生魂，路远不可测⑥。

魂来枫林青，魂返关塞黑⑦。

落月满屋梁，犹疑照颜色⑧。

水深波浪阔，无使蛟龙得！

【译文】

　　死别虽令人哀痛，那绝望的痛苦终会消失，而生离的悲伤，则使人长久地挂念。你被流放的地方疾病肆虐，我的挚友啊，你至今没一点消息。你一定知道我在苦苦把你思念，终于来到梦中和我相见。你现在被拘禁身不由己，怎么还能够自由地飞翔？这难道真是你的精魂？道路遥远，一切难以猜测。你来时要飞越南方葱茏的枫树林，去时要漂渡险要的秦陇关塞。梦醒时月光洒满了我的屋梁，朦胧中仿佛看到你憔悴的容颜。水深波涌、浪大江宽，归去的魂魄呵，千万别碰上蛟龙，被那恶兽吞没！

【注释】

①吞声：泣不成声。②恻恻（cè）：悲伤。③瘴（zhàng）疠（lì）：瘴气瘟疫。④逐客：被流放之人。⑤明：表明。⑥“恐非”二句：其时多有关于李白的不祥传闻，杜甫因而怀疑李白已死。平生：生前。⑦“魂来”二句：意指李白魂魄来的时候要穿越南方千里枫林，返回时又须渡过阴沉灰暗的秦关。⑧颜色：梦中李白的容貌。

【赏析】

　　天宝三载（744），李白与杜甫在东都洛阳相识初会，之后又有两次分别在梁宋、东鲁会面，在携手同游、把酒论文中结成深交。

　　乾元元年（758），李白因为永王李璘事流放夜郎（今贵州桐梓县）。当时杜甫远在北方，听闻李白被流

放，忧思成梦，遂作《梦李白二首》，此其一。这首诗是写初次梦见李白时的种种感想，表现出对故人流逐夜郎吉凶生死的殷殷关切。其中“故人入我梦，明我长相忆”两句，既体现了李白明了杜甫时常想念他，所以来入梦，又表明了杜甫对李白的担心。但这欣喜不过刹那，诗人立刻就意识到了不对：既然李白被流放到了南方的边缘之地，怎么能插翅飞出罗网，不远千里来到我身边呢？联想到世间关于李白下落的种种不祥传闻，诗人不禁暗暗思忖眼前之人到底是生魂还是死魂。梦幻的心理被刻画得细腻而逼真。全诗分梦前、梦中、梦后来叙写，结构严谨，浑然一体。

梦李白二首（其二）

◎杜甫

浮云终日行，游子久不至①。

三夜频梦君，情亲见君意。

告归常局促，苦道来不易。

江湖多风波，舟楫恐失坠②。

出门搔白首，若负平生志。

冠盖满京华③，斯人独憔悴④！

孰云网恢恢⑤？将老身反累⑥！

千秋万岁名，寂寞身后事。

【译文】

　　天上的浮云整日里漂游不定，远游的故人却久去不归。连续几个夜晚我都在梦中见到你，可知你对我的深情厚意。每次匆匆离去时，都说能来相见是多么的不易。江湖上风波险恶，我担心你的船只被掀翻沉没。出门时搔着满头白发，好像辜负了自己一生的志向。华车丽服的显贵遍布京城，却容不下才华盖世的你，使你这样潦倒憔悴！谁说天理公道无欺，你迟暮之年却无辜受牵累！即使有了流芳千秋的美名，也难补偿在世时受到的冷落不公。

【注释】

①"浮云"两句：意谓浮云终日于空中飘走，而游子却久久不曾到来。游子：指李白。②恐失坠：恐怕船只翻覆。③冠盖：冠冕和车盖，此指达官贵人。④斯人：这个人，指李白。⑤恢恢：《老子》中有"天网恢恢，疏而不漏"句。这里是说谁说天理公平？⑥反累：反而无辜受到牵累。

【赏析】

　　这首诗承接上一首，写在初次梦见李白后，为他担心不已，此后数夜更是频繁梦见。

　　开头两句即写见浮云而念游子，浮云终日飘荡，游子久望不至。"三夜频梦君，情亲见君意"是两人情感幽通、肝胆相照的写照，与上篇的"故人入我梦，明我长相忆"相照应。

　　之后写梦中李白魂来魂返之状，亦真亦幻，体现了李白当时处境的艰险。诗人梦中醒来，感叹李白临近暮年无辜受牵累的遭遇，语中含有愤慨不平之气。

　　而末尾两句则是诗人劝慰李白的话，认为李白必将名垂千古，但身前却寂寞不幸，这既是对李白的至高评价与深切同情，也包含了诗人自身的感慨。

　　全诗人情鬼语，悱恻动人，二人形离神合、肝胆相照的至情令人感叹。这两首诗可谓是至情至性之人写出的至诚至真之文。

天末怀李白

◎杜甫

凉风起天末①，君子意如何。

鸿雁几时到②，江湖秋水多③。

文章憎命达④，魑魅喜人过⑤。

应共冤魂语⑥，投诗赠汨罗⑦。

【注释】

① 天末：天边。② 鸿雁：指书信。③ 秋水多：指路途艰难多险。④ "文章"句：意谓文采出众的人总是命途多舛。⑤ "魑魅"句：意谓鬼怪精灵则是喜人之过。实指李白受谗蒙冤流放之事。⑥ 冤魂：指屈原。⑦ 汨罗：汨罗江，屈原投水处，在今湖南湘阴。

【译文】

　　遥远的天边，刮起凉风，你的心情怎么样。鸿雁何时能到？江湖上，总有不平风波！文采斐然之人，往往薄命遭忌，鬼怪欢喜人有过错。你与屈原有共冤共语之处，应该写一首诗，将它投祭于汨罗江中！

【赏析】

　　至德二载（757），李白因永王李璘事受牵连，被流放夜郎，行至巫山遇赦还至湖南。

　　乾元二年（759），客居秦州（今甘肃天水）的杜甫不知李白遇赦之事，对他的处境日夜挂怀，遂赋诗怀念李白，设想他路经汨罗江时的情形，于是很自然地以屈原喻之。

　　诗的前四句写因凉风而想念在天末故友，恰好望见秋雁南归，却不知何时得到故友的音讯。又因李白此去正值江湖多浪之时，心中的怀念之情更加殷切。以"天末"

起句，体现了诗人对风尘蹭蹬、流落天涯际遇的强烈感受。"君子意如何"，好像是不经意的寒暄，许多话不知从何说起，便用这不经意之语，表现出最关切的心情，这就是返璞归真的境界。

　　后四句是对李白不幸遭遇的叹惋——李白文章出众，却命途多舛；魑魅择人而食，故喜人过。高步瀛引邵长蘅评："一憎一喜，遂令文人无置身地。"而李白流放夜郎的遭遇，几乎与被谗放逐、自沉汨罗江的屈原冤魂相通。

　　杜甫对李白惺惺相惜，有好几首诗作都是写给李白的。而在此篇中，杜甫的一片拳拳怀思忆念之心千回百转，沉郁深微。对此，仇兆鳌在《杜诗详注》中评价道："说到流离生死，千里关情，真堪声泪交下，此怀人之最惨怛者。"

月夜忆舍弟

◎杜甫

戍鼓断人行①，边秋一雁声②。
露从今夜白，月是故乡明。
有弟皆分散，无家问死生。
寄书长不达③，况乃未休兵④。

【注释】

① 戍鼓：戍楼上的更鼓。断人行：指更鼓响后人们便不能再随意行走。②边秋：边地之秋。③长：老是，一直。④况乃：何况是。

【译文】

戍楼响起更鼓，路上没有行人，秋天的边塞，传来一阵雁鸣。今天是白露佳节，月亮还是家乡的清明。有兄弟却因战争分散各地，有家若无，行踪不定，怎问死生。寄去的书信，常常无法送达，更何况现在还没停止用兵。

【赏析】

此诗作于乾元二年（759）秋，这时安史之乱尚未平息，杜甫身在秦州，而他的几个弟弟分散在正处于战乱之中的山东、河南一带，音信不通，只能望秋月而思念手足。

全诗层次井然，首尾照应。离乱未平，道路为之阻隔，弟兄分散生死不明，无家而寄书不达，未休兵故断人行，概括了安史之乱中人民饱经忧患丧乱的普遍遭遇，一句一转，句句连贯一气。

诗人信笔挥洒，若不经意，实则是结构严密，环环相扣，句句不离忆字，闻戍鼓而忆，听雁声而相忆，见寒露而忆，望明月而相忆，国难家愁一齐从笔底流出，故显得凄楚哀感，沉郁顿挫。

"露从今夜白"，在写景的同时点明时令；"月是故乡明"写的并非是客观实景，而是融入了诗人的主观感情，深刻地表现了他对故乡的感怀。王彦辅评价说："子美善用故事及常语，多倒其句而用之，盖如此则语峻而体健。如'露从今夜白，月是故乡明'之类是也。"意思是，这两句不过是说今夜白露，故乡明月，然而只是将词序这么一倒置，寻常语立即变得出手寻常了。

客至

◎杜甫

舍南舍北皆春水①，但见群鸥日日来。
花径不曾缘客扫②，蓬门今始为君开。
盘飧市远无兼味③，樽酒家贫只旧醅④。
肯与邻翁相对饮⑤，隔篱呼取尽余杯⑥。

【注释】

① 舍：居舍。② 缘客扫：因为有客要来而打扫。③ 盘飧（sūn）：饭食。兼味：两种以上的味道。④ 醅（pēi）：没有过滤过的米酒。⑤ 肯：能否。⑥ 余杯：余下来的酒。

【译文】

　　草堂的南北面，都漫涨春水，只见鸥鸟日日结队飞来。落花小径，没有因客人而打扫，今天特为您而打扫；茅草屋门，今天也特为您才打开。远离集市，没有什么好菜；家贫无物，也只有陈酒招待。能不能邀请邻居一同饮酒，隔着篱笆叫他，来喝尽这杯。

【赏析】

　　杜甫在成都时，初成草堂于浣花溪畔，深喜有客来访，写成这首洋溢着淳朴气息的诗。

　　首联写自己居住的环境并点明时令。"皆"字暗示春江水势涨溢，给人以江波浩渺之感。每日唯有群鸥前来相伴，化用了鸥鹭忘机的典故，为作者的生活增添了几分隐逸色彩，从中可想见诗人闲淡的情怀。只是，若每日只有群鸥相伴，却不见其他来访者，难免让人觉得有些寂寞和单调。

　　颔联即写有客前来造访，听到这个消息，诗人喜不自胜，马上洒扫花径，打开蓬门迎接来访之客。这一联采用宾客谈话的口吻，增强了生活感。

　　颈联写殷勤款待客人，因市远家贫，只是些寻常菜蔬，家酿陈酒，却是主人一片热情真挚之意，可以感受到主人的拳拳盛意，以及宾主之间真诚相待的情意。

　　尾联峰回路转，笑问客人：请隔壁的老翁同来喝几杯怎么样？既展现了宾主尽欢的场面，也反映了邻里间和睦融洽的关系。

　　诗好在自然浑成，一线相接，以家常话般的语言表达出一种闲适之情。

春夜喜雨

◎杜甫

好雨知时节①，当春乃发生。
随风潜入夜，润物细无声②。
野径云俱黑③，江船火独明。
晓看红湿处④，花重锦官城⑤。

【注释】

① 好雨：指春雨，及时的雨。② 润物：滋润万物。
③ 野径：田野间的小路。④ 红湿处：指被雨水润湿的花枝。⑤ 花重：花因沾着雨水，显得饱满沉重的样子。锦官城：故址在今成都市南，亦称锦城。三国蜀汉管理织锦之官驻此，故名。后人又用作成都的别称。

【译文】

好雨知道时节，正当春天万物生长时就降临。细雨随着春风在夜里悄悄飘下，滋润万物，没有一点声息。乡野间的小路上，密云黑茫茫，只有江中渔船的灯火独自明亮着。早晨起来看看，锦官城里浸润着春雨的花儿沉甸甸的。

【赏析】

春天是万物萌芽生长的时节，正需雨水的滋润，故有"春雨贵如油"之说。杜甫这首诗就是写一场春雨及时降临的情景，一个"喜"字贯穿全篇。

在诗人笔下，应时节而下的春雨被拟人化，它多么地善解人意啊，当春而生，却又不至于雨骤风狂损害万物，而是默默随风入夜，绵绵润物无声。诗人在雨夜喜悦而望，见天地俱黑，江船一灯独明，在这样极度的反差中正见出春雨的绵长可喜。不禁想象明日清晨景象，整个锦官城一片花海，红湿欲滴，是多么的令人惊喜啊。

"好"字赞美春雨"知时节"，简直像人一样知情识趣，堪称及时雨。在苍茫的夜晚，春雨随风而至，悄无声息。诗人惊喜于这场春雨，彻夜难眠，也因此而能体察细致，敏锐地捕捉到了春雨无声的场景。"潜"字拟人化，描摹了春雨来时悄无声息的情态；"润"字准确而生动地刻画出了春雨滋润万物、静默无声的特点。

全诗对春雨的描绘精细入微，极为传神，不仅贴切地摹画出春风化雨的形象，而且生动传达出春雨润泽万物的精神。

赠花卿

◎杜甫

锦城丝管日纷纷①，半入江风半入云。

此曲只应天上有②，人间能得几回闻③。

【注释】

①锦城：即锦官城，此指成都。丝管：弦乐器和管乐器，这里泛指音乐。纷纷：形容乐曲轻柔悠扬。②天上：双关语，虚指天宫，实指皇宫。③几回闻：听到几回。意思是说人间很少听到。

【译文】

锦官城里丝竹管弦每天纷纷扬扬，一半随着江风飘去，一半飘入了云端。这样悠扬动听的曲子只应该是天上才有的，人间哪能得以听上几回呢？

【赏析】

花卿，即花敬定，是当时成都尹崔光远的部将，曾在肃宗上元二年（761）平定梓州刺史段子璋的叛乱。但他居功自傲，骄恣不法，又目无朝廷，僭用天子音乐。须知在我国古代，对礼仪制度有着极为严格的规定，即使是音乐，也有森严的等级界限。杜甫在成都时，曾与花敬定有过交往，故赠诗予以委婉的讽劝。

虽然是讽刺规劝，但这首赠诗不见一句劝语，而是巧用一语双关的手法。从字面上来看，只不过是在赞扬乐曲的美妙动听。

"纷纷"，形容既多且乱的样子，通常是用来形容那些可以触碰的具体事物，此处却用来摹绘抽象的乐曲，化无形为有形，形象地展现了弦管杂错而又和谐的音乐效果。"日纷纷"，可见每日都有排场很大的音乐演奏，渲染出豪奢柔靡的气氛。

"半入江风半入云"一句，叠用两个"半入"，将抽象的乐曲化为形象的画面，令人感觉到音乐的轻盈美妙，不由得心驰神往。

后二句由闻乐而转入遐思，借天上的仙乐将乐曲的美妙赞誉到了极致。然而，既然乐曲本为"天上"所有，则"人间"不唯不敢作，而且不能闻，但如今"人间"却得闻，且"日纷纷"，这种矛盾的对立让人自然思得其言外之意，讽刺之旨便巧妙地蕴藏在这种矛盾的对立中。由始至终，诗人都没有对花卿作任何明言指摘，却是绵里藏针，柔中有刚，可谓忠言而不逆耳。

奉济驿重送严公四韵

◎杜甫

远送从此别，青山空复情①。

几时杯重把，昨夜月同行。

列郡讴歌惜②，三朝出入荣③。

江村独归处，寂寞养残生。

【注释】

①空复情：徒然有情。②列郡：指剑南诸郡。讴歌：歌颂。惜：惜别。③三朝：指玄宗、肃宗、代宗三朝。出入荣：指严武连居显位。

【译文】

　　送严公到奉济，将在此告别，只留下青山，别情依依。何时才能重新把盏，昨夜我们还在月下畅谈。各郡都赞颂你，惋惜你的离任，连续三朝身居高位，实在不易。我独自回到浣花溪草堂，孤单寂寞，将伴我余生！

【赏析】

　　杜甫居成都期间，严武任剑南节度使，两人饮酒酬唱，过往密切。严武在生活上曾给杜甫以切实的帮助，杜甫也曾应邀入幕，交谊深厚。故在严武应召入京时，杜甫从成都相送到三百里外的绵州，又从绵州相送到三十里外的奉济驿，并写下这首诗。诗的开头点明"远送"，唯留青山空复在此，转伤离情。自然想到"昨夜"月下饯别同行情景，更想到何时重逢。接着讴歌严武入相出将都有成就，受到人民的称赞。最后写送别后自己独自归去，颇为寂寞酸楚。诗歌的语言质朴含情，没有泛泛的应酬之语，一种依依惜别之情，自在言外。

闻官军收河南河北

◎杜甫

剑外忽传收蓟北①，初闻涕泪满衣裳。

却看妻子愁何在，漫卷诗书喜欲狂②。

白日放歌须纵酒③，青春作伴好还乡④。

即从巴峡穿巫峡，便下襄阳向洛阳。

【注释】

① 剑外：剑门关外。此指蜀地。蓟北：指今河北北部地区，是安史叛军的根据地。② 漫卷：胡乱卷起。③ 放歌：放声歌唱。④ 青春：指春光正好。

【译文】

　　剑南忽然传来收复蓟北的消息，刚听到时，我激动得眼泪沾湿衣裳。再看妻子和儿女，忧愁哪里还有，胡乱收起书卷，欢喜得快要发狂。晴朗之日高歌，须纵情畅饮，有明媚春光为伴，正好动身还乡。快从巴峡驶过，再穿过巫峡，便由襄阳直奔洛阳。

【赏析】

　　唐代宗广德元年（763），官军在洛阳攻破安史叛军，收复河南。史思明之子史朝义败走河北，继而兵败自杀，历时七年多的安史之乱至此结束。杜甫听闻这个消息后，欣喜若狂，一气挥洒写下这"生平第一首快诗"（浦起龙《读杜心解》）。

　　杜甫在乱离中奔走天涯，喜闻蓟北故乡光复，"忽传"写惊喜，"涕泪"写喜极而泣。后来转泣为喜，"却看"写喜气，"愁何在"即不再愁也，因还乡有日。"漫卷"，胡乱卷起诗书，写其忘形。放歌纵酒写出内心的喜悦欢欣，上承"喜欲狂"。"青春"为春光明媚鸟语花香的时节，与妻子儿女"作伴还乡"，其喜乐如之何。"即从"、"便下"写归乡之心的急切，已经为自己设想好返乡路线了。全诗一气直下，真情流露，使人千载如见其当时惊喜欲狂的神态。

别房太尉墓

◎杜甫

他乡复行役^①，驻马别孤坟。
近泪无干土^②，低空有断云。
对棋陪谢傅^③，把剑觅徐君^④。
唯见林花落，莺啼送客闻。

【注释】

①复行役：指再次因公事奔走于他乡。②"近泪"句：意谓眼泪把脚下的泥土都打湿了。③对棋：对弈。谢傅：指东晋谢安，官至太傅，他喜欢下围棋。此处喻房琯。④"把剑"句：春秋时吴国季札出使晋国时路过徐国，他知道徐君喜欢自己的宝剑，本打算返回时相赠，但回来时徐君已去世，于是他解下宝剑挂在徐君墓前的树上而离去。

【译文】

我一再奔走于异地他乡，此间停留阆州，悼别太尉孤坟。我心悲痛，泪水沾湿泥土，恍惚中，觉得低空飘飞断云。当年与你对弈，将你比为谢安，而今却像季札挂剑辞别徐君。你已不在，只见林花飘落，我要走了，听见黄莺送客情深。

【赏析】

房琯在唐玄宗幸蜀时拜相，肃宗时因指挥陈陶斜（今陕西咸阳县东）之战失败而被贬。杜甫与房琯为布衣交，曾为之上书直言力谏，触怒肃宗，亦被贬。

代宗宝应二年（763），房琯又进为刑部尚书，可惜半路上突发疾病，最后卒于阆州（今四川阆中县）。两年后，杜甫赴成都路过阆州，特至房琯墓前凭吊、告别，写下这首感伤的追悼诗。

此诗以"孤坟"奠定了感

伤落寞的基调。前四句写诗人在故人坟前哀悼，泪水沾湿泥土，可见哀痛之深；低空断云孤飞，更显愁惨。诗人尽管公事在身，行色匆匆，却依然不忘下马暂驻，向亡友致哀。房琯生前曾为一国之相，如今却余下一座"孤坟"，不难想见他晚年的坎坷际遇和身后的凄凉情形。后四句写临别流连，追叙了生前的交谊。

诗人见孤坟在外，林花摇落，倍觉凄凉不忍离去，而"莺啼送客闻"写黄莺的哀啼，仿佛为之送行，更觉惆怅凄怆。

登楼

◎杜甫

花近高楼伤客心，万方多难此登临。

锦江春色来天地①，玉垒浮云变古今②。

北极朝庭终不改，西山寇盗莫相侵③。

可怜后主还祠庙④，日暮聊为梁甫吟⑤。

【注释】

① 锦江：在今四川成都市南。② 玉垒：山名，在今四川灌县西。③ 西山寇盗：指吐蕃。④ "可怜"句：意谓后主刘禅庸碌，但依靠诸葛亮的辅佐，故至今还有祠庙。⑤ 梁甫吟：乐府篇名，相传诸葛亮南阳隐居时好为此歌。

【译文】

　　高楼外鲜花繁盛，看了反觉伤心，各地遭难，满怀愁思我登上这里。锦江两岸，春色铺天盖地；玉垒山浮云变幻，仿佛自古至今的人事盛衰。朝廷不可动摇，就如北极星一般稳固，西山的贼寇，不要再来侵犯。可叹后主刘禅还立有祠庙，天色已晚，我姑且学孔明作梁甫吟。

【赏析】

　　这首诗是杜甫在代宗广德二年（764）春写于成都。

　　首四句叙登楼所见的景色，高楼附近繁花似锦却伤客心，原因在于"万方多难"：当时官军收复河南河北，平定安史之乱，却又逢吐蕃连番入侵，朝廷宦官专权，国家内外交困、危机四伏。登临高楼，远望山河之壮观：锦江挟着蓬勃春色汹涌而来，迷漫天地；玉垒山浮云缭绕，有如古今历史的变幻，形成一个宏阔雄浑、囊括宇宙的境界。

　　颈联议论天下大势："北极"居于北天正中，象征大唐政权；"寇盗"即吐蕃，此联一喜大唐王朝政权不动摇，一忧吐蕃侵凌，义正词严，浩气凛然，足见诗人拳拳爱国之心。

　　尾联是从楼头望见后主祠堂，感叹后主昏庸之人犹奉祀。这是以刘禅比喻唐代宗李豫。刘禅宠信宦官黄皓最后亡国，而李豫重用宦官程元振、鱼朝恩，导致国事维艰、吐蕃入侵的局面，二者极其相似。然而不同的是，当今朝廷却没有诸葛亮那样的贤人，诗人只有吟诗以自遣。

　　全诗即景抒怀，写山川，谈人事，融自然景象、国家灾难、个人情思为一体，语壮境阔，寄慨遥深，体现了诗人沉郁顿挫的艺术风格。

韦讽录事宅观曹将军画马图

◎杜甫

国初已来画鞍马①，神妙独数江都王②。将军得名三十载，人间又见真乘黄③。曾貌先帝照夜白④，龙池十日飞霹雳⑤。内府殷红玛瑙盘⑥，婕妤传诏才人索⑦。盘赐将军拜舞归⑧，轻纨细绮相追飞⑨。贵戚权门得笔迹，始觉屏障生光辉⑩。昔日太宗拳毛𫘧⑪，近时郭家狮子花⑫。今之新图有二马，复令识者久叹嗟。此皆骑战一敌万，缟素漠漠开风沙⑬。其余七匹亦殊绝⑭，迥若寒空动烟雪⑮。霜蹄蹴踏长楸间⑯，马官厮养森成列⑰。可怜九马争神骏⑱，顾视清高气深稳⑲。

借问苦心爱者谁，后有韦讽前支遁。忆昔巡幸新丰宫，翠华拂天来向东。腾骧磊落三万匹，皆与此图筋骨同。自从献宝朝河宗，无复射蛟江水中。君不见金粟堆前松柏里，龙媒去尽鸟呼风。

【注释】

①国初已来：指唐开国以来。②江都王：唐太宗之侄李绪，以画马著名。③乘黄：传说中的神马。④貌：描绘。照夜白：玄宗所乘宝马。⑤飞霹雳：喻马腾跃之姿。⑥内府：皇家府库。⑦婕妤、才人：都是宫中妃嫔的称号。⑧拜舞：古代臣下朝见皇帝的礼节。⑨轻纨细绮：指精美织品。轻纨，轻薄洁白的绢衣。⑩屏障：屏风。⑪拳毛𫘧（guā）：唐太宗"六骏"之一。⑫郭家：名将郭子仪家。狮子花：唐代宗赐郭子仪的御马。⑬"缟素"句：谓展开画绢只见风沙漠漠中有骏马在奔腾。缟素，白绢。⑭殊绝：与众不同。

⑮"迥若"句：谓画中之马如寒空下烟和雪在飘舞。⑯霜蹄：马蹄。长楸（qiū）：古人常种楸树于道旁，这里指大道。⑰厮养：养马的役卒。⑱可怜：可爱。⑲清高：指马昂首时的神情。

【译文】

　　开国以来善画鞍马的画家中，画技最精妙传神只数江都王。曹将军画马出名已有三十载，人间又见古代真正神马"乘黄"。他曾描绘玄宗先帝的"照夜白"，画得像龙池中腾飞叱咤的黄龙一样。皇宫内库珍藏的殷红玛瑙盘，婕妤传下御旨才人将它取来。将军接受赐盘叩拜皇恩而归，人们纷纷拿着丝绸细绮向他求画。贵戚们谁得到曹将军亲笔手书，谁就觉得府第屏障增加光辉。当年唐太宗有著名宝马"拳毛騧"，近代郭子仪家中有好驹"狮子花"。而今新画之中就有这两匹，使得识马的人久久感慨赞夸。这些都是以一敌万的好马，展开画绢如见奔马扬起风沙。其余七匹也都是殊俊而奇绝，远远看去像寒空中飘动烟雪。霜蹄骏马悠行在长楸大道间，专职马倌和役卒肃立排成列。可爱的九匹马神姿争俊竞雄，昂首阔视显得高雅深沉稳重。请问有谁真心喜爱神姿骏马？后世韦讽前代支遁名传天下。想当年玄宗皇上巡幸新丰宫，车驾上羽旗拂天浩荡东飘。腾飞跳跃精良好马有三万匹，匹匹与画图中马的筋骨雷同。自从河宗献宝穆王归天之后，就再也没有江中射蛟之事了。你没看见金粟堆前松柏林里，良马去尽徒见林鸟啼雨呼风。

【赏析】

　　"曹将军"即曹霸，以善画马著名，玄宗时官左武卫将军。这首诗是代宗广德二年（764）杜甫在成都韦讽家中观看曹霸的《九马图》后有感而作。

　　杜甫历经玄宗、肃宗、代宗三朝，饱经忧患，晚年流落蜀地，诗里自有沧桑之感。这首诗明面上是写马，暗地里却是写人。写马着重筋骨气概，写人寄托情感抱负。赞《九马图》之妙，生今昔之感，字里行间流露无穷慨叹，感人至深，兴味隽永。

　　诗可分为四段：第一段四句先以画马名手江都王作陪衬，赞曹氏画技之高超。第二段八句追叙曹霸应诏画马所产生的巨大轰动及影响。第三段十句写《九马图》的神妙以及群马的不同姿态。第四段八句是抒发观图后所产生的今昔迥异之感。

　　诗中写骏马飞腾矫健，简直呼之欲出，极为传神；写情感寄意深远，慷慨悲凉。浦起龙在《读杜心解》中评说："身历兴衰，感时抚事，惟其胸中有泪，是以言中有物。"

丹青引赠曹将军霸

◎杜甫

　　将军魏武之子孙①，于今为庶为清门②。英雄割据虽已矣③，文采风流今尚存。学书初学卫夫人④，但恨无过王右军⑤。丹青不知老将至⑥，富贵于我如浮云。开元之中常引见⑦，承恩数上南薰殿。凌烟功臣少颜色⑧，将军下笔开生面。良相头上进贤冠⑨，猛将腰间大羽箭。褒公鄂公毛发动⑩，英姿飒爽来酣战。先帝御马玉花骢⑪，画工如山貌不同⑫。是日牵来赤墀下⑬，迥立阊阖生长风⑭。诏谓将军拂绢素，意匠惨淡经营中⑮。斯须九重真龙出⑯，一洗万古凡马空。玉花却在御榻上⑰，榻上庭前屹相向⑱。至尊含笑催赐金，圉人太仆皆惆怅⑲。弟子韩幹早入室⑳，亦能画马穷殊相。幹惟画肉不画骨，忍使骅骝气凋丧㉑。将军画善盖有神，必逢佳士亦写真。即今漂泊干戈际，屡貌寻常行路人㉒。途穷反遭俗眼白，世上未有如公贫。但看古来盛名下，终日坎壈缠其身㉓。

【注释】

①魏武：指魏武帝曹操。②清门：寒门。③英雄割据：指魏、蜀、吴三足鼎立。④卫夫人：东晋著名书法家。⑤王右军：指曾任右军将军的王羲之。⑥"丹青"句：意谓曹霸一生沉浸于笔墨丹青中而不知老之将至。⑦引见：由内臣引领应诏朝帝。⑧凌烟功臣：贞观十七年二月，唐太宗命画功臣像于凌烟阁。开元时，玄宗曾命曹霸重画。少颜色：画的颜色因年久而暗淡。⑨进贤冠：唐代百官上朝时所戴的黑色礼冠。⑩褒公鄂公：指褒国公段志玄和鄂国公尉迟敬德。⑪玉花骢（cōng）：玄宗所乘骏马名。⑫"画工"句：意谓画工虽多，均不能得原马风神。⑬赤墀（chí）：皇宫内用红漆涂的台阶。⑭迥立：昂头屹立。阊（chāng）阖（hé）：本指天门，此代宫门。⑮"意匠"句：指曹霸苦心构思。⑯斯须：一会儿。真龙：神马。⑰玉花：指画中的玉花骢。却在：反在。⑱"榻上"句：意谓榻上马图和阶前

真马两两相对，昂首屹立。⑲圉（yǔ）人：养马的马倌儿。太仆：掌管皇帝车马的官。惆怅：慨叹。⑳韩幹：玄宗时官太府寺丞，初以曹霸为师，后自成一派。入室：得师傅传授。㉑骅（huá）骝（liú）：骏马。㉒"屡貌"句：意谓曹霸罢官后，漂泊零落，甚至常常给路人画像为生。㉓坎壈（lǎn）：困顿。

【译文】

曹将军是魏武帝曹操的后代子孙，如今却沦为平民百姓成为寒门。英雄割据的时代虽然一去不复返了，然而三曹的文采余韵如今在你身上还有留存。为学书法当初你先学卫夫人，只恨没有超过王羲之。你专攻绘画不知老之将至，荣华富贵对于你而言宛如天边的浮云。开元年间你常常被皇帝召见，承蒙皇恩曾多次登上南薰殿。凌烟阁的功臣画像因年久而颜色暗淡，曹将军你挥笔作画又重开生面。良相们头顶都戴上了进贤冠，猛将们腰间都佩带着大羽箭。褒公鄂公的毛发仿佛正在飘动，他们英姿飒爽好像要前来酣战。先帝的天马名叫玉花骢，众多画家所描画的都与原貌不同。当天玉花骢被牵到殿前的丹阶下，昂首屹立在宫门前虎虎生风。皇上诏令你展开丝绢准备作画，你匠心独运以意为主，惨淡经营刻苦用功。须臾间九天龙马就在丝绢上出现，将万代凡马的平庸一洗而空。玉花骢图展开后仿佛是真马在皇帝榻上，榻上马图和阶前真马相向屹立。皇上含笑催促左右赏赐黄金，马倌和太仆无不慨叹。将军的弟子韩幹早得真传，他也擅长画马且有许多不凡作品。韩幹只画外表而画不出内在精神，常使骅骝的生气凋散殆尽。将军善于画马妙在有神韵，只有遇到真名士才肯为他动笔写真。而今干戈四起你漂泊沦落，只能给路人绘画为生。穷途末路反遭世俗的白眼，人世间还未有人像你这般赤贫。只要看看自古以来那些久负盛名的人，都是终日坎坷穷愁缠身。

【赏析】

曹霸是盛唐著名的画马大师，安史之乱后，潦倒漂泊。唐代宗广德二年（764），杜甫和他在成都相识，十分同情他的遭遇，写下这首《丹青引赠曹将军霸》。

诗起笔先说曹霸的家世。接着写曹霸在书画上的师承渊源和高尚情操。"开元"以下八句曹霸应诏重绘凌烟阁上的功臣像，画得形神兼备，气韵生动。"先帝"至"气凋丧"以下十六句是全篇的中心，极力铺叙曹霸画玉花骢的过程，以弟子韩干来作反衬。"斯须九重真龙出，一洗万古凡马空"写画马的神奇雄俊，精彩之极。最后八句写曹霸如今落泊的境况。全诗的主题写画马，多方位运用了对比陪衬的手法，如用"学书"来陪衬"丹青"，用画功臣来陪衬画马，用画工来陪衬曹霸，用"凡马"来陪衬"龙马"，用弟子韩幹来陪衬曹霸，用昔日宫廷作画的盛况来陪衬如今漂泊困穷，等等。末段既是慨叹曹霸的遭际，也是诗人在自我感叹，两人都曾经名震一时，如今都怀才失意，感情产生共鸣。这首诗在章法上错综绝妙，一抑一扬地波浪式展开，最后以抑的沉郁调子结束，前后呼应，一脉贯通，构成一种悲慨的主调与苍凉的气氛。清代翁方纲曾称此诗为气势充盛，"古今七言诗第一压卷之作"。

寄韩谏议注

◎杜甫

今我不乐思岳阳，身欲奋飞病在床。美人娟娟隔秋水①，濯足洞庭望八荒②。鸿飞冥冥日月白③，青枫叶赤天雨霜。玉京群帝集北斗④，或骑麒麟翳凤凰⑤。芙蓉旌旗烟雾落，影动倒景摇潇湘。星宫之君醉琼浆⑥，羽人稀少不在旁⑦。似闻昨者赤松子⑧，恐是汉代韩张良⑨。昔随刘氏定长安，帷幄未改神惨伤⑩。国家成败吾岂敢，色难腥腐餐枫香⑪。周南留滞古所惜⑫，南极老人应寿昌。美人胡为隔秋水⑬，焉得置之贡玉堂⑭。

【注释】

①美人：指友人韩注。②濯足：用《孟子·离娄》"沧浪之水浊兮,可以濯我足"句意。八荒：最远之处。③鸿飞冥冥：鸿雁高飞于天际。④玉京：道家原始天尊的居处。群帝：众神仙。⑤翳：骑跨。⑥星宫之君：天神。⑦羽人：身穿羽衣的仙人。⑧赤松子：传说中的仙人。⑨张良：韩人,曾帮高祖刘邦兴汉,后弃功名,传其随赤松子游。⑩帷幄：刘邦曾赞张良"运筹帷幄之中,决胜千里之外"。⑪"国家"两句：国家之兴衰成败我岂敢作壁上观,只是厌恶腥腐世道宁可洁身退居山林。⑫"周南"句：汉武帝前往泰山封禅,太史公司马谈随行,至周南而病危,滞留不得归。⑬胡为：为何。⑭贡玉堂：指做官事君。玉堂,朝廷。

【译文】

　　我的心啊悒郁不悦，不由得思念起岳阳——你所在的地方，想要腾身飞去啊，无奈我卧病在床。远隔着澄碧清澈的秋水，我怀念的人啊品貌端庄，洞庭洪波为你洗去脚上的尘土，宇宙八荒在你眼前铺展。苍穹高邈，鸿雁飞翔，日月皎皎，放射光芒，枫叶已经涂抹成红色，秋天开始降下了寒霜。居住在玉京的天帝们，一齐到北斗星宫会聚，驾着他们飘然而至的，是那吉祥的麒麟和凤凰。绘绣莲花的面面旌旗，在轻烟雾霭中飞扬，这天上的胜景啊，倒映在波光摇曳的潇湘。星官里的帝君们开怀畅饮，在玉液琼浆中陶醉，随侍的飞仙羽人却缺少了谁，你正遨游在远方。据说你早已退隐山林，追随那仙人赤松子，难道你就是那汉朝的开国元勋、韩国良相的后代张良。从前曾辅佐刘氏，成就帝业，定都长安，运筹决胜的初衷未改，位高禄厚却让你黯然神伤。国家的兴衰成败，我怎敢不闻不问？只是不愿与腐臭污浊同流，还是退居山林去领受红枫的清香。当年太史公周南留滞的故事，自古以来为人们所痛惜，都希望天空出现南极老人之星，让世间一片太平安康。你有着美好的品行和功业，却为何要远隔秋水避世隐居？何时才能重返朝廷，为君王贡献肝胆，治国安邦。

【赏析】

　　韩注原为唐朝功臣，后因眼看朝政日益衰败，权奸当道，于是效法张良的明哲保身，去官隐居在衡山中求仙学道。杜甫深知他的贤能，故寄诗表达思慕之情，希望他能重新出来为国家贡献力量。

　　这首诗的体制近于游仙诗，即用仙家情景来表达不能直道其详的时事，显得隐约含蓄，必须反复涵咏方能有所体味。

　　前六句为第一段，写怀念韩某远在洞庭的情绪。"玉京"六句为第二段，写朝廷小人得势，而贤臣远去。其中的"群帝"以下句比喻权贵近臣的风光无限，"羽人"句用仙家故事来比喻远臣的去官归乡。"似闻"六句为第三段，写听到韩注罢官原因，以张良比之，颂其高洁有才。末四句为第四段，抒写自己的感想，希望韩注再出来济世匡君。

　　全诗的思绪细致周密，内容写得隐晦曲折，格调沉郁悲凉，体现了诗人一贯的忧国忧民情怀。

宿府

◎杜甫

清秋幕府井梧寒①，独宿江城蜡炬残。
永夜角声悲自语②，中天月色好谁看？
风尘荏苒音书绝③，关塞萧条行路难。
已忍伶俜十年事④，强移栖息一枝安⑤。

【注释】

① 幕府：将军的府署。井梧：井边的梧桐树。
② 永夜：长夜。角声：军中号角声。③ 风尘荏苒：指于漂泊中度过时光。荏苒，指时间推移。④ 伶俜（pīng）：孤单。⑤ 一枝安：指求得暂时的安定。

【译文】

深秋，幕府井边的梧桐疏寒，独自寄宿江城，蜡烛快要燃尽了。号角响了一夜，像是人在悲伤地自言自语，月色虽好，谁有心情赏看？四处漂泊，光阴流逝音信已断；边塞萧条，行路十分艰难。已忍受战乱漂泊了十年，如今勉强栖息于此，暂且偷安。

【赏析】

唐代宗广德二年（764），严武为剑南西川节度使镇蜀，杜甫在成都草堂因生活窘迫，入其幕府为检校工部员外郎。他不习惯幕府"当面输心背面笑"的习气，觉得难以忍受，却又因生活所迫而无可奈何，心情极为苦闷。当他孤独一人在幕府值夜班时，感慨万千，遂写下这首诗。

诗的前四句主要是写景。首联采用了倒装的手法，按顺序，第二句应在第一句之前。未写"独宿"而先写"独宿"的氛围、感受和心情，意在笔先，起势峻耸。"独宿"二字乃全诗之眼，夜不能寐的苦衷已然见于言外。

深夜独宿，所见之景皆为寒冷的井梧、烧残的蜡烛、凄冷的月色，所听为悲凉的号角声，再加一个"悲"字和月色虽好谁看之语，诗人心中的忧郁、愁苦、孤独、凄凉都尽在不言中了。

"永夜角声"即意味着战乱未息，惹起诗人许多感慨，其中心便是"风尘荏苒音书绝"。后四句写战乱未息，处世艰难，思家之情有增无减，"宿府"时的心情非常复杂，只能用"伶俜十年事"加以概括，给读者留下了想象的空间。在穷愁无聊之际，诗人只好自己安慰自己得过且过。

全诗用语朴素，表达了作者悲凉深沉的情感。

古柏行

◎杜甫

孔明庙前有老柏，柯如青铜根如石①。
霜皮溜雨四十围②，黛色参天二千尺③。
君臣已与时际会，树木犹为人爱惜。
云来气接巫峡长，月出寒通雪山白。
忆昨路绕锦亭东④，先主武侯同閟宫⑤。
崔嵬枝干郊原古⑥，窈窕丹青户牖空⑦。
落落盘踞虽得地，冥冥孤高多烈风。
扶持自是神明力，正直原因造化功。
大厦如倾要梁栋，万牛回首丘山重。
不露文章世已惊⑧，未辞翦伐谁能送？
苦心岂免容蝼蚁⑨，香叶终经宿鸾凤⑩。
志士幽人莫怨嗟，古来材大难为用。

【译文】

　　孔明庙前有一株古老的柏树，枝干色如青铜、根柢固如盘石。树皮洁白润滑，树干有四十围，青黑色朝天耸立，足有二千尺。刘备孔明君臣遇合与时俱往，至今树木犹在仍被人们爱惜。柏树高耸，云雾飘来气接巫峡；月出寒光，高照寒气直通岷山。想昔日小路环绕我的草堂东，先生庙与武侯祠在一个閟宫。柏树枝干崔嵬，郊原增生古致；庙宇深邃，漆绘连绵门窗宽空。古柏独立高耸虽然盘踞得地，但是位高孤傲必定多招烈风。它得到扶持自然是神明伟力，它正直伟岸是造物者之功。大厦如若倾倒要有梁栋支撑，古柏重如丘山万牛也难拉动。它不露花纹彩理使世人震惊，它不辞砍伐又有谁能够采送？它虽有苦心也难免蝼蚁侵蚀，树叶芳香曾经招来往宿鸾凤。天下志士幽人请你不要怨叹，自古以来大材一贯难得重用。

【注释】

① 柯（kē）：树枝。② 霜皮溜雨：指树皮白而润滑。③ 黛色：青黑色。④ 锦亭：杜甫在成都所建草堂的中庭名。⑤ 先主：指刘备。成都的武侯庙袝于先主庙，故云"同閟宫"。閟（bì）：幽深。⑥ 崔嵬：高大貌。⑦ 户牖（yǒu）：窗户。⑧ 文章：指美丽的色彩。⑨ 苦心：柏心味苦。岂免：难免。⑩ 宿：栖宿。

【赏析】

　　杜甫一生对诸葛亮万分崇敬，唐代宗大历元年（766），杜甫到夔州（今重庆市奉节县）孔明庙凭吊，见庙前古柏而写下此诗。

　　唐王朝自安史之乱后，一直兵连祸结，一片纷乱。杜甫希望李唐王朝能尽快恢复昔日繁荣，对着孔明庙前久经风霜、独立寒空的古柏，自然会想到为恢复汉室江山而鞠躬尽瘁的诸葛亮，想到刘备和诸葛亮之间如鱼得水的君臣关系，想到自己的壮志难酬。末句的"古来材大难为用"抒发了怀才不遇的深沉感慨，带有广泛的意义。全诗通篇采用托物比兴的手法，处处咏古柏，句句颂武侯。写古柏古老，借以兴起君臣际会；以老柏孤高，喻武侯忠贞。全诗分为三段，每段八句一韵，结构严谨，形象鲜明，寄意幽远。

旅夜书怀

◎杜甫

细草微风岸，危樯独夜舟①。

星垂平野阔，月涌大江流。

名岂文章著，官应老病休②。

飘飘何所似，天地一沙鸥。

【注释】

① 危樯（qiáng）：高耸的船桅。独夜舟：夜晚独自行舟。② 老病休：因年老多病而离职。

【译文】

微风吹拂，细草轻摆，桅杆高高，夜里独自行舟。星光下，旷野更显宽阔，月影涌动，才见大江奔流。名望难道要靠文才著称？年老了也应该因多病而休官。飘荡江湖，我像什么？活似天地间一只孤苦沙鸥。

【赏析】

唐代宗永泰元年（765）正月，杜甫辞去华州司功参军的职务。四月，他在成都赖以存身的好友严武死去，一下子陷入了凄孤无依的境况之中。五月，杜甫带着家人离开成都草堂，乘舟东下。当舟行经渝州（今重庆）、忠州（今重庆忠县）一带时，写下这首诗，诗人时年五十四岁。

诗的前半写"旅夜"的情景。以辽阔的平野、浩荡的大江、灿烂的星月来反衬诗人暮年飘泊的凄苦景况，是寓情于景的写法。"星垂平野阔，月涌大江流"一句，炼字精准无匹，展现出开阔雄浑的境界，历来为人称道。

诗的后半是"书怀"。抒发自己本来志在社稷，没想到却是因文章而扬名，而宦途却因老病而被排挤。着一"岂"一"应"字，流露了诗人奔波不遇之情，而诗人心中的孤愤也于此可见。漂泊一生，与天地之间的一只沙鸥相类。

明人王嗣奭在《杜臆》中说："乾坤间独见此老俯仰一身。"通篇神完气足，气象万千，在天地山川苍茫的背景下展现出诗人的飘泊无依和孤愤索寞之情，令人感慨不已。

八阵图

◎杜甫

功盖三分国，名成八阵图。

江流石不转①，遗恨失吞吴。

【译文】

　　三分天下，孔明功劳最大，他创制的八阵图，更是名扬千古。任江水冲刷，石头仍岿然不动，千古遗恨在于没有阻止先帝贸然征讨东吴。

【注释】

① 石不转：指水涨时八阵图之石岿然不动。

【赏析】

　　八阵图，是诸葛亮创制的由天、地、风、云、龙、虎、鸟、蛇八种阵势所组成的军事操练和作战的阵图，用乱石堆成，变化多端，是古代不可多得的作战阵法。这首诗中的八阵图故址在夔州（今重庆奉节县南）。湍湍江流中的"八阵图"遗迹，是沧桑历史的见证。

　　第一句总写，追怀诸葛亮辅佐刘备建立蜀国而三分天下有其一，功业盖世；第二句从具体的方面来写，说诸葛亮所排列的八阵图让他垂名千载，对仗精巧工整、自然妥帖。

　　在结构上，前句开门见山，后句点出诗题，又为下面凭吊遗迹作了铺垫。三、四句说诸葛亮没能制止刘备举兵伐吴，致使兵败夷陵，铸成无可挽回的大错，留下了千古遗恨。

　　杜甫推崇诸葛亮，在怀古歌颂中，隐然有对时世风云和自身偃蹇身世的思索与感慨。

白帝

◎杜甫

白帝城中云出门，白帝城下雨翻盆。
高江急峡雷霆斗，古木苍藤日月昏。
戎马不如归马逸，千家今有百家存。
哀哀寡妇诛求尽，恸哭秋原何处村？

【赏析】

　　这首拗体律诗，作于唐代宗大历元年（766）秋。其时杜甫寓居夔州，白帝城暴雨倾盆的景色让杜甫不由地联想到战乱后农村凋敝的景象。

　　前四句写白帝城大雷雨的情景。首联即用民歌的复沓句法来摹绘云雨翻腾的奇景：云气刚从城门中腾涌而出，城下就暴雨倾盆了。上句写登上白帝城楼，只觉云气从城门中翻涌而出，极言山城之高峻；下句写"城下"大雨倾盆，整座城仿佛立于云雨的上头，又一次凸显了城之高。"雷霆斗"三字，可谓声态并作，传达出雨势的急骤；"日月昏"三字，则见出云之浓、雨之大、木之古、藤之苍。这两句将雨景写得苍茫雄浑，又隐晦点出当时社会处于天昏地暗之中，自然与社会并写，总上启下。

　　后四句写当地村庄凋敝的景象，"戎马"句点出"千村今

【译文】

　　团团乌云涌出白帝城门，白帝城下立刻暴雨倾盆。高涨的江水和陡峭的峡口似雷霆般相斗，古木苍藤遮蔽群山，天昏地暗。出征的马不如归田的马走得轻逸，战火后的城邑千家只有百家尚存。家中余下的寡妇被横征暴敛得一贫如洗，那哀哀的哭声来自秋原何处的荒村？

有百家存"，说明战争后十室九空，田园荒芜，马不用拉车耕地，故"逸"。眼前这种荒芜之景已经让人触目惊心，而夫死子亡的寡妇还被官府横征暴敛、搜刮尽净，或许她的亲人正是死于战乱，然而官府连这样的孤弱女子也不肯放过，一意搜刮殆尽，对于其他人，更是可想而知，所以秋原上飘荡着阵阵恸哭声。秋季是收获的季节，人们本该满怀喜悦，可是却只有哭声萦绕在诗人耳边，百姓的处境之艰难，不难想见。"何处村"是说辨不清到底是哪个村庄有人在哭，其实就是说没有哪个地方没有哭声，营造了一种苍凉的悲剧气氛。如此时世，非但寡妇哀哀，诗人亦哀叹无尽。这首诗以典型的悲剧形象，有力地控诉和鞭挞了黑暗的现实。

野望

◎杜甫

西山白雪三城戍①，南浦清江万里桥②。
海内风尘诸弟隔③，天涯涕泪一身遥。
唯将迟暮供多病④，未有涓埃答圣朝⑤。
跨马出郊时极目⑥，不堪人事日萧条。

【注释】

① 西山：在成都西，主峰终年积雪。三城：指松、维、保三州。② 清江：指锦江。万里桥：在成都城南。③ 风尘：比喻战乱。④ 迟暮：指年老。⑤ 涓埃：细流与微尘，比喻微小。⑥ 极目：极目远望。

【译文】

西山白雪皑皑，护卫着三城；南郊的万里桥，跨过锦江。国家战乱不断，几个兄弟四分五散；天涯相隔，我涕泪纵横，叹一身飘摇。只能把我的剩余时日，交给病躯，至今还没有点滴功德，回报圣朝。骑马到郊外，不时极目远眺，不能忍受，世事日渐萧条。

【赏析】

这首诗作于肃宗上元二年（761）杜甫流寓成都时。其时诗人已经五十岁，孤身流落天涯，与家中亲人难通音信，而中原的战乱尚未平息，更有吐蕃侵扰边地，故他郊游野外，有感于国家的内忧外患，又自伤年迈多病、无能为力。

全诗由"望"字着笔，首联写从高低两处望见的景色，吐蕃在川西猖獗，西山三城列兵戍守；中间两联是远望触发的家国之忧、身世之感；尾联点明极目野望，不堪人事萧条。

此诗在艺术结构上控纵自如，前六句写远望时，由向外观察自然景观引而向内审视家国忧患和自己的身世，思想感情变化无绪，或为"迟暮"、"多病"发愁，或为未"答圣朝"抱愧，多重心事萦绕心头。尾联才指出触目感伤之原由。

咏怀古迹五首（其一）

◎杜甫

支离东北风尘际①，漂泊西南天地间。

三峡楼台淹日月②，五溪衣服共云山③。

羯胡事主终无赖④，词客哀时且未还⑤。

庾信平生最萧瑟⑥，暮年诗赋动江关。

【注释】

① 支离：流离。东北：从蜀地讲，关中是东北。风尘际：战尘四起的年代。② 淹：滞留。日月：岁月。③ 五溪衣服：泛指夔州地区少数民族的服装。共云山：是说自己与当地夷人一同居住。④ 羯胡：指安禄山。⑤ 词客：南北朝时羁滞于北国而不得南归的诗人庾信，作者用来比喻自己。⑥ 萧瑟：庾信平生常作凄凉悲楚的诗，故云。

【译文】

　　战乱时，我在关中一带颠沛流离，辗转入蜀，又漂泊东西、居无定所。我在三峡待了不少时日，又在湘贵交界与五溪夷人在一起。羯胡人事主，终究不可信赖，我忧乱伤时，仍然流落在外。庾信的一生，最是凄凉悲惨，他晚年的诗赋震动江关。

【赏析】

　　《咏怀古迹五首》是杜甫从夔州出三峡，到江陵、归州一带，沿途游览古迹而自咏怀抱之作。五首各咏一古迹，这首是路经庾信故宅时咏怀之作。杜甫对庾信的诗赋推崇备至，一是出于艺术上的欣赏，他说"清新庾开府"、"庾信文章老更成"；二是因为身世相近，皆因国难而飘零异乡。

　　首联写安史之乱起，漂泊入蜀居无定处。颔联写流落三峡、五溪，与夷人共处。颈联写安禄山狡猾反复，自己飘泊异地，欲归不得。末联写庾信晚年《哀江南赋》极为凄凉悲壮，暗寓自己的乡国之思。全诗写景写情，深切真挚，议论精当，沉郁苍劲又不失高华典雅。

咏怀古迹五首（其二）

◎杜甫

摇落深知宋玉悲①，风流儒雅亦吾师。

怅望千秋一洒泪，萧条异代不同时。

江山故宅空文藻②，云雨荒台岂梦思③？

最是楚宫俱泯灭，舟人指点到今疑。

【注释】

①"摇落"句：宋玉《九辩》有："悲哉秋之为气也，萧瑟兮草木摇落而变衰。"②空文藻：空留下来文采。③"云雨"句：宋玉曾作《高唐赋》，述楚王游高唐时曾于梦中见一妇人，自称是巫山之女，楚王因而幸之。神女离去时说："妾在巫山之阳，高丘之岨，且为行云，暮为行雨，朝朝暮暮，阳台之下。"

【译文】

看到草木摇落，我深深地体会到宋玉悲秋的原因，他的风流儒雅可以做我的老师。面对千秋往事惆怅不已，泪眼朦胧，虽然生在不同的朝代，但萧条感相同。江山故居空留下文采，云雨荒台难道是梦想？最可叹楚王宫殿已经不存在，可船夫至今还在指点猜疑。

【赏析】

这首诗是杜甫在归州（今湖北秭归）宋玉故宅追怀宋玉而作。

在杜甫看来，宋玉既是诗人，也是有志之士。但他生前身后都只被视作词人，政治上郁郁不得志，还一直遭到误解和曲解。

诗的前半感慨宋玉生前"风流儒雅"但怀才不遇，而自己与之身世相类，不同时而同悲。后半写其人已没却有故居和文章永垂不朽，供人凭吊和传诵，是为可慰，而楚王行宫早已荡然不存，以至过往舟人指指点点，猜测不休。然而，尽管还保存了宋玉故宅，但人们只懂得欣赏他的文采词藻，却根本不了解他的志向抱负，这既不符合宋玉的本心，也无补于后世，一个"空"字抒发了无限的怅惘之意。

诗人怀宋玉亦是自伤身世，诗中先后写了草木摇落、景物萧条、江山云雨、故宅荒台、舟人指点的情景，笔势回旋往复，把历史陈迹和诗人的哀伤交融在一起，寄慨遥深。全诗铸词融典，精警切实。

咏怀古迹五首（其三）

◎杜甫

群山万壑赴荆门①，生长明妃尚有村②。

一去紫台连朔漠③，独留青冢向黄昏④。

画图省识春风面⑤，环佩空归月夜魂⑥。

千载琵琶作胡语，分明怨恨曲中论。

【注释】

① 荆门：荆门山，在湖北宜都县西北。② 明妃：即王昭君。昭君村在归州东北。尚有村：尚有她生长的村庄。③ 紫台：指皇宫。朔漠：指匈奴所居之地。④ 青冢：即昭君墓。传说每到深秋时节，北方草木皆枯，唯独昭君墓上小草青青依旧。⑤ "画图"句：意谓汉元帝对着图画岂能得知昭君美丽的容颜。画图，指画工毛延寿因昭君不肯行贿于他而故意丑化她的事。省（xǐng）识，认识。⑥ 环佩：指代昭君。月夜魂：指昭君生不得归汉，只有死后的灵魂从月夜归来。

【译文】

　　山峦连绵，似要奔赴荆门，那里还有生养昭君的山村。离别汉宫，远嫁北方大漠，如今只有青青坟冢对着黄昏。只凭图画怎能辨识昭君美貌？环佩叮当，只能趁月夜时魂魄归来。千百年来，琵琶仍奏着《昭君怨》，曲子倾诉的分明是愤恨幽怨。

【赏析】

　　杜甫经过昭君村，想到昭君出塞，有感而写下这首咏古诗。

　　首联中"群山万壑赴荆门"破空而来，气势奔流，说明荆门山水钟灵毓秀，故能生养出明妃。"赴"字突出了三峡山势的雄奇生动。有人认为，如此气象雄伟的起句，应当用在英雄身上才合适，但也有人说，杜甫正是为了凸显昭君这位绝代佳人，要把她写得"惊天动地"，故而借高山大川的宏大气魄来烘托她。

　　颔联述昭君的遭遇，她生归异域，死后独留青冢。作者虽没直接发议论，但紫台、朔漠、青冢、黄昏，写尽明妃一生的幽怨。清人朱瀚《杜诗解意》说："'连'字写出塞之景，'向'字写思汉之心，笔下有神。"

　　后四句伤悼昭君生前未经识面，死后魂魄徒然来归，同时指斥君王的昏聩和软弱，主题落在"怨恨"二字。结句归重琵琶传意，虽千载而下，其中的怨恨分明，让人觉得荡气回肠，唏嘘不已。沈德潜评价道："咏昭君诗，此为绝唱。"

咏怀古迹五首（其四）

◎杜甫

蜀主征吴幸三峡①，崩年亦在永安宫②。
翠华想象空山里③，玉殿虚无野寺中。
古庙杉松巢水鹤，岁时伏腊走村翁④。
武侯祠屋常邻近⑤，一体君臣祭祀同。

【注释】

① 蜀主：指刘备。② 崩：皇帝死曰崩。永安宫：即白帝城。③ 翠华：皇帝仪仗中用翠鸟羽毛作装饰的旗帜。④ 伏腊：伏天腊月。此指每逢节气常有村民前往祭奠。⑤ 武侯：诸葛亮曾封武乡侯。

【译文】

刘备为夺取东吴，曾到三峡鏖兵，他驾崩时，就在白帝城永安宫。摇想当年，翠羽旗帜飘扬山间，如今，宫殿已荒芜在野寺中。古庙的杉松上，有水鹤筑巢，赶上伏天腊月，还有来这祭祀的村翁。武侯祠距此非常近，君臣如同一体，死后祭祀也相同。

【赏析】

这首诗是咏蜀先主庙之作，推崇刘备与诸葛亮的君臣关系。杜甫生逢乱世，身世飘零，对因历史沧桑而残败的古迹难免会感慨万端。

刘备当年死于白帝城的永安行宫，而今只能在空山里想象当年的仪仗，玉殿虚无飘渺、古庙松杉栖鹤，一片苍凉荒芜，自是让人感慨无限；但刘备和诸葛亮君臣一体的关系，深为后人所推崇，连村野老翁也夜对他们祭祀，可见其遗迹之流泽。整首诗看似咏刘备，直到尾联才道出自己对君臣之间如鱼得水的默契关系的崇敬之情，抑扬反复，虚实相生，寓有杜甫对自身遭际的感慨。

咏怀古迹五首（其五）

◎杜甫

诸葛大名垂宇宙，宗臣遗像肃清高①。

三分割据纡筹策②，万古云霄一羽毛③。

伯仲之间见伊吕④，指挥若定失萧曹⑤。

运移汉祚终难复⑥，志决身歼军务劳⑦。

【注释】

① 宗臣：世所崇仰的重臣。肃清高：因其人品纯洁高尚而肃然起敬。② 纡（yū）：指曲折周密地安排部署。③ 羽毛：指鸾凤。④ 伊吕：指商代伊尹和周代吕尚，二人都是辅佐贤主开国的名相。⑤ 失萧曹：使高祖刘邦的谋臣萧何、曹参也为之逊色。⑥ 运移汉祚（zuò）：意谓气运要倾覆汉朝。祚，帝位。⑦ 身歼：身死。

【译文】

诸葛亮的英名万世流芳，瞻仰雕像，对他肃然起敬。三分天下割据一方，由他筹划，千百年来世人的文治武功，也不过是云霄中的一片鸿毛。辅佐刘备，与伊尹吕尚难分伯仲；指挥从容，萧何曹参也为之逊色。天命如此，东汉的帝业难于复兴，其志虽坚，却死于军务积劳。

【赏析】

杜甫一生不甘于以文士自居，怀着"致君尧舜上，再使风俗淳"的大志，立志要辅佐君王、报国济世，却仕途偃蹇，始终不得一展才干。而诸葛亮先辅助刘备开创帝业，又辅助刘禅鞠躬尽瘁死而后已，杜甫自然对他仰慕非常，希望同时代也能有这样一位伟大的人物来匡扶社稷，于是在夔州（今重庆奉节）进谒武侯祠而追怀诸葛亮时，怀着崇敬和惋惜之情写下了这首诗。

全诗以议论为主，称颂诸葛亮的英才秀出，惋惜其志不成。先总说诸葛亮美名流传在天地间，带出卧龙遗像。上下四方为"字"，古往今来为"宙"，"垂宇宙"，对于诸葛亮"名满寰宇，万世不朽"的功业，首句即给了读者具体形象之感，如异峰突起，笔力雄放。次句中，"宗臣"二字，总领全诗。

诸葛亮辅佐刘备三分天下居其一，建立了盖世功业，与伊尹、吕尚、萧何、曹参等历代名相相比，毫不逊色。"纡"字突出了诸葛亮屈居一隅，纵有经世怀抱也只能施展一部分；而三分天下的功业，也只不过是"鸾凤一羽"罢了。诗人盛赞诸葛亮的人品与伊尹、吕尚不相上下，他从容镇定的指挥才能连萧何、曹参也为之黯然失色，对武侯可谓推崇备至，同时也表现了作者不以成败论英雄的高人之见。

最后，诗人叹息汉室气数已尽，诸葛亮终究未能如愿以偿恢复汉家大业，但其鞠躬尽瘁、死而后已的忠贞品德辉映着千秋万世。

诗议而不空，句句含情，层层深入，一唱三叹，意味悠长。

阁夜

◎杜甫

岁暮阴阳催短景①，天涯霜雪霁寒霄②。

五更鼓角声悲壮，三峡星河影动摇③。

野哭千家闻战伐④，夷歌数处起渔樵⑤。

卧龙跃马终黄土⑥，人事音书漫寂寥⑦。

【注释】

①阴阳：指日月。短景：指冬季日短。景，通"影"，日光。②霁（jì）：雪停。③星河：银河，这里泛指天上的群星。④野哭：战乱的消息传来，千家万户的哭声响彻四野。战伐：指崔旰之乱。⑤夷歌：指四川境内的少数民族歌谣。⑥卧龙：指诸葛亮。跃马：指公孙述。公孙述，字子阳，扶风人。西汉末年，天下大乱，他凭蜀地险要，自立为天子，号"白帝"。这里用晋代左思《蜀都赋》中"公孙跃马而称帝"之意。诸葛亮和公孙述在夔州都有祠庙，故诗中提到。这句是贤人和愚人终成黄土之意。⑦人事：指交友。音书：指亲朋间的慰藉。漫：徒然、白白的。

【译文】

　　年终岁末，又是昼短夜长时候，流落天涯，寒冷的夜里霜雪初停。五更天鼓角阵阵，声音悲壮；三峡倒映银河，星辰随水摇动。野外的哭声传来战争的讯息，渔民樵夫唱起夷族歌谣。诸葛亮神算，公孙述勇健，终成黄土；人事变迁，音信断绝，我该任随寂寞无聊。

【赏析】

　　这首诗是大历元年（766）冬杜甫寓居夔州西阁夜晚有感而作。全诗写冬夜景色而渗入感慨，有伤乱思乡之意。前四句写凄凉寒怆的夜景，一"催"字，形象地说明夜长昼短，使人有光阴逼人老之感。三、四句有声有色地表现出三峡夜深美景：夜里耳听得那悲壮的更鼓和号角之声，眼见得三峡江水倒映出的繁星摇曳不定，伟丽中蕴涵着悲壮深沉的情怀。后四句言情，当时川西军阀连年混战不息，吐蕃也不断侵扰蜀地，故一闻战伐之事，恸哭声传彻四野，渔樵"夷歌"的承平之声反衬出战伐野哭之悲。结尾感慨无论贤愚，终归黄土，则目前人事音书，付之寂寥而已。看似自遣，实际上"意中言外，怆然有无穷之思"。全诗气象雄阔，大有上下天地俯仰古今之概，向来被誉为杜律中的典范性作品。

观公孙大娘弟子舞剑器行并序

◎杜甫

　　大历二年十月十九日，夔府别驾元持宅见临颍李十二娘舞剑器，壮其蔚跂。问其所师，曰："余公孙大娘弟子也。"开元三载，余尚童稚，记于郾城观公孙氏舞剑器浑脱。浏漓顿挫，独出冠时。自高头宜春、梨园二伎坊内人泊外供奉，晓是舞者，圣文神武皇帝初，公孙一人而已。玉貌锦衣，况余白首；今兹弟子，亦匪盛颜。既辨其由来，知波澜莫二。抚事慷慨，聊为《剑器行》。昔者吴人张旭，善草书书帖，数尝于邺县见公孙大娘舞西河剑器，自此草书长进，豪荡感激。即公孙可知矣！

　　昔有佳人公孙氏，一舞剑气动四方。观者如山色沮丧[1]，天地为之久低昂。㸌如羿射九日落[2]，矫如群帝骖龙翔[3]。来如雷霆收震怒，罢如江海凝清光。绛唇珠袖两寂寞[4]，晚有弟子传芬芳[5]。临颍美人在白帝[6]，妙舞此曲神扬扬。与余问答既有以[7]，感时抚事增惋伤。先帝侍女八千人[8]，公孙剑器初第一。五十年间似反掌，风尘澒洞昏王室[9]。梨园弟子散如烟，女乐馀姿映寒日[10]。金粟堆前木已拱[11]，瞿唐石城草萧瑟[12]。玳筵急管曲复终[13]，乐极哀来月东出。老夫不知其所往，足茧荒山转愁疾。

【注释】

①色沮丧：形容惊讶失色的样子。②㸌（huò）：闪光貌。羿：后羿。③矫：矫捷。群帝：群仙。骖（cān）：驾驭。④绛唇：指歌。珠袖：指舞。⑤芬芳：公孙大娘舞蹈的精华。⑥临颍美人：指李十二娘。⑦既有以：即序中"既辨其由来"之意。⑧先帝：指唐玄宗。⑨澒（hòng）洞：弥漫无际的样子。⑩女乐馀姿：指李十二娘的舞蹈犹存开元盛世的风貌。⑪金粟堆：位于金粟山的玄宗陵。木已拱：意思是墓前的树木已长得有双手合抱那么粗了。⑫瞿唐石城：指白帝城。⑬玳筵：玳瑁饰制的琴瑟。急管：节奏急促的管乐。

【译文】

　　从前有个漂亮女人，名叫公孙大娘，每当她跳起剑舞来，就要轰动四方。观看人群多如山，心惊魄动脸变色，天地也被她的舞姿感染得起伏震荡。剑光璀璨夺目，有如后羿射落九日；舞姿娇健敏捷，恰似天神驾龙飞翔。起舞时剑势如雷霆万钧，令人屏息；收舞时平静，好像江海凝聚的波光。岁月无情，鲜红的嘴唇绰约的舞姿都已逝去，到了晚年，有弟子把艺术继承发扬。临颍美人李十二娘，在白帝城表演，她和此曲起舞，精妙无比神采飞扬。她和我谈论好久关于剑舞的来由，我忆昔抚今，更增添无限惋惜哀伤。当年玄宗皇上的侍女，约有八千人，剑器舞姿数第一的，只有公孙大娘。五十年的光阴，真好似一翻掌间，连年战乱烽烟弥漫，朝政昏暗无常。那些梨园子弟，一个个地烟消云散，只留李氏的舞姿，掩映冬日的寒光。金粟山玄宗墓前的树木，已经合抱；瞿塘峡白帝城一带，秋草萧瑟荒凉。玳弦琴瑟急促的乐曲，又一曲终了，明月初出乐极生悲，我心中惶惶。我这待亡之人，真不知哪是要去的地方，荒山里迈步艰难，越走就越觉凄伤。

【赏析】

公孙大娘为唐玄宗开元年间有名的舞蹈大家，她的剑器舞惊动天下，擅场一时，"草圣"张旭观看她的剑舞后受启发而草书大有长进，其声名一直流传到唐末。杜甫用小序说明了观看公孙大娘弟子的舞姿，回忆起童年时亲见公孙大娘剑舞的情景，抚今思昔，深有感慨，因而作此诗。

诗开头八句写当年公孙大娘舞剑的盛况：她的名声传遍了四方，每次观众都是人山人海，她的舞蹈不仅让观众惊讶失色，连天地都好像随之而起伏低昂，久久无法平静。四个"如"字渲染出公孙大娘变化莫测的舞姿。

接着"绛唇"六句写公孙氏死后剑舞沉寂，幸好晚年还有弟子承继。跟着写她的弟子临颍李十二娘在白帝城重舞剑器，犹有公孙氏当年的风采，并由表演引出"感时抚事"。

"先帝"六句写伤感往事想到梨园子弟早已烟消云散，只有李十二娘还犹存盛唐歌舞风韵。

"金粟"六句是尾声，感慨身世凄凉：玄宗已经死了六年，他陵墓上的树已够双手拱抱了；而他这个玄宗时代的小臣，正流落在草木萧瑟的白帝城中。又一节奏急促的舞曲结束了，下弦月已经东出，诗人不禁茫然四顾，却不知该往何处，只好拖着衰老的身躯在荒山中踽踽独行。

杜甫善于用最简短的几句话集中概括巨大的历史变化和广阔的社会内容。"五十年间似反掌，风尘澒洞昏王室"，"风尘"暗指安史之乱，从乐舞之今昔对比中见五十年的兴衰治乱，正体现了杜诗"沉郁顿挫"的特点。

全诗气势雄浑，包容广大，语言富丽而不浮艳，音节顿挫而多变。王嗣奭评说："此诗见剑器而伤往事，所谓抚事慷慨也。故咏李氏，却思公孙；咏公孙，却思先帝；全是为开元天宝五十年治乱兴衰而发。"（《杜诗详注》引《杜臆》）

登高

◎杜甫

风急天高猿啸哀，渚清沙白鸟飞回①。

无边落木萧萧下，不尽长江滚滚来。

万里悲秋常作客，百年多病独登台②。

艰难苦恨繁霜鬓③，潦倒新停浊酒杯④。

【译文】

　　青天高阔，秋风萧萧，猿猴悲啼，小洲清朗，沙岸白净，鸟儿飞回。落叶萧萧而下，无边无垠；长江滚滚奔来，无垠无边。万里秋景肃杀，悲叹我异乡漂泊；生来多病，今日独自登上高台。世事艰难，我已霜染两鬓；失意潦倒，最近不再饮酒。

【注释】

① 渚：水中的小洲。回：回旋。② 百年：一生。③ 繁霜鬓：两鬓的白发一天天增多。④ "潦倒"句：这时杜甫正因为生了肺病必须戒酒。

【赏析】

　　大历二年（767），杜甫时年五十六岁，他一生潦倒失意，此时漂泊寓居在夔州（今重庆奉节），正患着肺病，在重阳节登高，满目凄凉，感怀写下这首诗。

　　全诗通过登高所见秋江景色，倾诉了诗人长年飘泊老病孤愁的复杂感情，大气盘旋而又悲凉沉郁。

　　前半首写登高所闻所见之景，以"风急"带动全篇，于一仰一俯、一近一远中勾勒出一幅夔州萧瑟秋江图；"无边落木萧萧下，不尽长江滚滚来"一联，写眼前实景，气势宏大。而落叶萧萧，是生命之飘零；长江滚滚，是流年之易逝，二者道出了人生苦短。

　　后半首写登高所感所思之情。所感者，自己穷困潦倒，久客则艰苦备尝，而病多则潦倒日甚，所以白发日增，新近连浇愁的浊酒杯都停了，愁更无所遣了。

　　全诗四联对仗，句句押韵，而且每句句意容量很大，真是"一篇之内，句句皆奇"。明代胡应麟《诗薮》说此诗"通章章法、句法、字法，前无昔人，后无来学"，推崇"为古今七言律第一"。

至德二载甫自京金光门出，问道归
凤翔。乾元初从左拾遗移华州掾。
与亲故别，因出此门，有悲往事

◎杜甫

此道昔归顺①，西郊胡正繁②。
至今残破胆③，应有未招魂④。
近得归京邑⑤，移官岂至尊⑥？
无才日衰老，驻马望千门⑦。

【注释】

① 此道：这条道路。归顺：指至德二载投奔凤翔的唐
肃宗。② 胡正繁：指叛军的部队正在横行肆虐。繁，多。
③ 破胆：惊骇。④ 未招魂：因惊恐而未招回的魂魄。
⑤ 近得：指拜左拾遗。⑥ "移官"句：此次贬官华州
岂是皇上的意思？⑦ 驻马：停马。千门：指代皇城的
重重宫阙。

【译文】

当年由这条路投奔凤翔，当时
长安西郊，叛军正又多又乱。至今
想起，仍让人胆战，仿佛觉得还有
离魂未招回。当年官拜左拾遗，我
随同回京城，如今迁官华州，岂是
皇上本心？我没有什么才能，又日
渐衰老，只能驻马回望重重宫阙。

【赏析】

肃宗至德二载（757），杜甫从沦
陷的长安城逃走，自金光门出，一路
历经艰辛，终于到达凤翔拜见肃宗，
肃宗命他为左拾遗。当时的宰相房琯
自请带兵讨贼恢复两京，不幸兵败被
罢相。杜甫忠于职守，上疏直言进谏，
结果触怒肃宗，于次年，即乾元元年
（758），被贬到华州任司功参军，此
次再出金光门，诗人不由感慨万端。

诗中追忆了当年冒险逃出叛军魔
掌投奔肃宗的情景。"胡正繁"有两
层含义：一是说叛军势大，朝廷岌岌
可危；二是说当时西门外敌人多而且

往来频繁，逃出极为困难，表现了诗人的无限忠诚。见到肃宗后诗人出任左拾遗，本以为从此可以效
忠国家，却因正直敢言而被贬责。

原本是皇帝寡恩而疏远忠直之士，作者却写道："移官岂至尊？"不敢归怨于君，而以"无才日衰老"
自责，其实哪里是真的无怨呢，只是用了"怨而不怒"的委婉讽刺笔法。

篇末的"驻马望千门"抒发了自己的留恋之情。诗人临行前仁马四望，可见其当时有志于为国尽
忠却报国无门的复杂心情。

又呈吴郎

◎杜甫

堂前扑枣任西邻①，无食无儿一妇人。

不为困穷宁有此②？只缘恐惧转须亲③。

即防远客虽多事④，便插疏篱却甚真⑤。

已诉征求贫到骨⑥，正思戎马泪盈巾⑦。

【注释】

①扑：打。任：放任，不拘束。西邻：就是下句说的"妇人"。②不为：要不是因为。宁有此：怎么会这样（做这样的事情）呢？宁，岂，怎么。此，代词，代贫妇人打枣这件事。③只缘：正因为。恐惧：害怕。转须亲：反而更应该对她表示亲善。亲，亲善。④即：立即，马上。防远客：指贫妇人对新来的主人存有戒心。多事：多心，不必要的担心。⑤便：就。插疏篱：是说吴郎修了一些稀疏的篱笆。甚：太。⑥征求：指赋税征敛。贫到骨：贫穷到骨（一贫如洗）。⑦戎马：指战乱。

【译文】

　　我任由西邻到草堂前来打枣，她是一个没有饭吃没有儿子的孤苦妇人。若不是因为穷困不堪，她又怎么会做这样的事呢？只因为她怕你，所以你更要对她显得亲善。她防着你这个远客虽属多事，但你一来就插上篱笆却好像是太过于认真了。她对我诉说过因为赋税征敛而一贫如洗，我由此想到战乱中的百姓而泪流满面。

【赏析】

　　这是用诗写的一封信，作者以前已写过一首《简吴郎司法》，这是又一首，所以说"又呈"。吴郎是作者的一个亲戚，辈分比作者小，在此作者却用了平辈之间的"呈"让人更易接收。

　　安史之乱后，杜甫漂泊入蜀。大历二年（767），他到达四川夔府（今重庆奉节），在瀼西的一所草堂住下。草堂前有几棵枣树，西邻的一个寡妇常来打枣，杜甫从不阻止。后来，杜甫搬到另一个地方，就把草堂让给了吴姓亲戚。这位吴姓亲戚在草堂周围插上篱笆，使得西邻寡妇不得再来打枣。杜甫知道后，便写了这首诗去劝告。

　　首句就开门见山要吴郎任由西邻打枣，接来下几句便说明西邻是个无儿无女的孤寡之人，生活十分困穷，希望吴郎能加以体恤。口气十分亲切婉转，如"不为"、"只缘"、"即防"、"虽"、"便插"、"却"等虚词转接得妥帖含蓄，从中可见杜甫知道百姓的困苦，善于体谅他人。

　　最后两句由小及大，从官府对寡妇的剥削，进而想到整个国家正陷于战乱之中，既点明了寡妇困穷的根源，又说明了兵荒马乱之际，苦难的人到处得是，自己和吴郎本身都是因为战乱不断才被迫客居异乡，更应推己及人，尽量帮助那些与自己境遇相同的可怜人。

武侯庙

◎杜甫

遗庙丹青落，空山草木长。

犹闻辞后主①，不复卧南阳②。

【译文】

　　古庙里的丹青彩绘已经剥落，寂静的山间惟有草木莽莽。好像还能听到他辞别后主的誓言，可惜尽瘁于军中不能再归卧南阳。

【注释】

①辞后主：建兴五年(227)，诸葛亮率师北伐，行前作《出师表》向后主辞行。②南阳：郡名，治所在宛县(今河南省南阳市)。诸葛亮出山前，曾隐居于南阳垅亩。建兴十二年(234)，与曹魏大将司马懿相拒渭南，最终病死于五丈原军中。

【赏析】

　　杜甫晚年漂泊在夔州，见到破败荒凉的武侯祠，感慨万千写下这首诗。

　　"遗"和"落"，描绘了古庙壁画剥落的情景。一个"空"字，说明人迹稀少；一个"长"字，说明草木生长茂盛，可见少有人前来祭拜。当初诸葛亮为了蜀汉的复兴大业呕心沥血，鞠躬尽瘁，他的遗庙却是如此空寂荒凉。

　　面对此情此景，诗人思绪飞跃千古，想到诸葛亮当年立志北伐中原，上《出师表》辞别后主刘禅时的慷慨陈词。又以"不复"二字虚笔传神，既感叹诸葛武侯为了报答先主刘备三顾茅庐之情，不因后主暗弱而归卧，而是"鞠躬尽瘁，死而后已"的忠贞，又叹息他"出师未捷身先死"，未能功成身退归隐南阳。

　　诗人巧妙地将情景交融在一起，虚实相生，道尽武侯无限风采。

江汉

◎杜甫

江汉思归客，乾坤一腐儒。

片云天共远，永夜月同孤。

落日心犹壮，秋风病欲苏。

古来存老马，不必取长途。

【译文】

　　我这个漂泊江汉、思归故乡的游子，（就是）天地间的一个迂腐的老儒。像一片浮云漂泊在远天外，漫漫长夜中同明月一样孤独。如落日一般已经老迈，但壮心犹在；秋风吹拂，我从疾病中复苏过来。古来存养老马是因为其智可用，而不必取其体力能跋涉长途。

【赏析】

　　大历三年（768）秋，杜甫滞留在长江、汉水之间的湖北公安，故诗题为《江汉》。其时诗人已五十六岁，年老多病，又漂泊无定，但他却并不悲观，写下这首年老不衰、壮怀犹在的诗。

　　首句即点明流落江汉的窘境，北归无望，徒然思归。"乾坤一腐儒"可说是诗人对自己最为贴切的概括：乾坤何其大，一腐儒何其小！"腐儒"两字包含了自嘲和自负之意，汉高祖刘邦说过为天下安用腐儒，以为腐儒空廓无所用，杜甫一生漂泊流徙，沉沦下僚，故以此自概，充满了自嘲和无奈。但他虽然身在草野，却心忧社稷百姓，朗朗乾坤之内，这样的腐儒能有几人呢？自己身在异乡，与天边的浮云共远，与永夜的明月同孤，将自身的情感和身外的景物融为一片。

　　然而诗人并没有由此感伤下去，而是用雄豪的语气表现出自己身虽老病而壮心不已的情怀，有着很强的感染力，历来为人所称道。

登岳阳楼

◎杜甫

昔闻洞庭水，今上岳阳楼。

吴楚东南坼①，乾坤日夜浮。

亲朋无一字②，老病有孤舟。

戎马关山北③，凭轩涕泗流④。

【注释】

①坼（chè）：分裂，这里引申为划分。②无一字：音讯全无。字，这里指书信。③戎（róng）马关山北：北方边关战事又起。指当时吐蕃侵扰宁夏、陕西一带，朝廷震动，匆忙调兵抗敌。戎马，指战事。关山北，指北方边境。④凭轩：倚着窗户。涕泗：眼泪鼻涕，这里是偏义复指，即眼泪。

【译文】

很早就听过洞庭湖，今天终于登上岳阳楼。湖水将吴楚两地分开，天地似也在湖中日夜漂浮。战乱未息，亲朋好友没有音信，我年老体弱，只有这一叶孤舟。关山以北仍有战争，凭栏远望，禁不住涕泪横流。

【赏析】

代宗大历三年（768）之后，杜甫出峡漂泊两湖，是时吐蕃侵掠陇右、关中一带。此诗是登岳阳楼看闻名已久的洞庭水，触景感怀而作。

开头写过去早听闻过洞庭水，暮年得以登楼目睹名湖，表面上看是表达了初登岳阳楼的喜悦，其实是抒发早年抱负至今未能实现的遗憾，在这平平的叙述中，寄寓着许多感触。这一联虚实交错，今昔对照，时间和空间的跨越增强了艺术感染力。

颔联赞颂洞庭湖浩瀚无边，气象壮观雄伟，成为名句，被王士祯赞为"雄跨今古"。

颈联自叙只身漂泊天涯的凄凉落寞：与亲人朋友失去了联系，得不到任何物质上的帮助或精神上的慰藉；既"老"且"病"，还要携带妻儿飘流湖湘，以舟为家。而洞庭湖的汪洋浩淼，更是加重了诗人的漂泊 – 无助之感。

尾联转写北望关山，戎马未息，国家动荡不安，悲从中来，凭栏涕泪横流。上下句之间留有空白，引人联想。

这首诗前半写景，意境开阔宏丽；五、六两句叙述自己的落寞身世，诗境一转而为狭窄，然结语又转出"戎马关山北"五字，显露了诗人时刻不忘忧国忧民的博大胸襟，与前面的壮景相称。整首诗吞吐自然，有一唱三叹之妙。

醉时歌

◎杜甫

　　诸公衮衮登台省①，广文先生官独冷②。甲第纷纷厌粱肉③，广文先生饭不足。先生有道出羲皇④，先生有才过屈宋⑤。德尊一代常坎坷，名垂万古知何用！杜陵野客人更嗤⑥，被褐短窄鬓如丝⑦。日籴太仓五升米⑧，时赴郑老同襟期⑨。得钱即相觅⑩，沽酒不复疑⑪。忘形到尔汝⑫，痛饮真吾师。清夜沉沉动春酌，灯前细雨檐花落⑬。但觉高歌有鬼神⑭，焉知饿死填沟壑⑮？相如逸才亲涤器⑯，子云识字终投阁⑰。先生早赋《归去来》⑱，石田茅屋荒苍苔。儒术于我何有哉？孔丘盗跖俱尘埃⑲！不须闻此意惨怆，生前相遇且衔杯！

【注释】

① 衮衮：众多。台省：台是御史台，省是中书省、尚书省和门下省。都是当时中央枢要机构。② 广文先生：指郑虔。因郑虔是广文馆博士。冷：清冷，冷落。③ 甲第：汉代达官贵人住宅有甲乙次第，所以说"甲第"。厌：饱足。④ 出：超出。羲皇：指伏羲氏，传说中我国古代理想化的圣君。⑤ 屈宋：屈原和宋玉。⑥ 杜陵野客：杜甫自称。杜甫祖籍长安杜陵，他在长安时又曾在杜陵东南的少陵附近住过，所以自称"杜陵野客"，又称"少陵野老"。嗤：讥笑。⑦ 褐：粗布衣，古时穷人穿的衣服。⑧ 日籴：天天买粮，所以没有隔夜之粮。太仓：京师所设皇家粮仓。当时因长期下雨，米价很贵，于是发放太仓米十万石减价济贫，杜甫也以此为生。⑨ 时赴：经常去。郑老：郑虔比杜甫大近二十岁，所以称他"郑老"。同襟期：意思是彼此的襟怀和性情相同。⑩ 相觅：互相寻找。⑪ 不复疑：得钱就买酒，不考虑其他生活问题。⑫ 忘形到尔汝：酒酣而兴奋得不分大小，称名道姓，毫无客套。⑬ 檐花：檐前落下的雨水在灯光映射下闪烁如花。⑭ 有鬼神：似有鬼神相助，即"诗成若有神"、"诗应有神助"的意思。⑮ 填沟壑：指死于贫困，弃尸沟壑。⑯ 相如：司

马相如，西汉著名辞赋家。逸才：出众的才能。
亲涤器：司马相如和妻子卓文君在成都开了一
间小酒店，卓文君当炉，司马相如亲自洗涤食
器。⑰ 子云：扬雄的字。投阁：王莽时，扬雄
校书天禄阁，因别人牵连得罪，使者来收捕时，
扬雄仓皇跳楼自杀，幸而没有摔死。⑱ 归去来：
东晋陶渊明辞彭泽令归家时，曾赋《归去来辞》。
⑲ 孔丘：孔子。盗跖：春秋时人，姓柳下，名
跖，以盗为生，因而被称为"盗跖"。这句是诗
人聊作自慰的解嘲之语，说无论是圣贤还是不
肖之徒，最后都难免化为尘埃。

【译文】

　　精明的先生们都进了中央枢要机构，
只有广文先生官居清冷。那些高门大户纷
纷吃腻了粱肉，广文先生却连饭都吃不
饱。先生的道德超出上古羲皇，先生的才
能超过屈原和宋玉。德尊一代却遭遇坎
坷，名声万古流传又有何用呢？我这杜陵
野老更是遭人嗤笑，穿得粗布衣又短又
窄，两鬓斑白如丝。天天去太仓排队买上
五升米，经常跑到襟怀、性情相同的郑老
先生这里。得到几个钱就立即来相互寻
觅，买酒一点都不迟疑。酒酣忘形时称名道姓不分大小，痛快畅饮的海量真可做我的老师。清
冷的春夜深沉，我们一块儿把酒斟，檐前落下的细雨在灯光映射下闪烁如花。只觉高歌快意，
似有鬼神来相助，哪曾想过有朝一日会饿死去填沟壑呢？司马相如才华横溢却得亲自洗涤酒
具，扬雄识尽古书奇字，终究从天禄阁跳下去。先生还是早点赋《归去来》吧，免得石田茅屋
荒芜长满苍苔。儒术对我们来说有什么用呢？孔丘和盗跖最后还不是一样都化为尘埃了。听到
此言不必凄楚悲伤，生前能相遇知己，暂且举杯共醉吧！

【赏析】

　　这是一首抒写悲愤的诗歌，写得悲慨豪放。

　　根据诗人的自注，这首诗是写给好友郑虔的。郑虔是当时有名的学者，他的诗、书、画被唐玄宗
评为"三绝"。天宝元年（742），他被人密告"私修国史"，贬到远地长达十年之久。回长安后，任广
文馆博士。性格旷放绝俗，又喜欢喝酒。杜甫很敬爱他。尽管两人年龄相差很多（杜甫初遇郑虔，年
三十九岁，郑虔估计已近六十），但过从很密。郑虔遭遇贬斥，杜甫的命运也在沉沦，更有知己之感。
诗人通过此诗，表达其对朋友的一片深情厚谊，更表达了历经坎坷的诗人其内心的苦闷与愤慨。

　　全诗可分为四段，前两段各八句，后两段各六句。从开头到"名垂万古知何用"是第一段。第
一段前四句用"诸公"的显达和奢靡来与郑虔的卑下穷窘对比。后四句主要是为郑虔鸣不平。从"广
文先生"到"杜陵野客"，转而写诗人和郑虔的忘年之交。

　　第三段六句写才士薄命：司马相如曾亲自卖酒，洗涤食器；扬雄因刘棻获罪而被株连，被迫跳楼
自杀。看上去是以此宽慰友人，实则满含愤激之情，为全诗的高潮部分。

　　末段六句说既然仕路坎坷、怀才不遇，那么儒术也没有用了，孔丘和盗跖也可以等量齐观了，愤
激中暗含无奈。末联以"痛饮"作结，故作旷达之语。

　　这首诗写得悲壮而豪放，蕴藉而深沉，是杜诗的一贯风格。

江南逢李龟年

◎杜甫

岐王宅里寻常见^①，崔九堂前几度闻^②。

正是江南好风景，落花时节又逢君。

【注释】

① 岐王：睿宗第四子李范，封岐王。② 崔九：殿中监崔涤，玄宗宠臣。

【译文】

　　当年，我们在岐王府经常碰面，也曾多次在崔九家聆听清音。现在，江南风景正好，没想到在这落花的季节，又与先生相逢。

【赏析】

　　李龟年是开元、天宝年间著名的音乐家，常在贵族豪门歌唱，恩宠风光非凡。杜甫少年时才华卓著，常出入于岐王李范和秘书监崔涤的门庭，得以欣赏李龟年的歌唱艺术。大历五年（770），杜甫出蜀多年，漂泊江湘一带，于潭州（今湖南长沙）偶遇由京城流落江南的李龟年。史载每遇良辰美景，李龟年唱数曲，闻者莫不掩泣罢酒。

　　诗的开首二句追忆昔日与李龟年的往来。"岐王宅里"和"崔九堂前"，是当时文艺名流雅集之处，是开元时期丰富多彩的精神文化的象征。虽然追忆的是往昔与李龟年的接触，流露的却是一派盛世的承平气象。后两句中"好风景"、"落花时节"对照见意，其中世运之盛衰，年华之迟暮，两人之流落，都寄寓在字里行间，言外黯然欲绝。

　　诗人将复杂的感情深藏在平易叙述之中，内涵无限丰盈，清蘅塘退士评为："少陵七绝，此为压卷。"

哥舒歌

◎西鄙人

北斗七星高，哥舒夜带刀。

至今窥牧马①，不敢过临洮②。

【注释】

① 窥：窥伺。② 临洮（táo）：今甘肃岷县，唐时常与吐蕃交战于此。

【译文】

　　黑夜里北斗七星挂得很高，哥舒翰夜带宝刀勇猛守边。至今吐蕃的牧马只敢远望，他们再不敢南来越过临洮。

【赏析】

　　唐代天宝年间，名将哥舒翰任陇右节度使，治军有方，几次打败吐蕃的入侵，使吐蕃不敢再加以侵犯，保障了西北边境的安宁。

　　此诗以坚定不移明示方向的北斗起兴，喻哥舒翰的功高；哥舒翰夜夜带刀巡警，让胡人"至今""不敢"越过临洮的边界线来南下牧马，使边民得以安枕无忧。

　　全诗高歌慷慨，音节铿锵和顺，气势雄浑奔放，抒发了人们对英武雄杰的哥舒翰不胜感念之情。沈德潜评说这首诗"与《敕勒歌》同是天籁，不可以工拙求之"。

⊙作者简介⊙

西鄙人，指唐朝西北边地之人，与无名氏一样，生平姓名不详。因著有《哥舒歌》而留世。

与高适薛据登慈恩寺浮图

◎岑参

塔势如涌出，孤高耸天宫。

登临出世界①，磴道盘虚空②。

突兀压神州③，峥嵘如鬼工④。

四角碍白日⑤，七层摩苍穹⑥。

下窥指高鸟，俯听闻惊风。

连山若波涛，奔凑如朝东。

青槐夹驰道⑦，宫观何玲珑⑧。

秋色从西来，苍然满关中。

五陵北原上⑨，万古青蒙蒙。

净理了可悟，胜因夙所宗⑩。

誓将挂冠去⑪，觉道资无穷⑫。

【注释】

①出世界：高出于人世之外。②磴道：塔的石阶。③突兀：高耸。④"峥嵘"句：意谓塔之高峻突兀有如鬼斧神工。⑤四角：塔的四角。⑥摩苍穹（qióng）：与青天相摩擦。⑦驰道：旧时皇帝车驾通行的道路。⑧宫观：指远处的宫阙。⑨五陵：指汉高祖长陵、惠帝安陵、景帝阳陵、武帝茂陵、昭帝平陵。⑩胜因：善缘。夙：素来。⑪挂冠：辞官。⑫觉道：即佛道。资无穷：受用不尽。

【译文】

　　大雁塔的气势宛如平地涌出，孤峻高耸好像直接天宫。登上雁塔绝顶仿佛离开尘世，沿阶盘旋攀登有如升越太空。高耸宏伟似乎压盖神州大地，峥嵘崔嵬简直胜过鬼斧神工。四角挺拔顶天遮住太阳光辉，塔高七层紧紧地接连着苍穹。站在塔顶鸟瞰指点翱翔飞鸟，俯身向下倾听阵阵怒吼狂风。山连着山好比波涛汹涌起伏，奔走如百川归海来朝见帝京。两行青槐夹着天子所行道

路，宫阙楼台变得多么精巧玲珑。悲凉秋色打从关西弥漫而来，苍苍茫茫已经布满秦关之中。再看看长安城北汉代的五陵，历经万古千秋依然郁郁青青。清净寂来的佛理我完全领悟，行善施道素来是我做人信奉。我发誓回去后要辞官归隐，觉得佛道的确能济世无穷。

【赏析】

慈恩寺是唐高宗为太子时为纪念其母文德皇后而建。这首诗作于天宝十一载（752）秋，当时岑参、高适、薛据、杜甫、储光羲结伴同登慈恩寺佛塔（即大雁塔），五人同题分咏，薛诗已佚。沈德潜认为"登慈恩寺塔，少陵下应推此作，高达夫、储太祝皆不及也"。

此诗是写登佛塔四望景物，忽然了悟到佛理，想要辞官皈依佛门，其中暗含对当时朝政的无可奈何之意。

为了写出佛塔的高耸雄峻之势，全诗布局合理，井然有序。

首二句写未登之前仰望全塔，但见宝塔巍然耸立，拔地而起，仿佛从地下涌出，又直达天宫。一个"涌"字，既勾勒出了宝塔孤高危耸的样子，又为宝塔注入了生机，增强了诗的动势。

三、四句写登塔时的所见所感：到了塔身，如同走进了辽阔浩瀚的宇宙，蜿蜒的石阶盘旋而上，仿佛直达天空。

五至八句写塔的高大雄奇。此时再看宝塔，不仅雄伟，而且精妙，让人不敢相信竟然是人力所为，如同鬼斧神工。

九至十八句，写在塔顶下窥及向东南西北各方所见的景物。登上塔顶俯瞰，仿佛鸟在眼下、风在脚下。鸟与风，本是高空之物，而从塔上看，却成了低处之景，更能反衬宝塔的巍峨高耸。接下来，诗人依次描写了东南西北四方景色，从雄伟壮丽逐渐转为苍凉空茫，寄托了诗人对大唐王朝由盛而衰的忧思。

最后四句写忽然了悟佛理，想"挂冠"而去。此处的彻悟，当是承先前之观景而生发出来的，可见章法的联络照应。

诗在描摹大雁塔的巍峨高大方面，可谓匠心独运，"如涌出"、"耸天宫"、"碍白日"、"摩苍穹"等等，语语惊人，使人如身临其境，不禁为之惊叹。

⊙作者简介⊙

岑参（715—769），江陵（今湖北江陵）人。天宝进士。天宝八载（749）入安西四镇节度使高仙芝幕掌书记，十三年充安西（今新疆库车）、北庭（今新疆吉木萨尔）节度判官。大历元年（766）官至嘉州刺史，世称"岑嘉州"。后罢官，客死成都旅舍。盛唐边塞诗派代表作家之一，其诗文辞瑰丽，情辞慷慨，气势豪迈，与高适并称"高岑"。《全唐诗》存其诗四卷。有《岑嘉州集》。

白雪歌送武判官归京

◎岑参

北风卷地白草折①，胡天八月即飞雪②。
忽如一夜春风来，千树万树梨花开。
散入珠帘湿罗幕③，狐裘不暖锦衾薄④。
将军角弓不得控⑤，都护铁衣冷难着。
瀚海阑干百丈冰⑥，愁云惨淡万里凝。
中军置酒饮归客⑦，胡琴琵琶与羌笛。
纷纷暮雪下辕门⑧，风掣红旗冻不翻⑨。
轮台东门送君去⑩，去时雪满天山路⑪。
山回路转不见君，雪上空留马行处。

【注释】

①白草：西域一种草名，秋天干枯后颜色变白。②胡天：指塞北一带的天空。胡，我国古代对北方各民族的通称。③珠帘：用珍珠缀成的帘子。与下文"罗幕"一样，是美化的说法。④锦衾薄：丝绸的被子(因为寒冷)都显得单薄了。衾(qīn)，被子。⑤角弓：一种以兽角作装饰的硬弓。控：拉开。⑥瀚海：沙漠。阑干：纵横交错的样子。⑦中军：主帅的营帐。饮归客：宴饮回去的人，指武判官。⑧辕门：军营的大门，古时行军扎寨，以车环卫，在出入处用两车的车辕相向竖立，作为营门，故称辕门。⑨"风掣(chè)"句：意谓红旗已然冰冻，风吹时也不再飘动。掣，拉、扯。⑩轮台：今属新疆维吾尔自治区，当时是安西节度使军府所在地。⑪天山：在今新疆境内。

【译文】

北风席卷大地，白草被吹弯了，塞北的天空八月就漫天大雪。好像忽然一夜春风吹来，成千上万的梨树上洁白的梨花斗艳盛开。雪花飘散进入珠帘，沾湿了罗幕，穿上狐裘不感觉到温暖，织锦做成的被子也觉得单薄。就连将军和都护都拉不开弓，他们都觉得盔甲太寒冷，难以穿上。广阔的大漠上百丈厚的坚冰纵横交错，愁云暗淡无光，在万里长空凝聚着。在军中主帅所居的营帐里摆设酒宴，为了给回去的客人饯行，酒宴上胡琴琵琶与羌笛奏出了热烈欢快的乐曲。傍晚的辕门外大雪纷纷，红旗被冰雪冻硬，强劲的北风也不能让它飘动。在轮台东门外送您离去，离去的时候大雪铺满了天山的道路。山岭迂回，道路曲折，看不见您的身影，雪地上只留下马走过的蹄印。

【赏析】

天宝十三载（754），岑参再度出塞，充任安西北庭节度使封常清的判官。

当时岑参受到封常青的器重，对生

活和理想充满热情。他怀着
到塞外建功立业的远大志向，
两度出塞，先后在边疆军队
中生活了六年，因而对戎马
征战的艰苦生活、壮阔荒寒
的塞外风光有着长期的观察
与体会。他的大多数边塞诗
均成于这一时期。

《白雪歌送武判官归京》
是岑参边塞诗的代表作。在
这首诗中，诗人以敏锐的观
察力和浪漫奔放的笔调，描
绘了祖国西北边塞奇特壮丽
的风光，描写了边塞军营送
别热烈豪放的场面，表现了
诗人和边防将士的爱国热情
以及战友间的真挚感情。

武判官是岑参的前任，
岑参送他归京时写下此诗。
全诗写北地飞雪的壮丽之景
和雪中送别武判官之情。

全诗以一天雪景的变化
为线索，记叙送别的过程，
可分为三个部分。从"北风"
至"万里凝"是泛咏胡天的
雪景。开篇起得俊逸奇突，
未及白雪而先传风声，"白草
折"显出风来势猛。八月秋高，
而北地已满天飞雪。"忽如一
夜春风来，千树万树梨花开"

句以江南绮丽春色中梨花盛开的景象比喻北国雪景，可谓匠心独运，造景奇绝。"即"和"忽如"，形象地表现了人们早晨起来突然看到雪景时的惊异神情。

接着，诗笔从帐外转到帐内，写雪后严寒。诗人以狐裘不暖、角弓不得控、铁衣难着来衬出白雪威力下的天气奇寒。场景再次移到帐外，延伸到广远的沙漠和辽阔的天空，为"武判官归京"安排了一个典型的送别环境。笔触之细致，让读者也似乎能感受到那凛凛寒意。但将士们并没有因此而懈怠："不得控"，暗示了尽管天气冷，他们还在拉弓训练；"冷难着"，暗示了尽管铁甲冰寒刺骨，他们依然全副武装，时刻准备战斗。看似写天气寒冷，实际上是用来反衬将士们高昂、乐观的情绪。

之后，诗歌转为从正面写送别武判官，先在中军帐（主帅营帐）置酒饮别，然后将客人送出军门，最后送至轮台东门。"纷纷暮雪下辕门，风掣红旗冻不翻"，一白一红，一动一静，相互映衬，画面生动，色彩对比极为鲜明。

末尾两句写诗人一直伫立在雪中目送武判官远去，直到只看见雪地空留着一行马蹄印，平淡质朴的语言中可见其悠悠不尽之情。

全诗以白雪起，以白雪送别作结，用四个"雪"字，写出别前、饯别、临别、别后四个不同画面的雪景，一路奇情异彩，十分动人。

走马川行奉送封大夫出师西征

◎岑参

君不见，走马川，雪海边，平沙莽莽黄入天。轮台九月风夜吼①，一川碎石大如斗，随风满地石乱走。匈奴草黄马正肥，金山西见烟尘飞②，汉家大将西出师。将军金甲夜不脱，半夜军行戈相拨③，风头如刀面如割。马毛带雪汗气蒸，五花连钱旋作冰④，幕中草檄砚水凝⑤。虏骑闻之应胆慑⑥，料知短兵不敢接，车师西门伫献捷⑦。

【注释】

① 轮台：在今新疆米泉县境。② 金山：即新疆境内的阿尔泰山。烟尘飞：指敌人进犯。③ 拨：碰撞。④ 五花连钱：毛色斑驳的良马。旋作冰：指马出的汗立刻凝结成冰。⑤ 草檄：起草讨敌文书。⑥ 虏骑：敌骑。⑦ 军师：应为车师，唐北庭都护府所在地。

【译文】

你看那荒凉无边的走马川，就在雪海的附近，一片黄沙茫茫无际，直贯云天。刚到九月，轮台的狂风日夜怒吼不已，一川大如斗的碎石，被暴风吹得满地乱滚。这正是匈奴牧场草黄马肥之时，匈奴纵马犯边，金山西面烟腾尘飞，汉代的大将挥师南下。征战中将军铠甲日夜不脱，半夜行军戈矛相碰，凛冽的寒风吹到脸上如刀割一般。雪花落在马身被汗气蒸化，转瞬间马毛上又凝结成冰，军帐中起草檄文的砚墨也已冻凝。敌人的骑兵听到大军出征的消息一定心惊胆颤，早就料到，他们不敢短兵相接，我一定在军师城西门等待报捷的消息。

【赏析】

封大夫即唐朝名将封常清。天宝十二载（753），封常清率军进攻大勃律国（今克什米尔巴勒提斯坦），大败大勃律，使其归降。次年入朝，玄宗因其军功封他为御史大夫，同时任命封常清代理北庭都护、伊西节度使。同年，著名边塞诗人岑参充任封常清的判官，跟随封常清出塞。岑参的很多边塞诗名作大多成于此时。

天宝十三载（754），岑参作为任安西北庭节度判官送别名将封常清西征播仙，写下了这首著名的边塞诗。开首围绕"风"字落笔，极力渲染边塞环境的恶劣。接着写匈奴借草黄马肥的时机入侵，而封将军出师征讨。诗人抓住典型的环境和细节来描写唐军将士不畏艰险、克敌制胜的英雄气概，如将军夜不脱甲，以身作则；半夜行军时马毛的变化和"砚水凝"等。这里诗人用了反衬手法，环境越是恶劣，越是能突出将士斗风傲雪的战斗豪情。这就引出了最后三句，料想敌军闻风丧胆，预祝大军凯旋。全诗句句用韵，三句一转，节奏紧促有力，声调铿锵豪壮，更好地抒写了西征途中风沙的猛烈、人物的豪迈，给人以雄浑壮美之感。

轮台歌奉送封大夫出师西征

◎岑参

轮台城头夜吹角①，轮台城北旄头落②。羽书昨夜过渠黎③，单于已在金山西。戍楼西望烟尘黑④，汉兵屯在轮台北。上将拥旄西出征⑤，平明吹笛大军行。四边伐鼓雪海涌，三军大呼阴山动。虏塞兵气连云屯⑥，战场白骨缠草根。剑河风急雪片阔，沙口石冻马蹄脱⑦。亚相勤王甘苦辛⑧，誓将报主静边尘。古来青史谁不见，今见功名胜古人⑨。

【注释】

① 角：军中号角。② 轮台：今新疆米泉县境。旄头落：指胡人败亡之兆。旄头，星宿名，旧时以为胡星。③ 羽书：紧急文书。渠黎：西域国名。④ 烟尘黑：指敌军迫近。⑤ 旄：旗竿上的饰物，指军旗。⑥ 虏塞：敌方要塞。屯：聚集。⑦ 剑河、沙口：均在今新疆境内。⑧ 亚相：封常清官御史大夫，位次于宰相。勤王：操劳王事。⑨ "今见"句：意在赞美封常清功业胜过古人。

【译文】

轮台城头夜里吹起了阵阵号角，轮台城北预兆胡人的昴星坠落。紧急的军书昨夜飞速送过渠黎，报告单于的骑兵已到了金山西。从岗楼上西望只见烟尘弥漫，朝廷的军马屯驻在轮台的城北。封将军拥旄亲自去西征，凌晨吹号集合大军威武前进。四方的战鼓雷动宛如雪海汹涌，三军的喊声轰鸣像是阴山震动。敌营上空乌云屯集气氛阴沉，战场上的尸骨与草根纠缠不清。剑河风急吹得阴云布满了天空，沙口石冻快把战马的铁蹄冻脱。封亚相为了王事勤劳含辛茹苦，发誓报答君主平定边境的烟尘。自古英雄名垂青史谁人不见？而今可见封将军功名胜过古人。

【赏析】

这一首诗与上首诗一样，也是为送封常清出师西征而作的，但两首对照，此诗直写战阵之事，具体手法也有所不同。全诗可分四层。起首六句写战斗以前两军对垒的紧张状态，大有一触即发之势。紧接四句写白天出师与战斗。"四边伐鼓雪海涌，三军大呼阴山动"可谓出神入化之笔，从正面铺叙出战争的气氛，军容军威震动雪海山岳，让人领略到一种所向无敌的气概。下面四句写对方军队驻扎如云，战场上白骨累累，气候极其寒冷，更是衬托出将士为国家纾解危难的英勇和奋不顾身。末四句照应题目，希望封常清平定边境，立功异域，以颂扬作结。全诗前十四句，句句用韵，两韵一换，节奏紧促，声调强劲激越，很好地表现了三军将士建功报国的气概，后四句改为一韵，节奏舒畅，声调悠扬有余音。全诗充满蓬勃积极的豪情和边塞生活的气息，反映了评家所指的"盛唐之音"。

寄左省杜拾遗

◎岑参

联步趋丹陛①，分曹限紫微②。

晓随天仗入，暮惹御香归。

白发悲花落，青云羡鸟飞③。

圣朝无阙事④，自觉谏书稀。

【注释】

① 趋：小步而行。丹陛：宫殿前的红色台阶。② 曹：官署。紫微：古人以紫微星位喻皇帝居处，此处指朝会时皇帝所在的宣政殿。中书省位于殿西，门下省位于殿东，故有"分曹"之语。③ "白发"两句：实际上是写身在朝中虚度光阴而无所作为，繁文缛节的朝官生活让诗人对自由飞翔于天际的鸟儿心生羡慕。④ 阙：同"缺"。

【译文】

　　我们一起走向红色台阶，分别站在左右边列队。早上，随天子仪仗队上朝；黄昏回来，沾满御香气味。满头白发，我悲叹落花无情；青云漂浮，羡慕鸟儿高飞。圣明的朝廷，没有什么纰漏，我觉得进谏的奏书日渐稀少。

【赏析】

　　左省即唐代的门下省，因位于皇宫之左，故称"左省"。其时杜甫任"左拾遗"，属门下省。唐肃宗至德二载（757），岑参因杜甫的推荐而任中书省右补阙。次年写此诗。

　　诗是投赠当时任门下省左拾遗杜甫的，因而前四句是称颂杜甫在左省的随班进退。诗人连续铺写"天仗"、"丹陛"、"御香"、"紫微"，措辞富丽，对仗工整，显得雍容得体。看似炫耀朝官的显贵

身份，实际揭露了朝官生活的空虚和死板：他们每天都煞有介事地上朝、办公，但从未见君臣们办成什么轰轰烈烈的大事，或制定什么利国利民的政策。诗人还特意点明一笔：他们每天按时早起上朝，但唯一的收获就是晚上回去的时候沾染了一点"御香"之气罢了。"晓"和"暮"二字表明，这种庸俗无聊的生活每天都在重复，真正想有所建树的人无不对此感到由衷的厌恶。

　　五、六两句，诗人则直抒胸臆，自嗟迟暮白发见落花而悲，见青云飞鸟而生羡慕，抒发了诗人对时事和身世的无限感慨。末二句看似应景颂圣，实际是隐含着讽刺的双关语：昏庸的统治者自诩圣明，自以为"无阙事"，并以此为借口拒绝纳谏，是全诗的高潮部分。

　　此诗寓贬于褒，绵里藏针，正如清代纪晓岚在《瀛奎律髓》中所说："五六寓意深微，末二句尤婉至，圣朝以为无阙，则谏书不得不稀矣，非颂语也，乃愤语也。"

奉和中书舍人贾至早朝大明宫

◎岑参

鸡鸣紫陌曙光寒，莺啭皇州春色阑①。
金阙晓钟开万户②，玉阶仙仗拥千官③。
花迎剑佩星初落，柳拂旌旗露未干。
独有凤凰池上客④，阳春一曲和皆难⑤。

【注释】

① 阑：残，尽。② 金阙晓钟：指皇宫中报晓的钟声。万户：指宫门。③ 仙仗：指皇帝的仪仗。④ 凤凰池：指中书省。客：指贾至。⑤ 阳春一曲：指贾至所作的《早朝大明宫》。

【译文】

　　清晨鸡鸣，京城街道曙光初露，皇都莺啼婉转，春意将尽。金殿晨钟敲响，千重宫门打开，台阶上的仪仗队，簇拥着百官。启明星刚落，鲜花就迎来佩剑侍卫，杨柳轻摆，旌旗飘飘，露水还没干。只有凤池贾舍人的诗篇，《早朝大明宫》曲很高妙，要和太难。

【赏析】

　　唐肃宗乾元元年（758）春天，安史之乱虽尚未平复，但正值收复两京、玄宗与肃宗返回长安不久。文武百官早朝大明宫，心情颇为激动，中书舍人贾至有一种百废将兴、国运否极泰来之感，作成《早朝大明宫呈两省幕僚》。当时王维、杜甫、岑参等皆有和诗。

　　岑参这首以咏"早朝"为题的唱和诗，从"早"说起，"曙光"、"晓钟"、"星初落"、"露未干"，都是切"早"；而"金阙"、"玉阶"、"仙仗"、"千官"、"旌旗"，皆切"朝"字，铺设出早朝的庄严隆重。末联点出酬和之意，推崇对方，表示自谦。

逢入京使

◎岑参

故园东望路漫漫，双袖龙钟泪不干①。

马上相逢无纸笔，凭君传语报平安。

【注释】

① 龙钟：湿漉漉的样子。

【译文】

　　向东远望，故乡路途漫漫，两袖已湿透，泪痕仍然没干。征途中与你相遇，没带纸笔，只有请你捎口信，报个平安。

【赏析】

　　玄宗天宝八载（749），安西四镇节度使高仙芝入朝，奏请调任岑参为右威卫录事参军，充任节度使府掌书记，这首诗作于赴任途中。

　　诗人初次远离故园长安，远赴西域边塞，回头长望只见道路漫漫，悲伤之情难以遏制，泪水湿透双袖。路遇入京的使者，马上佝偻，没有纸笔修书，唯将万语千言化为"报平安"三字托他捎带回家。

　　首句写眼前的实际感受。"双袖龙钟泪不干"，运用了夸张的修辞手法，表现了对亲人的思念，也为下文捎书回家"报平安"作了铺垫。末两句将马上相逢行者匆匆的口吻描摹得极为传神，收束干净利落，但简练之中却蕴藏了诗人的一片深情。

　　诗人捕捉到生活中的特定场景，将远行人的万般无奈、万般辛酸刻画得淋漓尽致。

月夜

◎刘方平

更深月色半人家，北斗阑干南斗斜①。

今夜偏知春气暖②，虫声新透绿窗纱。

【注释】

① 阑干：形容横斜的样子。南斗：星宿名,在北斗七星南。② 偏知：才知。

【译文】

深夜，月光照亮半边庭院，北斗星和南斗星已斗柄横斜。今夜，我独独感到春气和暖，仿佛还听到虫叫声，穿透绿色窗纱。

【赏析】

这首诗是抒写感受春天月夜大自然的物候变化，对景物的描写朦胧而和谐，清新而有情致，深得陶诗真趣。

诗以"更深"二字起首，为以下景色的描绘奠定了基调，也让全诗罩上了一种特殊氛围。首二句是写夜深时仰望寥廓天宇，见月色空明，静静地照临庭院的半部；星斗阑干横斜，暗隐着时光的流转，二者共同营造了一种深邃的意境。

后二句是写听见虫子的新鸣声从绿窗纱透过来，从而感知到今夜洋溢着和暖的春气。闻虫鸣而知春暖，互为因果关系，体现了诗人对外界自然事物、气候的观察入微和敏感。这两句，没有长期乡村生活经验的人固然说不出；即使是长期生活在乡村的人，若非有心，同样说不出来。"偏知"一语透露出一点自得之意。一个"新"字，流露出对春天美好事物和生命的欣悦咏赞之情。

以春和月为主题的诗词极为常见，然而此诗不仅不从桃花柳树之类最具春天特色的景物着笔，反而借夜幕将它们都遮掩起来；写月，也不细细描写其形状和光影，而只是写了半片月色，构思新颖别致，用语清丽细腻，妙然生趣。

⊙作者简介⊙

刘方平，河南洛阳人，生卒年不详。开元、天宝人士。一生隐居不仕。工诗赋，善画山水。诗多咏物写景之作，尤擅绝句。《全唐诗》存其诗一卷。

春怨

◎刘方平

纱窗日落渐黄昏，金屋无人见泪痕^①。
寂寞空庭春欲晚，梨花满地不开门。

【注释】

① 金屋：汉武帝少时曾言愿筑金屋藏其表姐阿娇。这里指妃嫔所居之华丽宫室。

【译文】

纱窗外，日影淡去已近黄昏，宫殿空空，无人见我满面泪痕。庭院寂寂，春日繁华将尽，梨花满地，我不愿开门。

【赏析】

这首春怨诗，意在写宫人色衰失宠，春暮而生怨思。

失宠宫人从纱窗上见日影渐渐落下，到黄昏时分了，渲染凄凉气氛；在寂寞无人处，因伤感悲戚而满面挂满了深深的泪痕。

屋内无人，固然显得凄凉，但若有温暖的阳光照射，或许也能消减几分凄清。然而，随着纱窗日落、黄昏降临，屋内的光线变得越来越昏暗，更增凄凉之意。

第二句中，"金屋"两字尤可玩味，当年汉武帝宠爱陈皇后，誓言愿意以金屋藏之。这位宫人住在金屋，可见曾经受过宠爱，而今君王不再眷顾，故伤心落泪。二字点明地点是在深宫中，诗的主人公则是幽闭在宫中的女子。"无人见泪痕"，可能具有两重含意：一是其人孤处一室，无人作伴而心生寂寞，不禁落泪；二是其人极其孤独，纵然落泪也无人得见，自然也无人同情。泪而留痕，则说明其垂泪已多时。这一句总共只有七个字，却将诗中人的身份、处境以及"怨"情都交代得清清楚楚，这句也是全诗的中心句。

春晚满庭空寂，一任洁白美丽的梨花飘零洒落一地，宫人自嗟薄命，不忍见花之零落成泥，故深掩朱门。末句"梨花满地不开门"，既直承上句，是"春欲晚"的补充和延伸，也遥遥呼应第二句，对人泣与花落两相映衬。

诗淡淡地写来，不诉说幽怀，在平常处见精细，而春怨自现，深曲委婉中余味无尽。

石鱼湖上醉歌并序

◎元结

漫叟以公田米酿酒，因休暇，则载酒于湖上，时取一醉。欢醉中，据湖岸引臂向鱼取酒，使舫载之，遍饮坐者。意疑倚巴丘酌于君山之上，诸子环洞庭而坐。酒舫泛泛然，触波涛而往来者，乃作歌以长之。

石鱼湖，似洞庭，夏水欲满君山青①。山为樽，水为沼②，酒徒历历坐洲岛③。长风连日作大浪，不能废人运酒舫④。我持长瓢坐巴丘，酌饮四座以散愁。

【注释】
① 君山：又名洞庭山，在洞庭湖中。② 沼：池。③ 历历：一个个的。④ 废：阻止。

【译文】
　　湖南道州的石鱼湖，真像洞庭，夏天水涨满了，君山翠绿苍苍。且把山谷作酒杯，湖水作酒池，酒徒济济，围坐在洲岛的中央。管他连日狂风大作，掀起大浪，也阻遏不了我们运酒的小舫。我手持酒葫芦瓢，稳坐巴丘山，为四座斟酒，借以消散满怀愁绪！

【赏析】
　　元结在代宗时曾任道州（今湖南道县）刺史，在此期间他写了好几首吟咏石鱼湖的诗。他的《石鱼湖上作序》云："漫泉南上有独石在水中，状如游鱼。鱼凹处，修之可以贮酒。水涯四匝，多欹石相连。石上，人堪坐。水能浮小舫载酒，又能绕石洄流，乃命湖曰石鱼湖。"这是石鱼湖得名的由来。此诗歌咏了石鱼湖的风光，抒发了诗人的情怀。
　　诗人和朋友们共游石鱼湖，在洲岛上以瓢舀酒，四座畅饮开怀，即使有大风大浪，也不能阻止他们饮酒作乐，足见其逸兴飞扬。诗歌是乘兴挥洒之作，写来毫无拘束，自然天成。

○作者简介○

　　元结（715—772），字次山，号漫叟，河南信阳（今河南鲁山）人。天宝十二载（753）登进士第，复举制科。乾元二年（759）任山南东道节度使幕参谋期间，招募义兵，击退史思明叛军，保全十五城。后历任道州、容州刺史，政绩斐然，官终州容道经略使。诗文兼擅，是中唐古文运动和新乐府运动的先导者。其诗多反映现实与人民疾苦，诗风刚直简古、质朴诚挚。原有集，已散佚，明人辑有《元次山文集》，又曾编选《箧中集》。《全唐诗》存其诗二卷。

贼退示官吏并序

◎元结

　　癸卯岁，西原贼入道州，焚烧杀掠，几尽而去。明年，贼又攻永州，破邵，不犯此州边鄙而退，岂力能制敌欤？盖蒙其伤怜而已！诸使何为忍苦征敛！故作诗一篇以示官吏。

　　昔岁逢太平，山林二十年。泉源在庭户，洞壑当门前。井税有常期^①，日晏犹得眠^②。忽然遭世变，数岁亲戎旃^③。今来典斯郡^④，山夷又纷然。城小贼不屠，人贫伤可怜。是以陷邻境，此州独见全。使臣将王命^⑤，岂不如贼焉？今彼征敛者，迫之如火煎。谁能绝人命，以作时世贤？思欲委符节^⑥，引竿自刺船^⑦。将家就鱼麦，归老江湖边。

【注释】

① 井税：这里指赋税。井。即井田。常期：固定的日期。② 晏：晚。③ 戎旃(zhān)：军帐。④ 典：掌管，治理。⑤ 将王命：奉皇帝的旨意。⑥ 委符节：辞官。委，弃、放弃。符节，古代朝廷传达命令或征调兵将用的凭证。⑦ 刺船：指撑船。

【译文】

　　我早年遇到了太平世道，在山林中隐居了二十年。清澈的源泉就在家门口，洞穴沟壑横卧在家门前。田租赋税有个固定期限，日上三竿依然安稳酣眠。忽然间遭遇到世道突变，数年来亲自从军上前线。如今我来治理这个郡县，山中的夷贼又常来扰边。县城太小夷贼不再屠掠，人民贫穷他们也觉可怜。因此他们攻陷邻县境界，这个道州才能独自保全。使臣们奉皇命来收租税，难道还不如那些盗贼？现在那横征暴敛的官吏，催赋逼税恰如火烧火煎。谁愿意断绝人

民的生路，去做时世所称赞的忠贤？我想辞去道州刺史官职，拿起竹篙自己动手撑船。带领家小去到鱼米之乡，归隐老死在那江湖之边。

【赏析】

唐代宗广德元年（703）癸卯十二月，广西境内的少数民族"西原蛮"发动反对唐王朝的起义，攻陷道州城（治所在今湖南省道县）后，将其抢掠一空。

次年五月，元结任道州刺史。七月，"西原蛮"又攻破邻近的永州、邵州，却不再来进攻道州。诗人认为是"西原蛮"出于对战乱中道州人民的"伤怜"，而官府却横征暴敛，使民不堪命，故作此诗。诗篇起首写昔年的太平生活，暗寓着诗人对以前清明治世的怀念。

一、二句写诗人在开元盛世隐居樊山的经历，一个"逢"字暗含庆幸之意，也流露出今不如昔的慨叹。"泉源在庭户，洞壑当门前"，通过对居所景物的描写，创造了一种世外桃源般的恬静舒适之感。从前百姓安居乐业的生活，与乱世中的官、贼"纷然"骚扰形成了鲜明的对比。五、六句正面写从前赋税征收有序有度，百姓生活安定，男耕女织，和乐融融。次写当今民不聊生，两相对照，表现了官吏横征暴敛，不顾人民死活，还不如"夷贼"。

"忽然遭世变，数岁亲戎旃"起到了承上启下的过渡作用，写安史之乱后自己的军旅生涯。接下来由远及近，转写自己到达道州任所之后的情况，暗示"贼"虽然屡次犯境，给当地人民带来了深重的苦难，但人性犹存，与下文所写的官府的敲骨吸髓、毫无人性形成了鲜明对比。"使臣将王命，岂不如贼焉"二句，更是直斥使臣奉皇命而来，却不恤民命，将百姓逼得走投无路，连盗贼都不如，同时批判了滥发"王命"的最高统治者。"今彼征敛者，迫之如火煎"，运用形象的比喻，入木三分地刻画了官吏的凶狠毒辣、冷酷无情。

末尾向官吏们表明心志，抒发了对现实的不满，表示宁愿弃官归隐，也不愿与他们同流合污、残民邀功，表现了强烈的抗争精神。

对比鲜明，揭露深刻，是这首诗在表现技巧方面最重要的特点。全诗指陈世事，直抒胸臆，不雕琢矫饰，感情真挚，体现出对汉乐府质朴简古、平直浑厚诗风的继承和发展。

枫桥夜泊

◎张继

月落乌啼霜满天，江枫渔火对愁眠。

姑苏城外寒山寺①，夜半钟声到客船。

【注释】

① 姑苏：苏州。寒山寺：传高僧寒山居此而得名。

【译文】

月落鸦啼，秋霜满江满天，面对江枫和渔火，我忧愁难眠。姑苏城外的寒山寺，已寂静无声，深夜，只有钟声飘到我的船边。

【赏析】

秋夜泊舟枫桥，因"对愁眠"，辗转反侧，难以入寐，见得月亮落下，听得寒鸦声声啼，感到满天的霜华浓，独自对着江上的红枫和一盏渔火，渲染出江南水乡秋天凄清的夜景和孤寂愁闷的心情。静夜里，不远处，从寒山寺传来一阵阵幽远而宏亮的钟声。"客船"羁旅之人本已有深重的愁绪，在漂泊的无尽时空中，不胜寒意，此时更觉自己的愁意与钟声遥相应和，萦绕于江天之间，盘旋不去。

此诗用白描手法，巧妙地把夜泊枫桥景物的远近、明暗层次和谐地排列，而且将形象、色彩、声音浑然融为一体，形成一首意境清远、情味隽永的好诗。因这首名篇，枫桥、寒山寺、夜半钟声，成为流传古今的名胜。

◎作者简介◎

张继，字懿孙，南阳（今属河南）人，生卒年不详。天宝十二载（753）登进士。至德年间曾为御史，大历末年任检校祠部员外郎，从此弃笔从戎。后入内为检校员外郎，又提升为检校郎中。之后任盐铁判官，分掌财赋于洪州，一年后卒于任上。为官清廉，关心人民疾苦。其诗多登临记行之作，诗风清远，不务雕琢。《全唐诗》存其诗一卷。有《张祠部诗集》。

送僧归日本

◎钱起

上国随缘住①，来途若梦行。
浮天沧海远②，去世法舟轻③。
水月通禅寂，鱼龙听梵声。
惟怜一灯影，万里眼中明。

【注释】

① 上国：此指大唐。② 浮天：形容船只远去海上，如浮于天际。③ 去世：脱离尘世。法舟：指日本僧人所乘之舟。

【译文】

　　有机缘来大唐，并在这里停留，来的路上，如同在梦中航行。海天茫茫，舟行海上如浮于天际一般；远离尘嚣，法舟飞一般轻盈快捷。水月与禅理相通，海中鱼龙也来听你诵经。独独喜爱那一盏禅灯，万里行舟，眼中清亮通明。

【赏析】

　　唐朝时期中日文化交流频繁，日本曾派遣大量僧人来中国留学。钱起这首诗是赠给日本僧人的送别诗。

　　诗文的章法巧妙，起首两句不写送归，而写日本僧人来处。

　　中间两联从"海"字生发出来，日僧是隔海而来的，于今又跨海而去，暗含着对僧人长途颠簸的关怀，也点出他在海上依然不忘修行。

　　尾联一语双关，既是说行舟的一灯照亮万里行程，又是在颂扬僧人通禅宏法，犹如一盏明灯能祛除一切黑暗。

　　因为送别的对象是僧人，所以诗人用"随缘"、"法舟"、"禅寂"、"水月"、"梵声"等佛家的语言，来颂扬僧人随缘尘世，来去无碍。在对海上夜景的描写和禅机的抒发中，惜别之情委婉地表达了出来。句句不着色相，可谓生花妙笔。

⊙作者简介⊙

　　钱起（710？—782），字仲文，吴兴（今浙江湖州）人。天宝十载（751）登进士第。初为秘书省校书郎、蓝田县尉，后任司勋员外郎、考功郎中、翰林学士等，官终尚书考功郎中，故世称"钱考功"。为"大历十大才子"之一，与刘长卿齐名。其诗多应景献酬之作，题材比较狭窄，但诗风新奇，词采清丽，艺术水平较高，时有佳句，尤长于写景，自称"五言长城"。又与郎士元齐名，齐名"钱郎"。《全唐诗》存其诗四卷。有《钱考功集》。

谷口书斋寄杨补阙

◎钱起

泉壑带茅茨①，云霞生薜帷②。

竹怜新雨后，山爱夕阳时。

闲鹭栖常早，秋花落更迟。

家僮扫萝径，昨与故人期。

【译文】

　　泉水沟壑，环绕茅舍书斋；云霞映照薜荔，好似帷幔。雨后青竹格外清新，傍晚山丘更加可爱。悠闲的白鹭常很早就栖宿，秋花更是比别处落得晚。家僮正打扫青萝小路，昨天与老友约好了日期。

【注释】

①茅茨（cí）：茅屋。②薜帷：薜荔（一种常绿藤），蔓生如帐幕，故得名。

【赏析】

　　谷口，在今陕西省泾阳县西北。补阙，谏官，官阶高左右拾遗一级。

　　诗人想约杨补阙前来书斋叙谈，于是极写谷口书斋一带的景物，着意表现其幽静清新的特点，以表达对朋友的一片盛情。

　　首联中，"茅茨"和"薜帷"展示了居所的自然状态。"带"字用得极妙，与"生"字一起，充分引发读者的想象：清泉沟壑萦绕着小屋，浮云彩霞仿佛是从小院中长满薜荔的墙上升腾而起。起笔即讲述小屋山环水绕的环境，仿佛人间仙境。

　　在诗人笔下，那泉壑、茅茨、云霞、薜帷，已经是清雅不凡，让雅爱林泉的人动心不已。而颔联与颈联写书斋周围的景物。"竹怜新雨后，山爱夕阳时"用倒装句法，讲述了一场新雨后，竹子因生命多了水分，而分外可爱了；

夕阳即将落山，这样转瞬即逝的美景，让人心生怜爱，景物清新秀丽，色彩感极强。再加上鹭鸟悠闲，秋花未落、仍有蓓蕾，更突出书斋的清新宜居。

　　这样幽雅如画的美景让人心驰神往，更何况主人已经打扫干净绿萝小径，等他前来呢？杨补阙看此诗后，自是欣然践约而往，与主人共赏此佳境以娱情。诗全是写景，句法工整。

赠阙下裴舍人

◎钱起

二月黄鹂飞上林①，春城紫禁晓阴阴。

长乐钟声花外尽②，龙池柳色雨中深③。

阳和不散穷途恨④，霄汉长悬捧日心⑤。

献赋十年犹未遇⑥，羞将白发对华簪⑦。

【注释】

①上林：指皇宫宫苑。②长乐：本汉宫名，此处借指唐宫。③龙池：泛指宫中的池塘。④阳和：指春天温暖的气候。⑤捧日心：三国程昱年轻时曾梦见自己两手捧日，后兖州叛乱，曹操赖程昱保全三城，为其改名为"昱"（程昱本名立）。⑥献赋：以辞赋献于皇帝，此指应试考。⑦华簪：华贵的冠饰。

【译文】

　　二月，上林苑黄鹂穿飞啼叫；拂晓，紫禁城洒下浓浓春阴。长乐宫的钟声，消失在繁花之外；宫中池边垂柳，在雨中颜色更深。阳光和暖，却驱不散穷途之恨，但程昱捧日的忠心，可长悬九天。献赋十年，仍未受礼遇；而今白发苍苍，愧对裴舍人。

【赏析】

　　舍人，指中书舍人，负责草拟诏书。

　　钱起位列"大历十才子"之首，诗风清丽，用字洗练。这首投赠裴舍人请求援引的诗写得颇有令人称道之处。前半首写景，写皇宫苑囿中春天清丽的景色历历如画，其中"长乐钟声花外尽，龙池柳色雨中深"一联写钟声从繁花中一层一层响出来，柳色从春雨中一层一层看进去，极其清灵可观，"尽"和"深"字运用得极妙，形成神韵悠长、气味和厚的境界，为一篇之佳构，在当时就是脍炙人口的名句。下半首自伤不遇，"阳和"句承上启下，过渡自然；再说自有捧日忠君之热忱，羡慕裴舍人之得幸。虽为投赠干谒诗，但手法隐微巧妙，以写景来恭维裴舍人的显要，以自伤不遇来写希求援引的心情，含蓄婉转，不失身份。

听邻家吹笙

◎郎士元

凤吹声如隔彩霞^①，不知墙外是谁家。
重门深锁无寻处^②，疑有碧桃千树花。

【注释】

① 凤吹：笙由多根簧管组成，形状参差有如凤翼，它的声音清亮，宛如凤鸣，故有"凤吹"之称。后来泛称笙、箫等细乐。② 重门：层层大门。

【译文】

　　吹笙的声音好似凤鸣般从彩霞中飘下，不知吹笙人究竟是墙外哪一家。重重大门紧锁无处寻觅，但猜想其中必有碧桃千树，开满了花。

【赏析】

　　题为"听邻家吹笙"，先是听到笙声悠扬，有如仙乐从彩云端飘来。这样美妙撩人的笙乐让听者动容，于是寻声暗问是谁家在吹奏。问而不得其解，于是起身追随声音，想去找寻吹笙之人，但"重门深锁无寻处"，令人产生深深的怅惘和更强烈的憧憬，由此激发了美丽的幻觉——"疑有碧桃千树花"。

　　由"听"而"问"，由"问"而"寻"，由"寻"而产生幻觉，章法流走回环

中有递进。而在"通感"的艺术手法运用上，更是颇具特色。

　　"凤吹声如隔彩霞"说笙曲不似凡间乐曲，似从天而降。"隔彩霞"三字将听觉转化为视觉，带给读者的感觉就显得更生动具体。而且"彩霞"不是直接摹写乐声，而是设想奏乐的环境——来自彩霞之上，间接烘托出笙乐的明丽清新。

　　既然乐声如此动听，听者自然会心生疑问：这奏乐者究竟是何人？"不知墙外是谁家"，用悬揣语气进一步渲染了乐声的撩人，让他急欲一寻究竟。

　　灼灼桃花，竟至千树之多，象征着笙声的热烈、明媚、欢快，把看不见摸不着的音乐形象用具体可感的视觉形象表现出来了。而一个"疑"字更是体现出诗人聆听音乐的如痴如醉及如幻如真的感觉。

⊙作者简介⊙

　　郎士元，字君胄，中山（今河北定县）人，生卒年不详。天宝十五载（756）登进士第。宝应元年（762）补渭南尉，官至郢州刺史。与钱起齐名，世称"钱郎"。

寒食

◎韩翃

春城无处不飞花，寒食东风御柳斜。

日暮汉宫传蜡烛，轻烟散入五侯家。

【译文】

　　春天的京城，到处飘飞柳花；寒食节，东风吹得宫柳倾斜。黄昏时分，宫里传出御赐的烛火，轻烟袅袅，飘散进官宦之家。

【赏析】

　　寒食是我国古代一个传统节日，一般在清明前两天，习俗规定禁火，只吃冷食。

　　唐代火禁十分严，寒食之日家家禁火，而皇宫却许举火，将蜡烛赐给豪门近臣，可见当时贵族特权于一斑。

　　"春城无处不飞花"为写景名句，将仲春时节的旖旎春光一语概尽。从长安城到御苑，处处飞花，风吹柳丝，无不春意盎然，令人沉醉玩赏。"御柳"指御苑中的柳树。唐时的风俗为：寒食日折柳插门，清明这天皇帝还要取榆柳之火赏赐给近臣，以示恩宠。所以诗人特地剪取了"御柳"这一带有特殊含义的典型意象。

　　傍晚，宫廷传蜡烛到轻烟散入，气象氤氲，画面与白天风光又自是不同，于此可见当时社会太平无事，宫廷闲暇，贵族豪奢。"汉宫"实指唐朝的皇宫；"五侯"指东汉时同日封侯的五个宦官，这里借汉喻唐，暗指中唐以来受皇帝宠幸而专权跋扈的宦官。寒食节这天，普通百姓不能生火点灯，但天还没黑，宫里就忙着分送蜡烛，而皇帝的宠臣也可得到这份恩典。

　　此诗以轻灵流丽之笔写出一片承平景象，境界清华，故而深为唐德宗所赏识，一时之间天下纷纷传诵。

◎作者简介◎

　　韩翃（hóng），生卒年不详。字君平，南阳（今河南南阳）人，"大历十才子"之一。天宝十三载（754）考中进士。宝应年间，在淄青节度使侯希逸幕府中任从事，后随其回朝，闲居长安十年。建中年间，因作《寒食》诗受到唐德宗的赏识，被提拔为中书舍人，官至驾部郎中。其诗多送别唱和题材，写景别致，笔法轻巧，在当时传诵很广。《全唐诗》存其诗三卷。

同题仙游观

◎韩翃

仙台初见五城楼①，风物凄凄宿雨收②。
山色遥连秦树晚，砧声近报汉宫秋③。
疏松影落空坛静，细草香闲小洞幽。
何用别寻方外去④，人间亦自有丹丘⑤。

【注释】

① 五城楼：传说中神仙的居所，这里借指仙游观。② 宿雨：前夜的雨。③ 砧声：捣衣声。古代捣衣多在秋晚。④ 方外：世俗之外，指神仙的居处。⑤ 丹丘：指神仙居处。

【译文】

在仙台初见迎候仙人的五城十二楼，正是风物凄凄、一夜滴答的秋雨才休之时。山色空漫，和远处的秦地树丛相连接；近处传来捣衣声，报告汉宫已经深秋。稀疏的松影撒落神坛，更显道观清静；小草幽芳扑鼻，犹衬出山洞小径深幽。不用再到别处去寻找世外仙境所在，人间也有神仙居住的地方，名曰丹丘。

【赏析】

诗人游览嵩山逍遥谷上的仙游观，而加以题咏，有习静向道之意。

首联开口即用仙家典故，点明时地节令，切中题目"仙游观"。"风物凄凄宿雨收"是倒置，将雨后清虚疏落之状置于前，有效地凸显了本诗的主旨。

颔联写观外景物，先是见"秦树"，后是闻"砧声"。无论是山色遥接树色的朦胧感，还是报秋的砧声，都营造出一种虚静的氛围。

颈联写观内景物，先写高处"空坛"的静，后写低处"小洞"的幽，点明是道士居处，通过虚实相生的手法，深化了颔联的意境。

末联引用《远游》之语，称赞这地方是神仙居处的丹丘妙地，不用再去寻觅他方了。

全诗抓住道观静和幽的特点，安排在秋季雨后的特定环境中，从远景到近景，从高处的空坛到低处的小洞，声色俱有，刻画出一个不寻常的清幽绝俗的仙家之地，让人心生企慕之意。语言工美秀丽，音调宛转和鸣。

春思

◎皇甫冉

莺啼燕语报新年，马邑龙堆路几千①。
家住层城邻汉苑②，心随明月到胡天。
机中锦字论长恨③，楼上花枝笑独眠。
为问天戎窦车骑④，何时返斾勒燕然⑤。

【注释】

① 马邑：今山西朔县。龙堆：白龙堆，在今
新疆。以上两地都是泛指边塞。② 层城：指京
城。③ 机中锦字：前秦安南将军窦滔出镇襄
阳，他的妻子苏蕙很是思念，于是织璇玑图给
他，共 840 字，纵横反复，皆能成诗。④ 天戎：
主将。⑤ 返斾（pèi）：班师回朝。斾，古代旗
末端状如燕尾的飘带。 勒燕然：东汉窦宪大
破匈奴后，曾于燕然山上勒功而还。 勒，刻。

【赏析】

　　闺中少妇因春景牵引出对远征边关的
丈夫的思念，希望战争早早结束，夫妇得以
团圆。

　　诗的首联紧扣题目。首句以莺啼燕语点
"春"，次句以路几千点"思"。

　　颔联写少妇和征人所在之地，一在汉，
一在胡，相隔千里，一颗心随着明月飞到边
疆丈夫那里去了，尤觉情痴动人。

　　颈联写离恨，织锦回文中藏着深深的远
别之恨；写春情，连楼上的花枝也笑人独自
成眠，可谓情深语痴。

　　末联故作问语，问征夫何时功成返乡。

　　全诗写少妇春思，构思巧妙，极尽缠绵，渴望安宁和平的生活，流露出非战情绪，也是借汉喻唐，
讽刺唐王朝穷兵黩武的政策。

【译文】

　　莺燕啼叫，报告新年将至，到马邑
龙堆，要几千里。家在京城，毗邻汉室宫
殿，我心却跟随明月，到了边塞。织锦回
文诗，寄托深深幽怨，楼上花枝，也笑我
一人独眠。请问元帅、车骑将军窦宪，什
么时候班师刻石记功于燕然山。

◎作者简介◎

　　皇甫冉（约 717—770），字茂政，润州（今江苏镇江）丹阳人。十岁即能写诗作
文，张九龄呼之为小友。天宝十五载（756）考中状元。曾官无锡尉，大历初入河南节
度使王缙幕，终左拾遗、右补阙。为避战乱曾寓居义兴（今江苏宜兴），卒于丹阳，享
年五十四岁。事见《新唐书·传文艺》、《唐诗纪事》卷二七、《唐才子传》卷三。其诗
清新飘逸，多飘泊之感。《全唐诗》存其诗二卷。

喜外弟卢纶见宿

◎司空曙

静夜四无邻，荒居旧业贫①。

雨中黄叶树，灯下白头人。

以我独沉久②，愧君相访频③。

平生自有分④，况是蔡家亲⑤。

【注释】

① 荒居：偏僻简陋的住所。旧业：家产。② 沉：沉沦。③ 愧：愧对。④ 分(fèn)：情分。⑤ 蔡家亲：也作"霍家亲"。晋代羊祜为蔡邕外孙，这里说明两家是表亲。

【译文】

宁静的夜晚四周没有近邻，我荒居旧屋家道早已赤贫。枯黄的老树在风雨中落叶，昏暗的灯光映照白发老人。因为我长期以来孤寂沉沦，你频来探望令我自愧难忍。平生情谊可见是自有缘分，更何况本身就是姑表亲门。

【赏析】

司空曙是"大历十大才子"之一，与卢纶既是诗友又是表亲。诗意在写自己贫居，遇外弟留宿而自道近况的。

诗的前半写自己的悲凉处境：静夜荒村无邻，陋室贫居，生活困苦。"雨中黄叶树，灯下白头人"一联为传诵的名句，义兼比兴，以眼前景物衬托、比拟诗人的自我形象，十分鲜明贴切，同时又透露无限凄楚的意味。

后半首写在沉沦和孤寂中，卢纶频来探望给以安慰，使他感到格外温暖，喜悦和感激之情溢于言表。然而，这喜悦中又蕴含着悲伤，因为自己处境困顿，觉得对不起亲人。

全诗写自己至老的贫居，无限凄凉，而知心的外弟不弃故人频繁来访宿，无限惊喜与感激，一悲一喜互相映衬，使人如见肺腑。

⊙作者简介⊙

司空曙（720？—790？），字文明，广平（在今河北省鸡泽县东南）人。"大历十才子"之一。曾登进士第，官主簿。大历五年（770）任左拾遗，后贬长林（在今湖北荆门西北）丞。贞元间，在剑南西川节度使韦皋幕任职，官检校水部郎中，终虞部郎中。其诗多送别赠答与羁旅漂泊之作，感情细腻，朴素真挚，诗风闲雅疏淡。《全唐诗》存其诗二卷。有《司空曙集》三卷。

云阳馆与韩绅宿别

◎司空曙

故人江海别，几度隔山川。
乍见翻疑梦①，相悲各问年②。
孤灯寒照雨，深竹暗浮烟。
更有明朝恨③，离杯惜共传④。

【译文】

　　自从与你江海分别，就远隔了几重山川。忽然相逢，以为是在做梦，相互悲叹后，互问了年龄。孤灯冷冷，映照细雨，馆外湿竹，笼罩轻烟。遗憾的是，明天我们又要分别，这离别杯盏，怎能不频传？

【注释】

①乍见：突然相见。翻：反而。②各问年：由于别后相隔时间太长，故相见后互问年龄。③明朝恨：明日再次离别之恨。④共传：相互举杯。

【赏析】

　　诗人叙写与故友久别乍见又分离的情景，不胜黯然。

　　开首四句为相见时的感慨，与故人江海一别之后，几度山水阻隔没能见面，浓重的思念之情，不言而喻。但二人骤然相逢，反而疑惑是在做梦，悲喜交集中相互询问分别几年中的光景。"翻疑梦"，见出惊喜；"各问年"，表示彼此疏隔时久。

　　颈联极力描写了旅馆的凄凉夜景，借助孤灯、寒雨、深竹、浮烟，渲染出一种悲凉的气氛，同时表明两人都是羁旅之客。

　　结尾二句写短暂相逢过后，明朝又将分离，因惜别而互相举杯劝酒。一个"更"字，点明了即将再次离别的不舍与伤痛。

　　诗由上次别离说起，接着写此次相会，然后写叙谈，最后写惜别，章法波澜曲折，富有情致。"乍见翻疑梦，相悲各问年"乃久别重逢之绝唱，乱离的时代，人们把分明的现实当做梦境，久别初见时悲喜交集的情态已经尽数蕴藏在字中了。

贼平后送人北归

◎司空曙

世乱同南去，时清独北还①。

他乡生白发，旧国见青山。

晓月过残垒②，繁星宿故关。

寒禽与衰草，处处伴愁颜。

【译文】

　　世道离乱，你我曾一同流落江南；时局安定了，你却要独自北返。避难他乡，如今已鬓生白发，故乡恐怕也只有青山依然。早行所过，尽是破旧残垒；繁星密布之夜，应是住在故关。一路上只有寒禽和衰草，时时处处与你的愁颜相伴！

【注释】

①时清：指时局已安定。②残垒：残余的工事。

【赏析】

　　安史之乱自玄宗天宝十八载（755）爆发，至代宗广德元年（763）才结束，历时八年。乱中诗人曾同友人一同往南方避难，乱平后送友人北归作此诗。

　　首联交代了送友人北归的原因：战乱时，司空曙和友人一起逃到南方躲避战祸；如今战乱已平，友人得以回家，而自己仍然滞留异乡。"独"字有两层含义：一是指友人独自北还，一指自己独不得还，抒发了不得还乡的痛苦。

　　"他乡生白发"可见时间之久、忧愁之深；"旧国见青山"谓国破唯有山河不改旧观，为归人还乡添出时代的悲剧色彩。律诗非常讲究"起承转合"，一般是在第三联转折，此诗第二联即完成了"承"、"转"，章法上别具一格。

　　颈联及尾联单从友人方面落笔，凭借想象描写了友人晓行夜宿，一路上见旧国残垒、故关，寒禽衰草，一片劫后的荒凉景象。颈联着重写"贼平"后的荒凉、残破之景。尾联继续虚写友人归途中所见所感。上句通过"寒禽"、"衰草"写诗人对乱世的感受；下句直接写"愁"，既指友人之愁，也含作者之愁，言愁绪无处不在。

　　诗紧扣乱离主题，由乱起南来，到乱平北还，到所见劫后荒凉，环环相扣，从中自然表现出深重的感慨和哀伤。

寻陆鸿渐不遇

◎皎然

移家虽带郭①，野径入桑麻。

近种篱边菊，秋来未著花②。

扣门无犬吠，欲去问西家③。

报道山中去④，归来每日斜。

【注释】

① 移家：迁居。带：近。② 著花：开花。③ 西家：西边的邻居。④ 报道：回答说。

【译文】

　　他把家搬到城边，乡间小路就通向他家。近处篱笆边上种着菊花，秋天到了，却还没开花。轻轻敲门，没有狗叫，于是想去问问西边的邻家。说他去了山里，回来时每每都到太阳西下。

【赏析】

　　陆鸿渐即唐代"茶圣"陆羽，是位隐士。在这首诗中，诗人寻访他而不遇，通过对其生活环境和生活情趣的描写，表现了陆羽高逸疏放的隐士风度。

　　前四句写"寻"，见友人家靠城廓、种桑麻、栽菊花，令人想起陶渊明的乡居隐逸。

　　后四句写"不遇"，扣门无人，问邻居，知道他流连山水之间，夕阳西斜时归家，何等的逍遥自在。

　　作者是方外闲人，心中悠然自在，无所挂碍，所以从"寻"到"不遇"，一直是随缘任兴，多有超脱语。俞陛云《诗境浅说》评价道："此诗之潇洒出尘，有在章句之外者，非务为高调也。"

◎作者简介◎

　　皎然，诗僧，生卒年不详。俗姓谢，字清昼，吴兴（今浙江省湖州市）人，为南朝谢灵运十世孙。主要活动于大历、贞元年间，有诗名，作品多为赠答送别、山水游赏之作。其《诗式》是当时诗格一类作品中较有价值的一部。除文学之外，在佛学和茶学等许多方面也有相当深厚的造诣，堪称一代宗师。《全唐诗》存其诗七卷。

听筝

◎李端

鸣筝金粟柱^①，素手玉房前^②。

欲得周郎顾^③，时时误拂弦。

【译文】

　　精致的古筝声音清越，弹筝的美人坐在玉房前。想要得到周郎的青睐，她故意不时拨错琴弦。

【注释】

①金粟柱：指筝的弦轴细而精美。金粟，指柱上装饰如金星一样的花纹。柱，枕弦定音之物。②玉房：指玉制的筝枕。房，即筝上架弦的枕。③欲得周郎顾：三国东吴名将周瑜精通音律，每逢他人奏曲有误，他必能辨知，并且一定要回头看一看，故吴中有歌谣云："曲有误，周郎顾。"

【赏析】

　　"金粟柱"，言筝之华美精致；"素手"，言弹筝女子双手之纤细洁白。精美的华筝，一双白净的纤纤玉手在弹奏，暗示出弹筝女子的外秀。

　　而全诗最精彩之处在三、四句。按照一般写法，接下去应该描写女子高超的技艺，或者表现筝声强烈的感染力，但出人意料的是，三、四句笔锋一转，改为描写女子为了引起知音者的注意，故意错拨筝弦。

　　三国周瑜精通音律，即使是在酒醉后，也能轻易辨知他人奏曲的缺误，

转头去看那个演奏有误的人。此诗巧借曲误周郎顾的故事，写女子意在邀心目中知音的顾盼。"欲得周郎顾"，意味着坐在一旁的"周郎"开始时并没有看这位弹筝者，大概是已经沉醉于美妙的筝声中了。对一般演奏者来说，这应该是最值得骄傲的时刻，但这位女子却完全不这么想，因为她的心思都放在了听筝者——"周郎"身上。于是她故意不时地错拨一两个音，以引得"周郎"不时回顾。"误拂弦"这一个生动、细微的情节，点活了弹筝女子慧黠的性格和丰富的情感。

　　诗中摹状脱化无痕，以弹筝女子故意弹奏错误来引人注意，写出一种儿女情态，实在是别开生面，耐人回味。

⊙作者简介⊙

　　李端，字正己，赵州（今河北省赵县）人，生卒年不详。大历年间进士。工于诗作，长于弈棋，为"大历十才子"之一。后辞官归隐衡山，自号"衡岳幽人"。诗多应酬之作。才思敏捷，喜作律体，亦擅长七言诗行，在大历才子中较为罕见。有《李端诗集》。《唐才子传》卷四有传。

宫词

◎顾况

玉楼天半起笙歌^①，风送宫嫔笑语和。

月殿影开闻夜漏^②，水精帘卷近秋河^③。

【注释】

①玉楼：《十洲记》载昆仑山上有玉楼十二座，这里借指宫中楼台。天半：极言楼之高。笙歌：以笙伴奏的歌声。笙，竹制管乐器，大者十九簧，小者十三簧。②月殿：指月亮。传说中月亮上有广寒宫，故称。③水精：水晶。秋河：秋夜的银河。

【译文】

高楼上响起笙箫欢歌，轻风送来宫嫔笑语，与乐音相和。月下，殿门打开听见滴漏声，卷起水晶帘，我似靠近了银河。

【赏析】

唐人的宫词多写宫怨，而这首别具一格，采用对比的手法，以别处的笙歌笑语相形出自己这里的孤居寂寞，虽不言怨情，而怨情已显露于言外。

前二句写听到别殿在玉楼上的笙歌笑语，玉楼、笙歌、笑语，皆是美好热闹之事物，再加以声影风光交织，是何等的欢乐快活呀，而此情此景却更反衬出失宠宫人的寂寞与无奈。

后二句写明月的银辉洒向宫殿，随着月影的移动，只能听见漏斗计时的滴答声。自己心中寂寞，孤独无眠，只好在深夜里静静倾听单调的夜漏声，感觉时光在一点一滴中流逝而去，百无聊赖之下卷帘看秋河。玉楼、月殿、水精帘、秋河等洁白晶莹的意象叠加在一起，与"天半"、"夜漏"这些具飘渺之感的意象相互映衬，幽怨之意隐现。其中，"近"字运用得甚妙，不仅见出夜深，而且有宫人见银河难免想起牛郎织女为之阻隔，与自身之遭遇相近。在一闹一静、一荣一枯中，愈见其出色。

⊙作者简介⊙

　　顾况（725？—814？），字逋翁，号华阳山人，苏州海盐（今浙江海盐）人。肃宗至德二年（757）进士及第，先后任校书郎、著作郎等职。因讥诮当朝权贵被贬为饶州司户，后隐居茅山。《全唐诗》存其诗四卷。有《华阳集》。

征人怨

◎柳中庸

岁岁金河复玉关^①，朝朝马策与刀环。

三春白雪归青冢^②，万里黄河绕黑山^③。

【注释】

① 金河：即黑河，在今内蒙古呼和浩特市南。玉关：玉门关的简称。② 三春：有两种含义，一是指春季的三个月，二是指暮春，此处指暮春。青冢：王昭君墓，在今内蒙古呼和浩特市南。③ 黑山：又名杀虎山，在今内蒙古呼和浩特市东南。

【译文】

　　年年转战在金河和玉门关之间，天天只有马鞭和刀环作伴。暮春三月白雪纷纷，将塞外昭君的青冢覆盖了，万里黄河绕过沉沉的黑山。

【赏析】

　　这是一首传诵极广的边塞诗。写征夫长期戍边、四处辗转而不能还乡的怨情。

　　征人年年转战在西北苦寒的边塞之地，天天与之伴随的唯有马鞭和刀环。在南方，早已是阳春三月，可戍守的苦寒之地却还在下着大雪，大雪铺满了昭君的青冢。这里用王昭君的故事，有悲叹昭君死于西北严寒之地不能返回故乡之意，亦有征人的自怜感伤。然而春归有时，征人却还乡无期，唯有万里黄河绕着黑山，呜咽深鸣，情何以堪！

　　诗以"怨"为题，却无一"怨"字，用叠词"岁岁"、"朝朝"，加上"复"、"环"、"归"、"绕"等意味往复的动词，既反映了征戍时间之漫长，又造成缭绕低回的节奏和意境，令人只觉回肠荡气，怨情自生。三句写时已暮春，苦寒的塞外却不曾见丝毫春色，唯见白雪飘向青冢而已。末句写边塞的山川形势。这两句看似与诗题无关，却都是征人常见之景，从中不难感受到征人转战跋涉的辛苦，怨情自见。

　　全篇四句皆对仗工整，白雪青冢，黄河黑山，画面色彩调配鲜明，语言精美自然。

⊙作者简介⊙

　　柳中庸（？—775？），名淡，字中庸，河东（今山西永济）人，为柳宗元族人。大历年间进士，曾官鸿府户曹，未就。萧颖士以女妻之。与弟中行并有文名。其诗以写边塞征怨为主，然意气消沉，不复盛唐气象。《全唐诗》存其诗仅十三首。

江乡故人偶集客舍

◎ 戴叔伦

天秋月又满，城阙夜千重①。
还作江南会②，翻疑梦里逢③。
风枝惊暗鹊，露草泣寒虫。
羁旅长堪醉④，相留畏晓钟。

【注释】

① 城阙：指京城长安的宫城。② 江南会：指其时与江南故人会集于客舍。③ 翻：反而。④ 羁（jī）旅：客居他乡。

【译文】

秋天，又到月满之时，月光临洒着城楼宫阙门户千重。与江南朋友聚会，我怀疑是梦中相逢。秋风吹动树枝，惊起了乌鹊，沾露的草丛中有寒虫哭泣。漂泊在外，应该长醉，相互挽留，怕听报晓的晨钟。

【赏析】

诗写故人在秋夜偶集京城长安，感慨无限。整首诗着力在题中的"偶集"两字：首联泛写秋夜，表明相聚的时间、地点；颔联即行点题，其中"还作"、"翻疑"作流水对，见出此番相聚不期而然，实属难得。久别偶逢生伤感，故听闻风吹树枝乌鹊啼和露草中寒虫叫，无不惊心，而化用了曹操《短歌行》中的"月明星稀，乌鹊南飞，绕树三匝，无枝可依"的典故，可见其客旅之情、思乡之心。都是羁旅漂泊外乡的人，偶集不易，当作长醉，却奈何宵短晓钟鸣。全诗将这种久别偶集，复又伤别的场景、心情，款款写来，颇为真切动人。

◎ 作者简介 ◎

戴叔伦（732—789），字幼公（一作次公），润州金坛（今江苏金坛）人。出生于隐士家庭，祖父和父亲都是终生隐居不仕的士人。年少时师从著名学者萧颖士，聪颖过人，博闻强识，是众弟子中的佼佼者。历官抚州刺史、容州刺史兼容管经略使，故后人称为"戴容州"。诗多写农村题材，部分揭露了当时的社会问题。其诗在题材、风格、手法上均体现了由盛唐转向中唐的脉络，故胡应麟以其为晚唐之滥觞。《全唐诗》存其诗二卷。有《戴叔伦集》。

淮上喜会梁州故人

◎韦应物

江汉曾为客①，相逢每醉还。
浮云一别后，流水十年间。
欢笑情如旧，萧疏鬓已斑②。
何因不归去？淮上有秋山。

【译文】

我们都曾客居江汉，那时相遇，总要大醉而归。自分别后，你我似浮云漂泊，时光如水，不觉已经十年。今日重逢，笑语依旧，只是头发稀疏，两鬓斑白。你问我为什么还不回去？只因淮水边，有我依恋的秋山。

【注释】

①江汉：即汉江。②萧疏：稀疏。斑：斑白。

【赏析】

久别十年之后的故人，忽然在淮水重逢，其中的喜悦与感慨，自是言之不尽。相会之时，自然回忆起往昔同在江汉为客，总是尽醉而归的往事。而一别之后，再见已是十年后了。欢笑痛饮情谊如旧，又各叹老大，鬓发已经斑白。转眼故人就要归去，而诗人却逗留淮上，欲归无计，只得直认他乡是故乡。

首联写诗人以前在江汉作客期间，二人每次相逢都要欢聚痛饮、大醉而还的情形。颔联直接抒发十年阔别的伤感。颈联上句转回本题，写此次相会的"欢笑"。但这喜悦只是暂时的，所以下句又宕开一笔，写十年的漂泊使人两鬓萧疏斑白了。末联以景色作结，余味无穷。

与友人久别重逢，自有许多可感可叹之处，但诗人却善于筛选，善于概括，善于描绘，结构绵密，情意曲折，令人读之回肠荡气。其中"浮云一别后，流水十年间"两句，写人生行止无定有如浮云，年华逝去又若流水去而不还，道尽光阴易逝、人生无常的千古感慨。

◎作者简介◎

韦应物（737—792？），京兆长安（今陕西西安）人。出身关中望族，以门资恩荫入宫为三卫郎。少任侠，安史之乱后始折节读书。唐代宗广德至德宗贞元间，先后任洛阳丞、京兆府功曹参军、鄂县令、比部员外郎、滁州和江州刺史、左司郎中、苏州刺史，人称"韦江州"、"韦苏州"。诗以写山水田园著名，淡远清雅，人比之陶潜。《全唐诗》存其诗十卷。

郡斋雨中与诸文士燕集

◎韦应物

兵卫森画戟，宴寝凝清香①。

海上风雨至，逍遥池阁凉。

烦疴近消散②，嘉宾复满堂。

自惭居处崇，未睹斯民康。

理会是非遣③，性达形迹忘。

鲜肥属时禁，蔬果幸见尝。

俯饮一杯酒，仰聆金玉章。

神欢体自轻，意欲凌风翔。

吴中盛文史，群彦今汪洋④。

方知大藩地⑤，岂曰财赋强。

【译文】

官邸门前画戟林立、兵卫森严，休息室内凝聚着焚檀的清香。东南近海层层风雨吹进住所，逍遥自在池阁之间阵阵风凉。心里头的烦躁苦闷将要消散，嘉宾贵客重新聚集济济一堂。惭愧自己所处的地位太过高贵，却未能顾及平民百姓是否生活安康。如能领悟事理是非自然消释，性情达观世俗礼节就可淡忘。鲜鱼肥肉是夏令禁食的荤腥，蔬菜水果希望大家尽情品尝。大家躬身饮下一杯醇清美酒，抬头聆听各人吟诵金玉诗章。精神愉快身体自然轻松舒畅，心里真想临风飘举奋力翱翔。吴中不愧为文史鼎盛的所在，文人学士简直多如大海汪洋。现在才知道大州大郡的地方，哪里是仅以财物丰阜而称强？

【注释】

① 燕寝：休息的地方。② 烦疴（kē）：指暑天的烦郁。③ "理会是非"两句：意谓明了事理，是非就消释了；性情旷达，自然就不会拘泥于世俗的礼节。④ 彦：贤士。⑤ 大藩：这里指大郡。

【赏析】

这首诗是德宗贞元五年（789）作者在苏州刺史任上所作。此时诗人顾况贬饶州，路过苏州，韦应物在郡斋宴集嘉宾，写下此诗，顾况也作了和诗。

开头两句点明"郡斋"，森严中清香郁郁，清奇绝伦，颇为警策。"海上风雨至，逍遥池阁凉"，写雨来屋子凉快起来，意境清旷。之后四句是抒发个人胸怀，自惭居处高崇，不见黎民疾苦，情辞谦恭，可谓雅人深致。"鲜肥"下六句，是正面写宴集之间宾主诗酒怡情，逸兴遄飞。末尾说吴中不仅是财赋丰饶，而且人才荟萃。

全诗首叙事，次抒情，再叙事，末尾加议论，夹叙夹议，结构井然有序。

初发扬子 寄元大校书

◎韦应物

凄凄去亲爱①，泛泛入烟雾。

归棹洛阳人②，残钟广陵树③。

今朝此为别，何处还相遇？

世事波上舟，沿洄安得住④！

【注释】

① 亲爱：这里是指好朋友。② 归棹（zhào）：指驾着舟从扬子津出发北归洛阳。③ 广陵：今江苏省扬州市。④ 沿：顺流而下。洄（huí）：逆流而上。安得住：怎能停得住。

【译文】

　　凄怆地离别了亲爱的朋友，船只泛泛地驶入了茫茫烟雾中。轻快地摇桨向着洛阳归去，晓钟残音还远绕广陵树木。今日在此我与你依依作别，何时何地我们能再次相遇？人情世事犹如江波上的小船，顺流洄旋岂能由自己做主！

【赏析】

　　这首诗写于韦应物离开扬州回洛阳的路上。

　　诗人对朋友以"亲爱"相称，可见彼此的友谊非常深厚，分别时自然依依不舍；又以"凄凄"、"泛泛"两对叠字引起，活脱脱刻画出行人初发时的离情别意。不管离人如何悲伤难舍，船终于还是启程了，很快就隐没在迷茫的烟雾之中。

　　"归棹洛阳人，残钟广陵树"，写向洛阳乘归棹的诗人，回望广陵，只听得残余的钟声从朦胧的烟树中隐约传来，惜别情深，悠悠不尽。船已"泛泛入烟雾"，但诗人还在凝望广陵城外迷蒙的树林，倾听寺庙里传来的残钟声，这其实正是对挚友的依恋，此联以景喻情，言简意深。

　　诗人望着滔滔流水，不禁感叹道："今朝此为别，何处还相遇？"分别容易重逢难，山长水远音信难通，这后会之期难以预料。

　　结末即景生情，以波浪中舟行颠簸不定，喻世事之顺逆翻覆，难由自己做主。

　　全诗写的是眼前景，说的是口头话，道的是意中情，语言平淡，内蕴丰富，正如苏轼所说"寄至味于淡泊"。

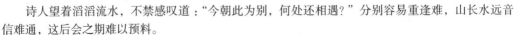

秋夜寄丘员外

◎韦应物

怀君属秋夜^①，散步咏凉天。

空山松子落，幽人应未眠。

【译文】

想念你，在秋天的夜晚，独自漫步，吟咏这凉爽秋天。空山寂寂，能听到松子落地的声音，我想，你应该还没入眠。

【注释】

①属：正值。

【赏析】

丘员外，名丹，曾任尚书郎，后隐于临平山。韦应物任苏州刺史期间，和丘丹过往甚密，常有唱和。丘丹在临平山学道时，诗人写此诗以寄怀。

正当秋夜，诗人孤怀寂寞，谁与唱酬，自然忆起良朋好友来，于是在庭院散步之际，吟咏凉秋寄远。想来，丹丘幽居空山，此夜听闻风吹松子落，应该还没成眠，说不定也在吟咏为乐。

首句点明季节是秋天，时间是夜晚，而"秋夜"与怀人恰好彼此衬映。次句紧扣上句，承接自然，写出了诗人因怀人而徘徊沉吟的情景。在三、四两句中，诗人任由思绪飞驰，想象丘丹此时的状况。"山空松子落"，遥承"秋夜"、"凉天"，是从眼前的凉秋夜色，推想临平山今夜的秋色。"幽人应未眠"，则遥承"怀君"、"散步"，是从自己因怀念远人而徘徊不能寐，推想对方也未眠。这两句虽纯属想象，却是从前两句生发而来，而且极大地深化了前两句的诗情。全诗运用了写实与虚构相结合的手法，使眼前之景与想象之景并列，表达了对友人深深的思念。

诗人以清淡跳脱之笔，从对面落笔，在空灵之境中寄寓高洁情谊，情致委曲。整首诗古雅闲淡，语浅言简却情深意长，给人玩赏不尽的艺术享受。

寄李儋元锡

◎韦应物

去年花里逢君别，今日花开已一年。
世事茫茫难自料，春愁黯黯独成眠。
身多疾病思田里①，邑有流亡愧俸钱②。
闻道欲来相问讯，西楼望月几回圆。

【译文】

　　去年花开时，恰好与你分别；今日又逢花开，不觉已经一年。世事苍茫，难以预料；春日愁绪暗淡，独自入眠。身体衰弱多病，我思念故乡田园；所辖县邑有灾民，愧对朝廷俸钱。听说你要来探望我，西楼望月圆了又圆，却还不见你来。

【注释】

①思田里：指想要归隐田园。②邑：指自己管辖的县邑。

【赏析】

　　这是韦应物寄赠友人的诗，诗中感时伤事，希望友人前来探望。

　　因为是寄赠好友，所以开首二句叙述别离之情，诗人从眼前花开之景追忆到去年与友人花里相别之故事。花开花落，引起对茫茫世事的感叹；春愁黯黯，思友心情自然更深一层。"花开又一年"不仅写出了时光的飞逝，也流露出别后的萧索寥落。"世事茫茫"既是指国家的前途——皇帝逃亡在外；也是指个人的前途——消息不通，情况不明，报国无路。

　　接着对好友直抒情怀，坦陈自己内心充满了矛盾：因多病想辞官归田，但对民生疾苦仍是念念不忘；看到百姓贫穷逃亡，自己未尽职责，心中觉得愧对自己的俸禄，更做不到一走了之。诗人不是夸赞州郡风土之美，而是关怀民瘼，感伤时世，范仲淹叹为"仁者之言"。

　　结尾道出今日寄诗的用意，望月相思，希望获得朋友的慰藉和勉励，所以盼望老友前来相聚。

　　全诗情景融化为一，曲折而有变化，婉约而尽意。

寄全椒山中道士

◎韦应物

今朝郡斋冷①，忽念山中客。
涧底束荆薪②，归来煮白石③。
欲持一瓢酒，远慰风雨夕。
落叶满空山，何处寻行迹④？

【注释】

① 郡斋：指作者任滁州刺史时官署中的斋舍。② 荆薪：柴草。③ 白石：葛洪《神仙传》中载有白石先生，说其"常煮白石为粮，因就白石山居，时人故号曰白石先生"。④ 行迹：指道士的踪迹。

【译文】

今天郡斋里很冷，忽然想起山中隐居的人。你一定在涧底打柴，回来以后煮些清苦的饭菜。想带着一瓢酒去看望你，让你在风雨夜里得到些许安慰。可是秋叶落满空山，在什么地方才能找到你的行迹？

【赏析】

这首寄赠诗，是写清秋风雨之夕对全椒山中道士的忆念之情。

全诗乍看并无惊人之句，只是从"念"字出发，写因郡斋之"冷"想到在山中苦炼修行的道士，想要持酒去慰问，又恐寻不到他。

诗的关键就在一个"冷"字。首句既是写郡斋气候的冷，更是写诗人心头的冷——寂寞挥之不去。而在这两种"冷"的合力作用下，诗人想起了山中的道士。接下来，"束荆薪"、"煮白石"讲述了山中道人的种种活动。诗人念及老友山中修行艰苦，想送去一瓢酒，好让他在这风雨之夜获得一点温暖与安慰。然而诗人又想到，他既是修行之人，自然是云游四方、漂泊无定，何况秋天来了，落叶满山，走过的脚印都给落叶掩盖住了，更不知道该向何处寻找。

诗虽是淡淡写来，却使人感到诗人情感上跳荡反复，诗味蕴藉。"落叶满空山，何处寻行迹"句，语入神境，超妙自然，是诗中绝唱。有人说这首诗"一片神行"，是"化工笔"，向来被称为韦诗中的名篇。宋代大诗人苏东坡颇爱此诗，"刻意学之而终不似，盖东坡用力，韦公不用力；东坡尚意，韦公不尚意，微妙之诣也"（施补华《岘佣说诗》）。

赋得暮雨送李曹

◎韦应物

楚江微雨里①，建业暮钟时②。
漠漠帆来重③，冥冥鸟去迟④。
海门深不见⑤，浦树远含滋⑥。
相送情无限，沾襟比散丝⑦。

【注释】

① 楚江：长江。② 建业：今江苏省南京市，古称建业。③ 漠漠：水气迷茫的样子。④ 冥冥：形容天色昏暗，细雨蒙蒙。⑤ 海门：长江入海处。⑥ 浦树：江边的树。⑦ 沾襟：指泪水沾襟。散丝：指细雨。

【译文】

　　长江笼罩在细雨里，建业城正敲响暮钟。烟雨迷茫，船帆显得沉重；暮色昏暗，鸟儿也飞得迟缓。烟雨中，我看不见深远的海门；遥望江边的树木，就好像笼罩着层层烟雾。送别老友，我深情无限，泪水像细雨一样沾湿了衣襟。

【赏析】

　　这是一首咏暮雨的送别诗。诗人紧扣"暮"、"雨"的主题，通过眼前的景物来着意加以表现，句句不离"雨"。

　　首联写送别之地，并通过起句的"雨"和次句的"暮"直切诗题中的"暮雨"二字。"楚江"表明诗人正伫立在江边，这又暗切了诗题中的"送"字。"微雨里"的"里"字，描绘了一个细雨笼罩的场景，为后面"帆来重"、"鸟去迟"这类现象的出现作了铺垫，既用简洁的笔触勾勒出诗人临江送别的形象，又为全诗涂上了一层灰暗的底色。

　　中间两联着意写雨：暮雨中舟行江上，船帆沉重，鸟在空中也飞得迟缓了，迷茫中海门深远不见，江边树木含着烟雾。动中有静，静中有动，写景绝妙，给人以身临其境之感，而"漠漠"、"冥冥"、"重"、"迟"、"深"、"远"等对雨景的渲染，着意于迷蒙暗淡的氛围，又隐见诗人惆怅惘然的离情别绪。

　　结尾点出送别，用一"比"字将别泪沾襟和纷纷不断的雨丝融合在一起，使全诗一脉贯通，前后呼应，浑然一体。

长安遇冯著

◎韦应物

客从东方来，衣上灞陵雨①。

问客何为来？采山因买斧②。

冥冥花正开③，飏飏燕新乳④。

昨别今已春，鬓丝生几缕？

【注释】

① 灞陵：在今陕西西安市南，因汉文帝刘恒葬于此而得名。② "采山"句：指冯著此次京城之旅非但没有谋到职位，反而发现前途荆棘满路，尚须买斧辟路。③ 冥冥：悄然。④ 飏飏(yáng)：鸟儿轻快飞翔的样子。

【译文】

你从东方回到长安来，衣裳沾满灞陵的春雨。请问你来此为了何故？你说为开山辟地买斧。造化无语，百花正在悄悄盛开，燕子因刚刚哺喂了雏燕而轻快飞舞。去年一别如今又逢春，双鬓银丝添生了几缕？

【赏析】

冯著是韦应物的朋友，他德才兼备，颇有名士之风，却无人赏识，长期沉沦下僚，不甚得意。韦应物在长安遇见他时，大概他倦于仕宦，有归隐林泉之意。这首赠诗，以亲切诙谐的笔调，对失意沉沦的冯著表示了深切的关怀和慰勉。

一、二句是说冯著刚从长安以东的地方来，依然可见一身名士兼隐士的风范。

接着，诗人便自问自答，猜想冯著此来长安的目的和境

遇。"采山"句为俏皮话。"采山"本是指入山采铜铸钱，这里是打趣冯著来长安为谋发财，但是只得到了一片荆棘，还得买斧砍除。其中的隐藏含义是说冯著没有谋得一官半职，故心有不悦。作者以诙谐的语气自问自答，显然是想以轻快的情绪冲淡友人心中的郁闷。

"冥冥花正开，飏飏燕新乳"是写眼前的春景，繁花正在悄悄开放，初生的乳燕正在欢快地飞翔。诗人选择这一场景，是为了劝导冯著不要为暂时失意而感到不快和不平。

末句紧承上句而来，以反问勉励友人盛年未逾，还大有可为。

全诗情意深长，生动活泼，以问答方式渲染气氛，在叙事中写景，借写景以寄托寓意，清新明快，委曲婉转，令人回味不尽。

夕次盱眙县

◎韦应物

落帆逗淮镇①，停舫临孤驿②。

浩浩风起波，冥冥日沉夕。

人归山郭暗③，雁下芦洲白④。

独夜忆秦关⑤，听钟未眠客。

【注释】

① 落帆：将帆落下。逗淮镇：停靠在淮水边的盱眙镇。② 驿：古时供邮传人员休息、住宿的地方。③ "人归"句：意谓日落城暗，人们均已回家休息。④ 芦洲白：长满芦苇的沙洲上，白色的芦花正在盛开。⑤ 独夜：孤独之夜。忆秦关：诗人的故乡在长安，此处谓思念故乡。

【译文】

卸帆留宿淮水岸边的小镇，小舫停靠在孤零零的旅驿旁。大风突起，江上的波浪浩荡；太阳沉落，大地夜色苍茫。山昏城暗，人们都回家安憩；月照芦洲，雁群也落下栖息。夜晚孤独，我不禁想起长安，听到岸上钟声，我无法安然入眠。

【赏析】

盱（xū）眙（yí），在今江苏省，临近淮水。韦应物是长安人，他在德宗建中四年（783）夏天离开长安，秋天到滁州，一路舟行而下，这首诗就作于此时。

诗中写旅途中日暮停船于淮水南岸的盱眙县城，四周景物萧瑟，勾起了思乡之情。

首四句写傍晚遇风，不得不停船止宿。泊船淮水边，驿馆孤独凄清，冷风吹动水波，时间已经是傍晚，一切都暗含着萧索冷寂之意。

其后四句是写夜幕降临，孤客看着"人归""雁下"，在这样的氛围中，不由思念家乡长安了，一夜未眠，"忆秦关"是全诗的中心。

诗人用白描的手法来写景，极为闲淡传神，如"人归山郭暗，雁下芦洲白"句，看是写眼前所见实景，却是渗入了旅客的愁绪，读来颇为动人。而诗人的愁绪与思乡之情全都不动声色地融入了景物描写之中，寓情于景，情景交融，将羁旅愁思烘托得强烈感人。

东郊

◎韦应物

吏舍跼终年①，出郊旷清曙②。

杨柳散和风，青山澹吾虑③。

依丛适自憩④，缘涧还复去⑤。

微雨霭芳原，春鸠鸣何处⑥。

乐幽心屡止⑦，遵事迹犹遽⑧。

终罢斯结庐，慕陶直可庶⑨。

【注释】

①吏舍：官舍。跼（jú）：拘束。终年：一年到头。②"出郊"句：意谓清晨起来到郊外游赏，清爽的曙色使人心中舒畅。③澹（dàn）：澄清。虑：思绪。④适：正好。⑤缘：沿着。⑥鸠（jiū）：斑鸠。⑦乐幽：对于田园之乐的向往。⑧遵事：例行公事。迹：行迹。遽（jù）：匆忙。⑨"慕陶"句：意谓平生因为仰慕陶渊明而想学他归隐田园的愿望也就差不多可以实现了。直，就。庶，几乎，差不多。

【译文】

　　整年拘束官署之中实在烦闷，清晨出去郊游顿觉精神欢愉。嫩绿的杨柳伴随着春风荡漾，苍翠的山峰淡化了我的思虑。靠着灌木丛自由自在地憩息，沿着涧流旁任凭意愿地徘徊。芳香的原野落着迷蒙的细雨，宁静的大地到处是春鸠鸣啼。本爱长处清幽屡次不得如愿，只因公务缠身行迹十分匆促。终有一日罢官归隐在此结庐，平生羡慕的陶潜隐逸生活差不多可以实现了。

【赏析】

　　这首诗是韦应物任滁州刺史时所作。写春日清晨郊外出游的情景，深恨为衙署公务所拘束，不能遂罢官归隐的心愿。先说终年局促在官署中，一到郊外，"杨柳散和风，青山澹吾虑"，大自然的风光让人心旷神怡，"澹吾虑"三字写出其快乐的情感。之后四句正面写郊游中或行或止的情形，见芳草地"微雨"迷蒙，听见"春鸠"鸣叫，点明春景。末尾四句是即景生情，直接抒发了对陶渊明所过隐居生活的向往。作者善于摄取平常景色，描绘出春日美丽的大自然风光，与陶渊明诗句"久在樊笼里，复得返自然"同一旨趣。

送杨氏女

◎韦应物

永日方戚戚①，出行复悠悠②。女子今有行，大江溯轻舟③。尔辈苦无恃，抚念益慈柔④。幼为长所育，两别泣不休。对此结中肠⑤，义往难复留⑥。自小阙内训⑦，事姑贻我忧⑧。赖兹托令门⑨，仁恤庶无尤⑩。贫俭诚所尚⑪，资从岂待周⑫！孝恭遵妇道⑬，容止顺其猷⑭。别离在今晨，见尔当何秋⑮？居闲始自遣，临感忽难收⑯。归来视幼女，零泪缘缨流⑰。

【注释】

① 永日：漫长的一天。方：正。戚戚：悲伤。② 出行：指远嫁。悠悠：遥远。③ 溯（sù）：逆流而上。④ "尔辈"两句：你们从小丧母，孤苦无依，所以我对你们的抚育就更加的慈爱温柔。⑤ 结中肠：哀伤之情郁结于心。⑥ 义往：指女儿已到出嫁年龄，理当嫁人。⑦ 阙（quē）：同"缺"。内训：闺门之教。⑧ 事姑：侍奉婆婆。贻（yí）我忧：让我忧虑。⑨ 赖：全赖。托令门：托付于好人家。⑩ 任恤（xù）：信任体恤。庶无尤：指不苛求，差不多没有过失就可以了。⑪ 诚所尚：诚然是所崇尚的。⑫ 资从：嫁妆。

岂待周：何必完备齐全。⑬ 孝恭：孝顺恭敬。⑭ 容止：仪容举止。猷（yóu）：规矩。⑮ 当何秋：要到何年？
⑯ "居闲"两句：意谓平日里就开始自我排遣，谁知临别又伤感得难以控制。⑰ 零泪：流泪。缘：沿着。
缨：系在下巴下的帽带。

【译文】

　　我整日忧郁而悲悲戚戚，女儿就要出嫁遥远地方。今天她要远行去做新娘，乘坐轻舟沿江逆流而上。你们姐妹自幼尝尽失母苦，念此我就加倍慈柔抚养。妹妹从小全靠姐姐抚育，今日两人作别泪泣成行。面对此情景我内心郁结，女大当嫁也难得再留。你自小缺少慈母的教训，侍奉婆婆的事令我担忧。幸好依仗你夫家好门第，信任怜恤不挑剔你过失。安贫乐俭是我一贯崇尚，嫁妆岂能做到周全丰厚。望你孝敬长辈遵守妇道，仪容举止都要符合规矩。今晨我们父女就要离别，再见到你不知什么时候。闲居时忧伤能自我排遣，临别感伤情绪一发难收。回到家中看到孤单小女，悲哀泪水沿着帽带长流。

【赏析】

　　韦应物早年丧妻，留下两女，数年来父女三人相依为命，感情颇为深厚。长女一旦出嫁，做父亲的百感交集，写下这首诗，为女送行。

　　诗人对亡妻的感情深挚，因此对从小丧母的女儿甚为怜爱，"尔辈苦无恃"是全诗关节所在，诗中其他许多话都从这句生发出来。

　　首四句是总起，点出长女出嫁远行，大江轻舟，感情上容易触动。女儿自幼失恃，幼女为长女抚育带大，姐妹分别，倍感悲切。女大当嫁，做父亲的心中也痛伤离别，希望她到夫家去能得到婆婆的爱怜，语重心长地对她谆谆训诫。诗人没有多写自己心中的依依不舍与悲痛之情，而是将主要的笔墨用于对女儿的嘱咐与教导，絮絮叮咛，字字感人肺腑。

　　然而，诗人尽管一开始尚能强忍泪水叮嘱女儿，可是等送走了女儿之后才发现自己还是控制不住。结末"归来视幼女，零泪缘缨流"，写送别后自己与幼女相对而泣，伤感情绪尤其沉痛，慈父送女儿出嫁时的复杂心情尽数包含其中。

　　全诗纯是父女情的白描，情真语挚，骨肉情深和慈父形象跃然纸上。

幽居

◎韦应物

贵贱虽异等，出门皆有营①。

独无外物牵，遂此幽居情。

微雨夜来过，不知春草生。

青山忽已曙②，鸟雀绕舍鸣。

时与道人偶，或随樵者行。

自当安蹇劣③，谁谓薄世荣④。

【注释】

① 营：经营，奔忙。② 曙：天亮。此处指青山已隐约可见。③ 蹇劣：困厄，境遇不好。④ 薄世荣：鄙薄世俗的荣华富贵。

【译文】

世人虽然有尊贵和低贱之分，出门在外却都有所奔忙和经营。我独独没有外物的牵绊，得以实现了独自闲居的夙愿。夜里轻微的小雨洒下来，不知不觉间春草已经萌生了。转眼间天放晴青山隐隐，鸟雀绕着屋舍欢畅鸣叫。有时与道人结伴漫游，有时又跟随山中樵夫出行。自当安于困厄愚劣的境遇，并非是我鄙薄世俗的荣华富贵。

【赏析】

世俗之人总要为生活而出门奔走营谋，少有人能领会到幽居之乐。韦应物在这首诗中描写了自己幽居独处的生活情趣，营造出一悠闲宁静的境界。

起首四句表达对世态的看法：无论贵贱高低，不管目的有何不同，世人总要为了生存而出门奔走。虽是平平写来，却多少透露出一点感慨和厌倦之意，但诗人并不打算继续描写人生的不易，而是以此为背景，将自己和世人判然分开，得偿所愿地实现了向往已久的幽居生活。一个"独"字与"皆有营"形成反衬，颇有举世皆劳我独闲的意味。诗人此时的心情愉快而安闲，于是笔下的景物也抹上了明丽轻快的色彩。

中间六句是对幽居所见的景色和日常生活的描绘：细柔的春雨夜来，春草暗生，青山转眼间放晴，鸟雀在屋舍边热闹啼鸣，纯然一幅充满春天气息的闲适图画。看似写景，实则写情，表现了诗人幽居的宁静以及对大自然的热爱。自己出游，不时与道人相遇，与樵夫相过从，更显得随意而自在。

末二句诗人表明心迹，说自己并非是那种鄙薄世上荣华富贵的高雅之士，而是因愚拙而安于这种幽居生活。将自己同真正的隐士区别开来，既表明他对独善其身的满足，也表示对别人的有所追求并不鄙弃。

全诗笔调轻松自然，无丝毫着力经营处，却自有一种高远闲淡的趣味。

滁州西涧

◎韦应物

独怜幽草涧边生，上有黄鹂深树鸣。

春潮带雨晚来急，野渡无人舟自横。

【译文】

　　我偏爱涧边无言的小草，树上有黄鹂在深处鸣叫。傍晚时分，春潮带着雨气，来得又高又急；渡口无人，小舟随波漂横。

【赏析】

　　滁州，州名缘于涂水（滁河），即今安徽省滁州市。西涧，就是西面的山间溪流。

　　这是韦应物最负盛名的写景佳作，当时他由比部员外郎出为滁州刺史，西涧在滁州西门外。韦应物生性高洁，笃信佛教，喜幽静，好诗文。他时常独步郊外，最喜爱滁州西涧清幽的景色，一天游览至此，遂写下这首小诗。

　　诗写春游滁州西涧赏景和晚潮带雨的野渡所见。"独怜"是偏爱的意思，诗人偏爱春景的自生自荣，故能见得涧边幽草的自生、深树黄鹂的自鸣、自来的春潮带雨、野渡无人而舟横。独独喜爱"涧边"的"幽草"，说明诗人具有恬淡的胸怀。树阴深处有黄鹂在婉转啼鸣，清丽的色彩与悦耳的声音已交织成一幅闲雅幽静的图画。

　　而春雨中晚潮汹涌，郊野的渡口没有行人，唯有一叶孤舟悠然漂浮，境界骤然开阔，充满疏野的趣味，堪称自然形成的工巧之笔。

　　这首诗是否有所寄托，所托何意，历来争论不休。不过诗中确实表达了安贫守节的淡泊情怀，隐约流露出一种无奈、忧伤的情绪。

送李端

◎卢纶

故关衰草遍①，离别自堪悲。
路出寒云外，人归暮雪时。
少孤为客早②，多难识君迟。
掩泪空相向，风尘何处期③？

【注释】

① 故关：故乡。② 少孤：指自己从小丧父。为客早：意谓从很早的时候便开始了漂泊的生活。③ 风尘：纷乱的世道。何处期：不知后会何期。

【译文】

故乡衰败野草遍地，就要分别真叫人伤悲。你踏上去路，走向寒云之外，傍晚回来，正值大雪纷飞。我少年丧亲，很早就作客异乡，患难中认识你，只叹相见太迟。掩面哭泣，空对你离开的方向，世事纷繁，不知何时才能相会。

【赏析】

卢纶、李端都属于"大历十才子"之列，两人交谊深厚，一旦相别离，自是"堪悲"。而相送之地偏又是遍地衰草的故乡，加上严冬的寒云暮雪，一派肃杀的景象，而路遥人凄凉，景语尽成情语。首联从故乡衰草落笔，写送别的环境气氛，在这样凄凉的环境中送别故人，离愁别绪自然更加深重。"离别自堪悲"写得平直、刻露，但因为是紧承上句而来，故不但不显平淡，反而提挈全篇，奠定了深沉感伤的基调。

回忆以往，两人识交于作客多难之中，一"早"一"迟"，属对工稳，语切情真，有相见恨晚之意，悲凉回荡不已。这两句不仅是感伤个人的身世飘零，也间接反映出时代的动乱以及人们在乱世中飘零无依的生活，感情沉郁。

一别之后，天下风尘扰扰，不知以后何时能够再相会，故诗人回忆完不胜伤感的往事之后，越发依依不舍，却只能站在送别之地，徒然地对着友人远去的方向，掩面而泣。

诗以"悲"字贯穿全篇，句句扣紧主题，抒情多于写景，基调悲凉，哀婉感人。

⊙作者简介⊙

卢纶（748？—799？），字允言，河中蒲（今山西永济）人。"大历十才子"之一。安史乱起，避难江西鄱阳。代宗大历初，屡举进士不第。后补阌乡尉，迁监察御史，终检校户部郎中。其诗多送别赠答之作，边塞诗慷慨雄浑。《全唐诗》存其诗五卷。有《卢户部诗集》。

塞下曲六首（其一）

◎卢纶

鹫翎金仆姑^①，燕尾绣蝥弧^②。
独立扬新令^③，千营共一呼。

【注释】

① 鹫（jiù）翎：指用雕的羽毛做的箭羽。② 蝥（máo）弧：旗名。③ 扬新令：挥旗下达新的命令。

【译文】

腰系雕羽制的神箭金仆姑，蝥弧旗如燕尾迎风飘展。将军巍立，下达新命令，千军万马众口一声。

【赏析】

诗题一作《和张仆射塞下曲》，一组六首，此选了前四首。这首写将军动员出发时的情景，很有声势。前二句渲染写弓箭旗帜，足见军营装备精良，军容整肃。将军独立高处发号施令，全军齐声响应，声震山河，显出将军凛凛威风、上下同心的雄壮士气。令前着一"新"字，暗示将军对敌情的变化了然于胸，熟习战法。语言精练，有如一沙一世界，寥寥二十字中，涵容了千军万马出征前誓师的浩大壮观的场面。

塞下曲六首（其二）

◎卢纶

林暗草惊风^①，将军夜引弓^②。
平明寻白羽^③，没在石棱中^④。

【注释】

① 惊风：突然被风吹动。② 引弓：拉弓、开弓，这里包含下一步的射箭动作。③ 白羽：箭杆后部的白色羽毛，这里指箭。④ 没：陷入，这里是钻进的意思。石棱：石头的边角。

【译文】

深林黑暗，疾风惊动草丛，将军在夜里拉弓。天刚亮，就去搜寻昨夜箭羽，却发现，整个箭头都射入石中。

【赏析】

塞下曲，古代歌曲名，多是描写边境风光和战争生活的。这首诗写将军夜出巡边的情形，借用汉代名将李广狩猎射石的典故，见得边境巡防的严肃和将军的勇武。诗开篇即以"暗"点出野营区域深林繁盛葱郁和天色已晚，"草惊风"渲染出隐隐然似有老虎潜行草木为之纷披之状，着一"惊"字，见出一片紧张异常的气氛，也暗示了将军是何等警惕，为下文"引弓"作了铺垫。一惊之后，将军敏捷地搭箭引弓，不失从容镇定。天明寻箭，竟"没在石棱中"，足见将军的神勇有力，让人不由得联想起战场上他将是何等英勇善战。

287

塞下曲六首（其三）

◎卢纶

月黑雁飞高，单于夜遁逃①。

欲将轻骑逐，大雪满弓刀。

【注释】

① 单（chán）于：本指匈奴的首领，此指入侵者。

【译文】

　　没有月亮，大雁飞得很高，单于在夜里向北奔逃。正要率领轻骑兵前去追赶，却见大雪纷纷，刹那间落满铁弓和弯刀。

【赏析】

　　月黑雁飞，匈奴单于趁机夜遁逃跑，自可想知双方鏖战，唐军得胜，单于被围已久。将军带领轻骑追击穷寇，而刹那间雪花落满弓刀，可见漠北边塞之严寒和边防之不易。诗人善于纳实涵虚，写出实景，渲染出气氛，述雪夜破敌，在短短四句中容下边塞防战的无边风云气象，气魄雄伟，音调响亮。诗以"大雪满弓刀"宛转作结，而追击穷寇与否及后事如何则淡出画面，在瞬间之象中寓无尽之意，底蕴深厚，令人品味不尽。

塞下曲六首（其四）

◎卢纶

野幕敞琼筵①，羌戎贺劳旋②。

醉和金甲舞，雷鼓动山川③。

【注释】

① 野幕：设在野外的营帐。琼筵：丰盛精美的宴席。
② 羌戎：古时对西北少数民族的通称。③ 雷：同"擂"。

【译文】

　　野外的营帐，摆起酒宴，是为了庆贺征羌戎的将士凯旋。穿着铠甲欢醉起舞，擂鼓声震荡连绵山川。

【赏析】

　　大战凯旋，在郊野的营帐中摆下精美筵席。不仅三军将士庆贺，就是羌戎异族也前来庆贺助兴，可见唐军非但勇能却敌，而且德能感人，其巩固边防而战符合边区各民族的共同利益。将士乘着酒兴，不及脱下铠甲而起舞，鼓乐声震天动地，席间热烈欢腾的场面无不历历在目，令人感奋。诗人抓住奏凯庆筵这样的典型事例来加以生动描写，语言精炼含蓄，音韵铿锵有力，情态活跃鲜明，为写边塞军营生活的杰作。

晚次鄂州

◎卢纶

云开远见汉阳城，犹是孤帆一日程。
估客昼眠知浪静①，舟人夜语觉潮生②。
三湘愁鬓逢秋色③，万里归心对月明。
旧业已随征战尽④，更堪江上鼓鼙声⑤！

【注释】
① 估客：商人。② 舟人：船家。③ 三湘：
漓湘、潇湘、蒸湘的总称。④ 旧业：指家中
产业。⑤ 鼓鼙（pí）：指军鼓。

【译文】
　　云开雾散，已能望见汉阳，即便这样，坐船也得一天路程。商人白天睡觉，因知风平浪
静；船夫晚上呼喊，是觉水涨潮生。三湘秋色，映衬斑白双鬓；离家万里，凝望明月归心更
盛。老家的产业，已被战争毁尽，哪能忍受，再听到江上的鼓鼙声。

【赏析】
　　这首诗原注为"至德（756—758）中作"，其时正在安史之乱中，又逢永王李璘发动兵变，导致
江淮大乱。在这样的时代背景下，卢纶曾避乱鄱阳，此诗当是他在乱后返乡，路过三湘，由鄂州（今
湖北武昌）发船到汉阳期间所作。
　　"估客昼眠知浪静，舟人夜语觉潮生"一联细致真切地刻画了船上白天和夜晚的情景，上句动中
写静，下句静中写动，神思在轻浪夜语中回旋，渐次盈满，引出后半的浩叹。路经三湘正逢秋，万里
归心似箭，但田园家业已经在战乱中丧失殆尽，无家可归，舟行江上又听见阵阵鼓鼙声，更觉不堪。
　　这首诗只截取飘泊生活中的一个片断，却集中地反映了广阔的社会背景，流露出厌战、伤老、思
归之情，倍觉深沉。

喜见外弟又言别

◎李益

十年离乱后^①，长大一相逢。

问姓惊初见，称名忆旧容。

别来沧海事^②，语罢暮天钟。

明日巴陵道^③，秋山又几重。

【译文】

十年安史之乱后，已长大的我们，在异地相逢。初见时，问你姓名使我惊讶，口念名姓，回忆你的面容。分别后历经沧海桑田，长谈完，已到寺院敲响暮钟。明天，你就要踏上巴陵古道，不知又要隔秋山几重。

【注释】

① 十年离乱：指安史之乱。② 沧海：比喻世事变化巨大，有如沧海变桑田、桑田变沧海那样。③ 巴陵：今湖南省岳阳市，即诗中外弟将去的地方。

【赏析】

外弟，就是表弟。这首诗直抒与外弟暂会又别的叹惋之意、惜别之情，有伤乱感时之概。

十年离乱后，各自长大了，外形自然改变极多，偶然相逢在一起。先问到姓氏，心里已经有些惊疑了；等到说出名字，立即想起旧容，不禁化惊为喜。"问姓惊初见，称名忆旧容"是人人在世事无常下常会遇到的情形，也是人人心中所欲言而不能言的，诗人以家常话的方式脱口而出，令人觉得格外亲切有味。

后半写"又言别"。乱离时代沧海横流，处处难安，几乎每个普通人都处于颠沛流离之中，多少事难以尽述，而"语罢"于暮色钟鸣。

"明日"点出二人聚散匆匆，"巴陵道"提示了表弟远行的去向。"秋山又几重"，只用群山阻隔的画面便形象地把新的离别场景展现在读者面前。用"秋"形容"山"，在点明时令的同时，又隐蕴着后会难期的惆怅心情。结句不直接说别而别意自见，神韵自然。

从由惊而喜的久别忽逢，到由喜入悲的匆聚又别，再现了乱离中人生聚散无常的典型场面，抒发了真挚的至亲情谊，读来亲切感人。沈德潜说它是"一气旋折，中唐诗中仅见者"。

◎作者简介◎

李益（748—829），字君虞，陇西姑臧（今甘肃武威）人。唐代宗大历四年（769）登进士第。兼备各体，尤长七绝，诗风凝炼含蓄，韵味深长，胡应麟以为"七言绝，开元之下，便当以李益为第一"。《全唐诗》存其诗两卷。有《李君虞集》。

夜上受降城闻笛

◎李益

回乐峰前沙似雪[1]，受降城外月如霜。

不知何处吹芦管[2]，一夜征人尽望乡。

【注释】

[1] 回乐峰：灵州回乐县附近的烽火台，在今宁夏灵武县一带。[2] 芦管：芦笛。

【译文】

回乐峰前，沙地皓白似雪；受降城外，月色明洁如霜。不知是哪里吹起了芦管，引得征人们眺望故乡。

【赏析】

"受降城"，唐代修筑了西、中、东三座受降城，以防突厥入侵，这里指西受降城。此诗意在抒写边防将士之乡情。

前二句写月下边塞的景色：回乐峰前平沙似雪，受降城外月华如霜，一片寒冷凄凉景象，足以勾魂摄魄，为下文作下铺垫。

第三句描写声音：闻见芦管悲声，不知是何人所吹奏。

第四句写心中感受：芦笛声触动征人思乡之情。月夜本已经牵动人的绵绵情思，而声声芦笛，顿时将满腔的思乡之情触发，无可遏制。

全诗把景色、声音和感受融为一体，意境蕴藉浑成，风格清远空灵。《唐诗纪事》说这首诗在当时便被作曲入画，可见其流传之广、之深。

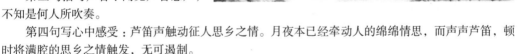

诗的品赏知识

唐代边塞诗的特点

一、浓郁的汉朝情结。唐诗中有一非常典型的文化现象：以汉代唐，如将出征边塞的军队称为汉兵，将带兵的将领称为汉将。此外，对周边少数民族的称谓也大多沿袭汉代，称之为匈奴，而将其首领称为单于、左贤。诗中还常常提到汉代抗击匈奴的名将李广、卫青、霍去病、班超、马援等。这其实是在呼唤英雄精神的回归，希望能有勇武的将领镇守，抵御外族侵略，保卫边疆安宁。

二、诗中还描写了边塞特有的奇异风光以及民风民俗：地理区域多是塞外、大漠、漠北、青海、关山、雁门、玉门关，自然景观多是黄沙、白云、冰川、雪山，风物多是烽火、沙场、战马、金甲、铁衣、刁斗、白刃、羌笛、胡笳、琵琶，乐曲多是与边塞军旅生活相关的《关山月》《梅花落》《折杨柳》等，人物多是戍卒、战士、征人、将军、胡人，用典则多为投笔、长城（指六朝刘宋著名将领檀道济）、楼兰等。如《夜上受降城闻笛》中的典型意象就是"回乐峰"、"受降城"、"芦管"和"征人"。

江南曲

◎李益

嫁得瞿塘贾①，朝朝误妾期。
早知潮有信②，嫁与弄潮儿。

【注释】

① 贾：商人。② 潮有信：潮水涨落有一定的时间，叫"潮信"。

【译文】

我嫁给一个瞿塘商人，他常常延误约定的归期。早知潮水涨落定时守信，不如嫁给随潮来去的健儿。

【赏析】

这是一首闺怨诗。在唐代，以闺怨为题材的诗主要有两大内容：一是思征夫词；一是怨商人语。这是有其历史原因、社会背景的。由于唐代疆域辽阔，边境多事，要征调大批将士长期戍守边疆，同时，唐代商业已很发达，从事商品远途贩卖、长年在外经商的人日见增多，因而作为这两类人的妻子不免要空闺独守，过着孤单寂寞的生活。这样一个社会问题必然要反映到文学作品中来，而抒写她们怨情的诗也就大量出现了。

商人重利轻离别，屡屡失约延期不归。女主人公常常独守空闺，怨丈夫一去不归，还不如潮涨潮落定时守信，结果竟发痴想，还不如嫁给弄潮儿呢。看似轻薄荒唐，实际是常年苦苦等候而终究失望的满腔怨恨。怨之深，是源于情之切，从"早知"二字，可见商妇并非妄想他就，而是望夫不至之痴情痴语。诗的构思很巧妙，通篇都是女主人公的心理活动，语言真切直率，尤其见得女主人公热切希望过上正常的家庭爱情生活。

诗 的 格 律

为什么今人读古诗会觉得诗韵不和谐

为什么当我们读古诗的时候，常常觉得它们的韵并不十分和谐，甚至很不和谐呢？这是因为时代不同的缘故。语言发展了，语音起了变化，我们拿现代的语音去读它们，自然不能完全适合了，例如《江南曲》：

嫁得瞿塘贾，朝朝误妾期（qī）。
早知潮有信，嫁与弄潮儿（ér）。

在这首诗里，"期"和"儿"是押韵的；按今天普通话去读，qī 和 ér 就不能算押韵了。如果按照上海的白话音念"儿"字，念 ní 音（这个音正是接近古音的），那就和谐了。今天我们当然不可能（也不必要）按照古音去读古人的诗，不过我们应该明白这个道理，而不至于怀疑古人所押的韵是不谐和的。

古人押韵是依照韵书的。古人所谓"官韵"，就是朝廷颁布的韵书。这种韵书，在唐代和口语还是基本上一致的；依照韵书押韵，也是比较合理的。宋代以后，语音变化较大，诗人们仍旧依照韵书来押韵，那就变为不合理的了。今天我们如果写旧诗，自然不一定要依照韵书来押韵。

写情

◎李益

> 水纹珍簟思悠悠①，千里佳期一夕休②。
>
> 从此无心爱良夜，任他明月下西楼③。

【注释】

①水纹珍簟：精美的卧席。悠悠：漫长，遥远。"水纹"句写独宿无眠，回忆往事。 ②佳期：指和对方约定欢会的日期。"千里"句是说，由于风云突变，千里佳期一下子破灭了。 ③"从此"两句说：从今以后再也无心欣赏良辰美景。深刻地表达了失恋的悲哀。

【译文】

躺在花纹如水纹般的精致竹席上，思绪悠悠，难以入睡。原本约定千里相聚的约会，一下子破灭了。从此即便是良辰美景也不再有心欣赏。任凭那一轮明月缓缓落下西楼。

【赏析】

这首七绝以《写情》为题，细玩全诗，很像是写恋人失约后的痛苦心情。诗之本事不详。蒋防《霍小玉传》中说，李益早岁入长安应试，与霍小玉相爱，立下结为终身伴侣的誓言。后来，李益回乡探望母亲，不料其母已给他和表妹卢氏订婚，迫于压力，他不敢违拗，小玉也为此饮恨而死。从此，李益"伤情感物，郁郁不乐"。此诗也许与此事有关。此诗所写的时间是在女友失约后的当天晚上。诗人躺在花纹精细的珍贵竹席上，夜不能寐，思绪万千。期待已久的，那原本约定千里来相聚的约会，因为事情突变，终于只得作罢，让人憾恨不尽，心如刀割。"佳期"而言"千里"，可见是远地相期，盼望已久，机会难得。"休"而言"一夕"，足见这段感情断绝得如此快而决绝。分手刚刚过后，正是诗人最痛苦的时刻。夜深人静，想起这件事来，他辗转不能入眠。一、二两句从因果关系来看是倒装句法，首句是果，次句是因。

这个令人痛苦的夜晚，偏偏却是一个风清月朗的良宵，良夜美景对于爱情失意的诗人说来，不过形同虚设，没有任何意义。因为所爱之人已经不能和自己在一起了，那么这份心情的落寞和寂寥，心里面饱含的遗憾与失落，还有那对爱人魂牵梦萦的牵挂，即便是以后再多的美景良宵，又怎能有心情去欣赏呢？一轮明月洒下美丽的月光。月亮悄悄地向着楼西落下了。夜已经很深了。但对作者而言，月上东楼，月下西楼。月亮是月亮，自己是自己，从此两不相涉。对失恋的人来说，美丽的明月不过徒增悠悠的愁思，勾起痛苦的回忆而已。

这首诗艺术特点是以美景衬哀情。在一般情况下，美丽的月夜让人心旷神怡、畅情舒怀，但对一个沉浸在痛苦中的心灵，美对他起不了什么作用，反而更愁苦烦乱。此诗用"良夜"、"明月"来烘托和渲染愁情，孤独、怅惘之情，诗情显突出，更含蓄，更深邃。三、四两句所表现的心情与外景的反差，既是眼前情况的写照，更预设了今后的情景。"从此无心爱良夜"，"从此无心"四字表示决心之大，决心之大正见其痛苦之深，终生难忘。"任他"二字又表现出诗人的心灰意懒，表现出对所爱者的忠诚。

列女操

◎孟郊

梧桐相待老^①，鸳鸯会双死。
贞妇贵殉夫，舍生亦如此。
波澜誓不起^②，妾心井中水。

【注释】

① 梧桐：梧为雄树，桐为雌树。② "波澜"句：意谓心中不会再起波澜。

【译文】

雄梧雌桐枝叶覆盖相守终老，鸳鸯水鸟成双成对至死相随。贞洁的妇女贵在为丈夫殉节，为此舍生才称得上至善至美。对天发誓我心永远忠贞不渝，就像清净不起波澜的古井水！

【赏析】

《列女操》为乐府旧题，属《琴曲》歌辞。列女即烈女，操为《琴曲》体裁之一。这是一首颂扬贞妇烈女的诗。

唐代的妇女虽然较为自由，但也讲究礼法，其主要的道德教育是恪守妇道，谨行三从四德。有关女子家教的书很多，如《列女传》《孝女传》《女论语》《女诫》等。即使是皇室公主，亦颇受礼教影响，不乏尽心尽力相夫教子、侍奉公婆者。比如肃宗女儿和政公主，安史之乱时备尝艰辛，躬操炊食，并教育诸子俭素、不服纨绮。

篇首以梧桐偕老和鸳鸯双死来起兴，引出贞妇的殉夫。结末是烈女的自誓：我心如古井水，永远不再起波澜。下语斩绝，足见其守节不嫁的一片贞洁之心。

关于此诗内容，有人认为诗人在其中有所寄托，即借烈女之心性坚贞，表达诗人志洁行廉、不为浮靡所动摇的品行。

◎作者简介◎

孟郊（751—814），字东野，湖州武康（今浙江德清）人。少隐嵩山，德宗贞元十二年（796）登进士第。五十岁出任溧阳县尉。秉性孤直，终生贫困潦倒，死后竟无钱下葬。其诗与韩愈齐名，为韩孟诗派的开派人物。大部分诗抒写个人的穷苦情怀，与贾岛有相似处，故有"郊寒岛瘦"的说法。《全唐诗》存其诗五卷。有《孟东野诗集》。

游子吟

◎孟郊

慈母手中线，游子身上衣。
临行密密缝，意恐迟迟归①。
谁言寸草心②，报得三春晖③。

【注释】

①意恐：担心。②寸草心：以萱草来表达子女的孝心。寸草，萱草。萱草是我国传统的母亲花。③三春晖：春日温暖的阳光。比喻母爱的温暖。三春，春季的三个月。旧称农历正月为孟春，二月为仲春，三月为季春，是为三春。晖，阳光。

【赏析】

孟郊早年漂泊不定，窘困潦倒，直到五十岁时才做了溧阳（江苏南方）县尉。本篇题下作者自注："迎母溧上作"，正是他居官溧阳、迎接母亲裴氏时所作。这首小诗主要描写深挚的母爱。

慈母为即将远行的游子赶制衣衫，因为担心儿子迟迟难归，所以把衣服缝得密密实实的。对于孟郊这样一位常年颠沛流离、居无定所的游子来说，慈母缝衣的普通场景已经在他心中永远定格。没有多余的语言，也没有感动的泪水，慈祥的母爱，正是从这日常生活中最普通的场景中流溢而出，撩动着每一位读者的心弦，激起了强烈的共鸣。语言朴素自然，亲切感人。

【译文】

慈祥的母亲手里把着针线，为即将远游的孩子赶制新衣。临行时她忙着将儿子的衣服缝得密密实实，又担心孩子此去难得回归。谁能说以萱草表达孝心，可报答春晖般的慈母恩惠？

这种密切真挚的母爱，做儿子的哪能报答得完呢？"谁言寸草心，报得三春晖"是前四句的升华，诗人出以反问，用通俗形象的比兴，加以悬绝的对比，意味尤为深长，感情愈发淳厚深挚。这两句是前四句的升华，寄托了一片醇厚真挚的赤子之情：母爱就像春日暖阳般厚博，寸草的小小孝心又怎么报答得了呢？

诗人宦途失意，饱尝人情冷暖，便越觉出亲情的可贵。这首诗情真意切，仿佛从心田自然流露出来，在清新流畅、淳朴素淡的语言中，饱含着浓郁醇美的诗味，千百年来拨动多少读者的心弦，引起万千游子的共鸣。《载酒诗话》称此诗"为全唐第一"。

登科后

◎孟郊

> 昔日龌龊不足夸①，今朝放荡思无涯②。
> 春风得意马蹄疾，一日看尽长安花。

【注释】

① 龌(wò)龊(chuò)：局促,拘束。指多年来困窘的处境和郁抑的心情。不足夸：不再值得一提。

② 放荡：无忧无虑,自由自在。

【译文】

昔日生活的困顿局促不值得一提了，今朝金榜题名，心如野马般无所拘束。春风格外可人心，骏马也撒欢轻快地奔跑，一天之内就看遍长安城的繁花。

【赏析】

孟郊早年贫病穷寒，潦倒失意。他曾周游湖北、湖南、广西等地，希望能一展抱负，却始终无所遇合，又屡试不第。直到四十六岁那年，孟郊终于进士登科，他满怀欣喜，提笔一挥而就，写下了这首别具一格的小诗。

诗人两次落第，一直怀才不遇，如今却一举高中，说是平步青云毫不为过，故而诗一开头就毫不掩饰地直接倾泻出自己内心的狂喜，认为昔日的困顿不值得一提了，今朝扬眉吐气，毫无挂碍，胸臆间自然是说不出的喜悦畅快。

按唐制，进士考试在秋季举行，发榜则在下一年春天。这时候的长安，正是春风轻拂，春花盛开。城东南的曲江、杏园一带春意更浓，新进士在这里宴集同年，"公卿家倾城纵观于此"（《唐摭言》卷三）。新进士们"满怀春色向人动，遮路乱花迎马红"（赵嘏《今年新先辈以遏密之际每有宴集必资清谈书此奉贺》），其中的风光与荣耀真是羡煞旁人。

"春风得意马蹄疾，一日看尽长安花"是广为传诵的名句，人们还从中化出了"春风得意"和"走马观花"两个成语。诗人此际心情畅快，感觉春风似乎也变得善解人意，轻柔地吹拂着，使人满心舒畅，而骏马好像也通晓骑手踌躇满志的心情，四蹄生风，纵情驰骋。偌大的长安城中开满了春花，城内行人众多、车马拥挤，是不可能策马疾驰的，但诗人却认为，当日的马蹄格外轻疾，尽可将满城鲜花一日看尽。因为诗歌写出了真情实感，遂将无理变有理。

诗人意到笔成，酣畅淋漓地表现了自己高中后心情舒畅的情态，明朗畅达而又别有情韵。

题都城南庄

◎崔护

去年今日此门中，人面桃花相映红①。

人面不知何处去，桃花依旧笑春风②。

【注释】

①人面：姑娘的脸。第三句中"人面"指代姑娘。②笑：形容桃花盛开的样子。

【译文】

去年的今天，在这长安南庄的一户人家门口，姑娘美丽的面庞和盛开的桃花互相映衬。今年的此日，那含羞的面庞不知去哪里了，满树桃花依然含笑盛开在和煦春风中。

【赏析】

诗题中的"都"指唐朝的京城长安。据孟棨《本事诗》记载，崔护因举进士落第，在清明日独自踏青游玩到都城南庄，口渴向一户人家求饮。一女子给他端来一杯水，倚在正开花的小桃树边看他，姿容甚美。第二年清明，崔护忆及当时情景，情不可抑，遂前往探寻，可门户上锁无人，于是在门上题写了此诗。

诗的前两句是追忆往昔的情景。"人面桃花相映红"，历来被认为是传神描绘，灼灼桃花和少女美丽的容颜交相辉映，

将对人的喜爱和桃花的赞美交叉叠合在一起，形成了最美丽动人的一幕。

后两句是感叹今日重寻不遇。桃花依旧迎风含笑开，而人面却杳然不见。"依旧"二字，含有无限惆怅。

诗人通过今昔时间相同、桃花相同而人不见的映照对比，形成前后呼应、回环往复之妙，曲折地表达出美好回忆和无限怅惘交织的复杂思绪。

"人面不知何处去，桃花依旧笑春风"一句，因其以看似简单的人生经历道出了无数人都似曾有过的共同体验，而成为千古传诵的名句。

⊙作者简介⊙

崔护（？—831），字殷功，博陵（今河北定县）人。贞元十二年（796）进士及第。大和三年（829）为京兆尹，同年为御史大夫、岭南节度使。其诗精练婉丽，语极清新。《全唐诗》存其诗六首，皆是佳作，其中以《题都城南庄》最为脍炙人口，流传也最广。

岭上逢久别者又别

◎权德舆

十年曾一别，征路此相逢。

马首向何处？夕阳千万峰。

【译文】

　　十年前曾匆匆一别，如今竟然在征途中相逢。暂逢又别，马儿将向何处去？夕阳的余晖洒满了千万山峰。

【赏析】

　　十年不见，今日却出乎意料地在路上碰见，可谓是喜出望外。两人间该有多少事要相互问答，该有多少沧桑变化要细细详谈，但是二人却没有，只因为他们在征路上。

　　一、二句淡淡道出双方"十年"前的"一别"以及此刻在"征路"上的"相逢"。作者称对方为"久别者"，这说明双方可能并非挚友。一般情况下，泛泛之交间的别后重逢很难留下深刻的印象，但中间隔了十年的漫长岁月，很容易引发对于人事沧桑的感慨。

　　这首诗的重点不是抒写久别重逢的感慨，而是重逢后又一次匆忙别离。匆匆之间，有再多的话也不容细说，只能问一句：这又要到哪里去？这个问句堪称妙笔，重逢之短暂、再别之匆匆的情景，跃然目前。久别重逢，旋即又别，该有多

么遗憾、惆怅啊。诗人却没有直接写作别双方的表情、语言、动作、心理，而是描绘了一幅深山夕照的情景，而在这幅图画中却尽染了诗人无限的情思，带上了黯然神伤的意味，有着余韵不尽的艺术效果。

　　这首二十字的小诗，没有一个难字，没用一个典故，整篇都是朴素平淡的语言，却蕴含着隽永的情韵，有着不事雕琢的天然风味。

◎作者简介◎

　　权德舆（759—818），字载之，天水略阳（今甘肃秦安）人。幼颖悟，四岁能诗，十五岁时为文数百篇。德宗时，召为太常博士，改左补阙，迁起居舍人、知制诰，进中书舍人。宪宗时，拜礼部尚书、同中书门下平章事，后徙刑部尚书，复以检校吏部尚书出为山南西道节度使。卒谥文，后人称为"权文公"。以文章著称，是中唐台阁体的重要作家。《全唐诗》存其诗十卷。《全唐文》编其文为二七卷。有《权载之文集》五十卷。

宿王昌龄隐居

◎常建

清溪深不测①，隐处唯孤云。

松际露微月②，清光犹为君③。

茅亭宿花影④，药院滋苔纹⑤。

余亦谢时去⑥，西山鸾鹤群。

【注释】

①深不测：指清溪之水流入山林深处，不见尽头。②"松际"句：意谓月儿刚刚升上松树梢头。③"清光"句：意谓月光犹自为君而来。④宿花影：意谓夜已深沉，花影如眠。⑤药院：长着芍药的庭院。滋：滋生。⑥谢时：辞别俗世。

【译文】

　　清溪之水流入山林深处，隐居之处只有孤云。松林中间明月微露，似为郎君洒下清辉。茅亭花影睡意正浓，芍药园圃滋生苔纹。我也想要谢绝世俗，来与西山鸾鹤为群。

【赏析】

　　开元十五年（727），常建与王昌龄同榜登科。常建曾寓居鄂渚（今湖北武昌），以诗招王昌龄同隐。这首诗通过寄宿者之眼来观察王昌龄隐居的地方，开头两句写王昌龄隐居之所在，用一"唯"字，表明除了孤云外，没有别的俗物。中间四句写夜宿此地，选取了松间月、茅亭花影、药院苔纹等景色，写出了夜景之清幽，如出尘表。其中"茅亭宿花影，药院滋苔纹"两句对仗工整，炼字精准，"宿"、"滋"字是全诗"诗眼"所在。最后两句写自己心生向往，想要离开俗世归隐，和西山的鸾鹤为群，这可说是情随境迁。此诗冲淡秀丽，神清气朗，境界幽远，在盛唐时就被誉为山水诗名篇，到了清代更是受到"神韵派"的推崇。

◎作者简介◎

　　常建，生卒年不详，玄宗开元十五（727）年进士。但仕途并不如意，一生浪迹山水，以琴酒自娱，最后移家隐居鄂渚。其诗多写山水田园，意境深远，盛唐人对其诗评价甚高。《全唐诗》存其诗一卷。

题破山寺后禅院

◎常建

清晨入古寺，初日照高林。
曲径通幽处，禅房花木深。
山光悦鸟性①，潭影空人心。
万籁此俱寂②，但余钟磬音。

【注释】

① 悦：这里用作动词，意思是使之愉悦。
② 万籁：自然界的各种声响。籁，凡是能发
出音响的孔穴都叫"籁"。这里指自然界的一
切声音。

【译文】

　　清晨来到破山古寺，朝阳照耀着高
高的山林。竹林小径通向幽静之所，禅
房藏在花木深处。山光秀丽，愉悦了鸟
儿的性情；潭影清澈，使人心中杂念荡
尽。一切声响都在此泯灭，只听到寺院
的钟磬之音。

【赏析】

　　破山寺，在今江苏常熟虞山（破山）北，
始建于南朝齐时。这首诗描写清晨游破山寺
后禅院的观感，抒发了寄情山水的隐逸胸怀。

　　首二句为流水对。"清晨"点明出游的
时间，"入古寺"点明地点。下句紧扣"清
晨"描绘出寺院的全景：初生的旭日映照着
高林，突出了寺院的清幽和宁静。

　　以下六句为一路迤逦行来所见所闻，愈
转愈静。后禅院是寺庙中幽深安静之处，"曲

径通幽处，禅房花木深"这两句由幽径至禅房深处，似乎读者也被带领着从平易中进入胜景，其清
幽美妙，令人惊叹、陶醉。欧阳修很喜欢这两句，"欲效（常）建作数语，竟不能得，以为恨。"而接
下来的"山光悦鸟性，潭影空人心"更是警策，它紧承上联，用一"悦"字写鸟因山光焕发而飞鸣欢
唱；用一"空"字写人见潭水清澈映着倒影，心境空灵。上句表面上是写山光使飞鸟愉悦，实际上是
诗人愉悦心情的反映，因景生情，含蓄隽永。

　　尾联是对上一联的补充，写由空入定，唯闻佛寺钟磬之音。这是以动衬静的写法——山中只有钟
磬声在回荡，才愈发映衬出山寺万籁俱寂的宁静氛围。

　　全诗通体幽绝，兴象深微，笔笔超妙，万象俱化作禅意，读后令人尘气顿消。

没蕃故人

◎张籍

前年伐月支①，城下没全师②。
蕃汉断消息，死生长别离。
无人收废帐③，归马识残旗。
欲祭疑君在，天涯哭此时。

【译文】

前年，你去戍守月支，却全军覆没在城下。从此，蕃汉断绝了消息，我与你，便永久别离。没有人去收拾废弃的营帐，只有归来的战马，认得残破战旗。想祭奠你，却疑心你还活着，此时，我只能朝着天边哭泣！

【注释】

① 伐：指出征。月支：西域国名，此代吐蕃。② 没：覆没。全师：全军。③ 废帐：遗弃的帐篷。

【赏析】

此诗是悼念为征战覆没于吐蕃的故人而作，流露出非战思想。从戍守吐蕃到全师覆没，因消息断绝而不知其生死。唐朝开边征战中常有将领对败绩隐瞒不报的情形，故诗人现今方知"前年"全军覆没的消息，才有了后面的过期追悼，增添了全诗的悲剧色彩。"无人收废帐，归马识残旗"为诗人想象之词，真切地描写了战地荒凉惨烈的景象，令人触目惊心。诗人欲要祭祀，却又存侥幸心理，幻想友人能生还，这种且惊且痛且疑的复杂心情，读来让人愈觉惨痛。俞陛云在《诗境浅说》中评说："诗为吊绝塞英灵而作，苍凉沉痛，一篇哀诔文也。"

◎作者简介◎

张籍（766？—830？），字文昌，祖籍吴郡（今江苏苏州），后移居和州（今安徽和县）。唐德宗贞元十五年（799）登进士第。历任太常寺太祝、水部员外郎、主客郎中、国子司业等职，世称"张水部"或"张司业"。曾从学于韩愈，世称韩门弟子。其乐府诗主要反映社会现实，多用口语，平易自然，与王建齐名，并称"张王乐府"。绝句清新自然，风神秀朗。《全唐诗》存其诗六卷。有《张司业集》。

节妇吟

◎张籍

君知妾有夫，赠妾双明珠。

感君缠绵意，系在红罗襦①。

妾家高楼连苑起，良人执戟明光里②。

知君用心如日月，事夫誓拟同生死。

还君明珠双泪垂，恨不相逢未嫁时。

【译文】

君子你知道我是有夫之妇，却赠给我一双明珠。十分感念你缠绵的情意，就把明珠系在红罗襦上。我家高楼苑围一排排，丈夫是守卫皇宫的大将。知道你的用心有如日月，但我已经发誓要和丈夫同生共死。奉还你的明珠，双眼泪涟涟，恨没能在未出嫁前与你相逢。

【注释】

① 襦：短衣，短袄。② 明光：指汉代明光殿。泛指宫殿。

【赏析】

安史之乱后，唐朝出现了藩镇割据的局面。这些藩镇的节度使据地自雄，独揽一方的军政财权，不受中央政令管辖。他们为了扩张自己的势力，还用各种手段拉拢文人和中央官吏。本篇题下注云："寄东平李司空师道"，李师道是当时藩镇之一的平卢淄青节度使，兼有检校司空、同中书门下平章事的头衔，其势炙手可热。他以书币聘请张籍前往，张籍在此诗中以忠贞不二的节妇自比，委婉而坚决地拒绝了他的政治拉拢。

从画面上来看，此诗描写了一位忠于丈夫的妻子，在经过一番思想斗争后终于拒绝了一位多情男子的追求，风情无限，富有民歌的风味，极古调之极致。在喻义层面上看，它表达了作者对朝廷忠贞不二的决心。"君"指李师道，"妾"是张籍自比，"良人"则指中央政府，"双明珠"比喻李师道拉拢作者为之效劳的各种手段，也就是显赫的名声地位以及富贵荣华等。作者经过慎重考虑，恪守了"富贵不能淫"的节操，像一位节妇那样委婉地拒绝了对方的引诱。但李师道权势滔天，而且嚣张跋扈，对不服从和反对他的人一律不择手段地加以剪除，诗人并不想得罪他，因此没有用强硬的态度断然拒绝，而是写了这首诗，委婉而巧妙地回拒了他。

全篇将人物的心理刻画得十分细腻，虽是拒人于千里之外，却入情入理，委婉熨帖。

望行人

◎王建

自从江树秋，日日望江楼。
梦见离珠浦，书来在桂州。
不同鱼比目，终恨水分流。
久不开明镜，多应是白头。

【译文】

　　自从江边的树叶被秋风吹黄后，天天登上江边的高楼远望。梦见郎君经商离开珠浦，书信前来却说在桂州。不能像比目鱼那样常相聚，最怕见到流水分开各自远去。很久没有打开明镜来照看了，想来多半应该是头白发疏。

【赏析】

　　这是一首思妇怀念行人的诗。

　　首联点明时节已经是秋天了，思妇天天登楼眺望，盼望能看见行人归来的帆船。"自从"两字暗示出行人之前说定的归期已经到了，人却未如约归来。

　　思妇不知道行人为何逾期不归，只能在家中苦苦等候，望眼欲穿，心中不断地计算着行人的路程，这种忧思甚至形诸梦寐。梦见行人已经离开珠浦了，可却得到书信说人还在桂州，由此可以想见思妇盼人之心切而得书之失望。

　　思念愈切、遗憾愈深而幽怨愈重，故逼出五、六句，慨叹夫妇间不能像比目鱼一般相聚在一起，恨见流水分开各自远去。

　　末尾两句为思妇的自我揣测之辞。"久不开明镜"，说明行人在外，既无悦己者，自然无心对镜妆容，与《诗经》中的"自伯之东，首如飞蓬"有异曲同工之妙，而"多应是白头"则体现出思妇忧伤之剧。

◎作者简介◎

　　王建（约767—约830），字仲初，颍川（今河南许昌）人。出身寒微。早年离家寓居魏州乡间。贞元十三年（797），离家游历，曾北至幽州、南至荆州等地。元和八年（813）前后，任昭应县丞。长庆元年（821），迁太府寺丞，转秘书郎。在长安时，与张籍、韩愈、白居易、刘禹锡等均有往来。大和初，再迁太常寺丞。官终陕州司马，世称"王司马"。事迹见《唐诗纪事》、《唐才子》。其诗以乐诗知名。有《王司马集》。

山石

◎韩愈

山石荦确行径微①，黄昏到寺蝙蝠飞②。

升堂坐阶新雨足③，芭蕉叶大栀子肥④。

僧言古壁佛画好⑤，以火来照所见稀⑥。

铺床拂席置羹饭⑦，疏粝亦足饱我饥⑧。

夜深静卧百虫绝⑨，清月出岭光入扉⑩。

天明独去无道路⑪，出入高下穷烟霏⑫。

山红涧碧纷烂漫⑬，时见松枥皆十围⑭。

当流赤足踏涧石⑮，水声激激风生衣⑯。

人生如此自可乐⑰，岂必局束为人靰⑱？

嗟哉吾党二三子⑲，安得至老不更归⑳！

【注释】

① 荦（luò）确（què）：同"洛却"。指山石险峻不平的样子。行径：指山路。微：狭窄。② 蝙蝠：哺乳动物，夜间在空中飞翔，捕食蚊、蛾等。这是写山寺黄昏的景象并点明到寺的时间。③ 升堂：进入寺中厅堂。阶：厅堂前的台阶。新雨：刚下过的雨。④ 栀子：常绿灌木，夏季开白花，香气浓郁。这两句说，进入厅堂后坐在台阶上，这刚下过的一场雨水该有多么充足；那吸饱了雨水的芭蕉叶子更加硕大，而挺立枝头的栀子花苞也显得特别肥壮。诗人热情地赞美了这山野生机勃勃的动人景象。⑤ 佛画：古壁上的佛画像。⑥ 所见稀：即少见的好画。稀，依稀，模糊，看不清楚。一作"稀少"解。这两句说，和尚告诉我说，古壁上面的佛像很好，并拿来灯火观看，尚能依稀可见。⑦ 置：供。羹（gēng）：同"耕"，菜汤。这里是泛指菜蔬。⑧ 疏粝（lì）：糙米饭。粝，同"历"。这里是指简单的饭食。饱我饥：给我充饥。⑨ 百虫绝：一切虫鸣声都没有了。⑩ 清月：清朗的月光。出岭：指清月从山岭那边升上来。夜深月出，说明这是下弦月。光入扉：指月光穿过门户，照到室内。扉（fēi），同"非"，门。⑪ 无道路：指因晨雾迷茫，不辨道路，随意步行的意思。⑫ 出入高下：指进进出出于高高低低的山谷径路的意思。穷烟霏：空尽云雾，即走遍了云遮雾绕的山径。霏，氛雾。⑬ 山红涧碧：即山花红艳、涧水清碧。纷：繁盛。烂漫：光彩四射的样子。⑭ 枥（lì）：同"栎"，落叶乔木。十围：形容树干非常粗大。两手合抱一周称一围。⑮ 当流：对着流水。赤足踏涧石：是说对着流水就打起赤脚，踏着涧中石头蹚水而过。⑯ 风生衣：本是风吹衣动，而诗人却感觉风像是从衣中发出的，所以说"风生衣"的。⑰ 人生如此：指上面所说的山中赏心乐事。⑱ 局束：拘束，不自由的意思。靰（jī）：同"羁"。马的缰绳。这里作动词用，即牢笼、控制的意思。⑲ 吾党二三子：指和自己志趣相合的几个朋友。⑳ 安得：怎能。不更归：不再回去了，表示对官场的厌弃。

【译文】

　　山石峥嵘险峭，山路狭窄像羊肠，在蝙蝠穿飞的黄昏，来到这座庙堂。登上庙堂坐在台阶上，刚下透雨一场，经雨芭蕉枝粗叶大，山栀更肥壮。僧人告诉我说，古壁佛画真堂皇，用火把照看，迷迷糊糊看不清爽。为我铺好床席，又准备米饭菜汤，饭菜虽粗糙，却够填饱我的饥肠。夜深清静好睡觉，百虫停止吵嚷，明月爬上了山头，清辉映照门窗。天明我独自离去，无法辨清路向，出入雾霭之中，我上下摸索踪跻。山花鲜红、涧水碧绿，光泽又艳繁，时见松栎粗大十围，郁郁又苍苍。遇到涧流当道，光着脚板踏石蹚过，水声激激风飘飘，掀起我的衣裳。人生在世能如此，也应自得其乐，何必受到约束，宛若被套上马缰？唉呀，我那几个情投意合的伙伴，怎么能到了年老，还不再返回故乡？

【赏析】

　　这首诗是德宗贞元十七年（801）韩愈闲居洛阳时游玩惠林寺所作。题为"山石"，是截取诗的首句前两个字，这是旧诗常见的取题方法，实与内容无关。

　　惠林寺遗址在今孟津县送庄镇梁凹村落的寺门村，相传始建于东汉，是汉明帝刘庄敕建的皇家寺院。据《新唐书·李澄传》记载，惠林寺又名慧林寺，原是李澄的别墅所在地。安史之乱中，安禄山叛军带兵南下，李澄坚守气节，遇害身亡。其子李源在乱中转徙流离七八年。安史之乱平定后，朝廷为了表彰李澄的忠义行为，授予李源为河南府参军，转司农寺主簿。李源为纪念其父李澄，始在别墅旧址建筑寺院，因附近慧竹成林，遂名慧林寺。

　　这是一篇诗体的山水游记。这首诗为传统的记游诗开拓了新领域，它汲取了山水游记的特点，按照行程的顺序逐层叙写踪迹。然而却不像记流水账那样呆板乏味，其表现手法是巧妙的。此诗虽说是逐层叙写，仍经过严格的选择和经心的提炼。如从"黄昏到寺"到就寝之前，实际上的所经所见所闻所感当然很多，但摄入镜头的，却只有"蝙蝠飞"、"芭蕉叶大栀子肥"、寺僧陪看壁画和"铺床拂席置羹饭"等殷勤款待的情景，体现了山中的自然美和人情美。诗人按时间顺序，记叙了黄昏到佛寺、夜深留宿佛寺的经过和天明离开漫游半山所见的景象，末尾以感叹作结，"人生如此自可乐，岂必局束为人鞿"是全文主旨。韩愈因结束徐州（今江苏省徐州市）节度使张建封幕府的供职，来洛阳等待调选，内心产生了出仕与隐退的矛盾，所以诗歌结句用了《论语·述而》中"二三子以我为隐乎"之语，流露出欲归隐田园的念头。诗中的写景处足以感人，韩愈善于捕捉一些形象的事物，以清新的笔法加以刻画，如"山石牵确行径微"、"芭蕉叶大栀子肥"、"山红涧碧纷烂漫"等初夏美丽自然风光，宛然如画；而以火照见的古壁佛画、出岭入扉的清月、濯足拂衣的涧水山风，更是让人流连忘返，尘虑顿消。全诗记游虽不事雕琢，只是按时序自然而然写来，就好像是在读者眼前展开了一幅幅画图，任由画中的精彩自然显现，不愧是大家手笔。

　　这篇诗极受后人重视，影响深远。苏轼与友人游南溪，解衣濯足，朗诵《山石》，慨然知其所以乐，因而依照原韵，作诗抒怀。他还写过一首七绝："牵确何人似退之，意行无路欲从谁？宿云解驳晨光漏，独见山红涧碧诗。"诗意、词语，都从《山石》化出。金代元好问论诗绝句云："有情芍药含春泪，无力蔷薇卧晚枝。拈出退之《山石》句，始知渠是女郎诗。"可见此诗气势遒劲，风格壮美，一直为后人所称道。

八月十五夜赠张功曹

◎韩愈

纤云四卷天无河，清风吹空月舒波。

沙平水息声影绝，一杯相属君当歌①。

君歌声酸辞且苦，不能听终泪如雨：

"洞庭连天九疑高②，蛟龙出没猩鼯号③。

十生九死到官所，幽居默默如藏逃④。

下床畏蛇食畏药，海气湿蛰熏腥臊⑤。

昨者州前捶大鼓⑥，嗣皇继圣登夔皋⑦。

赦书一日行万里，罪从大辟皆除死⑧。

迁者追回流者还，涤瑕荡垢清朝班。

州家申名使家抑⑨，坎轲只得移荆蛮⑩。

判司卑官不堪说⑪，未免捶楚尘埃间⑫。

同时辈流多上道⑬，天路幽险难追攀⑭。"

君歌且休听我歌，我歌今与君殊科⑮：

"一年明月今宵多，人生由命非由他，

有酒不饮奈明何！"

【注释】

① 属（zhǔ）：劝酒。② 九疑：九嶷山，即苍梧山，在今湖南宁远县境。从此句起至"天路幽险"句，皆是张功曹歌。③ 猩：猩猩。鼯（wú）：大飞鼠。④"幽居"句：意谓谪居荒僻之地，默默受苦有如罪犯藏逃。⑤"下床"两句：意谓下床常常怕蛇咬，吃饭时怕中毒，近海地湿蛰伏着蛇虫，到处散发着腥臊之气。⑥ 州：指郴州衙署。⑦ 嗣皇：指唐宪宗。登夔皋：喻任用贤良。夔、皋是舜帝时的贤臣。⑧ 大辟：死刑。除死：免死。⑨"州家"句：意谓刺史已为我申报赦免，却被观察使所阻拦。⑩ 坎轲：坎坷。移荆蛮：指调往江陵任职。⑪ 判司：对诸曹参军的统称。⑫ 捶楚：鞭打。⑬ 上道：去往京城长安。⑭ 天路：指进身朝廷之路。⑮ 殊科：不为同类。

【译文】

薄云四散，遮蔽了银河；清风吹送，月亮舒展开光波。沙平水静，声影消歇，劝你饮一杯酒，该对月高歌。你的歌声凄苦，我还没听完，就已泪水滂沱。你说："洞庭湖波涛连天，九嶷山高峻，蛟龙水中出没，猩鼯山巅悲号。九死一生才到达任所，幽居僻野，默默无闻像囚犯藏逃。下床怕蛇，吃饭怕毒，近海地湿，蛇虫蛰伏散发腥臊。昨天，州衙里忽然擂鼓鸣锣，原来是宪宗即位，继承圣德聘夔、皋。赦书日行万里传向四方，死刑犯都免除一死。遭贬谪的复职，遭流放的回城，清除积弊，朝纲一片清明。州刺史申报名单，却遭受到观察使阻遏，只得到荆蛮之地任职，命运坎坷。我官轻人贱不值一说，有了过失，甚至要受鞭打呵责。一同遭流放的人大都已回京，回朝路艰险，我再难攀登。"请你暂且停歌，听我唱，我的歌儿与你的很是不一样："一年中，今晚月华最美最婆娑，人生由命定，半点不由他，有酒不饮，怎对得起这明月。"

【赏析】

张功曹，名张署，河间人。贞元十九年（803），关中大旱，当时在长安同任监察御史的韩愈与张署上书朝廷，直言劝谏减免赋税，触怒德宗。韩愈被贬为阳山（今属广东）令，张署被贬为临武（今属湖南）令。

贞元二十一年（805）正月，顺宗即位，大赦天下，韩、张二人到郴州待命，湖南观察使杨凭压下提名，未能调任，即诗中所谓"使家抑"。八月宪宗即位，又大赦天下，韩愈始得改官江陵府法曹参军，张署改为江陵府功曹参军。功曹即参与军事主管文官簿书的官。此诗是韩愈在郴州获改官消息后所作。

这首诗题为"赠张功曹"，写了张署的"君歌"和作者的"我歌"，却反客为主，以"君歌"作为描写的重点，说他的声音酸楚，言辞悲苦，然后极力描写被贬南迁所经历的种种困苦：山高水阔，路途迢远，蛟龙出没，野兽悲号，地域荒僻，风波险恶；还有许多毒蛇出没，连"下床"都觉得畏惧，更不要说是出门行走了；而且有一种蛊药，随时可能夺人性命，饮食要非常小心；此外，那"湿蛰腥臊"的"海气"也让人难以忍受。

这一大段对自然环境的描写运用了夸张的手法，其实也是诗人和张署当时政治处境的真实写照，故而不但不觉得夸张，反而极大地感染了读者。这一段情调感伤而悲凉，其实是借张署之歌声，浇自己胸中之块垒。

之后笔锋一转，写赦免令颁行，那传送赦书时日行万里的情景、热烈的场面以及欢快的节奏，无不体现出诗人心情的欢愉。

"迁者追回流者还"，令二人感到回京任职有望，倍觉鼓舞。然而事情却并没有这么简单，由于"使家"从中作梗，他们仍然遭受压抑，"坎轲只得移荆蛮"，去做功曹小官，感到天路幽险难以追攀。两人共同的遭遇如此不平，故"声酸辞苦"。

末篇诗人以"我歌"来聊作宽解，表示"人生由命"，看似旷达，却别有一种耐人寻思的深味。抑扬开阖，转折变化，章法波澜曲折，有一唱三叹之妙。

谒衡岳庙遂宿岳寺题门楼

◎韩愈

　　五岳祭秩皆三公①，四方环镇嵩当中②。火维地荒足妖怪③，天假神柄专其雄④。喷云泄雾藏半腹⑤，虽有绝顶谁能穷⑥？我来正逢秋雨节，阴气晦昧无清风。潜心默祷若有应，岂非正直能感通⑦。须臾静扫众峰出，仰见突兀撑青空。紫盖连延接天柱⑧，石廪腾掷堆祝融⑨。森然魄动下马拜，松柏一径趋灵宫⑩。纷墙丹柱动光彩，鬼物图画填青红。升阶伛偻荐脯酒⑪，欲以菲薄明其衷⑫。庙令老人识神意⑬，睢盱侦伺能鞠躬⑭。手持杯珓导我掷⑮，云此最吉馀难同⑯。窜逐蛮荒幸不死⑰，衣食才足甘长终⑱。侯王将相望久绝，神纵欲福难为功⑲。夜投佛寺上高阁，星月掩映云曈昽⑳。猿鸣钟动不知曙，杲杲寒日生于东㉑。

【注释】

① 祭秩皆三公：祭祀都是按照祭奠三公的等级进行的。三公，泛指人臣的最高爵位。② 嵩当中：泰山、衡山、华山、恒山各镇东、南、西、北四方，嵩山位于中心，故云。③ "火维"句：衡山处于炎热荒僻的南方，古人以为其地多妖怪。维，隅落。④ 假：授予。柄：权力。⑤ 半腹：山腰。⑥ 穷：登顶。⑦ 正直：指岳神。⑧ 紫盖：与下面的天柱、石廪、祝融都是山峰名。⑨ 腾掷：形容山势跌宕逶迤的样子。⑩ 一径：一路。趋：朝向。灵宫：指衡岳庙。⑪ 伛（yǔ）偻（lǚ）：曲身示敬。荐脯酒：进献肉和酒。荐，进献。⑫ 菲薄：指菲薄的祭品。明其衷：表明自己的敬意。⑬ 庙令：掌管寺庙的人。⑭ 睢（suī）盱（xū）：此处是凝视的意思。侦伺：窥察。能鞠躬：惯于鞠躬。⑮ 杯珓（jiào）：占卜用具。导我掷：交给我投掷的方法。⑯ "云此"句：意谓老人说此卦象最吉，其他卦象难以与之相比。⑰ 窜逐蛮荒：指远谪阳山事。⑱ "衣食"句：意谓衣食刚足温饱，但甘愿长此而终。⑲ "侯王"两句：意谓侯王将相之望早已断绝，

纵使神明想要赐福于我，也难奏效。⑳ 曈（tóng）胧：朦胧的样子。㉑ 杲杲（gǎo）：形容日色明亮。

【译文】

祭奠五岳，按照祭奠三公的礼仪，泰华衡恒分镇四方，嵩山居中。衡山地方荒僻，妖怪特别多，上天授予南岳神权力，在此镇守。喷泄的云雾，遮蔽了山腰，即便是登临绝顶的高手也难以攀登到顶峰。我来时，正赶上秋雨丰沛的季节，天气阴沉，没有清风。我专心默默祈祷，好像有了应验，难道是山神能与我感应相通？顷刻之间，云开雾散众峰显现，仰头望去，山峰高耸直插青天。紫盖峰连绵着天柱峰钩衔，石廪峰腾跃起伏与祝融峰堆连。森然险峻，惊心动魄，我下马跪拜，一条松柏小路，引我直奔灵宫。白墙映衬着红柱，闪动耀眼光彩，各种鬼怪图画，涂满青红颜色。登上石阶，弯身进献干肉美酒，想以微薄的祭品，表达崇敬之意。神庙里的老人，知道神的旨意，窥察我祭祀之意，为我鞠躬。他手拿着杯珓，指导我抛掷占卜，说此卜最吉利，其他的难与相比。流窜放逐到这里，侥幸没死，衣食刚足，甘愿就这样了此一生。出将入相、封侯为王之愿早已断绝，纵然神灵愿意赐福，也难以成功。夜里投宿寺院，登上高高的阁台，星月在云的遮蔽下，隐约朦胧。猿猴鸣叫，寺钟敲响，不知天已亮，明晃晃的太阳，升起在东方。

【赏析】

这首诗是诗人从郴州赶赴江陵任所，中途游南岳衡山时作。当时韩愈正处在仕途坎坷期间，故专诚谒拜南岳求神问卜。

衡山为五岳之一，耸立在湖南衡阳盆地北端，气势雄伟。诗开头六句，描述了衡岳的崇高地位和地理形势的险要。以下八句为诗人诚心登谒衡岳，"潜心默祷"得以云开日出，饱览衡山诸峰的雄奇壮观。

"森然"以下十四句，生动地描绘了诗人谒庙的整个过程，通过祭神问天，深沉地抒发了他对仕途坎坷的不满情怀，是全诗中心所在。

末四句，写诗人夜宿佛寺醒后天已大亮，归结诗题"宿岳寺"之意。

此诗将写景、叙事、抒情融为一体，意境开阔，章法井然。写景则大笔渲染，尤其是中间写到衡岳诸峰，突兀高耸，令人心惊魄动；叙事则循序渐进；抒情则亦庄亦谐，求神问卜一段生动有趣，是诗人借以解嘲消闷。诗的语言古朴苍劲，一扫前人记游诗的陈词滥调，正如沈德潜《唐诗别裁集》所说："横空盘硬语，妥帖力排奡。公诗足以当此语。"

石鼓歌

◎韩愈

　　张生手持石鼓文，劝我试作石鼓歌。少陵无人谪仙死①，才薄将奈石鼓何。周纲陵迟四海沸②，宣王愤起挥天戈③。大开明堂受朝贺，诸侯剑佩鸣相磨④。蒐于岐阳骋雄俊⑤，万里禽兽皆遮罗⑥。镌功勒成告万世⑦，凿石作鼓隳嵯峨⑧。从臣才艺咸第一，拣选撰刻留山阿。雨淋日炙野火燎，鬼物守护烦㧑呵⑨。公从何处得纸本，毫发尽备无差讹。辞严义密读难晓，字体不类隶与蝌⑩。年深岂免有缺画，快剑斫断生蛟鼍⑪。鸾翔凤翥众仙下⑫，珊瑚碧树交枝柯⑬。金绳铁索锁钮壮⑭，古鼎跃水龙腾梭⑮。陋儒编诗不收入⑯，二雅褊迫无委蛇⑰。孔子西行不到秦，掎摭星宿遗羲娥⑱。嗟余好古生苦晚，对此涕泪双滂沱。忆昔初蒙博士征⑲，其年始改称元和。故人从军在右辅，为我度量掘臼科⑳。濯冠沐浴告祭酒㉑，如此至宝存岂多。毡包席裹可立致，十鼓只载数骆驼。荐诸太庙比郜鼎㉒，光价岂止百倍过㉓。圣恩若许留太学㉔，诸生讲解得切磋。观经鸿都尚填咽㉕，坐见举国来奔波㉖。剜苔剔藓露节角㉗，

安置妥帖平不颇㉘。大厦深檐与盖覆，经历久远期无佗㉙。中朝大官老于事，讵肯感激徒婩婀㉚。牧童敲火牛砺角㉛，谁复著手为摩挲㉜。日销月铄就埋没，六年西顾空吟哦㉝。羲之俗书趁姿媚㉞，数纸尚可博白鹅㉟。继周八代争战罢，无人收拾理则那㊱。方今太平日无事，柄任儒术崇丘轲㊲。安能以此上论列㊳，愿借辩口如悬河。石鼓之歌止于此，呜呼吾意其蹉跎㊴。

【注释】

① 少陵：杜甫。谪仙：李白。② 周纲：周朝的朝纲。陵迟：衰败。③ 宣王：周宣王，周室中兴之主。挥天戈：喻宣王之开疆扩土、平定叛乱。④ "诸侯"句：形容朝拜的诸侯众多，以致剑佩相磨而鸣响。剑佩，剑上的玉饰。⑤ 蒐（sōu）：打猎。岐阳：岐山之南。⑥ 遮罗：被网围拦捕。⑦ 镌功勒成：刻功业成就于石上。勒，刻。成，成就。⑧ 隳（huī）：毁坏。⑨ 挝：同"挝"。呵：喝叱。⑩ 隶：隶书。蝌：指蝌蚪文，一种古文字。⑪ "快剑"句：此句是写石鼓文已然残缺。斫（zhuó）：砍。蛟鼍（tuó）：蛟龙。⑫ 鸾翔：形容字体活泼灵动，有如鸾飞凤舞，天上众仙飘忽而下。翥（zhù），飞。⑬ "珊瑚"句：形容文字相互交错。⑭ "金绳"句：喻字体的苍劲钩连。⑮ 古鼎跃水：形容字体沉稳而有灵气。龙腾梭：古有龙化梭的传说。⑯ 诗：指《诗经》。⑰ 二雅：指《诗经》中的《大雅》、《小雅》。褊（piǎn）迫：狭小。委蛇：宽大从容的样子。⑱ "孔子"两句：意谓孔子因未到秦地，故采诗未收石鼓文，就像只取了星宿而遗漏了太阳和月亮。掎（jǐ）摭（zhí）：摘取。羲：羲和，指太阳。娥：嫦娥，指月亮。⑲ "忆昔"句：指元和元年韩愈召为国子博士。⑳ 臼科：埋石鼓的坑穴。㉑ 濯（zhuó）：洗涤。㉒ 荐：进献。郜鼎：太庙中的神器。㉓ 光价：身价。㉔ 太学：国子监。㉕ 观经鸿都：到鸿都门观看、摹写经文。鸿都，藏书之所。填咽（yè）：拥塞。㉖ 坐：即将。㉗ 节角：文字的棱角。㉘ 颇：歪斜。㉙ 无佗：不出其他问题。㉚ 讵（jù）肯：岂肯。婩（ān）婀（ē）：无主见，犹豫不决。㉛ 敲火：敲石取火。砺：磨。㉜ 摩挲：抚摸玩赏。㉝ 六年西顾：此诗是元和六年作。㉞ 羲之：东晋王羲之。㉟ "数纸"句：王羲之爱鹅，曾书写《道德经》以换一山阴道士之鹅。㊱ 则那（nuó）：又奈何。㊲ 柄任儒术：尊儒之意。丘轲：指孔子与孟子。㊳ 论列：议论。㊴ 其蹉跎：意谓将只是白费心思而已。

【译文】

张生拿着石鼓文的拓本，劝我试作一首石鼓歌。杜甫不在了，李白也已经死了，我才疏学浅，要拿石鼓怎么办。周朝政治衰败，四海动荡不安，宣王激愤，起兵拨动天戈。大开朝堂之门，接受诸侯朝贺，诸侯们比肩接踵，佩饰长剑相鸣相磨。在岐山之南打猎，任骏马奔驰，万里猎场，禽兽都难逃脱。为将功绩流传万世，刻石记功，开凿石块制作石鼓，损毁了嵯峨。随行臣子，才艺都是一流，挑能手撰刻，留存在山阿。历经雨淋、日晒、山火焚烧，赖鬼神百般守护，才使它保存完好。不知你从哪得到这拓本的，一丝一毫都很完备，没有任何差错。言辞严谨，内容深奥，难以读懂，字体不像隶书也不像蝌蚪文。年深日久，笔画难免残缺，但仍能看出，笔势似利剑斩蛟龙。字迹如鸾凤飞翔众仙下凡，又如珊瑚碧树，枝条盘根错节。遒劲勾连，犹如金绳铁索扣结，又如织梭化作飞龙、古鼎落水喧然生波。浅薄的儒生，没把它编入《诗经》，《二雅》偏颇，同样毫不宽容。正如孔子的西行没有到秦国，只取了星星，而漏了日月。可悲可叹，我好古又生得太晚，面对石鼓，感叹伤感，泪已滂沱。回想当年，刚担任国子监博士，那时正是年号改称元和。有位朋友，在凤翔从军任幕僚，还为我设计，挖掘埋石鼓的坑穴。我整冠沐浴郑重告诉祭酒，这样的至宝保存下来的已不多。只要毡包席裹就可立刻运达，十个石鼓只需要数匹骆驼。将它进献给太庙，与郜鼎相比，身价岂止高过百倍。若圣上允许，将石鼓留在太学，诸生就能钻研，一同切磋。汉时，去鸿都看经的，使道路堵塞，此时石鼓的出现将引起全国上下的奔波。清除石鼓苔藓，露出文字棱角，将石鼓放稳，不偏不斜。大厦深深的屋檐，覆盖着石鼓，期望能历经久远而不被损破。朝中的大官个个都老于世故，哪里肯感而激愤，为之奔波。牧童击石取火，老牛在那磨角，谁还用手，将石鼓细细地抚摸？一天天销磨，最后被埋没，元和六年我西望岐阳，徒然咏叹。王羲之的书法，追求姿态妩媚，写几张字，就能换取白鹅。自周朝之后，八代争战分合，无人收拾整理，它石鼓又能奈何？正值当今，天下太平，没有战事，要重用儒士，推崇孔丘与孟轲。我上面说的，怎么能用来建言，希望能借文士辩才的口若悬河。石鼓之歌就写到这，唉，我的述说可能是白费心思了！

【赏析】

石鼓文系我国现存最早的石刻文字，由大篆（即籀文）写成，内容记述狩猎情状。因刻在十块形状像鼓的石上，故名。关于其所作时代，前人说法不一。韩愈认为是周宣王时所为，而近代学者考证为春秋时秦国刻石，具体时间尚难确定。宋徽宗时曾从凤翔府迁至汴京（今河南开封），金兵攻陷汴京后运至燕京，今藏北京故宫博物院。韩愈感慨朝廷对这样的名贵文物不善加爱护，曾建议运至太学保存，但没得到采纳。写这首长诗的目的，仍然是在呼吁应该引起重视，希冀千年文物能得以善存。

开头四句是总起，交代了写作此诗的缘起。张籍拿着石鼓文拓片来劝诗人试写一首题咏诗，诗人自谦没有李白、杜甫的大才，愧于作歌。

"周纲"十二句是追叙石鼓文所记内容和制作来由。前十句是诗人想象周宣王中兴王室、临御海内以及驰逐围猎、勒石铭功的图景。用了"沸"、"愤"、"大、"骋"、"万里"、"万世"等词，极状场面的壮阔和气派的雄伟。"雨淋日炙野火燎"二句，是承上启下的关键。把石鼓流传千年而历经的劫难浓缩在七字之中。诗人认为石鼓得以完好保存，如果没有鬼神呵护是不可想象的，仅此而言，石鼓本身就已是稀世珍宝，又遑论其他无算的文物价值呢。寥寥两笔便为下文的切入阐发作好了铺垫。"公从"十四句具体描绘了石鼓文字体的古奥和美妙，说明有研究和保存的价值。文辞的深奥，字体的朴茂，都使"好古"的博士先生心荡神怡，即使剥蚀斑驳，也会忍不住赞叹一番。对于石鼓文，韩愈并没有满足于正面的描写，他痛斥陋儒，深憾孔子，无非是想获得烘云托月的效果。这一段是全诗的精华，原因在于它驾驭形象思维，把丰富的审美感受传递给读者，使之受到强烈的感染。

"嗟余"二十句感叹自己所议不获采纳，文物日销月蚀，流露出隐隐的惆怅和深深的惋惜。

"中朝"十六句是反复呼吁朝廷重视而落空，徒唤奈何。诗人慨叹文物历经磨难而不受重视，深为文物的遭遇而不平，最后还是希冀石鼓文能得到重视，得以善存。

全诗大开大阖，章法整齐，辞严义密，音韵铿锵洪亮，饱含作者一腔热爱文化的感情，是一篇绝妙文字。

左迁至蓝关示侄孙湘

◎韩愈

一封朝奏九重天，夕贬潮州路八千。

欲为圣明除弊事，肯将衰朽惜残年！

云横秦岭家何在？雪拥蓝关马不前。

知汝远来应有意，好收吾骨瘴江边。

【译文】

　　早晨给皇帝上奏了一封进谏的表章，晚上就被贬官到八千里外的潮州。想要为皇上革除朝政弊端，哪能因衰老就吝惜自己残余的生命。云雾横阻秦岭，我的家在哪里？大雪阻塞蓝关，连马都不肯向前走。知道你远道而来相送的深意，正好在瘴江边收敛我的尸骨。

【赏析】

　　韩愈一生提倡道统，以辟佛老为己任。宪宗元和十四年（819）正月，他因力谏宪宗"迎佛骨入大内"而上《论佛骨表》，触犯"人主之怒"，几被定为死罪，经裴度等人说情，方才由刑部侍郎贬为潮州刺史。他出长安经过秦岭蓝关，其侄孙韩湘赶来送行，写下此诗。首联直接写自己获罪被贬。"朝奏"而"夕贬"，可见祸殃之速疾，而且一贬就是八千里，可见君恩之寡薄。颔联剖白忠心是为了"除弊事"，并以"肯将衰朽惜残年"展现出他老而弥坚、义无反顾的豪情。颈联就眼前景抒情，仓猝远行，回顾来路云横不见家，瞻望前路艰危马尚难前，暗寓了念阙之情和迁谪之感。结语沉痛而稳重，他从容地向侄孙交代后事，因为君子以死得其所为幸。整首诗将叙事、写景、抒情融合为一，笔势纵横、开合动荡，情感深厚抑郁，风格近似杜甫的沉郁顿挫。

题楚昭王庙

◎韩愈

丘坟满目衣冠尽，城阙连云草树荒。

犹有国人怀旧德，一间茅屋祭昭王。

【译文】

　　满眼累累的坟丘，昔日的贵胄士大夫都早已作古；高耸入云的城楼隐没在荒草树木之中。还有遗民怀念昔日楚昭王的恩德，一间茅屋中祭奠着他的英灵。

【赏析】

　　元和十四年（819），韩愈因谏迎佛骨触怒宪宗，被贬为潮州刺史，途中经过湖北宜城县境，见到楚昭王庙，感慨之下作此篇。

　　楚昭王曾率兵击退入侵的吴兵，保全了楚国，是楚国的中兴之主。但世事变迁，当年的世家大族早已烟消，韩愈此刻眼前所见只剩下累累丘坟；昔日的高大城阙虽然还在，但是已经隐没在荒草树木之中，一片残败荒凉。"丘坟"与"衣冠"，"城阙"与"草树"形成对比，衬出昔盛今衰、物去人非的变迁之感。这两句既有近景，也有远景，却无不给人以荒凉萧瑟之感。

　　然而，即便楚昭王庙已是今非昔比，却"犹有国人怀旧德，一间茅屋祭昭王"，这句话颇耐人咀嚼。前两句是为了反衬后两句，指出楚昭王保全楚国，使人民免于异国的欺凌，人民感怀他的恩德，历经时间的变迁，仍有人祭奠着他的英灵。

　　诗人俯仰古今，气势劲朴苍莽，寄慨深远。

蜀先主庙

◎刘禹锡

天地英雄气，千秋尚凛然。
势分三足鼎，业复五铢钱^①。
得相能开国，生儿不象贤^②。
凄凉蜀故妓，来舞魏宫前^③。

【注释】

①"业复"句：王莽篡汉后曾废汉币五铢钱，至光武帝时得以恢复。这里指匡复汉室。②儿：指刘禅。③"凄凉"两句：蜀汉降魏后，刘禅迁至洛阳，被封为安乐公。一天，魏太尉司马昭宴请他，让蜀国女乐在他面前歌舞，以看他的反应，当时蜀国旧臣都感伤不已，只有刘禅嘻笑自若。

【译文】

　　刘备的英雄气概，顶天立地，几百年了，威风到现在都还在。三分天下，成就鼎足之势，立誓要匡复汉室基业。得到贤相的辅佐，开创蜀国，有子阿斗，却不是圣贤。凄凉啊，蜀汉宫廷的歌妓，如今却欢舞在魏王宫殿前。

【赏析】

　　这首诗是刘禹锡任夔州刺史时作，他以高度概括的语言赞颂刘备一生的业绩，对于刘禅的昏庸亡国，表示深深的谴责和极大的惋惜。开首四句写先主刘备的英雄，何等的气概。他三分天下有其一，复兴汉室，千载以下还令人肃然起敬。颈联承上启下，他得到贤相诸葛亮辅助开创了蜀国，可后主刘禅却不像他那般贤明，子继父业，令人叹惋。尾联写蜀故伎在魏宫前为亡国的刘禅表演歌舞，更是让人慨叹不止。诗人陈古在于刺今，唐代曾有过贞观、开元之治的鼎盛时期，安史之乱后却国运衰微、江河日下，写此诗以垂诫当世。

⊙作者简介⊙

　　刘禹锡（772—842），字梦得，洛阳人。德宗贞元九年（793）登进士第，又登宏词科。曾参与"永贞革新"，失败后被贬为朗州司马，迁连州刺史。后以裴度力荐，任太子宾客。武宗初，加检校礼部尚书衔。世称"刘宾客"、"刘尚书"。以诗文称，早年与柳宗元并称"刘柳"，晚年与白居易并称"刘白"。《全唐诗》存其诗十二卷。有《刘宾客文集》。

西塞山怀古

◎刘禹锡

王濬楼船下益州^①，金陵王气黯然收^②。
千寻铁锁沉江底，一片降幡出石头^③。
人世几回伤往事，山形依旧枕寒流。
今逢四海为家日，故垒萧萧芦荻秋^④。

【注释】

① 王濬（jùn）：西晋时期著名将领。② 金陵：今江苏南京，三国时吴国建都于此。③ 石头：石头城，故址在今江苏南京清凉山，吴孙权时筑。④ 故垒：旧时的城垒。

【译文】

王濬的楼船从益州顺江东下，金陵的帝王瑞气黯然收聚。吴国的铁锁被烧沉江底，一面降旗悬挂上城头。人世几复兴亡，多少伤心往事，西塞山却依旧枕着江流。如今天下太平四海一家，秋风中旧垒萧瑟长满芦荻。

【赏析】

西塞山在今湖北大冶县东，形势险要，吴国曾经在此设立军事要塞。西晋刺史王濬受晋武帝命，造大船连舫，太康元年（280）正月自成都出发攻吴。吴国在长江险要处，用铁锁横截江底以抵挡楼船通过，王濬以大火烧锁断，直抵吴国都城建业（今江苏南京）城下，吴国灭亡。刘禹锡借西晋东下灭吴的历史事实以明事理，于胜败相形中揭示出终归统一的历史潮流，说明山川形势不足恃，"千年铁锁"防敌有如儿戏，决定历史盛衰兴亡的在于人事。诗人由咏叹历史兴亡折回眼前，山川风物依旧，可是人事变化频繁，今日四海为家，天下统一，而"故垒萧萧"的悲凉陈迹含有警示告诫之意。当时唐王朝平定藩镇已初见成效，但仍潜在着叛乱的危机。诗人写此诗吊古抚今，用笔深曲，含蕴无穷。

酬乐天扬州初逢席上见赠

◎刘禹锡

巴山楚水凄凉地①，二十三年弃置身②。

怀旧空吟闻笛赋③，到乡翻似烂柯人④。

沉舟侧畔千帆过，病树前头万木春。

今日听君歌一曲，暂凭杯酒长精神⑤。

【译文】

　　自己被弃置在巴山楚水这个凄凉的地方，度过了二十三年漫长的时光。怀念亡故的友人，徒然吟咏着《闻笛赋》；回到故乡，恍若是隔世的陌生人。沉船的旁边有千帆驶过，枯萎的树木前头有万木争春。今天听了你为我吟诵的诗歌，暂且借这一杯美酒来振奋精神吧。

【注释】

① 巴山楚水：古时四川东部属于巴国，湖南北部和湖北等地属于楚国。刘禹锡曾被贬到这些地方做官，所以用巴山楚水指诗人被贬任之地。② 二十三年：从唐顺宗永贞元年（805）刘禹锡被贬为连州刺史到写此诗时，共二十二个年头，因第二年才能回到京城，所以说二十三年。弃置身：指遭受贬谪的诗人自己。③ 怀旧：怀念故友。闻笛赋：指西晋向秀的《思旧赋》。三国曹魏末年，向秀的朋友嵇康、吕安因不满司马氏篡权而被杀害。后来，向秀经过嵇康、吕安旧居，听到邻人吹笛，勾起了对故人的怀念。序文中说：自己经过嵇康旧居，因写此赋追念他。刘禹锡借用这

个典故怀念已死去的王叔文、柳宗元等人。④ 翻似：倒好像。翻，副词，反而。烂柯人：指晋人王质。相传晋人王质上山砍柴，看见两个童子下棋，就停下观看。等棋局终了，手中的斧把已经朽烂。回到村里，才知道已过了一百年。同代人都已经亡故。作者以此典故表达自己遭贬二十三年的感慨，也借这个故事表达世事沧桑、人事全非、暮年返乡恍如隔世的心情。⑤ 长（zhǎng）精神：振作精神。长，增长、振作。

【赏析】

　　唐敬宗宝历二年（826），刘禹锡罢和州刺史，取道扬州返洛阳，同时白居易以病免苏州刺史，亦经扬州归洛。两个闻名已久的诗人在扬州初次相逢。白居易在筵席上写诗相赠，刘禹锡作此诗酬答。白居易在赠诗中感慨刘禹锡的生平遭遇，在结句中说："亦知合被才名折，二十三年折太多。"刘禹锡接过白诗的话头，首联概写自己因"永贞革新"事件而在巴山楚水之间辗转流徙二十三年，度尽劫波，故称"凄凉地"、"弃置身"。颔联感叹如今回来旧友凋零、世事变迁。巧妙运用"闻笛赋"、"烂柯人"的典故来寄慨，耐人寻味。"沉舟侧畔千帆过，病树前头万木春"二句，以沉舟、病树比喻自己，虽有自感衰沦落伍之意，却又以千帆竞发、万木皆春展示出生机勃勃的景象，表现出他以势所难免的进化思想来辩证看待自身困厄的豁达情怀。尾联顺势而下，表示自己将振作起来。诗情起伏跌宕，沉郁中见豪放，刘禹锡不愧"诗豪"之称誉。

乌衣巷

◎刘禹锡

朱雀桥边野草花，乌衣巷口夕阳斜①。【译文】

旧时王谢堂前燕，飞入寻常百姓家。

【注释】

① 斜：发"霞"音。

【译文】

朱雀桥边，野草仍自在开花，乌衣巷口，又见夕阳西下。当年王、谢家堂前飞舞的紫燕，如今却飞入平常百姓的家。

【赏析】

刘禹锡在任和州刺史期间，曾作《金陵五题》怀古，本诗是其中的一首。朱雀桥、乌衣巷，东晋时王谢大族世居之地，为昔日繁华风流之地，而今野草闲花丛生，荒凉夕阳斜照，一派没落、衰败的景象。燕入旧巢而居人已换，王谢两家豪门贵族，已经化作寻常的百姓人家了。"旧时"、"寻常"两词中寄寓了历史盛衰兴亡的无限沧桑之感，用笔婉曲有情致。诗以"野草花"、"夕阳斜"涂抹背景，以燕栖旧巢唤起人们的想象，构思巧妙不落俗套，语虽极其浅显，却自有其深意所在。

春词

◎刘禹锡

新妆宜面下朱楼①，深锁春光一院愁。

行到中庭数花朵，蜻蜓飞上玉搔头②。

【注释】

① 宜面：指妆与面色搭配得恰到好处。② 玉搔头：玉簪。

【译文】

宫女打扮脂粉匀称，走下红楼；春光虽好，但庭院深锁，怎不怨愁？来到庭中点数花朵，遣恨消忧；蜻蜓飞来，停在她的玉簪上头！

【赏析】

一位美丽的宫人粉脂宜面，新妆初成精心打扮停当后，款步走下朱楼，却是庭院深锁，无人前来见赏，眼前虽是一片大好春光，却只能触目生愁。

宫人在愁中百无聊赖，步到中庭数花解闷。"蜻蜓飞上玉搔头"结得很妙，蜻蜓飞上玉簪，可见其人凝神伫立如痴的光景，又反照出新妆之美，引得蜻蜓偏爱相顾。

全诗的题眼为"一院愁"，诗人捕捉到新妆宜面、数花朵、蜻蜓驻簪这些细微的情节，层层婉曲地写出宫人为谁妆饰为谁妍丽的幽怨，十分传神而饶有余韵。

草

◎白居易

离离原上草①，一岁一枯荣。
野火烧不尽，春风吹又生。
远芳侵古道，晴翠接荒城②。
又送王孙去③，萋萋满别情④。

【注释】

① 离离：形容草长得茂盛。② 晴翠：指阳光下草色翠绿鲜亮。③ 王孙：游子。《楚辞·招隐士》有："王孙游兮不归，春草生兮萋萋。"④ 萋萋：茂盛的样子。

【译文】

浓密的野草长满古原，一年一度枯萎，一度繁荣。天降的大火，也烧不完它，只要春风一吹，就又生长出来。远处芳草，淹没了古老驿道，晴空之下，青草绵延到荒城。又送游子离去，芳草萋萋，堪比满腹离情。

【赏析】

诗题一作《赋得古原草送别》，早在《楚辞》中，人们就将春草和离别之情联系起来了。这首诗就是以长而茂盛的原上草来比喻不尽的别离之情。"野火烧不尽，春风吹又生"两句，形成自然的流水对，形象生动地表现了春草生生不已的顽强生命力，也表达了对于新生事物的赞颂，成为传之千古的绝唱。"远芳"、"晴翠"使"古道"、"荒城"充满了盎然的生机。尾联化用《楚辞》中的典故，表明送别的情谊犹如繁盛的春草一样绵延不绝。诗歌借咏物而抒发别情，融情于景，意境浑成。据载，此诗是白居易十六岁时的应考习作，他凭借此诗受到顾况的延誉，声名大振，从而在长安站稳了脚跟。

◎作者简介◎

白居易（772—846），字乐天，晚年号香山居士。贞元十六年（800）进士。元和年间任左拾遗及左赞善大夫。后因上表请求缉拿刺死宰相武元衡的凶手，得罪权贵，被贬为江州司马。后官至刑部尚书。文学上主张"文章合为时而著，歌诗合为事而作"，是新乐府运动的倡导者。其诗通俗易懂，相传其诗作要老妪听懂为止。与元稹并称"元白"。有《白香山集》。

自河南经乱，关内阻饥，兄弟离散，各在一处。因望月有感，聊书所怀，寄上浮梁大兄、于潜七兄、乌江十五兄，兼示符离及下邽弟妹

◎白居易

时难年荒世业空①，弟兄羁旅各西东。
田园寥落干戈后②，骨肉流离道路中。
吊影分为千里雁，辞根散作九秋蓬③。
共看明月应垂泪，一夜乡心五处同。

【注释】

① 世业：世代传下的产业。② 寥落：冷落。干戈：本来是两种武器，用来代指战乱。③ 根：喻兄弟。九秋蓬：秋天时，蓬草会脱离本根随风飞转，多用来比喻游子在异乡漂泊。九秋，秋天。蓬，飞蓬。

【译文】

时势艰难，兵荒马乱，祖业空空；弟兄们寄居外乡，各奔西东。战乱之后，田园荒芜，多少骨肉亲人，流浪失散在途中。亲人形影相吊，如离群千里的孤雁，兄弟离家四散，恰似秋蓬漂泊不定。（亲人们）一同看着明月，应是垂洒热泪。今夜思乡你我同心，五地相同。

【赏析】

白居易祖籍下邽（今陕西渭南），其祖父徙居河南新郑。

唐德宗贞元十五年（799），河南一带节度使相继叛乱，致使关内交通漕运受阻，饥荒不断。诗人虽避乱符离（安徽省宿州市），但对家乡及亲族甚为挂念，写诗慰藉离散各地的兄弟姐妹。

首联即从"时难年荒"这一时代的灾难写起，家业荡然一空，故兄弟离散各在一处。这既是诗人自身的不幸遭遇，也是乱世中人命运的缩影。

中间两联从不同侧面表现了诸兄弟妹流离的苦况，通过一个家庭的苦难反映了时代的苦难。诗人以"雁"、"蓬"作比，传神地刻画了手足离散的凄惶情状，深刻揭示了饱经战乱的零落之苦。

乱世飘零难聚首，五处相思唯有共看同一轮明月。

诗人望月生情，因事起意，脱口道眼前景、口头语，句句扣紧主题，一唱三叹，分外动人心弦。诗采用白描手法直抒胸臆，语言为通俗易懂的家常话语，不用典，不事雕琢，真挚感人。

长恨歌

◎白居易

汉皇重色思倾国^①，御宇多年求不得^②。

杨家有女初长成，养在深闺人未识。

天生丽质难自弃，一朝选在君王侧。

回眸一笑百媚生，六宫粉黛无颜色。

春寒赐浴华清池，温泉水滑洗凝脂。

侍儿扶起娇无力，始是新承恩泽时。

云鬓花颜金步摇，芙蓉帐暖度春宵。

春宵苦短日高起，从此君王不早朝。

承欢侍宴无闲暇，春从春游夜专夜。

后宫佳丽三千人，三千宠爱在一身。

金屋妆成娇侍夜，玉楼宴罢醉和春^③。

姊妹弟兄皆列土^④，可怜光彩生门户。

遂令天下父母心，不重生男重生女。

【注释】

① 汉皇：指唐玄宗。② 御宇：统御天下。③ 醉和春：醉意伴随着春意。④ 列土：分封领地。⑤ 凝丝竹：喻歌舞紧扣音乐声。⑥"渔阳"句：指安禄山在渔阳起兵叛乱。鼙（pí）鼓，中国古代军队中用的小鼓。⑦ 翠华：皇帝仪仗中用翠鸟羽毛作装饰的旗帜。⑧ 花钿（diàn）：花朵形首饰。⑨ 翠翘、金雀、玉搔头：均是杨贵妃所佩带的钗簪。⑩ 云栈（zhàn）：高入云霄的栈道。剑阁：在今四川剑阁县东北大剑山、小剑山之间，为由陕入川的必经之路。⑪"天旋"句：指局势转变，玄宗还京。龙驭（yù），皇帝的车驾。⑫ 信马归：任马驰骋而归。⑬ 太液：太液池。未央：未央宫。⑭ 椒房：后妃们住的地方。阿监：指宫中女官。⑮"临邛（qióng）"句：意谓来自蜀中、作客长安的道士。临邛，今四川邛崃县。鸿都，汉宫门名，此指长安。⑯ 致魂魄：将灵魂召来。⑰ 方士：有道术的人。⑱ 太真：杨贵妃为女道士时号太真。⑲ 扃（jiōng）：门户。⑳ 转教：指请侍女通报。小玉、双成：指太真侍女。㉑ 珠箔：珠帘。迤逦开：谓层层敞开。㉒ 新

骊宫高处入青云，仙乐风飘处处闻。
缓歌慢舞凝丝竹⑤，尽日君王看不足。
渔阳鼙鼓动地来⑥，惊破霓裳羽衣曲。
九重城阙烟尘生，千乘万骑西南行。
翠华摇摇行复止⑦，西出都门百余里。
六军不发无奈何，宛转蛾眉马前死。
花钿委地无人收⑧，翠翘金雀玉搔头⑨。
君王掩面救不得，回看血泪相和流。
黄埃散漫风萧索，云栈萦纡登剑阁⑩。
峨嵋山下少人行，旌旗无光日色薄。
蜀江水碧蜀山青，圣主朝朝暮暮情。
行宫见月伤心色，夜雨闻铃肠断声。
天旋地转回龙驭⑪，到此踌躇不能去。
马嵬坡下泥土中，不见玉颜空死处。
君臣相顾尽沾衣，东望都门信马归⑫。

睡觉：刚睡醒。㉓袂（mèi）：衣袖。㉔阑干：
形容泪水横流的样子。㉕凝睇（dì）：凝视。

【译文】

　　汉皇爱美色，想要一容貌倾国的女子，他在位多年，都没有找到。杨家有个女孩刚长大，养在深深的闺阁中，外人不认识。天生的美丽资质，难以被长久埋没，果然有一天，被选在君王的身边。眼波流转一笑生出百媚千娇，六宫粉黛顿时相形见绌。春寒料峭，赐她华清池温泉中沐浴，泉水滑润，洗得肌肤柔滑白嫩。侍女扶起时，娇娇弱弱没有力气，这是她刚得到宠幸之时。鬓发如云，容颜如花，插着金步摇；芙蓉暖帐中，度过春宵。深恨春宵太短，一觉睡到日高起，从这时开始，君王再也不上早朝。承受欢宠，侍奉饮宴，没有片刻闲暇，春天随君主春游，夜夜由她陪伴。后宫中，有美人三千，君王将对三千美人的宠爱，集于她一身。金屋妆毕，娇媚动人来侍寝；玉楼上，宴罢的醉态像春天般迷人。姊妹弟兄都享受高官厚禄，灼灼光彩，笼罩杨家门户。于是天下父母都改变心愿，不重视生男孩，而希望生女孩。骊山宫殿，高耸入云，仙乐

归来池苑皆依旧，太液芙蓉未央柳⑬。
芙蓉如面柳如眉，对此如何不泪垂。
春风桃李花开日，秋雨梧桐叶落时。
西宫南内多秋草，落叶满阶红不扫。
梨园弟子白发新，椒房阿监青娥老⑭。
夕殿萤飞思悄然，孤灯挑尽未成眠。
迟迟钟鼓初长夜，耿耿星河欲曙天。
鸳鸯瓦冷霜华重，翡翠衾寒谁与共。
悠悠生死别经年，魂魄不曾来入梦。
临邛道士鸿都客⑮，能以精诚致魂魄⑯。
为感君王展转思，遂教方士殷勤觅⑰。
排空驭气奔如电，升天入地求之遍。
上穷碧落下黄泉，两处茫茫皆不见。
忽闻海上有仙山，山在虚无缥缈间。
楼阁玲珑五云起，其中绰约多仙子。

随风飘散，到处都能听见。缓歌慢舞，应和着音乐的旋律，君王整天都看不够。渔阳战鼓隆隆，传来动地杀声，惊乱了霓裳羽衣曲的舞步和弦音。九重宫阙，烟尘滚滚，君王带着千乘万骑，向西南逃奔。车驾龙旗飘摇，队伍走走停停，西出城门，才走了百余里路程。将士们不肯前进，君

中有一人字太真[18]，雪肤花貌参差是。
金阙西厢叩玉扃[19]，转教小玉报双成[20]。
闻道汉家天子使，九华帐里梦魂惊。
揽衣推枕起徘徊，珠箔银屏迤逦开[21]。
云鬓半偏新睡觉[22]，花冠不整下堂来。
风吹仙袂飘飘举[23]，犹似霓裳羽衣舞。
玉容寂寞泪阑干[24]，梨花一枝春带雨。
含情凝睇谢君王[25]，一别音容两渺茫。
昭阳殿里恩爱绝，蓬莱宫中日月长。
回头下望人寰处，不见长安见尘雾。
唯将旧物表深情，钿合金钗寄将去。
钗留一股合一扇，钗擘黄金合分钿。
但教心似金钿坚，天上人间会相见。
临别殷勤重寄词，词中有誓两心知。
七月七日长生殿，夜半无人私语时。
在天愿作比翼鸟，在地愿为连理枝。
天长地久有时尽，此恨绵绵无绝期。

王也无可奈何，只得将温婉委屈的爱妃逼死马前。贵妃的珠花掉地，无人收起，还有绿的翠翘，金的凤钗和玉簪子。君王掩面痛哭，却无法相救，回头再看，血与泪珠交相而流。寒风萧瑟，卷起尘土漫天飞扬；栈道曲折，攀上高耸的剑阁。峨眉险峻，少有人的踪迹；日光惨淡，照着黯淡的旌旗。蜀江水碧绿，蜀山郁郁青青，撩动圣主朝朝暮暮思恋之情。回到行宫，月亮也是令人伤心的颜色；夜雨中，听到铃响，那也是肝肠寸断之声。时局好转，君王摆驾回京，到了贵妃玉殒地，徘徊辗转不忍离去。马嵬坡下，依旧是昏黄的泥土，却不见昔日玉颜，只留惨死之处。君臣相望，不禁泪水沾湿衣襟，向东朝着京城，由着马行进。回来看，池苑都还是旧时模样，太液池的荷花，映着未央宫的垂柳。荷花像她的脸庞，柳叶像她的眉毛，面对这一切，怎么能不让人泪流。春风轻拂，桃李盛开的日子，人伤悲；秋雨漫洒，梧桐叶落之时，更觉凄惨。西宫和南内长满秋草，秋叶变红，落满石阶也无人打扫。当年的梨园弟子，新添了白发，后宫的女官也慢慢衰老。晚上，殿中流萤飞舞，愁思漫延，孤灯油尽，挑尽了芯草，仍不能入睡。钟鼓声缓缓响起，长夜才刚刚开始；银河明朗，说明天就快要亮了。冷冰冰的鸳鸯瓦，夜里寒霜凝重；寒凉的翡翠衾，君王与谁共用。一生一死，不知不觉分离已有一年，贵妃魂魄，却从不曾到君王梦里来。有个四川临邛的道士寓居京城，能够用虔诚之心，招致魂灵。被君王的苦苦思念感动，便请道士施展方术，努力找寻。驾着云气横跃天空，快得就像闪电，升入天上，深入地底，到处找遍。找了整个碧空，又翻了整个黄泉，却都没有寻见。忽然听人说，海上有一座仙山，仙山耸立在缥缈的水云之间。亭台楼阁姿态玲珑，五色祥云缭绕，有许多身姿柔美轻盈的仙子。其中有一位仙子，名叫太真，如雪的肌肤、似花的容貌与她相仿。金碧辉煌的宫阙，西边的玉门轻叩，托付侍女小玉，转告双成通报太真。猛听得汉家天子派使者前来，百花帷帐中，她竟惊动了梦魂。披上外衣，推开睡枕，出了床帏。珠制帘子、银制屏风，一路层层敞开。半偏着如云发鬓，刚刚睡醒，不及整理衣冠，匆匆忙忙走下庭堂。仙风吹拂，衣袖款款，轻轻飘举，像是又跳起了霓裳羽衣舞。寂寞玉容，不禁泪珠儿纵横，犹如一枝雪白的梨花，沾带着春雨。含情脉脉凝视使臣，请他致谢君王，自从分别，便音容两隔渺渺茫茫。昭阳殿里，恩爱情深早已断绝，蓬莱宫中日月月月，时光漫长。回头向下看去，遥望悠远人间，看不到长安，却只能看到尘雾。只能把昔日旧物拿出来表达深情，把镶宝的钿盒和金钗寄交给君王。金钗留下一股，镶宝钿盒留下一扇，金钗劈开，黄金钿盒也分作两半。只愿心像金钗和钿盒一样坚贞，无论天上人间总会相见。临别时重复着要捎去的话，寄词中的誓言，他们两个人知晓。七月七日的晚上，他们曾在长生殿，夜深人静时，两人私下订立了誓言：在天上，愿作双宿双飞的鸟；在地下，愿为连根并蒂的枝条。天长地久，也总有穷尽的时候，缠绵的情爱和遗恨，却无了时。

【赏析】

《长恨歌》是白居易诗作中脍炙人口的名篇，作于元和元年（806）冬十二月，当时诗人正在盩厔县（今陕西周至）任县尉。他和友人陈鸿、王质夫同游仙游寺，谈到唐明皇与杨贵妃事，有所感触而作。

在这首长篇叙事诗里，作者以精炼的语言，优美的形象，叙事和抒情结合的手法，叙述了唐玄宗、杨贵妃在安史之乱中的爱情悲剧。唐玄宗、杨贵妃都是历史上的人物，诗人并不拘泥于历史，而是借着历史的一点影子，根据当时人们的传说，街坊的歌唱，从中蜕化出一个回旋曲折、宛转动人的故事，用回环往复、缠绵悱恻的艺术形式，描摹、歌咏出来。由于诗中的故事、人物都是艺术化的，是现实中人复杂真实的再现，所以能够在历代读者的心中漾起阵阵涟漪。

《长恨歌》就是歌"长恨"，"长恨"是诗歌的主题，故事的焦点，也是埋在诗里的一颗牵动人心的种子。而"恨"什么，为什么要"长恨"，诗人不是直接铺叙、抒写出来，而是通过他笔下诗化的故事，一层一层地展示给读者，让人们自己去揣摸，去回味，去感受。

诗前半写唐明皇重色误国。开首"汉皇重色思倾国"七字是全篇纲领，既揭示了故事的悲剧因素，又唤起和统领全诗。唐玄宗重色、求色，终于得到了"回眸一笑百媚生，六宫粉黛无颜色"的杨贵妃。唐玄宗对杨贵妃无比宠爱，包括"赐浴"、"侍宴"、"春从春游夜专夜"、"三千宠爱在一身"、"从此君王不早朝"、"兄弟姊妹皆列土"等，浓艳旖旎之中蕴含着令人不安的悲剧因素，在极乐中潜伏着后面的绵长的恨。转眼安史乱起，唐玄宗仓皇奔蜀，杨贵妃惨死马嵬坡。

其后半写唐玄宗对杨贵妃的追怀忆旧和杨贵妃在仙界仍然对玄宗一往情深，说明两人爱情至死不渝。杨贵妃死后，唐玄宗内心酸楚愁惨，从剑阁蜀道的夜雨铃声到马嵬坡下空死处，都勾起了伤心的回忆；返京后，从旧日宫苑的桃李依旧和弟子阿监的青娥老，处处睹物伤情，日夜怀恨。日思夜想而不得，又寄希望于梦境。道士帮助唐玄宗寻觅，在海上仙山找到杨贵妃，她托物寄词，恨又在天上人间。末尾用"天长地久有时尽，此恨绵绵无绝期"二句作笔，点明"长恨"的题旨，有悠然不尽之意味。

《长恨歌》是一首抒情成分很浓的叙事诗，诗人在叙述故事和人物塑造上，采用了中国传统诗歌擅长的抒写手法，将叙事、写景和抒情和谐地结合在一起，形成诗歌抒情上回环往复的特点。诗人时而把人物的思想感情注入景物，用景物的折光来烘托人物的心境；时而抓住人物周围富有特征性的景物、事物，通过人物对它们的感受来表现内心的感情，层层渲染，恰如其分地表达人物蕴蓄在内心深处的难达之情。

哀艳动人的文字，悠扬宛转的声调，缠绵悱恻的情致，使得《长恨歌》具有超越时空的艺术魅力。因而取得人们的共鸣，在当时就迅速广泛流传开来，影响深远。清人赵翼《瓯北诗话》中说："《长恨歌》一篇，其事本易传，以易传之事，为绝妙之词，有声有情，可歌可泣，文人学士，既叹为不可及，妇人女子亦喜闻而乐诵之，是以不胫而走，传遍天下。"

琵琶行并序

◎白居易

元和十年，予左迁九江郡司马。明年秋，送客湓浦口，闻船中夜弹琵琶者。听其音，铮铮然有京都声。问其人，本长安倡女，尝学琵琶于穆、曹二善才。年长色衰，委身为贾人妇。遂命酒，使快弹数曲，曲罢悯然。自叙少小时欢乐事，今漂沦憔悴，转徙于江湖间。予出官二年恬然自安，感斯人言，是夕始觉有迁谪意，因为长句歌以赠之，凡六百一十六言，命曰《琵琶》行。

浔阳江头夜送客，枫叶荻花秋瑟瑟。

主人下马客在船，举酒欲饮无管弦。

醉不成欢惨将别，别时茫茫江浸月。

忽闻水上琵琶声，主人忘归客不发。

寻声暗问弹者谁，琵琶声停欲语迟①。

移船相近邀相见，添酒回灯重开宴。

【注释】

① 欲语迟：欲说还休。② 转轴：转动琵琶上琴柱调音色。③《霓裳》：《霓裳羽衣曲》。《六幺》：曲名。④ 大弦、小弦：分别指琵琶上最粗的弦和最细的弦。⑤ 间关：象声词。形容宛转的鸟鸣声。⑥ "冰泉"两句：意谓琵琶声好像水泉冷涩一样渐缓渐停，直至中断。⑦ "银瓶"两句：形容琵琶声忽而铿然响起，如同银瓶迸裂水浆四溅，又如铁骑突出刀枪齐鸣。⑧ 拨：拨弦的用具。当心画：用拨当在琵琶的中心用力一划。⑨ 善才：善弹者。⑩ 秋娘：泛指歌妓。⑪ 缠头：唐时艺妓表演完毕，观者多以绫帛为赠，称为缠头。⑫ "钿头"句：意谓欢乐时便以首饰击节打拍，以至于首饰常常断裂破碎。钿头银篦，两端镶有金玉花形的银篦子。⑬ 颜色故：姿容衰老。⑭ 浮梁：今江西景德镇市。⑮ 阑干：指泪水横流的样子。⑯ 湓（pén）江：在今江西瑞昌，临九江。⑰ 独倾：独酌。⑱ 呕哑嘲（zhāo）哳（zhā）：形容声音杂乱刺耳。

千呼万唤始出来，犹抱琵琶半遮面。
转轴拨弦三两声②，未成曲调先有情。
弦弦掩抑声声思，似诉平生不得志。
低眉信手续续弹，说尽心中无限事。
轻拢慢捻抹复挑，
初为《霓裳》后《六幺》③。
大弦嘈嘈如急雨，小弦切切如私语④。
嘈嘈切切错杂弹，大珠小珠落玉盘。
间关莺语花底滑⑤，幽咽泉流冰下难。
冰泉冷涩弦凝绝，凝绝不通声渐歇⑥。
别有幽愁暗恨生，此时无声胜有声。
银瓶乍破水浆迸，铁骑突出刀枪鸣⑦。
曲终收拨当心画⑧，四弦一声如裂帛。
东船西舫悄无言，唯见江心秋月白。
沉吟放拨插弦中，整顿衣裳起敛容。
自言本是京城女，家在虾蟆陵下住。

⑲ 促弦：拧紧琴弦。⑳ 青衫：唐官员品级最低的服色。

【译文】

夜里在浔阳江头送一位客人，秋风吹来，枫叶荻花瑟瑟作响。我下了马，走进客人的船中，拿起酒想喝，却没有音乐助兴。醉非欢醉，凄凄惨惨将要离别，离别时，茫茫江水浸着明月。忽听江上有琵琶的声音，我忘记回去，客人也忘记动身。追着乐声，低声询问是何人弹奏，琵琶声停了，想说却迟迟不语。我们把船靠过去，请那人相见，添续美酒，拿过灯来，重开酒宴。多次呼唤，那人才出来相见，却还抱着琵琶，遮住半边脸。她转动转轴，试弦调音三两声，还没弹成曲调，已充满感情。每一弦都满怀忧思，似乎是在倾诉平生不得意的事。低着头，随手连续弹奏，说尽了心里无尽的惆怅。轻轻抚拢，慢慢揉捻又抹又挑，初时弹奏《霓裳》，后又弹奏《六幺》。弹大弦沉重悠长，如下起急雨；拨小弦幽细琐碎，像是人在窃窃私语。嘈嘈切切，混成一片，像是大珠小珠，串串掉落玉盘。弦音婉转如黄莺在花丛间关啼叫，又幽咽似泉水在冰下艰难流淌。冰泉冻结流水，琴弦似

十三学得琵琶成，名属教坊第一部。
曲罢曾教善才伏⑨，妆成每被秋娘妒⑩。
五陵年少争缠头⑪，一曲红绡不知数。
钿头银篦击节碎⑫，血色罗裙翻酒污。
今年欢笑复明年，秋月春风等闲度。
弟走从军阿姨死，暮去朝来颜色故⑬。
门前冷落车马稀，老大嫁作商人妇。
商人重利轻别离，前月浮梁买茶去⑭。
去来江口守空船，绕船月明江水寒。
夜深忽梦少年事，梦啼妆泪红阑干⑮。
我闻琵琶已叹息，又闻此语重唧唧。
同是天涯沦落人，相逢何必曾相识！
我从去年辞帝京，谪居卧病浔阳城。
浔阳地僻无音乐，终岁不闻丝竹声。
住近湓江地低湿⑯，黄芦苦竹绕宅生。
其间旦暮闻何物，杜鹃啼血猿哀鸣。
春江花朝秋月夜，往往取酒还独倾⑰。
岂无山歌与村笛，呕哑嘲哳难为听⑱。
今夜闻君琵琶语，如听仙乐耳暂明。
莫辞更坐弹一曲，
为君翻作《琵琶行》。
感我此言良久立，却坐促弦弦转急⑲。
凄凄不似向前声，满座重闻皆掩泣。
座中泣下谁最多，江州司马青衫湿⑳。

也凝结，凝结不通，声音暂且消歇。这时，像有别样忧愁暗暗滋生，此刻没有声响，胜过有弦音。仿佛银瓶忽然破裂，水汁迸溅；又像是铁甲骑突然奔出，刀剑击鸣。弹奏完毕，按弦收拨琴心一划，四弦同声，如撕裂布帛。东边西边的船舫都悄无声息，只看见江心月影皓白。她沉吟着收起拨片插入弦中，整了整衣裳，站起来严肃庄重。她说，她本是京城的女子，家就住在京城的虾蟆陵。十三岁学会了弹琵琶的技艺，名字排在教坊的第一部。弹毕总能叫琴技大师叹服，妆成总会让其他歌女嫉妒。富豪公子都争着送给她礼物，弹奏一曲，收的红绡不知其数。钿头银篦，因为打拍子而断裂；红色罗裙，因为打翻酒而弄污。欢笑打闹今年如此，明年亦然，秋去春来，时光白白消磨。兄弟去从军，姊妹辞别人世；暮去朝来，我一天天老去。家门前清冷寂寞，车马日渐稀少，年纪大了，只得嫁给一个商人。商人重视钱利，看轻感情别离，上个月去江西，做茶叶生意。自他离去，我在江头独守空船，只有冷月寒江与我为伴。深夜，忽然梦见年少时候的事，我梦中哭泣，打湿脂粉，红泪泗溢。听了她的琵琶曲，我已摇头叹息，又听她说了这番话，就更加悲戚。同样都是流落天涯的人，相逢又何必非得曾经相识。我自从去年离开京城，被贬居住在浔阳城，常常生病。浔阳地处偏僻，没有丝竹音乐，一年到头听不到管弦之声。住在湓江附近，地势低洼潮湿，宅院周围，长满黄芦和苦竹。在这里，早晚听到的是什么呢？杜鹃带血的啼叫，猿猴的悲鸣。在春江花朝和秋天月夜时候，我常常手拿美酒，自斟自饮。哪里是没有山歌和竹笛，实在是乐声杂乱，很难听！今晚听到了你的琵琶曲，如同听到仙乐，耳朵顿时清明。请不要推辞，再坐下弹奏一曲，我要为你作一首《琵琶行》。听了我说的话，她站立了很久，回身坐下，拧紧弦子，弦声转急。凄凄又切切，不像刚才的声音，满座之人听了，又都掩面哭泣。要问在座中谁流的眼泪最多，江州司马的眼泪，湿透了青衫。

【赏析】

这首诗作于元和十一年（816）秋，本题为《琵琶引并序》，"序"里却写作"行"。"行"和"引"，都是乐府歌辞的一体。

如"序"中所说，诗里所写的是作者由长安贬到九江期间，月夜送客，在船上听一位商妇弹奏琵琶并诉说身世，联系到自己官贬闲职的经历，有同病相怜之意。

诗的前六句交代了时间：在一个枫叶红、荻花黄、秋风瑟瑟的夜晚；交代了地点：浔阳江头；交代了背景：诗人为朋友送别。离别本就伤感，酒宴前却没有管弦之声可以消减悲戚，于是更显寂寞。

诗中对秋江月夜弹奏琵琶曲的描摹和撰写极为形象，"如急雨"、"如私语"、"水浆进"、"刀枪鸣"、"珠落玉盘"、"莺语花底"，这一连串生动的比喻绘声绘色地再现了千变万化的音乐形象，其中"此时无声胜有声"的间歇，描绘了余音袅袅、余意无穷的艺术境界，让人回味无穷，有如书画中的"留白"，令人拍案叫绝。而"悄无言"、"江心秋月白"和"满座重闻皆掩泣"、"青衫湿"等环境的渲染和听音乐的人物感受也从旁烘托出琵琶女技艺的高超，读来令人有亲临其境、如闻其声之感。同时，音乐形象的千变万化也展现了琵琶女起伏回荡的心绪，为下面诉说坎坷身世作了铺垫。

琵琶女自言身世遭遇，激起了诗人的情感共鸣："同时天涯沦落人，相逢何必曾相识"。诗人也忍不住说出了自己被贬江州的经历。诗人的诉说又转过来拨动琵琶女的心弦，当她再次弹琵琶时，那声音就更加凄苦感人，同声相应，诗人不禁泪湿青衫。

这首诗的艺术性是很高的：

其一，它把歌咏者与被歌咏者的思想感情融而为一，说你也是说我，说我也是说你，命运相同，忧戚相关。琵琶女叙述身世后，诗人以为他们"同是天涯沦落人"；诗人叙述身世后，琵琶女则"感我此言良久立"，琵琶女再弹一曲后，诗人则更是"江州司马青衫湿。"风尘知己，处处动人怜爱。

其二，诗中的写景物、写音乐，手段都极其高超，而且又都和写身世、抒悲慨紧密结合，气氛一致，使作品自始至终沉浸在一种悲凉哀怨的氛围里。

其三，作品的语言生动形象，具有很强的概括力，而且转关跳跃，简洁灵活，所以整首诗脍炙人口，极易背诵。诸如"千呼万唤始出来，犹抱琵琶半遮面"；"别有幽情暗恨生，此时无声胜有声"；"门前冷落车马稀，老大嫁作商人妇"；"夜深忽梦少年事，梦啼妆泪红阑干"；"同是天涯沦落人，相逢何必曾相识"；等等，都是凝炼优美、叩人心扉的语句。

漂流天涯的琵琶女的遭遇和正直而沦落的诗人的遭遇相互映衬，相互补充，凄婉激昂，千载之下读之，犹可想见当时之事。《琵琶行》凄恻动人，在作者生前，已经是"童子解吟《长恨》曲，胡儿能唱《琵琶》篇"。元代戏曲家马致远曾根据它写成《青衫泪》。

后宫词

◎白居易

泪湿罗巾梦不成，夜深前殿按歌声^①。

红颜未老恩先断，斜倚熏笼坐到明^②。

【注释】

① 按歌声：打着拍子歌唱。② 熏笼：香炉上的罩笼。

【译文】

泪水沾湿罗帕，不能入眠，夜深了，前殿还传来有节奏的歌声。容颜未老，恩宠已断，她斜靠熏笼，怔怔独坐到天明。

【赏析】

这首诗是代宫人所作的怨词。

诗的主人公是一位一心盼望君王临幸而不得的宫女，前两句写她夜深垂泪不能成寐，却闻得前殿歌声欢快热闹，一静一喧对比十分强烈，反映出两种不同的生活、不同的心境。

如果这位女子已经是人老珠黄，或许也不会觉得这种孤独寂寞的生活是如此难以忍受，偏偏她青春犹在、"红颜未老"，这样的处境，不由让人心生感慨：红颜尚未衰老而君已经爱弛恩断；夜深梦不成，只好斜倚熏笼取暖，独坐至天明。

全诗由希望转到失望，最后转到绝望；由现实进入幻想，最后跌入现实，细腻地刻画了失宠宫女千回百转的心理状态，语言明快自然，情感真切而多层次，倾注了诗人对不幸者的深挚同情。

问刘十九

◎白居易

绿蚁新醅酒^①，红泥小火炉。
晚来天欲雪，能饮一杯无？

【译文】

新米酒，泛着微绿泡沫，温在小小的红泥火炉上。傍晚，要下雪了，能否留下，与我共饮一杯？

【注释】

① 绿蚁：指浮在新酿的没有过滤的米酒上的绿色泡沫。醅（pēi）：没有过滤的酒。

【赏析】

黄醅酒可能是唐代文人常饮的普通酒。"醅"是指没有过滤的酒，大多带着酒糟，临饮时要进行压榨或者过滤。而诗中的"绿蚁新醅酒"即是指新酿成的黄酒，刚刚滤去酒渣，还未完全滤清，酒面上泛起一层细小的泡沫，色微绿，有如蚂蚁，故称为"绿蚁"。唐代饮酒还讲究温热了喝，到了寒冷的冬天，往往会在红泥的小火炉上温上一壶酒，朋友之间边畅饮边谈论。

新醅的绿蚁酒，红泥的小火炉，要在平时也不过是寻常之物，但在严冬暮色之际，阴云密布，朔风凛冽，眼看晚上要下雪了，这两样东西无疑会给人带来温暖和慰藉。再加上率真的好友在殷切地相问询"能饮一杯无"，哪能不身心愉悦地领受呢？

此诗开门见山点出是新酒，"红泥小火炉"则对饮酒的环境起到了烘托气氛的作用，并增添了一种温暖的情调。"新醅酒"和"小火炉"两个意象很容易唤起对质朴的农村生活的联想。第三句中，"雪"让人联想到寒风凛冽、大雪飘飞，却为朋友相聚勾勒出一个阔大的背景，越是让人感觉到刺骨的寒意，就越能反衬出炉火的温暖与友情的珍贵。

白居易作这首诗时，正是在被贬谪为江州司马之际，虽然仕途不得意，但能在雪夜以火炉暖酒，与好友畅饮欢谈，亦不失为天下第一快活人了。诗人将生活小事信手拈来，遂成妙章。

暮江吟

◎白居易

一道残阳铺水中①，半江瑟瑟半江红②。

可怜九月初三夜③，露似真珠月似弓④。

【注释】

① 残阳：落山的太阳。② 瑟瑟：原义为碧色珍宝，这里指碧绿色。③ 可怜：可爱。④ 真珠：即珍珠。月似弓：上弦月，其形状弯曲如弓。

【译文】

一道残阳铺在黄昏的江面上，江水一半碧绿似玉，一半闪烁着红光。更让人怜爱的是九月初三的初月夜，晶莹的露水儿似珍珠，月牙儿似一张弓。

【赏析】

"吟"是古代的一种诗体，"暮江吟"即黄昏时分在江边所作的诗。

长庆二年（822），正是朝廷政治昏暗、党争激烈的时期，白居易不堪忍受，主动要求离开京城，乘船赴杭州任刺史。途中见到暮色秋江的美景，便随口吟成了这首清新可爱的小诗，从侧面反映了诗人当时轻松愉快的心情。

一道残阳映照江面，造成奇特的光色变化的景象：一半江水闪动着红光，另一半江水则显得更加碧绿。但诗人善于炼字，不说"照"，而说"铺"，

不仅形象地展示出夕阳已经快接近地平线、几乎是贴着地面的情状，而且写出了秋天夕阳的柔和。而天气晴朗无风，江水流动极缓，江面上泛起细小的波纹。阳光照射多的部分，呈现出艳丽的"红"色；阳光照射少的地方，呈现出幽暗的碧色。诗人敏锐地抓住了暮江细波粼粼、光色瞬息变化的景象，并用精炼而形象的语言将这一奇异的美景展现在读者面前。

诗人流连在这样的美景中，不觉夜幕降临，俯身看见江边草木上滚动着如同珍珠的露水，抬头望见一弯新月如同一张弓，此情此景怎不让人心生爱怜？用"真珠"作比，不仅写出了露珠的圆润，而且写出了它闪烁的光泽。诗人直接抒情，将全诗的感情推向高潮。

小诗写残阳铺水，色彩渲染鲜明浓重，给人以强烈的视觉感受；写月出露生，则玲珑剔透，给人以凉生衣袖之感，十分令人神往。

悯农二首（其一）

◎李绅

春种一粒粟①，秋收万颗子。
四海无闲田②，农夫犹饿死。

【注释】
① 粟：小米。泛指谷类的种子。② 四海：普天下，全国。
闲田：荒废没有耕种的田。

【译文】
　　春天种下一粒粟种，到秋天就会收获上万颗粮食。四海之内没有闲置的田地，农夫却还有饿死的。

【赏析】
　　春天播下一粒种子，秋天就有"万颗子"的收获，足见风调雨顺和农夫辛勤耕作。而四海之内，没有荒芜闲置的田地，那收获更是无限多了，真是一个大丰收年啊。然而却是一个急转："农夫犹饿死"。农民获得了大丰收，为什么还会饿死呢？诗歌到此戛然而止，却迫使人们带着沉重的心情去思索。无疑是统治者不知满足，勤劳的农民虽然获得丰收，却被盘剥无度、掠夺殆尽，到最后颗粒无存，惨遭饿死。

悯农二首（其二）

◎李绅

锄禾日当午①，汗滴禾下土。
谁知盘中餐，粒粒皆辛苦。

【注释】

① 锄禾：锄草。

◎作者简介◎

　　李绅（772—846），字公垂，无锡人。曾参与过文学史上影响巨大的"新乐府运动"。其诗《悯农》两首，千古传诵。

【译文】
　　在田里锄草直到大中午，汗水滴落在禾苗下的土上。谁知道盘中的餐饭，一粒粒来得都很辛苦。

【赏析】
　　正午烈日当空，农民仍然在田里劳作，汗珠一滴滴洒落田地上。然而那些不知道稼穑艰难、随意浪费粮食的人，他们哪里知道这一粒粒粮食都是辛苦劳作得来的。诗歌的主旨在"悯农"，却并未作抽象的说教，而是选材典型，并采用虚实结合、正反映衬的手法，以鲜明的形象感人，富于哲理性、警示性和教育性。

登柳州城楼寄漳、汀、封、连四州刺史

◎柳宗元

城上高楼接大荒①，海天愁思正茫茫。
惊风乱飐芙蓉水②，密雨斜侵薜荔墙③。
岭树重遮千里目，江流曲似九回肠。
共来百粤文身地④，犹自音书滞一乡！

【注释】

① 大荒：边远荒凉的地方。② 飐（zhǎn）：吹动。芙蓉：荷花。③ 薜（bì）荔：一种常绿蔓生植物。④ 百粤：指当时五岭以南的各少数民族地区。文身：古代南方少数民族有在身上刺花纹的风俗。

【译文】

在柳州的高楼上眺望荒野，愁思如同大海苍天，渺渺茫茫。风像受惊了一样，乱吹荷花；大雨密集，斜打爬满薜荔的土墙。岭上林木，密遮远望的视线；江流曲折，好似九转愁肠。我们一起来到南方百粤之地，却仍音信阻隔，各自滞留一方。

【赏析】

安史之乱后，唐朝中央对地方失控，逐渐形成藩镇割据的局面。德宗时期，藩镇割据的形势日益严峻，长安又屡遭藩镇围困。再加上宦官主管禁军，干政益甚。如何抑制藩镇势力和宦官势力，成为唐王朝君臣必须面对的问题。

贞元二十一年（805），在唐顺宗的支持下，王叔文、王伾集团执政，以韦执谊为宰相，针对宦官弄权和藩镇割据，采取了一些革新措施，颇得民心。但因唐顺宗中风后失去执政能力，宦官集团和藩镇节度使联合起来反对改革派，策划了宫廷政变，纷纷上表胁迫顺宗禅位，并改元"永贞"，革新宣告失败，前后共一百四十六天。王伾被贬为开州司马，不久病死；王叔文被贬为渝州司户，次年赐死。其麾下的八名干将，均被谪贬到了当时中国长江以南的边远地区，担任州司马。其中韦执谊被贬为崖州（今海南省三亚市崖城镇）司马，韩泰被贬为虔州司马，陈谏被贬为台州司马，柳宗元被贬为永州司马，刘禹锡被贬为郎州

⊙作者简介⊙

柳宗元（773—819），字子厚，河东解（xiè，今山西省运城县解州镇）县人，世称柳河东。贞元九年（793）中进士，十四年考取博学宏词科，先后任集贤殿正字、蓝田县尉和监察御史里行（见习御史）。因参加主张革新政治的王叔文集团而被贬为永州司马。后迁柳州（今属广西）刺史，故又称"柳柳州"。其诗清新峭拔，意味隽永。有《河东先生集》。

司马，韩晔被贬为饶州司马，凌准被贬为连州司马，程异被贬为郴州司马。史称"八司马事件"。

十年后，柳宗元等五人被召回京城，但终因梗阻太大，再度被贬为南方边州刺史，其中柳宗元贬柳州、韩泰贬漳州、韩晔贬汀州、陈谏贬封州、刘禹锡贬连州。

作者以诗寄四人，先写登柳州城楼，高楼、大荒、海天、惊风、密雨、岭树、江流，满眼都是悲怆凄凉的异乡风物，也正是五人心绪的写照。

首句写作者登上高处，遥望同仁们的贬所，既是为了抒发对他们的思念，也是为了抒发心中的积郁。然后诗人见到城上高楼与大荒相接，由此而感物起兴：眼前是辽阔苍茫的天地，纵目远眺，海天相连，而自己一腔茫茫"愁思"，充溢在这辽阔无边的天地之间。首句总摄全诗，为后文逐层抒写展开了宏大的背景。

第二联写的是近景，赋中兼有比兴，描写真切而细致。第三联承接上一联中近景触发的联想，顺势转为写远景，景中寓情，含着无限愁思。

尾联写五人遭际，天各一方，音书久滞。五人际遇相同，休戚相关，因而诗中流露出离京去国、人事沧桑的深沉感慨，及对挚友的真挚思念。

这首抒情诗，赋中有比，比中含兴，融情入景，词情凄恻动人。

晨诣超师院读禅经

◎柳宗元

汲井漱寒齿，清心拂尘服。

闲持贝叶书^①，步出东斋读。

真源了无取，妄迹世所逐。

遗言冀可冥^②，缮性何由熟^③。

道人庭宇静，苔色连深竹。

日出雾露馀，青松如膏沐^④。

澹然离言说^⑤，悟悦心自足。

【译文】

　　汲来清凉井水漱口刷牙，心清了再拂去衣上尘土。悠闲地捧起佛门贝叶经，信步走出东斋吟咏朗读。佛经真谛世人并无领悟，荒诞之事却为人们追逐。佛儒精义原也可望暗合，但修养本性我何以精熟。道人禅院多么幽雅清静，绿色鲜苔连接竹林深处。太阳出来照着晨雾余露，苍翠松树宛若沐后涂脂。心中的宁静难以言说，悟出佛理内心畅快满足。

【注释】

①贝叶书：在贝多树叶上写的佛经。②冥：暗合。③缮：修持。④膏沐：本指润发的油脂。⑤澹然：宁静状。

【赏析】

　　柳宗元因参加王叔文集团政治革新失败，被贬为永州司马。诗人心情十分苦闷，常去游览佛寺禅院，并勤读佛经和精研佛理，希望能从中求得解脱。诗写晨起到禅院诵读佛经，"真源了无取，妄迹世所逐"，说世俗之人对佛经的真谛毫无领悟，却都去追求虚妄的事迹，此处实际上是以儒家思想讽刺当时社会的佞佛现象。后半部写他对佛家的精义难以精熟，倒是超师庭院景物的清静幽雅，使他流连玩赏。"日出雾露馀，青松如膏沐"，写出了青松在清晨露滴雾绕，好像洗沐未干，可谓传造化之妙，让人会心于笔墨之外。

溪居

◎柳宗元

久为簪组累①，幸此南夷谪②。
闲依农圃邻③，偶似山林客④。
晓耕翻露草，夜榜响溪石⑤。
来往不逢人，长歌楚天碧⑥。

【注释】

① 簪组：古时官吏的冠饰，此指做官。累：束缚。
② 南夷：指当时南方少数民族地区。谪（zhé）：贬官。
③ 农圃（pǔ）：农园菜圃。④ "偶似"句：意思是有时自己就仿佛是个山林隐逸之士。⑤榜（bàng）：划船。
⑥ 楚天：永州古属楚地。

【译文】

　　长久被官职所缚不得自由，有幸这次被贬谪来到南夷。闲时常常与农田菜圃为邻，有时仿佛是个隐居山中的人。清晨我去耕作翻除带露杂草，傍晚乘船沿着溪石哗哗前进。独往独来碰不到世俗之人，仰望楚天的碧空而高歌自娱。

【赏析】

　　元和五年（810），柳宗元贬官永州已有五年之久，他在公余游览发现风景秀丽的愚溪，于是在溪水东南筑屋居住，写下愚溪诸咏。

　　这首诗写诗人迁居愚溪后的生活：与农田菜圃为邻，清晨踏着露水去翻草，夜晚泛舟清溪游玩，独来独往，无拘无束。表面看诗人的溪居生活闲适自在，但字里行间却隐含着愤激、忧怨。如开首二句，诗意突兀，贬官南荒本是不如意的事，但诗人却说是"幸"，这是从反意着笔，更耐人寻味。而"闲依"、"偶似"、"来往不逢人"等语虽是写闲适，却也包含着诗人被投闲置散的无聊、孤独，实为激愤反语，末句"长歌楚天碧"正是诗人内心郁闷而高歌抒愤。沈德潜说"愚溪诸咏，处连蹇困厄之境，发清夷淡泊之音，不怨而怨，怨而不怨，行间言外，时或遇之"（《唐诗别裁集》卷四）。他的评说十分到位。

江雪

◎柳宗元

千山鸟飞绝，万径人踪灭。

孤舟蓑笠翁①，独钓寒江雪。

【注释】

① 蓑笠翁：披着蓑衣、戴着斗笠的渔翁。

【赏析】

这首诗是柳宗元被贬为永州司马时所作。

天地间飞鸟绝迹，人踪湮没，没有半点生气和声息，原因在于大雪封山。虽未直接写雪，却用"鸟飞绝"与"人踪灭"暗藏着一"雪"字，读者仿佛能感觉到凛冽逼人的寒气扑面而来。

咏雪至此，似乎已经意尽，但诗人却能别开境界，再写一个孤舟、蓑笠的渔翁迎风斗雪，独自在寒冷的江心垂钓，凑成一幅绝妙的江乡雪景图。而这个孤独的渔翁，正是诗人自身的写照。

全诗寥寥几笔勾画出一幅渔翁寒江独钓图。纯用白描绘出江上雪景，意境空旷幽远，极富阴柔之美，透过渔翁的寒江独钓，又写尽诗人傲岸坚贞而又孤寂落寞的形象。后人评说这首诗"二十字可作二十层，却是一片，故奇"，十分耐人寻味。

【译文】

山岭飞鸟绝迹，小路不见人影。只有一叶孤舟，载着一个披蓑戴笠的老翁，在大雪纷飞的江面独自垂钓。

诗的品赏知识

柳宗元的山水诗

柳宗元的诗歌创作主要分为永州和柳州两个时期，其山水诗也主要创作于这两个时期，经历了从五言到七言，从以古体为主到以近体为主的演变历程，意象上是从清秀澄明到奇崛险怪，情感上则是从忧伤到绝望。

柳宗元被贬谪后虽然精研佛学，并试图寄情山水，但其强烈的用世之心以及由此带来的忧伤与悲愤在山水诗中却时有流露。如《江雪》这首诗，通过描绘渔翁寒江独钓图，表达了诗人虽际遇坎坷、处境孤独，但仍然傲岸不屈的性格。

渔翁

◎柳宗元

渔翁夜傍西岩宿①，晓汲清湘燃楚竹②。
烟销日出不见人，欸乃一声山水绿③。
回看天际下中流，岩上无心云相逐。

【注释】

① 西岩：在湖南零陵县西湘江外。② 燃楚竹：指烧竹煮水。③ 欸（ǎi）乃：行船时的摇橹声。

【译文】

　　傍晚，渔翁在西山脚下歇息；清晨，他汲取湘江水燃烧楚地茂竹。日出烟消却看不到人影，船橹咿呀只见山青水翠。回望天际，小舟已顺流而下；远望岩顶，白云飘荡相互追逐。

【赏析】

　　这首山水小诗作于永州。

　　诗人用寥寥数语淡淡写来，勾勒出一个在山青水绿之处自遣自歌、独往独来的"渔翁"形象。他夜宿西岩，拂晓时汲水烧火，诗人用渔翁忙碌的身影展示了时间的流逝。其中"汲清湘"、"燃楚竹"造语新奇，让人感觉超凡绝俗，有一种"反常"的特殊情趣。

　　而后"烟销日出"，按理说应该能看见人了，诗人也的确正面写了渔翁，却用了"不见人"三字，让人不由心生疑惑。就在这时，"欸乃一声山水绿"，让人顿感胜景在前，奇趣荡胸。"绿"字可谓诗眼，它在反常中传达了一种惊异感：忽然听见橹桨"欸乃"一声，绿水青山顿现原貌，渔翁原来就在这秀美的山水之中。把山水原本无声的"绿"，说成好像是由摇橹声一动而呈现的，不仅呈现了色彩，而且给人一种动态感，仿佛在听觉里引起视觉的感受，这是通感的用法。

　　苏东坡赞叹说："诗以奇趣为宗，反常合道为趣。熟味此诗有奇趣。"（《全唐诗话续编》卷上引惠洪《冷斋夜话》）

遣悲怀三首（其一）

◎元稹

谢公最小偏怜女①，自嫁黔娄百事乖②。
顾我无衣搜荩箧③，泥他沽酒拔金钗④。
野蔬充膳甘长藿⑤，落叶添薪仰古槐⑥。
今日俸钱过十万，与君营奠复营斋⑦。

【注释】

①"谢公"句：东晋名相谢安最爱其侄女谢道韫。此指妻子从小娇生惯养。②黔娄：指自己家境贫困。③顾：看到。荩（jìn）箧（qiè）：荩草编成的箱子。④泥他：软言求她。⑤甘：甘心。藿（huò）：豆叶。⑥仰：依仗。⑦营：办理。奠：祭品。斋：指请僧人超度。

【译文】

你像谢安最疼爱的小侄女，但自从嫁给我，就百事不顺。看我身上无衣，就翻箱倒柜找寻，我缠着你买酒，你就拔下金钗换酒。甘心跟我以野菜豆叶当饭，还要仰赖古槐的落叶当柴火。如今我官俸超过十万，可你却已不在，我只能为你超度，备好祭品供尝。

【赏析】

元稹的元配妻子韦丛，出身名门，父亲韦夏卿位居宰相。韦丛二十岁时嫁与元稹为妻，婚后生活比较贫困，但她非常贤惠，毫无怨言。元和四年（809）韦丛因病去世，年仅二十七岁。元稹悼念亡妻，写下许多悼亡诗，以这三首连章诗最为著名。

第一首是追忆二人生前的种种情形。一、二句用典，以东晋宰相谢安最宠爱的侄女谢道韫借指韦氏，而以战国时齐国著名的贫士黔娄自喻，含有对方屈身下嫁之意。当时诗人尚未发达，韦丛出嫁后事事不顺遂，但她不好虚荣，安于贫寒而毫无怨色，并对诗人百般体贴。

中间四句选取了韦丛生前日常生活的几个片断来写，极为生动感人。

诗人如今富贵却不能与之共享，十分凄寒，逼出"悲怀"二字。诗人遣词用句，皆是出自一片深情，真实动人。

⊙作者简介⊙

元稹（779—831），字微之，河南河内（在今河南洛阳附近）人。贞元九年（793）明经及第，十九年登书判拔萃科，历官左拾遗、监察御史等职。因得罪宦官及守旧官僚遭到贬斥。后转而依附宦官，官至同中书门下平章事。与白居易并称"元白"。因二人诗风相近，故合称"元白体"。曾撰传奇《莺莺传》，对后世影响极大。《全唐诗》存其诗二十八卷。有《元氏长庆集》。

遣悲怀三首（其二）

◎元稹

昔日戏言身后事①，今朝都到眼前来。

衣裳已施行看尽②，针线犹存未忍开。

尚想旧情怜婢仆，也曾因梦送钱财。

诚知此恨人人有，贫贱夫妻百事哀。

【注释】

① 身后事：死后的打算。② 行：行将。

【译文】

过去曾开玩笑说起死后的安排，如今却都鲜活地飘到眼前。你生前穿过的衣服我都快施舍尽了，只有曾经的针线活还在，不忍打开。我怀恋往日情谊，怜爱你的婢仆，也曾因梦见你而烧送纸钱。我真的知道，这死别之恨人人都有，但贫贱夫妻，更让人觉得悲哀。

【赏析】

　　第二首开头与第一首结尾相衔接。诗人对妻子感情深厚，想起昔日曾经戏言过身后的事情，没想到如今都在眼前发生了，人生无常让人感叹。妻子死后，他怕睹物思人，把衣裳几乎都施舍尽了，但却还舍不得妻子生前做的针线，却又不忍心打开细看。又不由想起妻子生前怜惜婢女、仆人，自己也对他们好，又因梦见妻子跟自己受贫吃苦，故为她焚烧纸钱祭奠。虽然诗人内心清醒地知道夫妻永诀人人都一样伤怀，但贫贱夫妻尤甚。

　　"贫贱夫妻百事哀"是流传千古的名句，因为写出了贫贱中夫妻两人互相护持，患难与共，经历生活种种，一旦一方撒手远去，另一方回忆起其生前行迹，自然是无处不觉伤怀。

遣悲怀三首（其三）

◎元稹

闲坐悲君亦自悲，百年都是几多时！
邓攸无子寻知命①，潘岳悼亡犹费词。
同穴窅冥何所望②？他生缘会更难期！
惟将终夜长开眼，报答平生未展眉。

【注释】

① 邓攸无子：晋邓攸在战乱中为拯救亡兄之子，丢弃了自己的儿子，以为自己还可以生养，但终无子嗣。② 同穴：合葬。窅（yǎo）冥：幽暗的样子。

【译文】

　　闲坐时，悲叹你也为自己哀伤，纵使人能活百年，也不过些许时日。邓攸命中无子，我也年届五十，潘岳的悼亡诗再美，也是在浪费文辞。同穴合葬，指望在幽暗的地府中相会；来世再作夫妻，更是难以预期！我只有整夜睁着双眼想念你，报答你一生跟我受苦的情谊。

【赏析】

　　首句承上启下，以"悲君"总括上两首，以"自悲"引出下文。妻子逝世后，诗人形单影只，既"悲君"又"自悲"，对生命进行思考，百年亦不过几多时。

　　接着，诗人以邓攸、潘岳自况：邓攸心地纯善，却终身无后，只能说是命运的安排；《潘岳》悼亡词写得再凄恻动人，对逝者来说也毫无意义，不过是浪费笔墨。诗人故作旷达地说由天知命，再费词章徒劳无益，实际上深隐着难以排解的悲伤。他想寄希望于同穴和来生，但又清醒地知道"何所望"、"更难期"，在绝望之中寄托刻骨相思，令人沉痛不已。

　　在一片夹杂着悲伤、悔恨的至情中，只有在漫漫长夜中始终睁开双眼，来报答妻子生前所过的愁眉不展的日子。其情痴，其语挚，吟来催人泪下。故清蘅塘退士说："古今悼亡诗充栋，终无能出此三首范围者，勿以浅近忽之。"

行宫

◎元稹

寥落古行宫①，宫花寂寞红。
白头宫女在，闲坐说玄宗②。

【注释】

① 寥落：空虚、冷落。② 玄宗：唐明皇李隆基，这是他的庙号。

【译文】

在寂寥冷落的古行宫中，红艳的花朵只能寂寞地自开自落。几个头发斑白的宫女，正在闲坐谈论当年的唐玄宗。

【赏析】

"行宫"是皇帝外出居住的宫舍。这首诗通过描写行宫宫女百无聊赖的生活，抒发了无尽的哀怨之情，也寄托了诗人深沉的盛衰之感。

诗以"寥落"两字起笔，勾勒出古行宫的废置情状，一派凄凉衰败之气氤氲开来。继而绘出自生自灭的寂寞宫花和红颜不再的白头宫女，烘染出盛年不再，昔日繁华风流云散的境况。红花一般用来表现热闹的场景，烘托欢乐的情绪，这里却用红花与寥落的行宫、宫女的白发互相映衬，表达了沧桑之感与红颜易老的人生感慨，突出了宫女们凄凉哀怨的心境，这正是"以乐景写哀情"。

在历朝历代的宫廷中，宫女的地位都是最低贱的。唐代的宫女数量为历代之最，而且是终身制。宫女得到皇帝宠幸的几率非常小，所以绝大多数人在使婢生涯中度过了青春，年老后被送到各处冷宫别馆养老打杂，度完余生。

唐玄宗前期励精图治，任用贤臣名相，开创了大唐盛世；后期却沉湎声色，修建了不少的行宫，政治腐败，奸臣权相横行无忌，导致安史之乱起，从此大唐一蹶不振，繁华衰歇。

"说玄宗"三字写白头宫女在一起闲聊当年的玄宗，更是蕴含着万千感慨：多少治乱兴衰，多少沧桑茫茫往事，多少长短曲直，都尽在其中了。

全诗仅仅四句，却以少总多，说尽兴衰变迁，让人不胜感慨。

赠项斯

◎杨敬之

几度见诗诗总好，及观标格过于诗①。
平生不解藏人善②，到处逢人说项斯③。

【译文】

　　几次见到你的诗，诗总是绝妙好诗，及待相见，发现你的神采风度更胜过诗。我平生不懂得隐藏别人的才德，到处逢人就夸赞你项斯。

【赏析】

　　诗人赏识项斯，是从得见其诗开始的，他高度评价了项斯在不同时期的诗作，心中已是喜欢。自古品评人重在才德，及至见到项斯本人后，发现他的风采和人品更是杰出，心中更为悦服。一个"总"字和"过于"两字体现了诗人发现人才的由衷喜悦。由内心的惊叹欣赏发展到行动上不

【注释】

①标格：包含外美和内美，即神采风度、品格修养等。②解：懂得，知道。③项斯：字子迁，江东人。

遗余力地揄扬，直述自己平生不会隐瞒人的才能，而是逢人就称赞。诗人敢于打破"文人相轻"的传统陋习，身体力行去奖掖后进，并由他自己说出，语直而情真，更见得直率可爱。在他的推荐称扬下，项斯很快被人所知，第二年中举登科。

⊙作者简介⊙

　　杨敬之，字茂孝，祖籍虢州弘农（今河南灵宝），生卒年均不详。尝为《华山赋》，韩愈、李德裕称许之，一时传布士林。《全唐诗》存其诗二首。

剑客

◎贾岛

十年磨一剑，霜刃未曾试①。
今日把示君②，谁有不平事？

【译文】

　　十年方才磨制成一把宝剑，寒光如霜的锋刃还未曾试芒。今日拿出来指示给你看，敢问天下谁有不平之事？

【注释】

①霜刃：剑刃寒光闪闪，有如秋霜，故称。②把示：拿出来展示。

【赏析】

　　诗人以剑客的口吻，着力刻画了宝剑的形象，并直吐胸臆，抒发豪情壮志。先明写剑客花了十年的工夫精心磨制成一把宝剑，暗喻功力深厚，才学渊博。次句写剑刃如霜，锋利无比，有跃跃

欲试之意，暗喻人之锋芒毕露、急于施展才华的心情。现在得遇知音，渴望能被欣赏，故向君展示这把宝剑，有毛遂自荐之意。末句以问句作结，点出剑欲脱匣而出，荡尽天下冤屈不平事。而人欲脱颖而出，干一番事业的壮志豪情亦跃然纸上。诗人托物言志，把自己兴利除弊的政治抱负巧妙地寓含在宝剑的鲜明形象中，语言平易明快，豪爽之气充溢于诗里行间。

寻隐者不遇

◎贾岛

松下问童子①，言师采药去②。

只在此山中，云深不知处③。

【注释】

① 童子：小孩。这里指隐者的弟子。② 言：回答说。
③ 云深：指山上云雾缭绕。处：地方。

【译文】

　　松树下，问那小童子，他说师傅采药去了。就在这座大山中，可云雾深深，不知在哪里。

【赏析】

　　"隐者"，古代指不肯做官而隐居在山野之间的人。这是一首问答诗，但诗人采用了寓问于答的手法，写访隐者而不遇的情形。

　　在中国传统文化中，松、竹、梅被称为"岁寒三友"，士大夫们往往以之象征安贫乐道的志向与高洁傲岸的品格。首句"松下问童子"，表层上交代了作者寻访隐者不得，便询问隐者的弟子这件事，深层上则是以松喻隐者的风骨。

　　诗本是三问三答，在松下见到童子，以为将要见到隐者，问之，却答曰其师采药去了。又问到哪儿采药了，童子回答就在这座山中，诗人大约仍不肯放弃，有前去相寻之意，又问其师在这座山的哪处，童子回答云深不知在哪一处。

　　诗中只有一句问，却不难从童子的三句答中见其所问，言简

而意繁。四句之中层层转折，隐者之形似愈近却愈杳，好比龙隐云中，一鳞半爪似有若无，而其飘渺高洁的形象更让人遐想联翩，其中也隐藏了寻访人不遇的惆怅以及对隐者的向往。

◎作者简介◎

　　贾岛（779—843），字阆仙（一作浪仙），范阳（今河北涿州市）人。初落拓为僧，名无本，后还俗，屡举进士不第。曾任长江主簿，故人称贾长江。作诗以苦吟著称，"推敲"的典故便是由其而来。其诗喜写荒凉孤僻之境，多苦寒之词，开晚唐尖新狭僻一派诗风。《全唐诗》存其诗四卷。

宫词

◎张祜

故国三千里①，深宫二十年。

一声《何满子》，双泪落君前②。

【注释】

① 故国：指故乡。② 君：指唐武宗。

【译文】

故乡远隔三千里，深宫悠悠二十年。一声哀怨《何满子》，两行热泪落君前。

【赏析】

这首五绝又题作《河满子》。何满子本系人名，为开元年间的歌唱家，相传他临刑时，作曲以赎死，却未能获免。此曲四词歌八叠，曲调婉转悲凉断人肠，后人便以何满子为曲名。后来传入宫禁，深深引起宫中女子的共鸣。这首诗就是写宫人的幽怨。

一般以绝句体裁写的宫怨诗因为篇幅短小、容量有限，总是只截取宫中生活的一角，透过一个片断来展示宫人悲惨的一生。而且诗多写得委婉含蓄，给读者留下了较大的想象空间。这首诗为读者展示了一幅生活全图，而且直叙其事、直写其情，这正是它与众不同之处。

"三千里"，从空间着眼，写宫女故乡距离遥远而无望归还；"二十年"，从时间着眼，写入宫时间久，幽闭深宫而痛苦无涯。两句诗不仅具有高度的概括性，也具有极强的感染力；不仅集中展现了宫人的愁怨，而且使这种感情不断变得更加厚重、更加深入。

一声哀歌，双泪不禁滚滚落下，直截了当地抒发了宫人深藏在心中、蓄积已久的悲怨之情，它不以含蓄见长，却以强烈的感情取胜。诗中人内心的辛酸凄楚、愤懑哀怨，都尽在不言中。

赠内人

◎张祜

禁门宫树月痕过①，媚眼惟看宿鹭窠。

斜拔玉钗灯影畔，剔开红焰救飞蛾②。

【注释】

① 禁门：宫门。② 红焰：指灯芯。

【译文】

月光从宫门移到旁边树梢，她媚眼如丝，只看那安睡鹭鸟的巢窠。灯影摇曳处，（她）偏头拔下晶莹玉钗，挑开灯芯，救出扑火的飞蛾。

【赏析】

诗题中的"内人"意思是大内（皇宫）中人，为宫中宜春院习艺的宫人，诗意在写宫女静夜的孤寂无聊。

唐高祖武德年间于宫禁之中设内教坊。开元二年（714），玄宗加设外教坊和梨园，主要习奏民间俗乐（流行音乐）。宫中梨园是由优秀男女乐工各数百人组建而成，由唐玄宗亲自指导，艺术水平最高。稍次是宫中的内教坊，其乐工有男有女，女乐工依色艺的高低分成不同的等级。最高的称为"内人"，人数最少。其次称"宫人"，人数较多。再次称为"搊弹家"，以弹奏乐器见长，歌舞则不精。

月亮渐渐越过宫禁中的树木，时光飞逝，而人犹自不寐，凝望着那双栖白鹭的窠，一个"媚"字，体现出其有艳羡之意。她斜拔玉钗，剔开灯焰救飞蛾，使其获得重生。诗人善于截取生活细节来展示人物的心理，这一剔焰救蛾的小小举止，既是宫女对弱小生命的同情，又是她有感于自身深锁宫禁，恰同于飞蛾扑焰，故怜蛾实为自怜身世。

全诗造意深曲含蓄，熨帖细腻，描绘出宫人孤寂愁闷的心情，十分耐人寻味。

⊙作者简介⊙

张祜（782？—852？），字承吉，清河（今属河北）人，出生于清河张氏望族，家世显赫，人称"张公子"。初寓姑苏。元和、长庆间，深受令狐楚器重。令狐楚出任天平节度使后，上表推荐，但被元稹排挤，失意后客淮南。因喜爱丹阳曲阿，故在此筑室，隐居而终。其诗长于宫词、山水、边塞，题材相当丰富，诗风平易近人，流转自然，有隐逸之气。《全唐诗》存其诗二卷，共三百四十九首。有《张处士诗集》。

集灵台二首（其一）

◎张祜

日光斜照集灵台①，红树花迎晓露开。
昨夜上皇新授箓②，太真含笑入帘来。

【注释】

① 集灵台：即华清宫的长生殿。② 上皇：太上皇，此指唐玄宗。授箓（lù）：接受道教秘录，入道的仪式。

【译文】

阳光斜照华清宫的集灵台，满树红花，迎着晨露绽开。昨晚，太上皇才刚刚为她授箓，今晨，太真就媚眼含笑走进帘来。

【赏析】

集灵台，就是长生殿，在华清宫内，为祭祀神灵所在。诗的前两句写集灵台早上的景物，日光斜照台上，满树红花迎着晓露开放，见出是清静神圣的祀神之地。后两句写玄宗昨夜在这里举行道教授给秘文仪式，贵妃在这时"含笑"入内，自愿为女道士，掩人耳目，足见其献媚轻薄。杨玉环原系玄宗十八子寿王瑁的妃子，玄宗慕其美色，召入禁中名为女道士，号太真，后来大加宠幸，进而册封为贵妃。全诗不直接加以讽刺批评，而是截取玄宗举行入道仪式这一情节，不言讽而讽刺自露于言外。

集灵台二首（其二）

◎张祜

虢国夫人承主恩①，平明骑马入宫门。
却嫌脂粉污颜色，淡扫蛾眉朝至尊。

【注释】

① 虢国夫人：杨贵妃三姐的封号。

【译文】

虢国夫人承受主上恩泽，大清早就骑马进宫。因嫌脂粉玷污她的美貌，只轻扫蛾眉就来朝见君王。

【赏析】

虢国夫人是杨玉环的三姐，嫁给裴家，并非后妃，却"承主恩"，骑马入宫，足见其骄横轻狂，而"淡扫蛾眉"可见其自恃天生美艳，不施脂粉，足见她的轻佻，也可照见玄宗的昏庸好色。

全诗的语言颇为含蓄，字字句句隐含讥刺，看似是褒，实则是贬，讽刺深刻，入木三分。虽然如此，"却嫌脂粉污颜色，淡扫蛾眉朝至尊"两句将虢国夫人天生的丽质风度写得宛如图画。

题金陵渡

◎ 张祜

金陵津渡小山楼①，一宿行人自可愁。

潮落夜江斜月里，两三星火是瓜州②。

【注释】

① 金陵渡：在今江苏省镇江市附近。② 瓜州：在今江苏扬州南，与镇江隔江相对，因州形似瓜而得名。

【译文】

镇江南边渡口有座小山楼，投宿在此，难以入眠因有烦愁。月西斜，夜色中江潮刚落，两三星火闪动，那里可是瓜洲？

【赏析】

这是渡口小楼的题壁诗，是张祜漫游江南时所作，写偶见的江上清丽夜色。

首句点题，开门见山。"自可愁"为诗眼，因为在羁旅之中，行人难免泛起淡淡的乡愁。一、二句起笔平淡轻松，很自然地将读者引入佳境。

诗人因为满怀愁绪而难以入眠，于是站在小山楼上远望"夜江"，只见斜月朦胧，江潮初落，隔江瓜州有二三星火闪烁。一个"斜"字，既画出了景物，又点明了时间是在拂晓即将来临的落潮之际；既呼应了上句的"一宿"二字，将两句自然勾连起来，又暗暗点出了行人一夜未能成寐这件事。用笔轻灵细腻，精雕细琢却不露斧凿之痕。

全诗画面清丽宜人，将近愁寄于远景之中，尤其是"两三星火是瓜州"以寻常语写天然佳景，将人带入那落潮后江对面隐约的星火闪烁不定之境界，而一种迷惘落寞之情也因此展开。语言十分自然朴素，而又令人玩味。

宫词

◎朱庆馀

寂寂花时闭院门，美人相并立琼轩①。

含情欲说宫中事，鹦鹉前头不敢言。

【注释】

① 琼轩：白玉长廊。

【译文】

花开时节，寂寂的宫院紧闭大门，美人并肩伫立在玉栏长廊。满怀幽情想要诉说宫中的事情，在饶舌的鹦鹉面前却不敢开口。

【赏析】

春天百花盛开的时节，春光满院，本应是院门打开、赏花热闹之际，反说重门深"闭"，给人"寂寂"之感，在这不同寻常中已有所透露暗示。

一般宫怨诗，主人公往往只有一位孤独寂寞的宫女，这首诗却写了两位宫女，足见失宠者并非一人。两位美人并立在琼轩赏花，本应互吐衷曲，但一看面前的鹦鹉，深恐其学话饶舌，传与他人，故又含情不吐、欲说还休。

诗中虽没有点破所含之情是什么情，欲说之事是什么事，而宫禁之森严，美人之敢怨而不敢言之情却跃然纸上。

诗的构思独特，句句腾挪，字字呼应，在"花时"、"琼轩"、"美人"、"鹦鹉"组成的风光旖旎的画图背后，却是一个深宫寂寂，美人的幽怨与无奈充溢庭院的世界。

⊙作者简介⊙

朱庆馀，生卒年不详。名可久，越州（今浙江绍兴）人。敬宗宝历二年（826）登进士第，官秘书省校书郎，然而仕途并不顺利，曾客游边，与张籍相交甚深。其诗以五律居多，虽然题材并不丰富，大部分为赠别酬答、行旅题咏之作，但辞意清新，描写细致，风格近于张籍。《全唐诗》存其诗二卷。

闺意献张水部

◎朱庆馀

洞房昨夜停红烛，待晓堂前拜舅姑①。

妆罢低声问夫婿，画眉深浅入时无？

【注释】

① 舅姑：公婆。

【译文】

昨夜洞房里通宵燃着红烛，等待天亮时去堂前拜见公婆。梳妆好了低声询问夫婿，画眉的深浅合时兴吗？

【赏析】

张籍任水部郎中时，以擅长文学又乐于提拔后进而与韩愈齐名。朱庆馀曾得到张籍的赏识，但还担心自己的作品未必符合主考官的要求，于是临近进士考试时将这首诗投献给张籍，以望荐举汲引。

古代风俗，结婚后第二天清晨，新妇才去拜见公婆。这首诗就是描写新妇去拜见公婆之前的心理状态。

首句写大婚。次句写拜见。新妇无不希望能在第一次拜见中给公婆留下一个好印象，获得他们的认可，所以非常郑重，早早地起了床，在通夜不灭的红烛光照中精心妆扮，只等到天一亮，就去堂前行礼。但新

妇心里也没底：自己这身装束到底合不合宜，能不能讨得公婆的喜欢呢？

接下来自然而然地过渡到她基于这种心情而产生的言行：询问身边丈夫的意见。由于她还是新娘子，自然比较羞涩，而且这个问题比较私密，不好大声说出来，"低声问"可谓合情合理，刻画入微。

诗以"入时无"三字为诗眼，意在问自己的文章是否合当时考试规定的式样，反映了应考士子对前途命运把握不定的不安心情。

诗人巧妙细致地描写了新婚后的闺房情趣，新娘预备去拜公婆，着意妆扮，期望能得到欢心，故先问夫婿，打扮得入不入时？如此精心设问而寓意自明，即近试之际，自己精心着意作了文章，希望能得到主考官的赏识。比喻得十分精妙而恰切。

登崖州城作

◎李德裕

独上高楼望帝京①，鸟飞犹是半年程。

青山似欲留人住，百匝千遭绕郡城。

【注释】

① 帝京：指京城长安。

【译文】

独自登上高楼，放眼北望帝京长安，路程遥远，鸟飞回去犹自要半年时间。青山似乎有意留人住下，千层百叠环绕着崖州郡城。

【赏析】

崖州，今海南三亚市崖城镇。大中二年（848），李德裕被贬为崖州司户参军。

李德裕在武宗李炎朝任宰相，执政期间重视边防，力主削弱藩镇，巩固中央集权，使唐几竟中兴。宣宗李忱继位之后，嫉李德裕位高权重，加上牛党白敏中、令狐绹当国，更是无所不用其极地打击、陷害他。大中二年（848），李德裕从潮州司马再贬为崖州司户参军。这首诗便是他登崖州城楼怀念长安时所作。

作为关心社稷安危的杰出政治家，他虽被弃置在偏僻的穷荒之地，却依然眷念故国，登临高楼北望帝京。他所贬之地崖州在今天的海南省，距离国都长安路途遥远，鸟飞也要半年时间，人行当要

几年呢？一个"犹"字揭示了思帝京和路遥难归的矛盾。结句有双关意，海南本来多山环绕，却也暗喻诗人处境险恶，被群小重重包围阻滞不放北还。李德裕被贬崖州，作为党争失利一方的首领，基本上没有回京复职的可能了，正是想通了这一点，诗人的心情反而变得平静。全诗语气舒缓而沉挚，情调深沉而悲凉。

⊙作者简介⊙

李德裕（787—849），字文饶，赵州（今河北赵县）人，与其父李吉甫均为晚唐名相。幼有壮志，苦心向学，精《汉书》《左氏春秋》。历任翰林学士、浙西观察使、西川节度使、兵部尚书、左仆射，并在唐文宗大和七年（833）和武宗开成五年（840）两度为相，使晚唐内忧外患的局面得到了暂时安定。著有《会昌一品集》《左岸书城》《次柳氏旧闻》等。

苏小小墓

◎李贺

幽兰露①，如啼眼。

无物结同心，烟花不堪剪。

草如茵②，松如盖。

风为裳③，水为佩。

油壁车④，夕相待。

冷翠烛⑤，劳光彩。

西陵下，风吹雨。

【注释】

①"幽兰"四句：写已成幽灵的苏小小眼含泪水，如幽兰带露。她不能再与人缔结同心，只能孤独地飘荡。②"草""松"两句：写坟墓的景象。③"风""水"两句：写苏小小的幽灵以风为衣裳，以水为佩饰。④"油壁车"四句：写往昔的幽会已成空幻，当年的情人已为鬼魂。这是反用了古乐府《苏小小歌》中的意思。⑤翠烛：鬼火，有光无焰，所以说"冷翠烛"。

【译文】

幽香兰花上的晶莹露珠，犹如你含泪的双眼。没有什么东西可以缔结同心，凄迷如烟的野草花也不堪剪来相赠。芊芊绿草如茵，亭亭青松如盖。春风浮浮，好似她的衣袂飘飘；流水叮咚，犹如她的环佩声响。油壁车还在夕阳下有所等待。幽冷的暗淡烛火，徒费光彩。西陵下，冷风吹着凄雨。

【赏析】

《乐府广题》记载："苏小小，钱塘名倡也，盖南齐时人。"《方舆胜览》："苏小小墓在嘉兴县西南六十步，乃晋之歌伎。今有片石在通判厅，题曰苏小小墓。"苏小小是南朝齐时钱塘的名妓，她貌美多才，却早逝。死后仍然有关于她的传说，李绅在《真娘墓》诗序中说："嘉兴县前有吴妓人苏小小墓，风雨之夕，或闻其上有歌吹之音。"李贺这首诗即是在这些传说的基础上发挥想象而写就的，是他"鬼"诗中的代表作。

全诗结合墓地周围的景物环境，发挥丰富的联想，刻画出空灵飘渺、若隐若现的苏小小鬼魂形象。起笔先写幽兰上缀着的晶莹露珠，像是她泫然欲泣的双眸。一个"幽"字，既刻画出荒野墓地特有的阴冷气氛，又隐约点出苏小小的幽怨，为全诗定下哀怨的基调。接着写苏小小生前"结同心"的追求落空，坟上那萋迷如烟的野草花，不堪剪来相赠。中间六句写作为鬼魂的苏小小的服饰器用，"夕相待"三字，突出物是人非，更增哀怨凄凉。最后四句写西陵之下凄风苦雨的情景：有光无焰的鬼火闪烁着冷幽幽的绿光，有如翠烛，但情人不能如约前来，一句"劳光彩"中包含了无限哀伤的感叹。句句写景，却又句句在写人，用景物幻出人物形象，不仅渲染出阴森凄凉的气氛，也同时烘托出人物孤寂幽怨的心境。

◎作者简介◎

李贺（790—816），字长吉，祖籍陇西，生于福昌县昌谷（今河南省洛阳市宜阳县），世称"李长吉"、"鬼才"、"诗鬼"等，与李白、李商隐并称唐代"三李"。一生愁苦多病，仅做过三年从九品微官奉礼郎，二十七岁即病卒。中唐浪漫主义诗人的典型代表，又是中唐到晚唐诗风转变期的重要人物。有《昌谷集》。

有所思

○卢仝

当时我醉美人家，美人颜色娇如花。

今日美人弃我去，青楼珠箔天之涯①。

天涯娟娟姮娥月②，三五二八盈又缺。

翠眉蝉鬓生别离③，一望不见心断绝。

心断绝，几千里？

梦中醉卧巫山云，觉来泪滴湘江水。

湘江两岸花木深，美人不见愁人心。

含愁更奏绿绮琴，调高弦绝无知音。

美人兮美人，不知为暮雨兮为朝云。

相思一夜梅花发，忽道窗前疑似君。

【译文】

当时我醉倒在美人家，美人的容颜娇艳如花。如今美人弃我而去，到了那遥远的显贵人家。天涯那美好的明月，十五圆满十六又缺了。我与美人生生别离，一望见不到，心痛欲绝。心痛欲绝，有几千里啊？

梦中得与美人幽会，醒来后惨然泪洒湘江水。湘江两岸的花木深深，不见美人心内生愁。含着愁怨弹奏绿琴，音调高昂弦索断绝，没有知音人。美人啊！美人！不知你为暮雨，还是朝云。相思一夜，不知梅花开了，忽然伸向窗前，让我恍然觉得是你迎面而来。

【注释】

① 青楼：豪华精致的楼房，常指美人的居所。珠箔：即珠帘子。
② 姮娥：即"嫦娥"。③ 翠眉蝉鬓：均指美人。翠眉，用深绿色的螺黛画眉。蝉鬓，古代妇女的一种发式，望之缥缈如蝉翼，故云。

【赏析】

有所思，汉乐府《铙歌》名，以首句"有所思"为名。写一女子欲与情郎决绝时的犹豫之情；一说当与《上邪》合为一篇，系男女问答之辞，后人以此为题赋诗，多写男女情爱事。

这是一首拟汉乐府古题写的情诗，表达了男子对所爱女子刻骨铭心的相思之情。诗先写过去与美人的相会，美人颜色如花，让人沉醉不已。而今美人却弃人远去，故诗歌的主要篇幅写离别之后的相思之情。男子想象女子所居之地在天之涯，天涯的明月圆缺变化，好比人的离别相聚；但月虽有圆缺之分，尚可以抬眼望见，而与所爱女子暌离之后，却望不见。于是因相思而入梦，梦醒人不见，却更加伤心落泪。弹琴排遣愁绪，曲调高妙，却无知音见赏，故断绝琴弦，不再弹奏。在这样的苦苦相思之下，眼前竟然出现了幻觉："相思一夜梅花发，忽到窗前疑是君。"这句化花为人，曲尽渴望美人归来而想入非非以致心神恍惚的情态。诗中用典贴切自然，融化无迹，达到了以意取事、一片神行的境地。还汲取民歌的优点，富有节奏感和音乐感，造成回环往复的特色，将相思之情表现得既明白晓畅，又绵邈不绝。

○作者简介○

卢仝（约795—835），祖籍范阳（今河北涿州市），生于河南省济源市武山镇（今思礼村）。"初唐四杰"之一卢照邻的嫡系子孙。早年居隐于少室山，自号玉川子。后迁居洛阳，家境贫困。性格猖介，又有雄豪之气，是韩孟诗派重要人物之一。有《玉川子诗集》。

忆扬州

◎徐凝

萧娘脸薄难胜泪①，桃叶眉长易觉愁②。

天下三分明月夜，二分无赖是扬州。

【注释】

① 萧娘：南朝以来，诗词中的男子所恋的女子常被称为萧娘，女子所恋的男子常被称为萧郎。

② 桃叶：晋代王献之的爱妾名桃叶。这里用以代指所思念的佳人。

【译文】

萧娘娇美的脸上似乎难以承受住泪珠儿，桃叶的修眉让人感觉容易生愁。天下明月的光华有三分吧，无赖的扬州啊，你竟然占去了两分。

【赏析】

虽然诗题说是"忆"扬州，实际上是"忆"扬州之"人"。

诗的前两句追忆当日别离的情形，萧娘、桃叶均代指诗人所思、所忆者，"脸薄"虽显娇羞，更见别泪如泉；"眉长"固然秀美，其间却离愁缠绵。远人别时愁眉、泪眼的音容仍历历在目，反衬出自己的殷切怀念，这是深一层的写法。

在思念正苦之际，却无可诉说的人，抬头见得明月，却又是那当年曾照离人泪眼的明月，更加增添了离愁别绪，相思之苦更加剧烈，于是不禁出口抱怨起明月"无赖"了。

本来月光遍照天下，并不专宠扬州，但诗人却设想天下三分之二的月光在扬州，看似违背常理，却深入情理，取得了不同凡响的艺术效果，已成为千古传诵的名句。

◎作者简介◎

徐凝，字不详，睦州人，分水柏山（今桐庐县分水镇柏山村）人。初游长安，因不愿炫耀才华，没有拜谒显贵，竟未能成名。唐元和中举进士，官至侍郎。后归乡里，诗酒以终。《全唐》存其诗一卷。

秋日赴阙
题潼关驿楼

◎许浑

红叶晚萧萧，长亭酒一瓢①。

残云归太华②，疏雨过中条③。

树色随关迥④，河声入海遥⑤。

帝乡明日到⑥，犹自梦渔樵⑦。

【注释】

① 长亭：古时供行人休息的亭子，常作饯别处，此指潼关驿楼。② 太华：华山，在潼关西。③ 中条：中条山，在潼关东北。④ 迥(jiǒng)：远。⑤ 河：黄河。⑥ 帝乡：指京城长安。⑦ 梦渔樵：指怀念隐居时的生活。

【译文】

秋叶绯红，晚上萧萧作响，夜宿潼关驿楼，喝了美酒一瓢。几片残云，向华山聚集；稀疏秋雨，已飘洒过中条山。树色随关城延伸到远方，黄河流入大海水声激荡。京城明天就能到达，我仍然梦见渔人樵夫，并跟他们结交。

【赏析】

"阙"是宫门前的望楼，常用来象征京城。潼关，在今陕西省潼关县境内，山川形势险要，自然景色动人。这首是许浑赴京路过潼关、夜宿驿楼时的题壁诗。

开头两句，作者先勾勒出一幅秋日行旅图，引出一个秋浓似酒、旅况萧瑟的境界。

中间两联是作者登上驿楼纵目四望所见的壮丽景色：秋晚雨过，残云飘向南面的华山，稀疏细雨飘洒过北面的中条山；苍苍树色随关城延伸到远方，听得黄河的声音流入大海。有声有色，全是潼关的典型风物，极其雄浑苍茫。

末二句点出赴京并非所愿、想要归隐之意。

全诗气象壮阔，笔力雄健，中间两句从大处落笔，云雨声色，突出表现了关中山岳河流的浩大气势，而且对仗工稳，声调铿锵，炼字遒劲，高华雄浑，颇有盛唐诗的气势。

◎作者简介◎

许浑，字用晦（一作仲晦），润州丹阳（今属江苏）人，生卒年不详。因以"丁卯"命名自己的诗集，后人因而称之为"许丁卯"。文宗大和六年（832）登进士第，历任当涂、太平县令，虔部员外郎，郢、睦刺吏等职。其诗专攻律体，怀古和田园诗写得较好。《全唐诗》收诗十一卷。

早秋

◎许浑

遥夜泛清瑟①，西风生翠萝。

残萤栖玉露，早雁拂金河②。

高树晓还密，远山晴更多。

淮南一叶下，自觉洞庭波。

【译文】

　　长夜飘荡着清泠瑟声，西风吹过，青萝摆动。几只残萤，栖息在凝露的草上，清晨，大雁掠过银河。高大的树木，拂晓看来还很茂密，晴天时，远山更加层次分明。《淮南子》言"一叶落而知岁暮"，我领略到"洞庭波兮木叶下"的诗情。

【注释】

① 遥夜：长夜。瑟：弦乐器，似琴。② 金河：秋日夜空中的银河。

【赏析】

　　这是一首咏早秋景物的咏物诗。题目是"早秋"，因而整首诗的取材和措辞处处都落在"早"字上。

　　前四句写早秋的夜景，以"清瑟"领起，选取了早秋的典型物候，自有一种清冷的况味。夜晚俯察见"残萤"栖在露水上，仰望见"早雁"掠过银河。

　　之后写早秋的昼景：近看高大的树木叶子"晓还密"，远望青山"晴更多"。从高低远近等不同角度来描绘早秋景物，虽然没有使用任何标示性的字眼，却体现了诗人对早秋景物细致入微的观察，真可谓神清气足，悠然不尽。

　　结尾二句用了"一叶落而知岁暮"和《九歌》中"洞庭波兮木叶下"的典故，点出早秋的特点，显得警策雄健。格律严整丽秀，修辞精致工巧。

旅宿

◎杜牧

旅馆无良伴^①，凝情自悄然。
寒灯思旧事，断雁警愁眠^②。
远梦归侵晓，家书到隔年。
沧江好烟月^③，门系钓鱼船^④。

【译文】

旅馆中没有好的旅伴，凝神静思，忧郁悄悄蔓延。灯暗天寒，想着往事，我就像孤雁，惊醒后再难入眠。家乡遥远，梦中回去，也得破晓才到，家书寄到这，已时隔一年。江面苍茫，烟月正好，垂钓的小船，系在自家门前。

【注释】

①良伴：好朋友。②断雁：离群之雁。警：惊醒。③沧江：苍茫的江面。④系：系结。

【赏析】

这是诗人羁旅怀乡之作。

首联写自己孤身一人在旅馆居住，没有良伴交谈，只好在寒灯下静静凝思。

中间两联写寒灯、孤雁勾起的回忆、乡愁。乡关迢远，自己在梦中回家都须破晓时才能到达，家书须隔年才能到达旅馆，对家乡的深沉思念已经蕴藏其中。这二十字经过千锤百炼，语不惊人却情景逼真，别亲思乡之人如一字一读，便觉一字一泪。

末尾写旅馆外早晨的实景，看似跳出了乡愁，转为羡慕江上渔船的清闲自在。其实是说由于离家久远，看到旅馆外的钓鱼船便非常羡慕，因为人家的渔船就停泊在家门口。这是借他乡之物，曲折地表达思乡之情，有着某种"画饼充饥"的辛酸，内含的忧愁更显深长。

全诗层层推进，写景抒情都有独到之处，幽恨乡愁，委实凄绝。

⊙作者简介⊙

杜牧（803—852），字牧之，京兆长安（今陕西西安）人，祖居长安下杜樊乡（在今陕西省长安县东南），因晚年居长安南樊川别墅，故世称"杜樊川"，又称"小杜"，以别于杜甫。文宗大和二年（828）登进士第，登贤良方正能直言极谏科，授弘文馆校书郎。历任监察御史，黄、池、睦诸州刺史。后入为司勋员外郎，官终中书舍人。事见《旧唐书》卷百四十七、《新唐书》卷百六十六。诗文兼擅，尤长于七言绝句，与李商隐并称"小李杜"。《全唐诗》存其诗八卷。有《樊川文集》二十卷。

将赴吴兴登乐游原

◎ 杜牧

清时有味是无能，闲爱孤云静爱僧。

欲把一麾江海去^①，乐游原上望昭陵。

【注释】

① 一麾：州太守的旌麾。

【译文】

　　盛世清明，我游乐清闲，只因无能，只好寄情孤云，更喜高僧清静生活。即将手握旌旗，远去吴兴，乐游园上百感交集，怅望昭陵。

【赏析】

　　宣宗大中四年（850），杜牧由京官外放为湖州刺史，行前登乐游原遣兴，写下这首诗。

　　前二句说清明太平的时候，没有才能的人，也是有兴味意趣的；自认无能，无事可为，所以爱孤云之闲，爱僧人之清净。实际上"清时"、"无能"为反话、愤激语。因为当时朝中党争正烈，宦官擅权专政，藩镇纷纷割据，周边蛮夷入侵，何来太平清明？诗人有经国济世的抱负和才干，却被投闲置散，遂乞请外放，并非"无能"而甘处闲散。

　　后两句写自己将一麾而去，而登乐游原望昭陵，追忆贞观盛世的政治清明，就不能不联想当前国家衰败的局势以及自己被闲置的处境，既有对当今政治衰败无能的悲愤，也有对自己有志难申的感慨，沉郁含蓄，言有尽而意无穷。

赤壁

◎杜牧

折戟沉沙铁未销①，自将磨洗认前朝②。

东风不与周郎便，铜雀春深锁二乔③。

【注释】

①折戟：折断的戟。戟，古代兵器。销：销蚀。②将：拿起。磨洗：磨光洗净。③铜雀：曹操在邺城所筑高台，其姬妾尽在台中。二乔：大乔、小乔，以美貌著称于世。大乔嫁给了孙策，小乔嫁给了周瑜。

【译文】

断戟在泥沙中深埋，竟没被销蚀，我磨洗它，认出是赤壁激战之物。如果东风不给周瑜行方便，铜雀台恐怕早已深锁大小二乔。

【赏析】

诗人在赤壁的沉沙中发现断折的戟，尚未被铁锈完全销蚀，经过一番磨洗，细加辨认之后，竟然发现是前朝赤壁之战时遗留下来的。

前朝的"折戟"引发了诗人的一串联想，进而对当年赤壁交兵双方的战略态势加以议论，认为幸好有东风助阵，得以功成，不然二乔将被曹操掳走而深藏于铜雀台之中了。

"折戟"既已是历史旧物，很可能已经锈迹斑斑，并不怎么起眼，诗偏却从这不起眼处写起，只因它与战争有着密切的联系，很自然地引出后文对历史的感叹。

发现这只折戟后，诗人仔细磨洗，辨认出是"前朝"——三国赤壁之战时的遗物。作者思绪于是飞向了那个群雄并起的精彩年代，为下文作了铺垫。

赤壁之战是历史上有名的以少胜多、以弱胜强的战役，在军事史上留下了浓重的一笔，但是杜牧没有对这场精彩的战役进行详细描写，因为他是直接对历史结局作出自己的评判——曹操失败是因为偶然的天气因素，反映了他不以成败论英雄的思想与豪爽的胸襟。细细品味，这句话似乎还有一层含义：只要有机会，自己定能有所作为，自有一番英风豪情。

杜牧好言兵事，曾经注释过《孙子》，自负有王霸之略，写下不少军事论文。这首诗是他在任黄州刺史时所作，诗以俊爽旖旎之笔将景、情、理融为一体，风华流美而又神韵疏朗，气势豪宕而又精致婉约。

泊秦淮

◎杜牧

烟笼寒水月笼沙①，夜泊秦淮近酒家②。

商女不知亡国恨③，隔江犹唱《后庭花》④。

【注释】

①"烟笼"句：烟雾、月色笼罩着水和沙。烟，指像烟一样的雾气。笼，笼罩。寒水，清冷的河水；月，月光。沙，沙滩。② 夜泊：因天晚而抛锚停船。秦淮：河名，发源于江苏溧水东北，经南京流入长江。酒家：酒馆。③ 商女：一说商女即歌女，在酒楼或船舫中以卖唱为生的女子。清徐增《而庵说唐诗》云：商女，是以唱曲作生涯者。不知：不能理解，不懂。亡国恨：国家灭亡的悔恨或遗恨。④ 江：这里指秦淮河。长江以南，无论河流的大小，口语都称为江。犹：副词，还。《后庭花》：乐曲《玉树后庭花》的简称，以此曲填歌词者，今存数种，而以南朝陈后主（陈叔宝）所作最为有名。因陈后主溺于声色，作此曲与后宫美女寻欢作乐，终致亡国，所以后人把他所喜爱的《玉树后庭花》曲、词当作亡国之音的代名词。

【译文】

轻烟和月光，笼罩着江水和白沙，夜里停泊秦淮河，靠近岸边酒家。歌女不明白亡国之恨，还在岸那边吟唱亡国遗曲《后庭花》。

【赏析】

金陵曾是六朝都城，繁华一时，秦淮更是歌舞玩乐的金粉之地。诗人客中夜泊秦淮，闻得靡靡之音，自然兴起兴亡之概叹。

首句写景，两个"笼"字渲染出秦淮河朦胧的水边夜色。二句叙事，一"泊"一"近"点明具体场景。三、四句感怀，由"近酒家"引出商女之歌，由"不知"、"犹唱"落笔，曲声靡靡的《后庭花》为亡国之音，而今曼声绮曲依旧，离前车之覆辙，相去不远了，其中感慨最深，寄托甚微。诗人将历史、现实、想象融汇在一起，俯仰历史兴亡，有不胜沧桑之感。

寄扬州韩绰判官 ◎杜牧

青山隐隐水迢迢，秋尽江南草未凋。
二十四桥明月夜①，玉人何处教吹箫？

【注释】

①二十四桥：相传有二十四美人在扬州西城外的小桥上夜吹洞箫，此处用以泛指扬州的桥梁。

【译文】

青山若隐若现，江水迢迢千里，深秋了，江南草木还没有完全凋零。今夜二十四桥上明月高挂，你在何处教美人吹箫？

【赏析】

文宗大和七年至九年间（833—835），杜牧在扬州任节度使府推官、掌书记。此诗是他离开扬州回京城长安供职时忆同僚韩绰所作。

诗本为怀旧忆友，却先从写景开始，想象深秋江南的山青水迢迢，因地暖而草木还没全凋零。第一句摄取的是远镜头，将远处青翠的山峦写得朦朦胧胧，给人以恍惚迷离的美感。诗人巧妙运用"隐隐"、"迢迢"这两组双声连绵词，在氤氲朦胧、绰约多姿的景色中自然融入了悠长不尽的情思，隐约暗示了诗人与友人之间山高水远。

第二句想象江南虽然已经是秋天，但草木尚未完全凋零枯黄，依然能见青山绿水，反过来读者不难想见，诗人所在的江北早已是一片清冷萧条。一、二句从山川物候来写扬州，为后两句关心韩绰别后的情况作铺垫。

然后诗人借扬州二十四桥的典故，问友人当此美好明月夜，在何处教美人吹箫呢？皎洁的月光洒在扬州名胜二十四桥上，真是如诗如画、如梦如幻，这样的夜色是多么浪漫而引人遐想啊。诗人本是问候友人近况，却用玩笑的口吻调侃他，实际上反映了诗人对江南的怀念与向往，不仅照出韩公的风流逸志，而且将诗人的相忆怀念之情层层生发了出来。

赠别二首（其一）

◎杜牧

娉娉袅袅十三余①，豆蔻梢头二月初。

春风十里扬州路，卷上珠帘总不如。

【注释】

① 娉娉（pīng）袅袅（niǎo）：
柔美的样子。

【译文】

秀丽婀娜正是十三年
华，就像早春二月含苞待
放的豆蔻花。看遍扬州十
里长街，那些卷起珠帘的
女子都比不上她。

【赏析】

杜牧放浪形骸、不拘小
节，与青楼女子多有往来酬
唱。大和九年（835），诗人
调任监察御史，离开扬州赴
长安，同相好的歌女分别时
作下《赠别二首》，此其一。
这首着重写歌女之美丽，引
起依依惜别之情。

首句描摹少女正当妙
龄，身姿体态轻盈美好。七
个字给读者留下了鲜明生动
的印象。综观全诗，正面描
述歌女之美的只有这一句，
还是避实就虚的写法，其造
句真可谓空灵入妙。

第二句以花喻人，写她
娇小秀美。"豆蔻"产于南方。南方人往往摘其含苞待放者，名之为"含胎花"，常用来比喻处女。而
"二月初"的"豆蔻"正是这种"含胎花"，以之比喻"十三余"的小歌女，贴切极了。花在"梢头"，
微风轻拂，便随风轻舞，尤为可爱。所以"豆蔻梢头"又暗中呼应了"娉娉袅袅"四字。比喻新颖独到。

三、四两句，以"总不如"竭力称赞，扬州十里路上珠帘卷出，有无数佳丽，却总不如伊人之独
俏，大有众星拱月的效果，又有《诗经》中"有女如云，匪我思存"的遗意。

诗以优美贴切的比喻和空灵清妙的手法描摹少女的美丽，赞扬她是扬州歌女中美艳第一，给读者
留下鲜明生动的印象。

赠别二首（其二）

◎杜牧

多情却似总无情①，唯觉樽前笑不成②。

蜡烛有心还惜别，替人垂泪到天明。

【注释】

①"多情"句：意谓多情者满腔情绪，一时无法表达，只能无言相对，看上去倒好像是彼此之间无情。②樽：酒杯。

【译文】

本应别情满怀，却相顾无言，倒像是没有感情，只是觉得在酒杯之前笑不起来。蜡烛似乎明白人类的情感，还在为离别伤感，你看它，替你我流泪直到天明。

【赏析】

《赠别二首》（其一）重在刻画对方的美丽，这一首着重写惜别心绪。

明明情意绵绵，"却似"无情，是谓以前欢聚何等多情，而今一去难返，反而显得像是无情，离别之苦痛于此可以想见，在离筵之上凄然相对，想要强颜欢笑却终究笑不成。

"总"字加强了语气，带有浓厚的感情色彩——诗人本身太多情，又对这位女子爱得太深，以至觉得无论用什么方式，都无法彻底表现出内心的

多情。第二句写离别的悲苦，诗人却不肯直言其悲，偏要从"笑"入手。想笑是因为"多情"，"笑不成"则是因为太多情，这种描写看似矛盾，却把诗人内心的真实感受刻画得淋漓尽致。

末尾两句不言人之有情，而从反面着手，借蜡烛喻情寄意。蜡烛本是无情无感之物，却曰其"有心惜别"、"替人垂泪"，这是诗人因为以感伤之眼观物，物自然就带上了感伤的色彩，奇想旖旎，更见出其一往情深、难分难舍的情怀。

此诗全篇不见"悲"、"愁"等字，却将离别时的感情写得坦率真挚，语言清爽俊逸、含蓄蕴藉。

叹花

◎杜牧

自是寻春去校迟①，不须惆怅怨芳时。
狂风落尽深红色②，绿叶成阴子满枝③。

【注释】

① 校：即"较"，比较。② 深红色：借指鲜花。
③ 子满枝：双关语。既是说花落结子，也暗指
当年的妙龄少女如今已结婚生子。

【译文】

　　自是我寻春赏花去得晚了，不应该惆
怅怨嗟芳华时节已逝。狂风吹落尽了深
红色的花，绿树已经成阴，果子长满了
枝头。

【赏析】

　　关于此诗，有一个传说故事。杜牧游湖州，
识一民间女子，年十余岁。杜牧与其母相约
过十年来娶，后十四年，杜牧始出为湖州刺
史，女子已嫁人三年，生二子。杜牧感叹其
事，故作此诗。这个传说不一定可靠，但此
诗以叹花来寄托男女之情，是大致可以肯定
的。它表现的是诗人在浪漫生活不如意时的
一种惆怅懊丧之情。

　　全诗围绕"叹"字着笔。前两句是自叹
自解，抒写自己寻春赏花去迟了，以至于春
尽花谢，错失了美好的时机。首句的"春"
犹下句的"芳"，指花。而开头一个"自"字
富有感情色彩，把诗人那种自怨自艾、懊悔
莫及的心情充分表达出来了。第二句写自解，
表示对春暮花谢不用惆怅，也不必怨嗟。诗
人明明在惆怅怨嗟，却偏说"不须惆怅"，明
明是痛惜懊丧已极，却偏要自宽自慰，这在
写法上是腾挪跌宕，在语意上是翻进一层，越发显出诗人惆怅失意之深，同时也流露出一种无可奈何、
懊恼至极的情绪。后两句写自然界的风风雨雨使鲜花凋零，红芳褪尽，绿叶成阴，结子满枝，果实累累，
春天已经过去了。似乎只是纯客观地写花树的自然变化，其实蕴含着诗人深深惋惜的感情。

　　此诗主要用"比"的手法。通篇叙事赋物，即以比情抒怀，用自然界的花开花谢，绿树成阴子满枝，
暗喻少女的妙龄已过，结婚生子。但这种比喻不是直露、生硬的，而是若即若离、婉曲含蓄的，即使
不知道与此诗有关的故事，只把它当作别无寄托的咏物诗，也是出色的。隐喻手法的成功运用，又使
此诗显得构思新颖巧妙，语意深曲蕴藉，耐人寻味。

遣怀

◎杜牧

落魄江湖载酒行，楚腰纤细掌中轻①。

十年一觉扬州梦，赢得青楼薄倖名。

【注释】

① 楚腰：用楚灵王好细腰典。掌中轻：用汉代赵飞燕体轻能在掌上起舞的典故。

【译文】

潦倒漂泊江湖，我带酒而行；沉溺美色，欣赏细腰轻盈。蹉跎十年，竟如一场扬州春梦；流连青楼，落得个薄情郎的声名。

【赏析】

题为"遣怀"，意思是排遣情怀。杜牧居扬州时，颇好宴游，放浪形骸，与青楼女子多有往来。

起首"落魄江湖"为诗魂，才人不得重用，落魄失志，只能与美酒为伴，全诗的意思和脉络由此展开。

杜牧不拘细行，故放浪形骸之外，流连美色之间。以"楚王好细腰"和"赵飞燕体轻能为掌上舞"两个典故，形容扬州妓女之美和自己沉沦之深。然而细细体味"落魄"二字，可以发现诗人对这种沉沦下僚的境遇和这种诗酒风流的日子并不满意。杜牧对自己的才能颇为自负，很想为社稷为百姓作出一番事业，因而

在追忆昔日的放荡生涯时，不仅没有觉得惬意和留恋，反而相当不满。

而十年扬州冶游恍若一梦，仅赢得个青楼薄幸之名，其他所失者可以想见。"十年"和"一觉"产生了"很久"与"极快"的鲜明对比，蕴藏着深沉的感慨。"赢得"二字，用调侃的语气吐露了辛酸、自嘲、悔恨等种种复杂的感情，对"扬州梦"作出了进一步否定。

诗表面上是抒写对往昔扬州幕僚生活的追忆，但在调侃之中却饱含辛酸、自嘲和悔恨。这首诗除忏悔之意外，大有前尘恍惚若梦、不堪回首之意。

秋夕

◎杜牧

银烛秋光冷画屏，轻罗小扇扑流萤①。

天阶夜色凉如水②，坐看牵牛织女星。

【注释】

① 轻罗小扇：轻巧的丝质小团扇。② 天阶：皇宫里的石阶。

【译文】

秋夜，白色蜡烛照着清冷画屏，她拿着轻巧团扇，扑打点点流萤。台阶上，夜色清凉如水，一人独坐，仰看牵牛织女星。

【赏析】

诗的开头即描绘出一幅深宫生活的图景：一个秋天的夜晚，银烛散发着微弱的光芒，给屏风上增添了几分幽冷的色调。一个孤独的宫女正用小扇扑打着夜空中飞来飞去的萤火虫。

从"轻罗小扇扑流萤"这个动作中，可以想见宫女的寂寞无聊，只能以此来消遣漫长而又孤独的岁月。而且"轻罗小扇"还具有深层的象征意义：扇子通常是夏天用来扇风取凉的，到了秋天就没用了，古诗里常以秋扇比喻弃妇。诗中的"轻罗小扇"也象征了这位宫女被遗弃的命运。

银烛、秋光、冷画屏，这些冷色调的景物叠加起来，构成一幅流光洋溢的空明清冷的画面，用一"冷"字，既暗示寒秋气氛，又传达出一种冷清孤寂的感觉。

宫女在无聊中，借扑萤以打发时光，夜凉如水，却还卧看牵牛织女星，不免会联想到七夕为牛郎、织女相会之期，再联想到自身目前的处境，对爱情的向往与被闭锁的幽怨等种种复杂的心情不言而喻。

全诗自夜初写到夜深，层层布景，无一字句明言相怨之情，只有"卧看"两字，逗出隐约的情思，顿时通篇萦绕着一股幽怨凄婉之意。

金谷园

◎杜牧

繁华事散逐香尘^①，流水无情草自春。

日暮东风怨啼鸟，落花犹似坠楼人^②。

【注释】

① 香尘：石崇为教练家中舞妓步法，以沉香屑铺象牙床上，让她们践踏，无迹者赐以珍珠。② 坠楼人：指石崇爱妾绿珠，曾为石崇坠楼而死。

【译文】

往日繁华，随着沉香烟尘飘散；流水无情，芳草径自青青。傍晚东风阵阵，传来鸟儿怨啼，落花纷纷，就像当年坠楼的绿珠美人。

【赏析】

金谷园故址在今河南洛阳西北，为西晋富豪石崇的别墅，其繁华豪奢，极一时之盛。唐时园已荒废，成为供人凭吊的古迹。杜牧经过金谷园遗址而兴吊古情思。

面对荒园，诗人脑海中浮现出金谷园昔日的繁华，而今却已随着香尘消散无踪，然人事虽非，流水照样潺湲，春草依然碧绿，风景无殊；三、四两句即景生情，听到啼鸟声声似在哀怨，看到落花满地，想起当年坠楼自尽的石崇爱妾绿珠，一个"犹"字渗透了追念、怜惜之情。

全诗句句写景，却又在景中寓情，四句蝉联而下，浑然一体。

山行

◎杜牧

远上寒山石径斜①，白云生处有人家。
停车坐爱枫林晚②，霜叶红于二月花③。

【注释】

① 寒山：指深秋时候的山。斜：音同"霞"，意思是伸向。② 坐：因为。③ 霜叶：指被霜打过的枫叶。

【译文】

弯曲的石头小路远远地上伸至深秋的山巅，白云升腾的地方隐隐约约有几户人家。停下马车是因为喜爱枫林的晚景，霜染后的枫叶那鲜艳的红色胜过了二月的春花。

【赏析】

诗篇绘出了一幅色彩绚烂、风格明丽的山林秋色图。

首句中，"寒"字点明是深秋季节；"远"字表现了山路的绵长；"斜"字展示了山势高而缓，照应句首的"远"字。而且，正是因为此山坡度不大，故可乘车游赏，方引出下文。有白云缭绕，说明此山很高，而且营造出一种超然世外的清幽感，留下了许多想象的空间。但它又不会使人产生丝毫死寂的恐惧感，因为"有人家"三个字使这座深山充满了生气。"霜叶红于二月花"是全诗的中心句。"红于"，说明霜叶胜于春花，不仅仅是色彩更艳丽，而且更经得起风霜的考验。

远上秋山的石铺小路，在望的"白云生处有人家"，衬之以胜于春花的枫叶，景中蕴含了诗人对人生的热爱和美的欣赏。

瑶瑟怨

◎温庭筠

冰簟银床梦不成①，碧天如水夜云轻。

雁声远过潇湘去，十二楼中月自明②。

【注释】

① 簟：竹席。② 十二楼：传说昆仑山上有五城十二楼，是仙人住处。

【译文】

银床华贵，竹席清凉，而我难以入眠；青天碧澄若水，夜里薄云轻盈。雁叫声声，已远远飞过潇湘；明月清皎，仍高高挂在十二楼上。

【赏析】

"梦不成"说明诗中的女子知道与思念之人相会无期，只能将希望寄托于飘渺虚幻的梦境上。可是现在难以成眠，竟连在梦中相见这样一个小小的愿望也落空了。诗以"梦不成"生发开去，其他三句全是写梦不成后所感、所见、所闻的情景。

碧天澄澈如水，夜云轻飘如絮，营造出一种轻淡而朦胧的意境。而听闻"雁声远过"，去处为舜之二妃娥皇、女英赴水为神的潇湘，一个"远"字，既是写雁声渐去渐远，也有怀人者随雁声神往之远之意。雁书莫由寄，腹中之情无由排遣，唯见明月徘徊在高楼。

通首铺陈清寂的夜景，不着迹象，一切皆笼罩于无声自明的秋月的流光之中，自有一种渺渺的清怨在其中弥漫开来。全诗只"梦不成"三字透露怨意，然后以高浑秀丽之景结情，可谓清音袅袅，悠然不尽。

⊙作者简介⊙

温庭筠（812—870），本名岐，字飞卿，山西太原人。少负才华，长于诗赋。晚唐考试律赋，八韵为一篇。据说曾叉手一吟便成一韵，八叉八韵即告完稿，时人称为"温八叉"。生性傲岸，好讥讽权贵，因此累举不第，仅担任过一些小官。诗与李商隐齐名，并称"温李"；词与韦庄齐名，并称"温韦"。《全唐诗》存其诗九卷。有《温飞卿集》。

利州南渡

◎温庭筠

澹然空水对斜晖①，曲岛苍茫接翠微②。
波上马嘶看棹去③，柳边人歇待船归。
数丛沙草群鸥散，万顷江田一鹭飞。
谁解乘舟寻范蠡④，五湖烟水独忘机⑤。

【注释】

① 澹然：水波荡漾的样子。② 翠微：青翠的山色。③ 棹（zhào）：指船。④ 范蠡：春秋时楚国人，曾助越灭吴。功成名就后辞官乘舟而去，泛于五湖。⑤ 机：机心，欲念。

【译文】

江面空阔，映带夕阳余晖；岛岸曲折苍茫，连接青翠山气。骏马嘶鸣，看那渡船远去；人们在柳边休息，等待渡船归来。沙洲草丛里，鸥群被惊散；万顷水田上，一只白鹭孤飞。谁能理解我乘舟寻找范蠡的志趣；五湖浩渺，我忘掉了世俗机心。

【赏析】

温庭筠行旅至利州（治所在今四川广元）南渡嘉陵江时，触景生情，兴起放浪江湖的遐思，遂写下此诗。

诗的前六句都是写暮色中渡口的景色，首先映入眼帘的是开阔的江面映照着夕阳而波光粼粼，弯曲的江岛和岸上青翠的山岚相接，这是远景；接着写近处江岸和江中的景色，江中渡船载着嘶鸣的马儿远去，岸上的人歇息在柳荫下等渡船返回。

“数丛沙草群鸥散，万顷江田一鹭飞”一联巧用数量词，对仗工整，以深富动感的画面渲染了江边的清旷和寂静，使诗境变得悠深有神韵。

在这样一幅宁静而充满生机的利州南渡图画中，到处漂泊的诗人自然兴起欲学范蠡急流勇退、放浪江湖的愿望。

诗人描写景物很充分，视线由远而近，由江中而岸上，由静而动，进而即景生情点出题意，脉络清晰完整，用词朴实无华，意境幽远淡雅。

商山早行

◎温庭筠

晨起动征铎①，客行悲故乡。
鸡声茅店月，人迹板桥霜。
槲叶落山路②，枳花照驿墙③。
因思杜陵梦④，凫雁满回塘⑤。

【注释】

① 动征铎（duó）：震动出行的铃铛。征铎，车行时悬挂在马颈上的铃铛。铎，大铃。② 槲（hú）：一种落叶乔木。叶子在冬天虽枯而不落，春天树枝发芽时才落。③ 枳（zhǐ）：也叫"臭橘"，一种落叶灌木或小乔木。春天开白花，果实似橘而略小，酸不可吃，可用作中药。驿（yì）墙：驿站的墙壁。驿，古时候递送公文的人或来往官员暂住、换马的处所。④ 杜陵：地名，在长安城南（今陕西西安东南），古为杜伯国，秦置杜县，汉宣帝筑陵于东原上，因名杜陵。这里指长安。⑤ 凫（fú）雁：凫，野鸭；雁，一种候鸟，春来往北飞，秋天往南飞。回塘：岸边弯曲的湖塘。

【译文】

黎明起床，车马的铃铎已叮当作响，旅客行走他方，还一心思念故乡。鸡鸣声中，茅草店沐浴着晓月的余辉；人行在板桥上，足迹叠印着寒霜。槲叶片片落满了荒山的野路，淡白的枳花朵朵，照亮了驿站的泥墙。因而想起昨夜梦见杜陵的美好情景，一群群凫雁落满了弯曲的池塘。

【赏析】

商山，也叫楚山，在今陕西省商州市东南。温庭筠曾于唐宣宗大中末年（约858）离开长安，经过商山时写下此诗。

诗写旅行之辛苦，客思之苍凉。首联点明"早行"之悲。简括凝练地点明了早行的典型情景：清晨起床，旅店外的车马铃铎声叮当作响，旅客们忙着套马、驾车等活动。

"鸡声茅店月，人迹板桥霜"以六个极其典型的意象将早行的景色呈现眼前，有听觉有视觉，有远景有近景，不着一虚字，而旅人行路之艰辛和羁旅之愁思已在其中。

颈联写在路上的景色。"明"字锤炼得甚妙，因为是早行，天还没有大亮，白色枳花甚是显眼，给人以把旁边驿墙照得明亮的错觉。

尾联以梦回故乡委婉地表达了思乡之情，与首联相照应。

送人东归

◎温庭筠

荒戍落黄叶^①，浩然离故关^②。
高风汉阳渡^③，初日郢门山^④。
江上几人在，天涯孤棹还^⑤。
何当重相见^⑥，樽酒慰离颜。

【注释】
① 荒戍：荒废的防地营垒。② 故关：旧时的关塞。③ 汉阳渡：在今湖北武汉。④ 郢门山：在今湖北宜都。⑤ 棹（zhào）：舟楫。⑥ 何当：何时。

【译文】
　　荒废的防地，落满黄叶，（你）胸怀远志离开家乡。风高行船，很快就到汉阳，太阳初升时，就能到郢门山。汉阳还有几个朋友？漂泊天涯，盼你早日回还。什么时候才能再见，再喝几杯吧，暂慰离别愁颜。

【赏析】
　　这是一首秋日送别诗。
　　"荒戍"、"黄叶"，荒废的古堡、零落的黄叶，在此时此地送人远行，该是何等凄凉与忧伤，然而这首诗起调高迈不凡：故人怀抱远志意气昂扬地离开了。
　　颔联使用了互文的手法，写友人行程：在"高风"、"初日"下，舟行快速，汉阳渡、郢门山虽相距千里，却指日即到，兴象高旷，境界辽阔雄奇，足以壮离人行色。
　　颈联写诗人一方面目送友人乘坐的小舟孤零零消失在天际，一方面对友人远去的前程深表关怀，并寄托了对他的怀念。
　　末联写当此送别之际，只能开怀畅饮，设想何日重逢，透露出依依惜别的深情。
　　全诗丝毫不见作者"花间词派"纤丽婉约的文风，构思布局纵擒开阖，只在首句稍稍点染深秋的苍凉气氛，紧接着便用"浩然离故关"一句奠定了全诗的基调，营造出一个辽阔深远的意境，故逢秋而不悲秋，送别而不伤别，意境雄浑壮阔，慷慨悲凉，有一股浩然之气。

苏武庙

◎温庭筠

苏武魂销汉使前①，古祠高树两茫然。
云边雁断胡天月，陇上羊归塞草烟。
回日楼台非甲帐②，去时冠剑是丁年③。
茂陵不见封侯印④，空向秋波哭逝川⑤。

【译文】

　　苏武曾在汉使前，激动感慨，面对他祠堂的大树，我不禁茫然。塞外明月高挂，大雁消失在云边；荒塞牧羊归来，草原升起暮烟。回朝了，楼台依旧，而武帝已逝；出使时，戴冠佩剑还是壮年。武帝已葬茂陵，看不到他封侯受爵，只能面对秋水，凭吊先皇，哀叹逝去华年。

【赏析】

　　苏武庙究竟在何处，现已不详。温庭筠凭吊苏武庙，怀想古人遗风，遂写下这首咏赞苏武忠贞不屈的民族气节之作。

　　开首直叙苏武见到汉朝使者，得知自己已经获释可以回到祖国时悲喜交加的激动心情，"魂销"二字高度概括了苏武当时内心的非常情态。次句写诗人面对眼前庙中的建筑与古树，思绪茫茫。"古祠"与"高树"没有感情和知觉，对苏武的事迹和他高尚的节操完全不了解，寄寓了诗人无限的感叹。

　　颔联写苏武荒塞牧羊，胡天雁断，从广阔的空间角度形象地表现了苏武在音讯隔绝的漫长岁月中的坚守。

　　颈联写苏武归汉情景和当年出使的情景，由"回日"忆及"去时"，"去时"是英姿勃发的壮年，十九年后归来，早已人事沧桑，"甲帐"与"丁年"为巧对。这一联通过对时间转换的形象描绘，表现了苏武被扣留的时间之长以及他所遭受的磨难之多。

　　尾联抒发苏武的故君之思，夹杂有岁月蹉跎的悲伤。

　　全诗跌宕起伏，语言自然朴素，意境苍凉，情调悲慨。

【注释】

① 苏武：汉武帝天汉元年奉命赴匈奴，被匈奴扣留流放至北海牧羊。他羁留匈奴长达十九年，始终坚贞不屈，汉昭帝时遣使迎回长安。魂销：极度地感慨和激动。② 甲帐：汉武帝用的帷帐。本句是讲苏武归来时武帝已死。③ 丁年：壮年。④ 茂陵：汉武帝陵墓。⑤ 逝川：逝去的时间。

陇西行

◎陈陶

誓扫匈奴不顾身，五千貂锦丧胡尘①。

可怜无定河边骨②，犹是深闺梦里人。

【注释】

① 貂（diāo）锦：汉朝羽林军着貂裘锦衣。此处指出征将士。② 无定河：黄河中游的支流，因水流湍急且深浅不定而得名。

【译文】

立誓驱逐匈奴，将士们个个奋不顾身，五千将士命丧胡尘。可怜啊，无定河边成堆的白骨，还是深闺少妇梦中思念的恋人。

【赏析】

《陇西行》共四首，这是第二首。

此诗开首写将士忠勇爱国，发誓要横扫匈奴，各个在战场上都奋不顾身。而战争中伤亡惨重，无数赤诚的生命丧身胡尘。

末二句以"可怜"为一转，以"无定河边骨"与"春闺梦里人"相比照，战死沙场的将士已经成为无定河边的枯骨，而春闺少妇并不知道这一切，在她梦里还是健在的人，想着他能平安归来。"可怜"、"犹是"四字造成一种跌宕，一方面写将士壮烈的死难，一方面写家里亲人的梦中盼归，虚实相对，哀乐相生，层层相形之下，尤为深痛凄楚。

⊙作者简介⊙

陈陶，字嵩伯，自号"三教布衣"。《全唐诗》卷七百四十五"陈陶传"作"岭南人"。早年游学长安，举进士不第。唐宣宗大中时，隐居洪州西山，后不知所终。诗已散佚，后人辑有《陈嵩伯诗集》一卷。

锦瑟

◎李商隐

锦瑟无端五十弦①，一弦一柱思华年。
庄生晓梦迷蝴蝶②，望帝春心托杜鹃③。
沧海月明珠有泪④，蓝田日暖玉生烟⑤。
此情可待成追忆，只是当时已惘然。

【注释】

① 锦瑟：装饰华美的瑟。② "庄生"句：庄子曾经梦见自己化成蝴蝶翩翩起舞。③ "望帝"句：相传蜀望帝杜宇死后其魂化为子规，即杜鹃鸟，鸣声凄厉哀怨，啼血方止。④ "沧海"句：传说南海外有鲛人，泣泪而成珠。⑤ 蓝田：山名，在今陕西，产美玉。

【译文】

　　华贵的古瑟，无故用了五十根弦，一弦一柱，都让人想到美好年华。我如庄子，迷失于蝴蝶和自我；又像望帝杜宇，化作杜鹃，寄托哀怨。沧海茫茫，月光明朗，鲛人泣泪成珠；蓝田悠悠，红日和暖，良玉生出霞烟。这些情感，哪能等今天才来回忆，其实在当时就已使人惘然。

【赏析】

　　关于这首诗的主旨历来众说纷纭，莫衷一是。或以为是悼亡之作，或以为是有感国运兴衰的爱国之篇，或以为是追溯生平遭际，或以为是作者自伤，或以为是写闺情。

　　就诗歌本身来看，以锦瑟起兴，寄托遥深。中间两联用典浑融天成，庄子化蝶、望帝化成子规而哀泣啼血、鲛人泣珠、良玉生烟，意象迷离惝恍，带着可望而不可及的惘然。

　　末二句结法独特，抒写凡此种种当时就惘然了，待今日来追忆更加痛苦。明白提出"此情"二字，与开端的"华年"相呼应。

　　整首诗辞藻华美，对仗精工，情味婉曲而深挚，有着巧夺天工的境界，只看文字便可产生无限的美感和联想。

◎作者简介◎

　　李商隐（812—858），祖籍怀州河内（今河南沁阳），生于河南荥阳（今郑州荥阳）。唐文宗开成三年（838）进士及第。与杜牧合称"小李杜"；与温庭筠合称"温李"；因诗文与同时期的段成式、温庭筠风格相近，以俪偶相夸，且三人都在家族里排行第十六，故并称"三十六体"。因被卷入牛李党争的夹缝之中，一生都沉沦下僚，最后抑郁而死。作品收录在《李义山诗集》中。

韩碑

◎李商隐

元和天子神武姿，彼何人哉轩与羲①。

誓将上雪列圣耻②，坐法宫中朝四夷③。

淮西有贼五十载，封狼生貙貙生罴④。

不据山河据平地，长戈利矛日可麾。

帝得圣相相曰度，贼斫不死神扶持⑤。

腰悬相印作都统⑥，阴风惨澹天王旗⑦。

愬武古通作牙爪⑧，仪曹外郎载笔随⑨。

行军司马智且勇⑩，十四万众犹虎貔⑪。

入蔡缚贼献太庙⑫，功无与让恩不訾⑬。

帝曰汝度功第一，汝从事愈宜为辞⑭。

愈拜稽首蹈且舞⑮，金石刻画臣能为。

【注释】

① 轩：轩辕氏。羲：伏羲氏。② 列圣耻：唐王朝从安史之乱起便形成了外敌频侵、藩镇割据的局面，宪宗之前的几个皇帝曾因为吐蕃的侵略与地方军阀的叛乱而出奔。③ 法宫：皇帝处理政务的正殿。四夷：泛指四方边地。④ "淮西"两句：意谓淮西等地为奸贼割据了五十多年，而这些武臣的残暴又是代代相承的。貙（chū）、罴（pí），都是凶猛的野兽。⑤ "帝得"两句：意谓唐宪宗得到贤明的宰相名叫裴度，贼寇们暗杀他不死是神明的庇佑。⑥ 都统：军队的统帅。⑦ 天王旗：皇帝的旗帜。⑧ 愬（sù）武古通：指裴度手下的大将李愬、韩公武、李道古、李文通。⑨ 仪曹：礼部官员。⑩ 行军司马：指韩愈，其时他担任军中顾问。⑪ 貔（pí）：传说中的猛兽。⑫ "入蔡"句：指元和十二年十月李愬夜袭蔡州，擒叛将吴元济，解至长安一事。⑬ 恩不訾（zī）：意谓皇上对他的恩遇不可估量。

古者世称大手笔，此事不系于职司^⑯。

当仁自古有不让，言讫屡颔天子颐^⑰。

公退斋戒坐小阁^⑱，濡染大笔何淋漓。

点窜尧典舜典字^⑲，涂改清庙生民诗^⑳。

文成破体书在纸^㉑，清晨再拜铺丹墀^㉒。

表曰臣愈昧死上^㉓，咏神圣功书之碑。

碑高三丈字如斗，负以灵鳌蟠以螭^㉔。

句奇语重喻者少^㉕，谗之天子言其私。

长绳百尺拽碑倒，粗沙大石相磨治^㉖。

公之斯文若元气，先时已入人肝脾。

汤盘孔鼎有述作，今无其器存其辞。

呜呼圣王及圣相，相与烜赫流淳熙^㉗。

公之斯文不示后，曷与三五相攀追^㉘。

愿书万本诵万遍，口角流沫右手胝^㉙。

传之七十有二代，以为封禅玉检明堂基^㉚。

訾，计量。⑭ 宜为辞：指诏命韩愈作《平淮西碑》。⑮ 稽（qǐ）首：叩头。⑯ "此事"句：指此事重大，不能交给一般文字官员。⑰ 讫（qì）：毕。颔：点头。颐：下巴。⑱ 公：指韩愈。⑲ 点窜：指修改字句。⑳ 清庙、生民：《诗经》篇名。㉑ 破体：行书的一种。㉒ 丹墀（chí）：皇宫前的红色台阶。㉓ 昧死：冒死。㉔ 灵鳌（áo）：负书的大龟。螭（chī）：无角龙。此指碑上所刻的螭形花纹。㉕ 喻：理解。㉖ "谗之"三句：指李愬之妻入宫向宪宗言碑文不实，宪宗遂命磨去碑文，遣人重撰一事。㉗ 烜（xuǎn）赫：显赫。㉘ "公之"两句：意谓韩碑碑文若不能昭示后世，宪宗功业又如何与三皇五帝相承接。㉙ 胝（zhī）：茧。㉚ 玉检：封存封禅文书的器具。明堂：天子处理政务、召见诸侯的地方。

【译文】

　　宪宗皇帝雄姿英武，他是什么人？他可以与黄帝伏羲比肩。发誓要洗雪历代祖宗所蒙受的羞耻，坐在正殿上接受四方朝拜。淮河以西，叛贼盘踞已有五十年，就像狼生貅貅生罴一样，代代相承。他们不占领险峻山川，而占领平地，挥动长戈利矛，连太阳也可被赶走。君王有个贤明的宰相裴度，遭贼人暗杀，赖神明庇佑而未死。腰里悬系相印，兼做行营都统，秋风惨淡，吹动天王大旗。愬、武、古、通四将作助手，仪曹和外郎为随军书记。行军司马韩愈，智勇双全，十四万大军，如勇猛虎貔。攻破蔡州，捆绑叛贼进献太庙，这个功劳举世无双，朝廷封赏很高。皇帝说，裴度的功劳数第一，你的从事韩愈，应写篇文章来记述。韩愈下拜叩头，手舞又足蹈，连说镌刻于金石的文章我能做好。自古记撰国家大事，都称为大手笔，这件事没有交给一般的翰林担当。自古就有当仁不让的先例，一番话说完，天子频频点头。韩愈回家，斋戒后坐到了小阁，大笔如椽，何等畅快淋漓。运用尧典舜典歌颂功德，采用清庙生民诗赞美颂扬。写成的文章用变体行书抄录，清晨官殿前再拜，将碑文呈给天子。奏表说：臣韩愈冒死进言，歌诵神圣功绩，应刻于石碑。石碑要有三丈高，碑字还要如斗大，要让灵鳌背负，并刻上龙纹。碑文句法奇特，语辞庄重，读懂的人很少，有人却向天子诋毁，说韩愈为文营私。石碑因此被百尺长的绳子拉倒，碑文也被沙石磨去。但是韩公的文章，却如同天地元气，早已沁入人们的肝脾。就像刻有古人著述的商盘和孔鼎，虽然物已不在，但文辞却流传下来。唉，圣主和贤相啊，相互显耀光辉，流传后世。如果韩公的这篇文章，不让后人看到，宪宗的功绩，又怎与三皇五帝相承接？我愿抄写文章一万本诵读一万遍，即使口角吐沫右手长茧我也无怨。要将此篇碑文传颂万万代，让它像封禅书一样作明堂的基石。

【赏析】

安史之乱后，唐朝出现藩镇割据的局面。唐宪宗元和十二年（817），宰相裴度督军征讨淮西叛乱的藩镇吴元济。十月，李愬攻破蔡州，生擒了吴元济。

淮西平定后，行军司马韩愈奉诏作《平淮西碑》，碑辞对裴度事侧重了些，这引起李愬的不平。李愬的妻子为唐安公主之女，常出入宫中，她向宪宗陈诉韩碑失实。于是宪宗诏令磨平韩碑，命翰林学士段文昌重新撰文立碑。+实际上，攻破蔡州，李愬确实立下大功，但从整个战役看，裴度的决策发挥的作用更大些，韩碑的态度是客观公允的。李商隐推崇韩碑，赞同韩愈的削藩主张，认为小人挟一时私怨而立碑倒碑是一出闹剧，不能改变公道的长久自在人心。这首诗即是为此而作。

这首诗气势磅礴。诗一开始，就渲染宪宗的"神武"和平叛的决心，显示出一种雄健的气势。"誓将上雪列圣耻"一句，将眼前的平叛战争和安史之乱以来国家多灾多难的历史联系起来，表明此役关系到国家的中兴。接下来写淮西藩镇长期反抗朝廷，突出其嚣张跋扈的气焰，以反衬下面裴度平淮西之功的不同寻常。第二段开头四句，承接开篇四句，先点出宰相裴度，暗示"上雪列圣耻"的关键在于"得圣相"。随即直入本题，叙述裴度统兵出征，简明直率，毫不拖泥带水。接下"愬武"四句，从麾下武将文僚一直叙述到勇猛的士兵，表现出裴度的最高统帅形象和猛将精兵如云的宏大声势。第三段开头两句，承上启下，从平蔡过渡到撰碑，是全篇的枢纽。奉命撰碑的过程，不但写了宪宗的明确指示，韩愈的当仁不让，而且写出宪宗的颔首称许，韩愈的稽首拜舞，韩愈受命之后，作者再用详笔铺写撰碑、献碑、树碑的过程。"点窜"二句，用奇警的语言写出韩碑高古典重的风格，"句奇语重"四字，言简意赅，揭示出韩碑用意之深刻。紧接着又写推碑和诗人对这件事的感慨。写推碑，直言"谗之天子"；抒感慨，盛赞"公之斯文若元气，先时已入人肝脾"，认为韩碑自有公正评价，推碑磨字也不能消除它在人们心中留下的深刻影响。最后一段，描绘韩碑关系到国家中兴统一事业，赞美它的不朽。开头四句将"圣皇及圣相"的功业与"公之斯文"紧密联系起来，强调韩碑具有记述歌颂统一大业功勋。最后以"传之七十有二代，以为封禅玉检明堂基"收束全篇，说明韩碑流传千古的不朽价值。

这首诗既表现了不入律的七古笔力雄健的特点，又吸收了韩诗以文为诗，多用"赋"的经验，形成一种既具健举气势，又有条不紊地叙事、议论的体制，显得既雄健高古而又清新明快。

沈德潜在《唐诗别裁集》中认为此诗"意则正正堂堂，辞则鹰扬凤翔，在尔时如景星庆云，偶然一见"。同时还认为"段文昌作亦自明顺，然较之韩碑，不啻虫吟草间矣。宋代陈珦磨去段文，仍立韩碑，大是快事"。这一看法是中肯的。

蝉

◎李商隐

本以高难饱①，徒劳恨费声。

五更疏欲断，一树碧无情。

薄宦梗犹泛②，故园芜已平③。

烦君最相警④，我亦举家清。

【注释】

①"本以"两句：古人认为蝉是餐风饮露的，故此处说它栖于高树而难得一饱，纵然作怨恨之声也是枉然。② 薄宦：官卑职微。梗（gěng）犹泛：形容自己漂泊不定的生活就好像树梗浮于水面一样。③ 芜：荒草。④ 君：指蝉。

【赏析】

这首诗借咏蝉以自况。

前半首闻蝉而兴，重在咏蝉，以"高难饱"为诗眼。蝉本性清高而餐风饮露，以至于难求一饱。不得温饱而作不平之鸣，亦不过徒劳枉费声响而已。实际上，蝉并非真的是因身在高处，不肯飞下来乞讨食物而吃不饱；它的鸣叫声中也不带有任何恨意，只是因为诗人在其中寄寓了自己的身世之感，使得客观事物也染上了感情色彩——李商隐不肯屈就，结果落得生活困顿。他也曾向当权者陈情，但最终还是无人赏识，这不正是"徒劳"吗？

"五更"一联刻画出蝉哀鸣声凄断的神韵，而无同情之人，高栖

【译文】

本因栖身高枝，难得一饱，发出不平的鸣叫，也是徒劳。五更时，鸣声疏落似要断绝，而那大树，依然碧绿没有丝毫同情。我官职卑微，如树枝随水，漂流不定，故园早已荒芜，杂草丛生。烦劳你，继续鸣叫，对我再作警醒，我全家也会像你，高洁不佞。

于树，而树油然自绿，毫无所感，毫无所动，显示出环境的极度冷漠。字字咏唱蝉，却字字是自况，表现出诗人因高洁而清贫的困境，以及哀苦无告的心情，内含着强烈深沉的悲愤之情。

后半首直抒己意，他乡薄宦，漂流无定，胡不归去？因而闻蝉以自警，同病相怜。"故园芜已平"一句是从陶渊明《归去来辞》的"田园将芜，胡不归"化用而来。但是故园荒芜，没有了自己的立身之地，真可谓进退两难。

全诗层层深入阐发主题，隐显分合，章法灵活多变，借蝉寓己清高而不见容于世道。

登乐游原

◎李商隐

向晚意不适^①，驱车登古原^②。

夕阳无限好，只是近黄昏。

【译文】

傍晚时，我心情不太好，于是驾车登上古原。夕阳灿烂，无限美好，只可惜，时近黄昏终究短暂。

【注释】

① 意不适：心情不舒畅。② 古原：即乐游原，是长安附近的名胜，在今陕西省西安市以南，登原后能眺望整个长安城。

【赏析】

"乐游原"创建于汉宣帝时，地处长安东南方。它原本是一处庙苑，应称"乐游苑"，只因其地势轩敞开阔，人们便以"原"呼之。

诗人"意不适"而"登古原"，是心中郁结块垒欲加以疏解。而乐游原也的确帮他排遣了"不适"的情怀：在古原放目眺望，一片夕照下的无限美景，让人心境畅然，本欲在这样"无限好"的美景中流连久待，"只是近黄昏"，惋惜它行将消逝。

诗人"不适"者为何，没有直接明白道出，但在"夕阳无限好，只是近黄昏"的深沉感叹中，我们似乎可寻索到诗人内心久积的创痛和交集的百感，或有身世迟暮之悲，或对日趋没落的唐王朝命运的伤感，或有珍惜与无奈的纠结……

全诗虽然只有寥寥二十个字，但是所涵盖的内容极大，令人回味不绝。

夜雨寄北

◎李商隐

君问归期未有期，巴山夜雨涨秋池①。

何当共剪西窗烛②，却话巴山夜雨时。

【注释】

① 巴山：又叫大巴山，指巴蜀东部的山。涨秋池：秋雨使池塘里注满了水。② 何当：什么时候才能够。共剪西窗烛：在西窗下共剪烛芯。剪，剪去烛花，使烛光更明亮；西窗，西窗之下，这里指亲友聚谈之所。

【译文】

你问我何时回去，（我）还没确定日期，夜里巴山下起大雨，雨水涨满秋池。何时才能跟你相见，我们促膝谈心，共剪西窗烛花？我要将此时巴山夜雨中对你的绵绵情思细细向你倾吐。

【赏析】

夜雨时刻，听着夜色中时紧时疏的雨声，旅居异乡的人总是容易思绪万千，更加容易思念亲人。

诗的起笔就以"君问归期"来启下，当时诗人正滞留在巴蜀一带，自己不能确定归期，在一问一答中尽显惆怅与无奈。于是羁旅之愁、思乡之苦，与巴山连绵的夜雨交织成片，涨满了秋池。诗开头即以"君"直呼对方，设想妻子在思念自己，并询问归期。中国古诗在叙写相思之情时，往往并不直接写自己是多么思念对方，而是反过来写对方如何思念自己。第一句看似平淡，却在其中注入了深情，耐人寻味。

"巴山夜雨涨秋池"，诗人不仅写了天上降下的大雨，还写了地上的积雨，让人倍感孤独与凄凉，内心也波涛汹涌。"涨"的又何止是"秋池"呢？还有诗人心底对妻子不断增长的思念。景中寓情，情景交融，字里行间流露着深切的情意。

当此孤寂之离夜，不禁由今日之思转到想象来日相见欢聚的场景，"何当"一词化实为虚，由眼前实景推向远方，共同剪烛西窗下，将此巴山雨夜之愁细细地倾诉。

全诗深婉缠绵，叠词叠句构成回环往复的音节，意蕴荡漾无尽。

风雨

◎李商隐

凄凉《宝剑篇》①，羁泊欲穷年②。黄叶仍风雨，青楼自管弦。

新知遭薄俗，旧好隔良缘。心断新丰酒③，销愁斗几千？

【注释】

① 宝剑篇：唐将郭震（元振），少有大志。武则天曾召见，索其文章，震乃上《宝剑篇》。②"羁泊"句：意谓终年漂泊。③"心断"句：马周西游长安时，宿新丰旅店，店主人很冷淡，马周便要酒一斗八升，悠然独酌。后来唐太宗召与语，授监察御史。这里意思是说，不可能会像马周那样得到知遇了。心断，犹绝望。新丰，故址在今陕西临潼县东。

【译文】

读着《宝剑篇》，我凄楚悲凉，羁旅漂泊，恐怕要到终年。我像枯黄的树叶，在风雨中飘摇，而别人，却在高楼吹管弹弦。新交的朋友遭到浇薄世俗的非难，昔日的好友也因为重重阻隔而疏远。满腔的悲愤和愁绪，要多少美酒才能消除呢？

【赏析】

李商隐生逢晚唐乱世，不得已陷入牛李党争的漩涡，是"虚负凌云万丈才，一生襟抱未曾开"。这首诗就是他在羁旅漂泊中对失意穷困遭际的愤懑心声。

诗的首联开门见山直陈理想与际遇的矛盾，虽有才却如同宝剑一般被埋没不得其志，终年漂泊、滞留异乡。颔联抒写风雨之夕黄叶飘零仍旧，多像自己的飘零啊，而青楼上管弦热闹，别人是多么的欢乐呀，一悲一喜，从"仍"、"自"中见出，对比强烈。自己纵有新知交，却遭浇薄世情的冷漠，岂无老朋友，却被良缘阻隔，处在孤立无援中。满腔悲愤和愁闷，要多少美酒才能消除呢？诗以"风雨"为题，"凄凉"开首，对凄凉的身世之感层层写来，有如波涛迸发，力透纸背。

隋宫

◎李商隐

紫泉宫殿锁烟霞①，欲取芜城作帝家②。
玉玺不缘归日角③，锦帆应是到天涯。
于今腐草无萤火④，终古垂杨有暮鸦⑤。
地下若逢陈后主⑥，岂宜重问《后庭花》⑦！

【注释】

① 紫泉：即紫泉宫，此指长安隋宫。② 芜城：即扬州。③ 日角：旧说额头中央部分隆起如日，为帝王之相。④ "于今"句：隋炀帝曾于长安、洛阳等地征集萤火虫，夜游时放出观赏。腐草，古人认为萤火虫是腐草变的。⑤ 垂杨：隋炀帝开凿运河，沿堤植柳两千里，后称"隋柳"。⑥ 陈后主：南朝陈的第五个皇帝，荒淫误国，后陈为隋所灭，故后世常以陈后主代亡国之君。⑦《后庭花》：《玉树后庭花》，为陈后主所作，后被视作亡国之音。

【赏析】

隋炀帝杨光荒淫奢侈，为了方便南游，大肆开凿运河，并从洛阳到江都（今江苏省扬州市）修建了不少行宫，而以江都的行宫最为豪华。李商隐这首诗咏隋宫，讥讽隋炀帝因荒淫而亡国身死。

首联点题，写长安宫殿空锁烟霞之中，隋炀帝却欲取江都作为帝家。

颔联却没有紧承首联继续写江都作帝家之事，却转为说要不是玉玺落到唐高祖李渊的手中，隋炀帝的龙舟恐怕已经游遍天下了。从假设说开去，更加讥刺了隋炀帝的逸游无度。

颈联以眼前之景凭吊当时之盛，于今腐草萤火无、杨柳有暮鸦，一片荒凉，而当年隋炀帝曾大量搜集萤火虫，夜晚游山时放出取乐，在开运河时，在河堤上遍种杨柳。

尾联以假设反诘的语气，让两个亡国之君

【译文】

长安的隋宫，深锁在烟霞之中，隋炀帝想使扬州成为帝王的家。如果不是玉玺落到唐高祖李渊手中，隋炀帝的龙舟，恐怕早已行遍天下。如今，腐草中已没有萤火虫，只有隋堤杨柳，傍晚始终栖息着乌鸦。若在黄泉遇到陈后主，哪里敢再提起那舞曲《后庭花》。

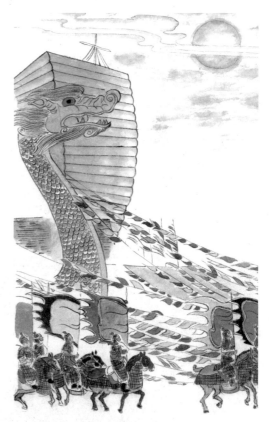

在地下相遇问话。陈后主是历史上以荒淫亡国而著称的君主，当时正是杨广统帅大军灭亡陈朝，俘虏了陈后主。《玉树后庭花》为陈后主所作，反映了宫廷生活的淫靡，被斥为"亡国之音"。诗人在这里借此曲讥刺隋炀帝重蹈陈后主覆辙，结果身死国灭，为天下笑，讥讽极深。

全诗采用比兴手法，使事用典融化无痕，写得灵活含蓄，色彩鲜明，音节铿锵，在咏史诗中别树一帜。

筹笔驿

◎李商隐

猿鸟犹疑畏简书①，风云常为护储胥②。

徒令上将挥神笔③，终见降王走传车④。

管乐有才真不忝⑤，关张无命欲何如⑥。

他年锦里经祠庙⑦，《梁父吟》成恨有余⑧。

【注释】

①"猿鸟"句：意思是诸葛亮治军严明，至今连猿鸟也敬畏他的简书。简书，军令文书。②储胥：指军用的藩篱。③上将：指诸葛亮。④降王：指后主刘禅。走传车：指后主刘禅降魏后东徙洛阳。⑤管乐：管仲和乐毅。二人都是帮助君主成就霸业的名臣，诸葛亮未出茅庐时常以此二人自比。忝（tiǎn）：愧于。⑥关张：关羽和张飞。

欲如何：谓诸葛亮又能有什么办法呢。⑦锦里：在成都城南，武侯祠所在。⑧《梁父吟》：相传诸葛亮隐居南阳时好咏此篇。

【译文】

猿猴鸟禽，仍畏惧丞相的军令；风云聚集，也为他守护军营。诸葛亮徒然在这儿运筹谋算，最终后主刘禅还是降魏徙洛。孔明真的有管仲、乐毅的才干，可关羽、张飞已死，他还能怎么办？曾经在锦里凭吊武侯祠，诵完《梁父吟》，不禁为他深深遗憾。

【赏析】

筹笔驿在四川广元县和陕西阳平关之间，诸葛亮出师伐魏时，曾驻扎此地筹划军机。大中十年（856）冬，李商隐辞去梓州幕府职务还京，途经筹笔驿，有感于诸葛亮雄才大略却功业未竟，写下这首怀古诗。

诗起首运用拟人化手法直咏筹笔驿景象，诸葛亮治军严明，余威犹存，至今山中"猿鸟"犹畏、"风云"护卫。中间四句写诸葛亮的际遇，并加以议论，虽然"挥神笔"筹划，却恨后主无能，虽有管仲、乐毅之才，但"关张无命"，"徒令"、"终见"、"真不忝"、"欲何如"等虚字的运用，充满了惋惜痛恨之情。尾联深惜诸葛亮功业未成。

全诗将抒情和咏史相融合在一起，一气呵成，却又十分耐人咀嚼细味。

无题三首（其一）

◎李商隐

昨夜星辰昨夜风，画楼西畔桂堂东。
身无彩凤双飞翼，心有灵犀一点通^①。
隔座送钩春酒暖^②，分曹射覆蜡灯红^③。
嗟余听鼓应官去^④，走马兰台类转蓬^⑤。

【注释】

① 灵犀：旧说犀牛角中有白纹如线，直通两端。② 送钩：古时的一种游戏，将钩暗中传递，藏于一人手中，未猜中者罚酒。③ 分曹：分组。射覆：将东西放在器物下面让人猜。④ 鼓：更鼓。应官：办理官差。⑤ 兰台：即秘书省。

【译文】

昨夜星光灿烂，又暖风融融，我们相会在画楼西侧桂堂之东。虽没有彩凤的翅膀，好与你双飞双宿，但你我的心，却如灵犀彼此相通。隔坐互相藏钩嬉戏，饮春酒暖心，分组射覆，喧闹中烛光泛红。可惜听到晨鼓声，得上朝点卯，策马赶到秘书省，感觉自己像飘转的蒿蓬。

【赏析】

李商隐有不少无题诗，大都是意中有所指，却不便明言，故一律称为《无题》。从这首诗本身来看，是追忆所遇见的情事。

起句十分美妙，"昨夜星辰昨夜风"点明时间：夜幕低垂，星光灿烂，又有清风徐徐。两个"昨夜"自对，语气舒缓，给人以荡气回肠之感，也引出了诗人对良夜欢会的追忆，"画楼"、"桂堂"是当时筵会的场所，十分温馨美丽。

"身无彩凤双飞翼，心有灵犀一点通"一联写身无双飞翼不能至，心灵却感应相通，比喻巧妙贴切，让人拍案称奇。"身无"与"心有"，一外一内，一悲一喜，看似矛盾，却又奇妙地形成了统一，痛苦中蕴藏着甜蜜，寂寞中隐含着期待，将恋人间那种相爱极深而又不能长相厮守的复杂而微妙的心态刻画得细致入微，遂成千古名句。

灯红酒暖，觥筹交错，彼此在筵会中"隔座送钩"、"分曹射覆"，暗暗传递着感情的快乐，真是其乐融融。然而，快乐时光总是流逝太快，漏鼓声响，得前去应差，嗟叹身世有如飘蓬无定。通篇章法多变，语言明艳华美，可谓慧心妙笔。

无题二首（其一）

◎李商隐

来是空言去绝踪，月斜楼上五更钟。
梦为远别啼难唤，书被催成墨未浓。
蜡照半笼金翡翠^①，麝熏微度绣芙蓉^②。
刘郎已恨蓬山远^③，更隔蓬山一万重^④！

【译文】

　　说会再来是空话，离开后就没了踪迹，月亮斜挂楼角，隐隐传来晨钟。梦里为远别哭泣，却难将你唤回，醒来我匆匆修书，墨也没有研浓。烛光照着金线翡翠鸟的床被，麝香浮动，熏透了芙蓉花帐帷。遇仙的刘郎，早已怨恨蓬山遥远，而你，却比那蓬山还远一万重！

【注释】

①笼：笼罩。金翡翠：用金线绣成翡翠鸟图案的被子。②麝熏：用麝香熏染。③"刘郎"句：相传东汉刘晨、阮肇入山采药，路遇两位美丽的仙女，邀他们结为眷属。半年后，刘、阮想要回家中探望，二女并没有阻拦，他们到家时才发现人间已经过了七代。等到他们再回去找两位仙女，却再也寻不到了。④蓬山，指仙境。

【赏析】

　　大中元年（847），李商隐重入秘书省后接受郑亚的聘请，将远赴桂林时写下这首诗。虽题为无题，但还是容易看出是写男女相思之情，恨好景不常、良缘多阻。

　　首联写有约不来，一直痴待到五更晓钟响。首句凌空而起，既是叹息，也是感慨。次句描写了梦醒后那孤独清冷的氛围。

　　颔联写远别思念成梦，醒后匆匆寄书。"书被催成墨未浓"这一句的描写相当真实：思念之情如此强烈，自然是希望梦中能与所思之人相会，然而梦见的竟然是分别，自然惹得主人公啼哭不止。浓烈的思念让她梦醒后提笔修书。当时她只顾忙着奋笔疾书，根本无暇注意到墨的浓淡，只有在"书被催成"之后，才发现原来连墨都没有研浓。

　　颈联写室内"蜡照翡翠"、"麝度芙蓉"，精致温暖，却反衬出内心的凄清寂寞。梦境、实境融成一片，有往事不可复寻的迷离恍惚之感。

　　末联大笔渲染，直抒情虽深挚而人已远而又远之长恨。

　　诗人善于将细节处描写得极为细致，用典巧妙，辞藻华丽，往往营造出朦胧而精致的意境，其《无题》诗可谓朦胧诗之祖。

无题二首（其二）

◎李商隐

飒飒东风细雨来，芙蓉塘外有轻雷。
金蟾啮锁烧香入①，玉虎牵丝汲井回②。
贾氏窥帘韩掾少③，宓妃留枕魏王才④。
春心莫共花争发，一寸想思一寸灰！

【译文】

东风飒飒，下着细雨，荷花池外，有阵阵轻雷。金蟾啮锁香炉香烟缭绕，玉虎辘轳牵引绳索汲水。贾女偷看帘外，因喜韩寿俊美；宓妃留枕，是爱魏王诗才。我的心，不要与春花竞放，免得相思无望，寸寸成灰。

【注释】

① 金蟾：古人认为蟾蜍善闭气，故用以饰锁。② 玉虎：井上的辘轳。丝：井绳。③ "贾氏"句：晋韩寿英俊，司空贾充招他为僚属时，其女于窗中窥见韩寿，于是喜欢上了他。④ 宓妃：指洛神。留枕：相传曹植将过洛水时，忽见一美丽女子飘然而来，颇似自己故去的嫂嫂甄氏。于是洛神赠以在家时所用玉枕以慰思念，曹植因之而作《洛神赋》。

【赏析】

这首诗是回忆前情，讲述因追求爱情而失望的痛苦。

开首从眼前迷蒙渺远的景致说起：飒飒东风，细雨蒙蒙，芙蓉塘外传来阵阵轻雷声。展现了春天特有的生命萌动的气息，隐隐传达了主人公春心萌动而又难以名状的迷惘苦闷。纪昀评价说："起二句妙有远神，可以意会。"

颔联看似写具体的环境和动作，实际是以物为喻：金蟾虽坚，香烟可入；井水虽深，辘轳可汲，我岂无隙可乘？其中"香"、"丝"谐音"相"、"思"。

颈联用贾氏窥帘，赠香韩寿，幸而缘合；宓妃留枕，情思不断，终属梦想的典故，说明相聚皆成幻梦，归结出春心切莫和春花相竞发，因为寸寸相思都化成了灰烬，用强烈的对比展现了美好事物的毁灭。

全诗善于运用比喻、典故和强烈对照的手法，把抽象的幽思和爱情具体化、形象化，显示了美好爱情的毁灭，具有一种动人心魄的悲剧美。

落花

◎李商隐

高阁客竟去，小园花乱飞。
参差连曲陌①，迢递送斜晖②。
肠断未忍扫，眼穿仍欲归。
芳心向春尽，所得是沾衣。

【译文】

　　宾客们陆续离开，小园中，花瓣乱飞。落花参差不齐地铺满曲折小径，仿佛在恭送远处的夕阳。很难过，不忍心扫开，盼春望穿眼，可春仍要离去。花心随着春尽而凋落，我所得到的，是泪落沾衣。

【注释】

① 参差：指落花堆叠不平的样子。曲陌：曲折的小路。② 迢递：远远地。

【赏析】

　　这是一首专咏落花的诗，一片伤春之感，委曲动人。

　　小园花飞，高阁宾客纷纷散去。"参差连曲陌，迢递送斜晖"一联从"飞"字生发，见得落花映日回风，参差飘停在弯曲的小路上，其萎靡之色、惨淡之相、无奈之势，连同庭院的冷寂、时光的凄清，让人不由生出满腔愁绪。因怜惜落花而不忍扫，热望花不再落而春"仍欲归"，芳心因花落春尽而泪下沾衣。

　　全诗咏对落花命运的深切怜惜，情思如痴，伤春之感中有对自己飘零如落花的身世之感的寄托，辞哀调苦，甚是委婉动人。

为有

◎李商隐

为有云屏无限娇^①，凤城寒尽怕春宵^②。
无端嫁得金龟婿^③，辜负香衾事早朝^④。

【注释】

① 云屏：云母屏风。② 凤城：京城。③ 金龟：唐武则天时，三品以上的官员可以佩带金龟。此处喻丈夫位居高职。④ 衾：被子。

【译文】

云母屏风后，佳人无限娇媚，京城寒冬已去，她又怕春夜难捱。没来由嫁得身居高位的丈夫，辜负了锦被香帐，只因要准备早朝。

【赏析】

春风送暖，京城寒尽之时，春宵苦短。诗的开头用"为有"二字把怨苦的缘由提示出来，次句用一"怕"而非"苦"字来形容人的心情，造成一种引人追询的悬念。

三、四句通过少妇之口说出"怕春宵"的原因：冬寒已尽，衾枕香暖，本应日晏方起，金龟婿却不得不早起上朝。

金龟最初指黄金铸的龟纽官印，汉代为皇太子、列侯、丞相、大将军等所用，后泛指

高官之印。据《新唐书·舆服志》载：唐初，内外官五品以上，皆佩鱼符、鱼袋，以"明贵贱，应召命"。鱼符以不同的材质制成。武后天授元年（690）改内外官所佩鱼符为龟符，鱼袋为龟袋。并规定三品以上龟袋用金饰，四品用银饰，五品用铜饰。可见，金龟既可指用金制成的龟符，还可指以金作饰的龟袋，是唐代官员随身佩戴的一种辨别身份、区分官位高低的饰物。佩戴者皆是亲王或三品以上官员。后世遂以"金龟"作为高官或身处高位的代名词，而"金龟婿"则代指身份高贵的女婿。

"无端"两字犹言"好没来由"，传神写出少妇的怨嗔口吻，辗转解释了所以"怕"的缘由。"为有"、"无端"四字委婉尽情，极富感染力，是全诗的神韵所在，有"无限娇"的妻子，十分可爱，没来由地嫁了辜负香衾事早朝的金龟婿，却又可恨。一种绮思妙笔的痴情，同"悔教夫婿觅封侯"之意相似。

无题

◎李商隐

相见时难别亦难，东风无力百花残。

春蚕到死丝方尽，蜡炬成灰泪始干。

晓镜但愁云鬓改①，夜吟应觉月光寒。

蓬山此去无多路②，青鸟殷勤为探看③。

【注释】

① 晓镜：早晨梳妆照镜子。云鬓：形容女子如云朵一样的头发。② 蓬山：蓬莱，这里比喻被怀念者所居之地。③ 青鸟：传说中的神鸟，是西王母的使者。

【译文】

相见不容易，离别更是艰难，东风吹动无力，百花都已凋残。我的爱，如春蚕吐丝，到死才吐尽；又像蜡炬，燃烧成灰，泪才流干。早上梳妆，你忧虑双鬓变白；夜深独吟，料想你会觉得月光凄寒。由此去往蓬莱山，没有多少路程，托付青鸟，为我深情探望。

【赏析】

就诗而论，这是一首写离别相思、表示两情至死不渝的爱情诗。然而历来颇多认为或许别有寄托。

全诗以"别亦难"引出，别难是由相见难而来，两个"难"字，落笔非凡，使语言摇曳多姿，相见无期的离别之痛因这种低回婉转的表达方式

显得分外深沉、缠绵动人。分别之时是在东风无力、百花凋零的暮春时节，这既写自然环境，也是对诗中主人公心境的反映，寓情于景，将写实与象征融为一体。

"春蚕到死丝方尽，蜡炬成灰泪始干"一联以春蚕、蜡烛为喻，剖白对情感坚贞执着，至死不渝。"丝"与"思"谐音双关，可谓深情罕匹，缠绵沉痛，为千古传诵的名句。

颈联想象对方晓妆对镜，抚鬓自伤年华易逝、容颜憔悴，良夜月下苦吟伤怀。

结尾推己及人，想象对方和自己一样痛苦，并希望保持联系，与首联相照应。

全诗绮靡浓艳，体贴人情，凄迷若幻，情韵悠长。

北青萝

◎李商隐

残阳西入崦①，茅屋访孤僧。

落叶人何在？寒云路几层？

独敲初夜磬②，闲倚一枝藤③。

世界微尘里④，吾宁爱与憎⑤。

【注释】

① 崦(yān)：指太阳落山的地方。② 初夜：夜之初。③ 藤：指藤杖。④ "世界"句：《法华经》："三千大千世界事，全在微尘中。"⑤ 宁：为什么。

【译文】

残阳西落到山坳，我去山间茅屋寻访高僧。落叶满地，不知人在哪里，深入寒云的山路，我翻了几层？黄昏时，才见他独自敲着钟磬，悠闲地靠着一根结实杖藤。大千世界，全在微尘当中，万事皆空，我又何言爱和憎？

【赏析】

诗人在暮色中去寻访一位山中孤僧，却只见到落叶纷纷，而不知人在何处。于是诗人寻路再访，后来听得僧人敲磬的声音，循声而去，就见僧人悠闲地倚靠着藤杖。

首句的"残阳西入崦"点明了诗人造访的时间是在太阳落山的时候。这样一个时间段本就容易让人产生孤独之感，再加上诗人又是去深山空谷中的"茅屋"中寻访"孤僧"，这就为全文奠定了一种幽冷萧瑟的基调。

颔联"落叶人何在，寒云路几层"写僧人的居住环境，何其孤寂僻远！

"独敲初夜磬，闲倚一枝藤"写诗人黄昏时分才寻到这位僧人，并刻画了他的闲居行止，何其清贞孤介！

诗人不由为其精神境界所感召，领悟到世界万物俱在微尘中，一切皆空，何必还有什么爱和憎呢？访的是孤僧，因而以"独敲"、"一枝"、"人何在"等点出"孤"字来。

最后两句，以"微尘"照应"僧"字，处处紧扣题意，表现了诗人在苦闷彷徨之时，希望在佛家思想里求得寄托的心理。

春雨

◎李商隐

怅卧新春白袷衣[①]，白门寥落意多违[②]。
红楼隔雨相望冷，珠箔飘灯独自归[③]。
远路应悲春晼晚[④]，残宵犹得梦依稀。
玉珰缄札何由达[⑤]？万里云罗一雁飞。

【注释】

①袷（jiá）衣：即夹衣。②白门：指江苏南京。意多违：许多事都与愿望相违。③珠箔：珠帘。④晼（wǎn）：太阳落山的样子。⑤玉珰（dāng）：玉耳饰。缄札：指密封的书信。

【译文】

新春时，身穿白袷衣怅然躺卧；白门冷落，许多事与我愿望相违。隔着雨丝凝望红楼，倍觉清冷；细雨如珠拍打灯炷，我独自回来。远方的你，应悲伤于暮春落日凄婉；黎明时，我恍惚梦到与你相见。玉珰信函，怎样才能送达？万里云中，奋飞着一只大雁。

【赏析】

题为《春雨》，实际非一意专咏春雨，而是因飘洒迷离的春雨而兴相思怅惘之情。

开头点明时令——“新春”，写旧地重寻，白门寂寞冷落，而不见旧人踪影。

“红楼隔雨相望冷，珠箔飘灯独自归”一联写隔雨相望红楼，一盏灯飘在有如珠帘般的绵绵细雨中，红楼、春雨、飘灯，设色鲜丽如画，却写的是寻访落空的迷茫，烘托出一种朦胧凄清的氛围。

路远日暮，归家后恍惚在梦中相见。梦后想缄札寄情，但佳人到底身在何处，空见得万里云中一雁飞。

全诗以丽语写惨怀，一步紧逼一步，怅念之情恰似雨丝，不绝如缕。诗的意境、感情、色调和气氛朦胧、凄清，优美动人。

瑶池

◎李商隐

瑶池阿母绮窗开，黄竹歌声动地哀。

八骏日行三万里^①，穆王何事不重来？

【注释】

① 八骏：穆王所乘的八匹骏马，传说可日行三万里。

【译文】

瑶池王母打开绮窗，《黄竹》曲的歌声使悲哀充溢天地。八骏神马能一日奔行三万里，周穆王因为什么事没有再回来？

【赏析】

据《穆天子传》记载：周穆王乘八骏西游，到达了西王母居住的地方。西王母邀请穆王宴饮，两人分别前相约三年之后再次见面。王母送别穆王时作了一首歌谣，其中有"将子毋死，尚复能来"句。穆王答诗有云："比及三年，讲复于野。"但未能如愿而亡。

李商隐此诗就是以这段神话故事为背景加以生发的。他在诗中虚构了西王母久盼穆王重来而穆王不至的情节，以"何事"作诘问，含有人无不死，寻仙求长生不老终究是虚妄之意。

诗的首句写西王母倚窗眺望，苦苦盼望穆王而对方久候不至。次句借"黄竹歌声"暗示穆王已死。末两句写西王母因穆王不来而心生疑问。李商隐故意站在西王母这位神仙的角度道出死亡的不可避免，句句对比，有力地表现了长生之虚妄。

晚唐迷信神仙之风极盛，最高统治者尤甚宪宗、穆宗、武宗等，好几个皇帝皆因重方士求仙、服丹药妄求长生而丧命。诗人写此诗构思巧妙，用心良苦，讽刺辛辣，言尽而味无穷。

无题二首（其一）

◎李商隐

凤尾香罗薄几重^①，碧文圆顶夜深缝^②。
扇裁月魄羞难掩^③，车走雷声语未通。
曾是寂寥金烬暗^④，断无消息石榴红。
斑骓只系垂杨岸^⑤，何处西南待好风？

【注释】

① 凤尾香罗：织有凤尾花纹的华贵薄罗。
② 碧文圆顶：绣有碧绿花纹的罗帐圆顶。
③ 扇裁月魄：指团扇。④ 烬：烛花。⑤ 斑骓（zhuī）：毛色青白相杂的马。

【译文】

　　薄薄的凤尾香帐，一重一重，碧纹的圆顶帐，我深夜赶缝。明月般的团扇，也难遮掩我的羞怯，还未及交谈，只听车声隆隆，那人已经走过。曾因相思寂寞直到更残烛尽都没有睡着；可等到石榴花红了，他仍没消息。斑骓马栓在杨柳岸上，哪里能够等到好风能将他吹到我的身边呢？

【赏析】

　　"诗无达诂"，李商隐的《无题》诗尤其如此。此诗从诗歌本身来看，确乎为爱情诗，有爱情失意的幽怨和长相思的苦闷，也许还有政治上的寄托。

　　夜深密密缝香罗帐，在这样的氛围中追忆起往事中一个富于戏剧性的片段：团扇遮羞，车声隆隆而过，虽相见却未及交谈，表现了其惋惜、怅惘而又深情回味的复杂心情。"罗帐"在中国古代诗歌中常常

用来象征男女好合，而此诗的女主人公却只能在漫漫长夜中默默地缝制罗帐，今昔对比又怎能不触动她对往事的追忆和与相思之人重聚的深情期待呢？

　　别后相思寂廖，加上春光已尽，石榴花开，所思之人断无消息，在"金烬暗"、"石榴红"中寓有流光易逝、青春等闲度的怅惘和感伤。

　　尾联表达会合难期之苦：或许两个人相隔并不遥远，甚至近在咫尺，然而却相聚无缘。

　　全诗遣词造句秾丽，音韵对仗精工，有浓郁的抒情气氛和象征暗示色彩，而且化用典故自然精妙，不露痕迹，给人带来审美上的愉悦。

无题二首（其二）

◎李商隐

重帷深下莫愁堂①，卧后清宵细细长②。
神女生涯原是梦③，小姑居处本无郎④。
风波不信菱枝弱，月露谁教桂叶香？
直道相思了无益⑤，未妨惆怅是清狂。

【注释】

① 莫愁堂：幽寂清冷的居室。② 清宵：清冷的夜晚。细细长：形容长夜难奈。③ 神女：即宋玉《高唐赋》中的巫山神女。④ "小姑"句：语出古乐府《清溪小姑曲》："小姑所居，独处无郎。"⑤ 了：完全。

【译文】

　　重重帷幕垂下莫愁堂，躺在床上，觉得静夜漫长。神女与楚王的遇合原来只是梦幻；青溪小姑那里，根本没有情郎。菱枝柔弱，遭风波催折；桂叶芬香，却无月露滋养。深知沉湎相思毫无益处，但不妨把愁闷，看做是痴情狂放。

【赏析】

　　李商隐的《无题》诗向以深婉含蓄别具一格，历来人们多系以政治托寓。这首写男女之情，却言相思无益，可能是忏情之作。

　　开头写重帷深垂，清宵静卧，以环境氛围的幽静衬出长夜的孤寂。

　　接着，诗以巫山神女与楚王梦中相会和古乐府《青溪小姑曲》的"小姑所居，独处无郎"的典故，抒写自己曾经有过幻想和追求，也曾有过短暂的遇合，然而终究成了一场幻梦，至今依然独居。

　　然后诗人连用了两个比喻，写风波凶恶，菱枝柔弱，却横遭摧折，无力反抗；桂叶自有清香，当不为月露溢香。

　　最后写即使相思无益，还要执着追求：即使爱情终成梦幻，身世又如此不幸，诗的主人公也仍然不肯放弃对爱情矢志不渝的追求。

　　全诗意境深远开阔，措辞婉转沉痛，感情细腻幽微，有很高的艺术价值。

寄令狐郎中

◎李商隐

嵩云秦树久离居，双鲤迢迢一纸书①。
休问梁园旧宾客，茂陵秋雨病相如。

【注释】

① 双鲤：指书信。

【译文】

我是嵩山云，你是秦川树，你我长久分离，今日，收到你千里迢迢寄来的书信。不要问，我这梁园旧客境况怎样，我就像茂陵秋雨里，卧病的司马相如。

【赏析】

李商隐十六岁便以文章知名，天平军节度使令狐楚爱其才，将他聘入幕中，并让儿子令狐绹与之交游，二人曾同笔砚，在一起共习古文。

开成二年，令狐楚病死，李商隐入泾原节度使王茂元幕府，后来又娶了王的女儿。当时正是唐王朝内部牛（牛僧孺）李（李德裕）党争激烈之时，令狐父子属牛党，王茂元则接近李党，虽然李商隐本人并无党派门户之见，但这段经历却使他无端陷入了党争的旋涡之中，正如陈寅恪先生所说："不仅牛党目以放利背恩，恐李党

亦鄙其轻薄无操。"属于牛党的令狐氏诋毁李商隐忘恩负义，从各个方面加以抑制，使其一生落魄失意。

武宗会昌五年（845），李商隐因病闲居洛阳，时任右司郎中的令狐绹感念旧事，书函问询他，李商隐作此诗寄答之。

首句即以"嵩云"和"秦树"来表明两地隔离，庆幸有书信前来相慰问。诗人既感念旧恩故交的情谊，又以因病免职、闲居茂陵的司马相如自比，感慨身世落寞潦倒。

此诗妙在以至情遣熟典，不卑不亢之间，流露出百感交集和弃前嫌、续旧好的诚恳之情。"休问"两字须细细体味，有将多年积郁一吐而出之感。

嫦娥

◎李商隐

云母屏风烛影深①，长河渐落晓星沉②。
嫦娥应悔偷灵药③，碧海青天夜夜心④。

【注释】

① 云母屏风：以美丽的云母石制成的屏风。烛影深：烛影暗淡，表明烛已残，夜将尽。② 长河：银河。渐落：渐渐西沉。晓星：晨星。沉：落。③ 应悔：定会悔恨。偷灵药：指偷长生不死之药。④ 夜夜心：因为孤独而夜夜悔恨。

【译文】

云母屏风，闪烁着浓浓烛影，银河逐渐隐没，晓星慢慢下沉。嫦娥应后悔当初偷了灵药，碧海青天，她只能夜夜寂寞。

【赏析】

相传嫦娥是后羿的妻子，因为偷吃了丈夫从西王母那里求来的不死药，就飞入了月宫。（事见《淮南子·览冥中》及高诱注。）李商隐的这首诗就是以这个神话作为题材的，咏月里嫦娥来抒发己意。

诗先写深夜室内的情形：云母屏风华美精致，烛影深深，银河渐落，晓星下沉。陈设的华贵和晓空的寂寥杳远形成反差，同时可见出幽居寂处而长夜难寐的凄凉之感。

下文设想嫦娥偷药奔月，结果只能独居于清冷的月宫中，心中当有悔意。"应悔"两字见出偷奔之悔：夜夜怀着一颗寂寞的心对着碧海青天。

诗一反前人窠臼，由景入情，以独特的想象取胜，极为曲折细腻，让人余思悠悠不尽。

贾生

◎李商隐

宣室求贤访逐臣^①，贾生才调更无伦。

可怜夜半虚前席，不问苍生问鬼神^②。

【注释】

① 宣室：汉未央宫正殿，此指代汉文帝。逐臣：贬谪之臣。② 苍生：百姓。

【译文】

为求贤才，（汉文帝）在宣室召见遭贬之臣，贾谊才气纵横，无与伦比。深夜，汉文帝听得入神，不觉前移坐席，可惜他不问民生，只一味谈论鬼神。

【赏析】

贾生即贾谊，为西汉著名的政论家、文学家。他少有才名，不到一年就被破格提拔为太中大夫，因遭群臣忌恨毁谤而被贬为长沙王太傅。后来被召回长安，汉文帝在宣室问他鬼神之事，他具道其所以然。文帝在夜半时听得极其入神，不觉移坐席向前，并感叹说："我很久没见贾生，自以为已经超过他了，今天看来还是不及他呀。"在一般人心目中，这大概是体现君臣遇合的美谈，值得大书特书，然而诗人慧眼独具，翻出了一段新意。

诗的前两句是欲抑先扬，"访逐臣"见得汉文帝求贤之迫切，"才调更无伦"暗用文帝称赞贾谊之语。一方面诗人仿佛是在热烈颂扬文帝虚怀若谷、求贤若渴，在听取贤才议论时态度真挚诚恳；另一方面读者似乎亲眼见到了贾谊口若悬河、侃侃而谈的精神风貌。这两处为扬。

第三句为全诗枢纽，诗意在此陡变："可怜"两字顿转为抑；"夜半虚前席"抓住一处典型细节，经过生动渲染，让读者恍然大悟：文帝貌似敬贤，然而夜半长谈并非是求教国计民生，而是问虚渺的鬼神之事。诗人之所以不用感情色彩更加强烈的"可悲"、"可叹"等词语，而说"可怜"，看似轻描淡写，其实更耐人寻味；看似给文帝留有余地，实际上却隐含着冷隽的嘲讽。

诗人不下论断而以慨叹出之，在小小篇章中寄托了正大深远之意，细味更觉意蕴深长。

凉思

◎李商隐

客去波平槛，蝉休露满枝^①。

永怀当此节^②，倚立自移时。

北斗兼春远，南陵寓使迟^③。

天涯占梦数^④，疑误有新知。

【注释】

①蝉休：蝉声消歇。②永怀：长思。③南陵：县名，今安徽省芜湖市南陵县。寓使：托付传信的人。寓，托付。④占梦数：占卜梦境。

【译文】

你离去时，江水涨平栏杆，如今蝉声消歇，露水挂满树枝。怀念当年的美好时节，伫立沉思，不知不觉时光流逝。你住在北方，像春天般遥远，我在南陵，怨恨信使来得太迟。你远在天涯，我屡次借梦占卜，疑心你有了新交，而忘了旧识。

【赏析】

诗人因秋凉怀念旧友，想起昔日与友人在水亭离别，正是春水涨平栏杆之际，如今已是蝉声消歇、露水满枝的秋季了。首联不仅胜在写景真切，而且细致地传达出诗人微妙的心理变化："波平槛"与"露满枝"在平日热闹的时候是很难注意到的，只有当客人离去、孤身独处时才会觉察到这些不引人注意的现象，反映了诗人心境的变化。

在水亭倚槛怀思友人良久，不觉时光移逝。友人所处长安之地与诗人怀思之地相隔遥远，尚无书信寄来。于是因思念而生梦，占卜梦境，疑惑友人有了新的知交而忘记自己了。

此诗采用直抒胸臆的方式，通过层层渲染，把怀思的心理刻画得十分细腻真实，揭示了渴望中人们的一种普遍心理。语言风格爽朗清淡，不雕饰，不造作。细细吟来，一种思念绵绵的悲凉情味随之而生。

渡汉江

◎李频

岭外音书断①，经冬复历春。
近乡情更怯，不敢问来人②。

【译文】

久居岭南，家中音信中断，冬去春来，往复经年。如今，离家乡越近，反而更加不安，以致不敢向同乡询问。

【注释】

① 岭外：岭南。② 来人：从家乡来的人。

【赏析】

此诗作者一说是宋之问。

久客岭外，离家乡路途遥远，音信杳然。经过多少个寒冬阳春后，终得渡江还乡，却"近乡情更怯，不敢问来人"。愈近家乡愈是胆怯，因为不知故乡情形如何，家人是否平安。一、二句看似平淡，并无惊人之语，实际上在全篇中有着重要的地位和作用，为下文出色的抒情奠定根基。

正好有家乡来的人了，本可以问个明白，却不敢问。看似完全出乎常理常情，细细想来竟又完全符合情理：恐怕来人报说故乡有什么坏消息。

诗中曲曲写出了游子思乡心切、将要到家时心中忐忑的复杂思绪和矛盾心理，语言虽然极其浅近通俗，却将人物的心理描摹得熨贴入微，耐人咀嚼。

◎作者简介◎

李频（818—876），字德新，寿昌长林西山人。幼读诗书，博览强记。大中八年（854）中进士，调校书郎，任南陵县主簿，又升任武功县令。一生诗作颇多，但大多散佚。《全唐诗》存其诗一卷。著有《梨岳集》一卷，附录一卷。

宫词

◎薛逢

十二楼中尽晓妆①，望仙楼上望君王。

锁衔金兽连环冷，水滴铜龙昼漏长②。

云髻罢梳还对镜，罗衣欲换更添香。

遥窥正殿帘开处，袍袴宫人扫御床③。

【注释】

① 十二楼：本指神仙所居之处，此指宫女居住的楼台。② 水滴铜龙：龙首滴水的铜壶滴漏。③ 袴（kù）：同"裤"。

【译文】

　　一大早，楼中宫妃就忙着梳妆，登上望仙台，盼望君王幸临。金色兽头门环紧锁，环冷宫亦冷，龙形铜漏，水声滴答，更觉日长。梳好发髻，还要对镜反复端详，想换件罗衣，再添些熏香。远远看到，正殿珠帘开启，一身袍袴的宫女，正在打扫龙床。

【赏析】

　　这首宫词是代写宫妃的怨恨，将宫妃盼望君王宠幸的心理刻画得极其细腻。

　　全诗紧扣一个"望"字展开。诗一落笔就写宫妃尽晓妆，登楼望君王。

　　颔联写君王不至，宫门深掩，铜龙滴漏昼长无聊。

　　颈联写对镜梳髻，换衣添香，是暗写宫妃望幸的心理。

　　尾联写失望，遥见宫人打扫正宫御床，猛然意识到自己这个妃子还不如宫人尚可得近君王，羡慕之中微露怨恨之意。

　　全诗善于把这种"望"的心情，融化在对周围环境的描绘，对人物动作的状写，以及对人物间的外境的反衬之中，生动地反映了宫妃们的空虚苦闷。

⊙作者简介⊙

　　薛逢，字陶臣，蒲洲河东（今山西永济县）人。会昌元年（841）进士，历任侍御史、尚书郎等职。为人孤芳自赏、恃才傲物，屡次触犯权贵，故仕途颇不得意。其诗多表达对腐败世事的不满，表达了不愿随波逐流处世态度。《全唐诗》存其诗一卷。《旧唐书》卷一九零、《新唐书》卷二零三皆有传。

楚江怀古

◎马戴

露气寒光集，微阳下楚丘①。
猿啼洞庭树，人在木兰舟②。
广泽生明月③，苍山夹乱流。
云中君不见，竟夕自悲秋。

【译文】

　　雾露聚集，寒气袭人，夕阳落到楚地山丘。猿猴在洞庭湖畔的树丛啼叫，诗人乘木兰舟在江上泛游。广阔的水面升起明月，两岸青山夹着条条乱流。看不到屈原赞美的云中君，整晚我都在悲叹深秋。

【注释】

① 微阳：微弱的日光。楚丘：指湘江两岸的山丘。② 木兰舟：木兰树所制的小舟。③ 广泽：广阔的水泽。

【赏析】

　　楚江，这里指湘江。宣宗大中初年，马戴因直言获罪，由山西太原幕府掌书记贬为龙阳县（今湖南汉寿）尉。他自江北来江南，行于洞庭湖畔，凄迷的景物引起他怀古的幽情，写下了《楚江怀古》三首，这是第一首。

　　诗的前六句泛咏洞庭的景致。首联用"微阳下楚丘"点明是薄暮时分，凄清的秋暮之景已经隐约透露出悲凉落寞的情怀。颔联上句说猿啼，下句点出人来。上句静中有动，下句动中有静，两句一写听觉，一写视觉；一写物，一写人。颈联就山水两方面写夜景，用阔大宁谧的背景反衬出诗人内心的孤单与彷徨，"夹"字尤见凝练。

　　凄迷的景物引起了诗人怀古的幽情，故尾联写吊念屈原，隐含着自身不遇的感伤，而以悲愁作结。

　　从这首诗可以看到，清微婉约的风格，在内容上是由感情的细腻低回所决定的，

在艺术表现上则是清超而不质实，深微而不粗放，词华淡远而不艳抹浓妆，含蓄蕴藉而不直露明显。马戴的这首《楚江怀古》，可说是晚唐诗歌园地里一枝具有独特芬芳和色彩的素馨花。

⊙作者简介⊙

　　马戴，字虞臣，曲阳（今江苏东海西南）人，生卒年不详。早年屡试不第。武宗会昌四年（844）登进士第。宣宗大中初，入太原幕府为掌书记，后获罪被贬。终太学博士。《全唐诗》存其诗二卷。

灞上秋居

◎马戴

灞原风雨定，晚见雁行频。

落叶他乡树，寒灯独夜人。

空园白露滴，孤壁野僧邻。

寄卧郊扉久^①，何年致此身^②？

【注释】

① 郊扉：郊居。② 致此身：指为国出力。

【译文】

　　灞原上风住雨停，傍晚，看见雁飞频频。落叶纷纷，是异乡的树木；寒夜，孤灯照我一人。空寂小园，滴着露水；单门独户，只有野僧为邻。在郊外闲居已经很久，何时才能为国效力献身？

【赏析】

　　灞上，在今陕西省西安市东，因地处灞水之西的高原上而得名。这首诗写客居灞上见秋伤怀，有不胜寥落之感。

　　诗中着意描绘孤独，起首便写灞上秋风秋雨过后，在傍晚见到大雁频频飞过。连番风雨让雁群耽误了不少行程，好不容易等到风住雨停，又得赶在天黑之前找到一处可供栖息之地。而一见雁群，就难免惹起离人怀乡之情。

　　"落叶他乡树，寒灯独夜人"，在他乡见树木落叶归根的情景，怎么不会有所感触呢？而一盏寒灯下，一个孤寂的身影，一个"寒"字，一个"独"字，写尽客中凄凉孤独的况味。

　　颈联写秋夜寂静，卧听空园露滴，孤居与野僧为邻，更进一步表现了其冷寂悲苦。夜阑人静，只听见露珠滴落的响声，以动衬静，更显寂静，也更见凄苦。

　　尾联诗人一吐积郁：寄居多时，何时才能为国家效力呢？道出了他怀才不遇的苦境和进身希望的渺茫。

　　全诗写景朴实无华，写情真切感人，有着很强的艺术感染力。

山亭夏日

◎高骈

绿树阴浓夏日长①，楼台倒影入池塘。

水精帘动微风起②，满架蔷薇一院香③。

【注释】

① 浓：指树丛的阴影很深。② 水精帘：即水晶帘。形容质地精细而色泽莹澈的帘子。③ 蔷薇：一种观赏性植物，茎长似蔓。夏季开花，有红、白、黄等色，有芳香。诗中指这种植物的花。

【译文】

绿叶茂盛，树荫下显得格外清凉，白昼比其他季节要长，楼台的影子倒映在清澈的池水里。微风轻轻拂动晶莹的珠帘，满架的蔷薇正开着，整个庭院都弥漫着沁人心脾的清香。

【赏析】

此诗用近似绘画的手法，描绘出一幅色彩鲜明、情调雅致的山亭夏日风光图。

夏日的太阳正烈，而山亭入目的都是绿树的浓荫，给人以清凉之感。"浓"字不仅表明绿树繁茂稠密，还有山大林深的意思。池塘水平如镜，楼台的倒影清晰可见，一片宁静的夏日午时风光。而此时，却有一阵微风拂过，水晶帘轻轻晃动，满院充溢着蔷薇花的芬芳。夏日的微风不容易让人感觉到，诗人是先看见水晶帘动，才知道起风了；院子里蔷薇的香气亦随风散开，香气沁人心脾，让人在炎炎夏日精神为之一振。诗人捕捉到微风帘动、花香细细这些寻常人不易察觉的小细节，传神地将夏日山亭的幽静清雅展现出来了，而悠闲自在的诗人形象亦从中浮现。

⊙作者简介⊙

高骈（？—887），字千里，晚唐名将。出生于禁军世家，幼颇修饬，折节为文学。曾在咸通七年（866）率军收复交趾，破蛮兵二十余万。后历任天平、西川、荆南、镇海、淮南等五镇节度使。光启中被部将毕师铎所害。《全唐诗》存其诗一卷。

马嵬坡

◎郑畋

玄宗回马杨妃死①，云雨难忘日月新②。

终是圣明天子事，景阳宫井又何人③。

【注释】

①回马：指唐玄宗由蜀中回长安。②"云雨"句：意谓玄宗、贵妃之间的恩爱虽难忘却，但战乱已平，国家有中兴之望。③景阳宫井：亡国之君陈后主闻隋兵至，携宠妃张丽华投景阳宫井中躲藏。

【译文】

杨贵妃死后，唐玄宗骑马返京城；如今山河已复，国家复兴在望，玄宗还是难忘旧情。马嵬赐死终是天子果断圣明，否则，不知道藏在景阳宫井中的将是谁了。

【赏析】

天宝十五载（756）六月，安史乱军攻陷潼关，长安危急，玄宗仓皇奔蜀，道经马嵬坡，六军驻马哗变，玄宗无奈之下赐死杨贵妃。本诗即是议论此事。

首两句写山河重光，玄宗自蜀回到长安，虽杨妃死已多时，他仍难忘怀旧日"云雨"之情。"云雨难忘"与"日月新"对举，表达玄宗长恨与欣喜兼有的复杂心理。后两句以"终是"为一转，认为玄宗能割舍男女私情而使国光山复，不失为"圣明"，不然可能重蹈陈后主不舍私爱，与宠妃张丽华、孔贵嫔躲在景阳宫的井中，终受大辱的覆辙。诗对玄宗有所体谅，也有所婉讽，"终是"两字可加以细味，玄宗虽比陈后主圣明，但所胜实在无几，不然何来马嵬之变，总的来说，全诗不失温柔敦厚之意。

◎作者简介◎

郑畋（823—882），字台文，河南荥阳人，性宽厚，能诗文，会昌二年（842）进士及第。刘瞻镇北门，辟为从事。瞻作相，荐为翰林学士，迁中书舍人，后官至检校尚书左仆射。《全唐诗》存其诗十六首。

台城

◎韦庄

江雨霏霏江草齐，六朝如梦鸟空啼^①。

无情最是台城柳^②，依旧烟笼十里堤。

【注释】

① 六朝：指建都于金陵（今南京）的吴、东晋、宋、齐、梁、陈六个朝代。② 台城：六朝宫城，又名苑城。

【译文】

　　江上细雨蒙蒙，岸边青草繁盛，六朝繁华，如烟似梦，现在只剩鸟儿悲啼。最无情的，是台城的杨柳，依旧如烟似雾，笼罩十里长堤。

【赏析】

　　金陵为六朝故址所在，在这个地方，霏霏江雨依旧自来，岸边野草依旧自生，江鸟依旧空自鸣啼，翠柳如烟依旧茂密，交织组成江南的春日美景，全不顾此地曾上演过六朝兴亡的故事，故称"无情"。而大自然景物的永恒与无情，正照出诗人的有情。

　　望着这"无情"的春景，诗人想到六朝繁华的易逝，有如梦似烟的人生感悟，无限感慨都在言外。这时再去反观诗中所写之景物，让人觉得迷离空灵，似乎都浓浓地染上诗人伤感、怅惘的意绪。诗人善用侧面烘托之法，善用虚字，"空"、"无情"、"依旧"等字的运用，使全诗空灵有致。

⊙作者简介⊙

　　韦庄（836？—910），字端己，京兆杜陵（今陕西省长安县东北）人。天祐三年（906）任西蜀安抚副使，劝王建称帝，以功拜相。晚唐西蜀重要词人与诗人，其词与温庭筠齐名，世称"温韦"，是花间派代表词人。其诗多以伤时、怀古、离情、感旧为主题，诗风清丽飘逸。《全唐诗》存其诗六卷。

章台夜思

◎韦庄

清瑟怨遥夜，绕弦风雨哀。
孤灯闻楚角^①，残月下章台。
芳草已云暮，故人殊未来^②。
乡书不可寄^③，秋雁又南回。

【译文】

　　长夜瑟音清泠，撩拨我的幽怨，仿佛风雨绕弦，凄凉悲哀。孤灯摇曳，听楚地号角连声；一钩弯月，沉落章华台。芳草都已泛黄，我的老朋友却还没来。战乱依旧，家书难以寄出，而秋雁又向南方飞来。

【注释】

① 楚角：楚地的号角声。② 殊：尚，还。③ 乡书：指家书。

【赏析】

　　章台，即章华台，在今湖北省监利县西北。这是一首怀人思乡之作。

　　诗以"夜思"为题，开篇却不直接写思，而是写秋夜所闻所见，通过对清瑟、楚角、遥夜、风雨、孤灯、残月这些典型意象的反复渲染，写尽客居他乡的孤独、悲凉。

　　后半写"思"的内容：芳草已暮，故人久久未来，"已"、"殊"两字形成鲜明对照，表达了诗人内心望穿秋水而不得的失落。想写家书却无法寄出，见得秋雁南飞，着一"又"字，表明这样漂泊在外的日子已有多年了，有无可奈何之意。而且"芳草云暮"、"秋雁南回"陪衬出"故人未来"、"乡书不达"的孤单寂寥之苦，不胜悲凉凄楚。

　　全诗张弛开阖，有条不紊。前两联用音乐造境，以景象寓情，层层蓄势，曲尽其妙；后两联一吐衷肠，酣畅淋漓。俞陛云说此诗之佳处在"前半在神韵悠长，后半在笔势老健"，实为肯綮之言。

书边事

◎张乔

调角断清秋①，征人倚戍楼②。
春风对青冢③，白日落梁州④。
大漠无兵阻，穷边有客游⑤。
蕃情似此水，长愿向南流。

【注释】

① 调角：吹角。断：停止。② 戍楼：防地的城楼。③ 青冢（zhǒng）：指昭君墓。④ 梁州：指凉州。唐时凉州为边塞之地。⑤ 穷边：绝远的边地。

【译文】

　　清亮号角划破秋天的宁静，战士们倚靠在戍防城楼上。春风吹拂着昭君墓，夕阳落到边城凉州。大漠上，没有敌军侵扰；偏远边陲，有游人在漫游。但愿吐蕃归化能像这大河一样，长久地向南流入中原。

【赏析】

　　唐代边疆在连年战争后，一度出现和平安定的局面。此诗正是作者此时游历边塞的所见所闻。

　　前半首写清秋边疆吹角声断绝，登戍楼而凭眺：近望见昭君墓秋来青草依然，远望则白日西沉，凉州一派和平景象。五、六句乃写因为大漠兵销，行人游客可以出塞壮游，反复渲染和平景象。尾联抒写所感，愿蕃人归化，如水向南流。全诗由一闻一见，生发出所望所感，层层扩大递进，渴望民族和平，意气风发昂扬，境界高阔深远。俞陛云在《诗境浅说》中说："此诗高视阔步而出，一气直书，而仍顿挫，亦高格之一也。"

◎作者简介◎

　　张乔，生卒年不详，今安徽贵池人，与许棠、郑谷、张宾等东南才子称"咸通十哲"。黄巢起义时，隐居九华山以终。其诗多写山水自然，清雅巧思，风格似贾岛。

已凉

◎韩偓

碧阑干外绣帘垂，猩色屏风画折枝。

八尺龙须方锦褥，已凉天气未寒时。

【译文】

碧绿栏杆外面，绣帘低垂，猩红色屏风上，画着折下的花枝。锦褥上铺着八尺龙须草席，因为天虽转凉，却还没到寒冷之时。

【赏析】

诗题为"已凉"，主要通过铺陈描写屋内的豪华摆设，点出"已凉未寒"特有的时令气氛。

诗一路迤逦写来，先写碧阑干外的帘幕已经由开启而垂放下来，再写到猩红的屏风上画有连枝摘下的花朵，龙须草的草席上铺陈着方方的锦褥，表明夏天的凉竹簟已被更替。

然后诗人的视线从室外移向室内，所见纯是闺阁中一派精丽雅致的景物，层次深而曲，细腻传达出天气已凉而未寒的时令变化。

除了布局之外，另一样吸引读者视线的，就是那艳丽夺目的色彩：碧色的栏杆、彩绣的门帘、猩红色的画屏、铺着龙须草的锦褥，勾画出一派精美华贵、温馨旖旎的富贵气象，为主人公深闺中渴望爱情的绮思酝酿了一个合适的氛围。

通篇没有一个字直接涉及"情"，没有一个字明白关涉到"人"，却在对闺阁的陈设、装饰中，曲折隐约地透露出愈加深远的人的情思，让人揣摩玩味不尽。

◎作者简介◎

韩偓（842—923？），字致尧，（一作致光），小名冬郎，号玉山樵人。京兆万年（在今陕西西安附近）人。龙纪元年（889）始登进士第，一度出佐河中节度使幕府，回朝后拜左拾遗，迁左谏议大夫。后因忤触权臣朱温，贬濮州司马，遂弃官南下。其间，皇帝曾两次诏命其还朝复职，皆不应。著有《香奁集》，风格纤巧。

子规

◎吴融

举国繁华委逝川，羽毛飘荡一年年。

他山叫处花成血，旧苑春来草似烟。

雨暗不离浓绿树，月斜长吊欲明天。

湘江日暮声凄切，愁杀行人归去船。

【译文】

举国的繁华都随着光阴的流逝一去不复返，孤独的羽翼年复一年地四处飘荡。泣血的叫声将他山的花染红，而故国苑囿在春天到来时，依然草木含烟。风雨天暗，（杜鹃）盘桓在浓绿的树荫中；月落影斜，迎着欲曙的天空凄然长鸣。在湘江日暮时分听得这凄切的声音，船上旅客行人都不禁黯然销魂。

【赏析】

"子规"是杜鹃鸟的别称，传说为古蜀国国王杜宇的化身。杜宇，号望帝，后来失国身死，魂魄化为杜鹃，常啼血悲鸣不已。吴融在唐昭宗时在朝任职，一度受牵累罢官，流落荆南（今湖南一带），本诗即作于此时。诗人借咏子规，写自己仕途失意而又远离故乡的痛苦心情。

首联从传说故事落笔，写杜鹃离开繁华的国土，一年年四处飘荡，这个悲剧性的遭遇为全诗奠定了哀伤的基调。

以下三联扣住杜鹃啼声凄切这一特点，反复着墨渲染。诗人借杜鹃啼血的传闻发挥想象，将山中的红花说成是杜鹃口中鲜血染成，而旧苑春来依然草木荣生，对杜鹃的悲啼漠然无感。它徘徊在绿树月下不停地凄切啼叫，一声声传入船上行人耳中，怎不触动人们的羁旅愁思，让人黯然魂销呢？

◎作者简介◎

吴融，字子华，越州山阴（今浙江绍兴）人，生卒年不详。昭宗龙纪元年（889）登进士第。天复元年（901）朝贺时，受命于御前起草诏书十余篇，顷刻而就，深得昭宗赏识，进户部侍郎。同年冬，昭宗被劫持至凤翔，扈从不及，客居阌乡。不久，召还为翰林学士承旨，卒于官。《全唐诗》存其诗四卷。

春怨

◎金昌绪

打起黄莺儿，莫教枝上啼。

啼时惊妾梦，不得到辽西^①。

【译文】

快打飞那黄莺，别让它在枝上啼叫。它惊扰了我的美梦，害我不能梦去辽西。

【注释】

①辽西：辽河以西，这里代指边地。

【赏析】

春日里，黄莺在树枝上宛转啼叫，它的鸣声清脆悦耳，人们都爱听。可诗中的女主人公却一反常态，这美妙动听的叫声不但不能让她觉得高兴，反而还想去打走黄莺。此情此景让人不由得心生疑惑。女主人公解释说，这是因为黄莺的啼叫声把她从梦中惊醒了。如果是寻常做梦倒也没什么，但当时自己恰好在梦中赶到辽西，将要与久别的丈夫相会。黄莺的叫声惊醒了她的美梦，自然让她怨恨不已。

虽然是一首闺怨诗，但诗人却不从正面落笔写闺妇相思之情，而是反常用之，连用几个悬念，结句方才曲曲透出原委：丈夫远戍辽西，关山迢递，山高水长，难以会面，她唯有借美梦相会，当然要赶走鸣叫的黄莺。诗将"春怨"这一主题反映得生动活泼，又显得含蓄而有余味。

全诗环环相扣，句句相承，层层递进，将这样的绵密深情含蓄道出，读来余音绕梁，韵味无穷。

◎作者简介◎

金昌绪，生卒年不详，余杭（今浙江杭州市）人，身世不可考，诗传于世仅《春怨》一首。

鹧鸪

◎郑谷

暖戏烟芜锦翼齐①，品流应得近山鸡②。
雨昏青草湖边过③，花落黄陵庙里啼④。
游子乍闻征袖湿，佳人才唱翠眉低。
相呼相应湘江阔，苦竹丛深日向西⑤。

【注释】

① 暖戏：鹧鸪"性畏霜露，早晚希出"（崔豹《古今注》），故于天气温暖时出来嬉戏。② 品流：品类。③ 青草湖：古代五湖之一，在洞庭湖南部，今湖南省境内。④ 黄陵庙：在今湖南湘阴县北黄陵山下，湘水流经洞庭湖处。相传娥皇、女英在舜死后，自投于湘水，化为神，此即为祭祀二妃的祠庙。⑤ 苦竹：竹子的一种，戴凯之《竹谱》："苦竹有白有紫而味苦。"

【赏析】

鹧鸪，产于我国南部，形似雌雉。它的鸣声极似"行不得也哥哥"，古人常借其声来抒写逐客游子之情。郑谷这首诗正是借鹧鸪之声来表现游子思妇之情。

开篇先咏鹧鸪羽色和形貌，议论其高雅风致与美丽的山鸡近似。以下三联则是从鹧鸪的鸣叫声出发，着意表现由此而生发的哀怨凄切的情韵。潇潇暮雨、纷纷花落，再加上荒江、古庙，形成凄迷幽远的意境。青草湖、黄陵庙都在洞庭湖附近，有着娥皇、女英溺于湘江的传说，这一带又是屈原流落之地，迁客游子到此最易触发羁旅愁怀。而鹧鸪在此时此刻声声啼叫，渲染出一种令人魂销肠断的氛围。天涯游子闻其声而泪下，闺中少妇才唱一曲《山鹧鸪》便低眉，"乍"、"才"两字更是烘托出鹧鸪啼声的凄凉。人之哀情和鸟之哀啼，虚实相生，各臻其妙，而又互为补充，相得益彰。末二句以迷蒙之境收篇，韵味悠然。

全诗构思精妙缜密，注重人和鹧鸪在感情上的联系，咏鹧鸪重在传神韵，深得比兴之真义，故世人誉之为"警绝"。郑谷亦因此被誉为"郑鹧鸪"。

【译文】

鹧鸪在温暖的烟雾弥漫的荒地上嬉戏，五彩斑斓的羽毛多么整齐；它们的品类应该和山鸡相似。天昏雨暗时，它们从青草湖边低翔而过；春花飘落时，它们在黄陵庙边啼叫声声。异乡的游子听闻后不禁泪洒衣袖湿，佳人才开口唱《山鹧鸪》，就黯然低下了眉头。宽阔的湘江上鹧鸪声此起彼伏，茂密的苦竹丛深处，太阳正向西落下。

◎作者简介◎

郑谷（约851—910），字守愚，宜春（今属江西）人。僖宗时进士，官都官郎中，人称郑都官。又以《鹧鸪诗》得名，人称"郑鹧鸪"。其诗多写景咏物之作，表现士大夫的闲情逸致。风格清新通俗，但流于浅率。曾与许棠、张乔等唱和往还，号"芳林十哲"。原有集，已散佚，现存《云台编》。

春宫怨

◎杜荀鹤

早被婵娟误①，欲妆临镜慵②。

承恩不在貌，教妾若为容③？

风暖鸟声碎④，日高花影重。

年年越溪女⑤，相忆采芙蓉。

【注释】
① 婵娟：形态美好。② 妆：梳妆。慵：慵懒。
③ 若为容：如何修饰容貌。④ 鸟声碎：鸟声嘈杂。
⑤ 越溪女：指西施浣纱时的女伴。

【译文】

　　早年我为美貌所误，落入宫中，想要妆扮，对镜却又慵懒。受皇帝宠爱，不在于美貌，教我怎么为他尽心打扮？春风送暖，鸟声清脆，艳阳高照，花影重重。年年追忆越溪浣纱的女伴，怀念那时大家一起采摘红莲的时光。

【赏析】

　　这首诗是代宫女抒怨的宫怨诗，其中也蕴含了诗人自己不得志的悲愤。

　　前两句是发端，宫女因貌美而入宫，却受尽孤寂，故说"被误"，而一个"早"字更是体现了被误之久，故对镜欲妆又罢。

　　三、四句写宫女的思想活动：取宠不在容貌，再打扮又有什么用呢。寥寥十字简洁平白如话，却悱恻凄婉，其言外之意十分耐人咀嚼。

　　五、六句宕开写室外春景：暖风中鸟声轻碎，丽日高照下花影层叠。这春光是如此的明媚美好，却愈加反衬出失宠宫女内心的寂寞孤独，精警生动，是历来为人所推崇的名句。

　　尾联写宫人想起入宫以前采芙蓉的乐事，以过去对比当下，以往日的欢乐反衬此时的愁苦，深婉地表现了对宫廷生活的怨恨。

◎作者简介◎

　　杜荀鹤（846—904），字彦之，号九华山人，池州石埭（今安徽太平）人。早年累举进士不第，漫游闽越等地。昭宗大顺二年（891）登进士第，因时局危乱，复归旧山。后但任梁太祖朱温的翰林学士，仅五日而卒。其诗上承元白一派，反映民生疾苦，抨击黑暗现实，自成一家，后人称为"杜荀鹤体"。《全唐诗》存其诗四卷。有《唐风集》。

山中寡妇

◎杜荀鹤

夫因兵死守蓬茅①，麻苎衣衫鬓发焦②。
桑柘废来犹纳税③，田园荒后尚征苗④。
时挑野菜和根煮，旋斫生柴带叶烧⑤。
任是深山更深处，也应无计避征徭⑥。

【注释】

① 蓬茅：茅草盖的房子。② 苎（zhù）：麻的一种，其茎皮纤维经沤过可用来织布。焦：枯黄没有光泽。③ 柘：树木名，叶子可以喂蚕。税：丝税。④ 征苗：征收田赋，即纳粮。⑤ 旋斫（zhuó）：现砍。生柴：刚从树上砍下来的湿柴。⑥ 征徭：赋税和徭役。

【赏析】

　　唐朝末年，兵荒马乱，烽烟不息，给人民带来极大的灾难。此诗的首句就以此为背景，概括地写出寡妇的丈夫因兵乱而死，她逃入深山茅草屋栖身的情况。

　　次句写寡妇贫穷、憔悴的形象。诗人抓住"衣衫"、"鬓发"这些富有特征性的细节，写出了她那饱经忧患的身世。从下文"时挑野菜"、"旋斫生柴"等词句来看，这位寡妇应该还处于青壮年时期，但她的鬓发早已失去了原本的色泽，变得焦黄枯槁，更显出她际遇的坎坷。

　　由于战争的破坏，桑林伐尽了，田园荒芜了，但官府却还照旧征税，不放过对这个孤苦可怜的寡妇的压榨、剥削。接下来写寡妇在山中的生活，可见其清贫无依，生存维艰。

【译文】

　　丈夫因兵乱死去，自己守着茅草屋，穿着粗糙的苎麻衣服，鬓发焦黄、面容憔悴。桑柘树都荒废不能养蚕了，却还要交纳丝税，田园荒芜后却还要征收青苗赋税。经常挑些野菜，连根一起煮着吃，刚砍下的湿柴带着叶子一起烧火。任凭你跑到深山更深的地方，也没有办法可以躲避赋税和徭役。

　　末尾两句画龙点睛，揭示出主题。"任是"、"也应"两个关联词用得极好，将苛政的罪恶揭露得淋漓尽致。孔子曾因躲避赋税而逃进深山的妇女发出"苛政猛于虎"的感叹，而在唐朝末期，人民即使是逃进深山也避不开赋税。诗人通过一系列富有典型性的细节，极写山中寡妇的孤苦、憔悴、贫穷、无以为继，透射出唐末民不聊生、官府仍不择手段搜刮的社会现实，语极沉郁悲愤。

除夜有怀

◎崔涂

迢递三巴路^①，羁危万里身^②。

乱山残雪夜，孤烛异乡人。

渐与骨肉远，转于僮仆亲。

那堪正飘泊，明日岁华新^③。

【注释】

① 迢递：遥远。三巴：指巴郡、巴东、巴西，都在今四川东部。② 羁危：指羁旅生活困难。③ 岁华新：又是新的一年。

【译文】

　　三巴古路离家遥远，羁旅生活困顿不堪。山峦错落，残雪映照寒夜，一盏烛光，陪伴异乡客人。渐渐地跟亲人们疏远了，转而同僮仆关系亲近。哪能忍受漂泊的生活，明天又是新的一年。

【赏析】

　　崔涂曾经因避乱入巴蜀，此诗抒写他在除夕之夜分外深沉的羁旅之愁。

　　一、二两句起句点地，次句点人，写出远离家乡、长期漂泊在外的感受，气象阔大。

　　中间四句围绕"孤独"来写，先写凄清的除夕夜景：乱山残雪映照寒夜，异乡人在孤烛之下，想到孤身在外，漂泊已久，与骨肉亲人渐渐疏远，转而同僮仆亲近了。说尽客居异乡的苦情、苦境，十分悲警感人。

　　最后两句点出时逢除夕，一年又过去了，更不堪漂泊，只有将希望寄托在新的一年上。

　　全诗用语自然真切，好像是在说家常本色话，而将年华流逝的苦涩与离愁乡思抒发得淋漓尽致，确是怀乡诗中的上乘之作。

◎作者简介◎

　　崔涂（854—？），字礼山，今浙江富春江一带人。唐僖宗光启四年（888）进士。一生飘泊不定，故其诗多以飘泊生活为题材，格调苍凉。《全唐诗》存其诗一卷。

孤雁

◎崔涂

几行归塞尽^①，念尔独何之^②？
暮雨相呼失^③，寒塘欲下迟。
渚云低暗度^④，关月冷相随。
未必逢矰缴^⑤，孤飞自可疑^⑥。

【注释】

①几行：指雁群。②尔：你，指孤雁。何之：到哪里去？③相呼失：指失去了与伙伴的呼应。④渚（zhǔ）：水中的小洲。⑤矰（zēng）：古代用来射鸟的拴着丝绳的短箭。缴（zhuó）：系在箭上的生丝绳。⑥"孤飞"句：意谓孤雁失群而飞，毕竟会疑惧恐慌呀。

【译文】

几行大雁，已到边塞尽头，但你要独自飞去哪里？暮雨中呼唤失散的同伴，想到寒塘栖息，又犹豫不决。小洲上云层低暗，你独自穿越，只有边塞冷月，与你相随。虽然未必会遭到飞箭的伤害，但是失群孤飞，仍然让人担心。

【赏析】

崔涂生当乱世，长期漂泊异乡，故这首诗借咏孤雁，表现了诗人在战乱的年月四处漂泊、孤独凄凉、彷徨忧危的心情。

全诗紧扣一个"孤"字。首联写孤雁失群，同伴归尽，唯尔独去。"念尔独何之"包含着关爱之意，诗人的思绪似乎也随着孤雁而起伏不定。

颔联写孤雁的神态，潇潇暮雨，失群而只影悲鸣；寂寂寒塘，几回欲下，又恐遇险。

颈联写失群之苦楚，尽管振羽奋飞，仍然是只影无依，凄凉寂寞。"相呼失"是惊惶，"欲下迟"是犹疑，"暮雨"和"寒塘"又增添了浓重的凄冷氛围。中间四句将孤雁的彷徨、哀鸣、疑虑和惊惧的神态，刻画得入木三分。

尾联写诗人疑虑孤雁受箭丧生。上句说"未必"，看似侥幸，其实正是担心孤雁会遭遇弓箭的袭击；下句则含着无限忧虑，担心孤雁的命运究竟会如何。

这首诗写孤雁之悲凉，以喻自己的不得意，体物言情极其深微精细，字字珠玑，而且余音袅袅，令人回味无穷，是五律诗中的上品。

春夕

◎崔涂

水流花谢两无情，送尽东风过楚城①。
蝴蝶梦中家万里②，子规枝上月三更③。
故园书动经年绝④，华发春唯满镜生⑤。
自是不归归便得，五湖烟景有谁争⑥？

【注释】

① 楚城：指湖南、湖北一带，这里为战国时楚国的领地。② 蝴蝶梦：即梦，用《庄子·齐物论》中"庄周梦蝶"典。③ 子规：一作"杜鹃"，鸟名，鸣叫声凄切，使游子闻而思归。④ 动：动辄、每每之意。⑤ 华发：白发。⑥ 五湖：春秋时，范蠡辅佐越王勾践成就霸业之后，辞官乘扁舟泛五湖而去。此处用以指作者故乡山水。

【译文】

春水远流，春花凋谢，两者都是无情之物；我再次将东风送过楚城。梦中的家乡在万里之外，月下杜鹃在三更时分哀鸣。故园动辄一年多没有音讯，揽镜自照，春来丝丝白发满镜中。我现在还没有归去，我要归去就可以归去，故乡的五湖风景有谁来和我相争？

【赏析】

这首诗是作者旅居湘鄂时所作。

诗一起笔就勾画出暮春之夕流水落花春去的景象，并融入了自己的观感——"两无情"，因为它们明明见到客不得归故乡，却尽送春去不少住留。

"蝴蝶梦中家万里，子规枝上月三更"写游子思乡成梦，醒来家乡依旧远隔万里，又正遇杜鹃在月下哀哀啼叫。

面对着这种春夕凄凉、愁惨的情境，游子的心该是何等的凄苦！这两句极受人赞叹的名句，造语新奇，对仗工稳，韵律和谐。

旅人是如此的思乡，如有家书不时寄来还可稍作安慰，但家书却动辄常年断绝；春天万物欣欣向荣，而旅人却唯有白发生满头。一个"动"字，一个"唯"字，生生把人逼到绝地，更无他处。

尾联自慰自嘲，故意说自己想回去就能回去，故乡美好山水风光没人同自己相争，隐隐见出诗人在游宦和归隐之间难以平衡的矛盾。

贫女

◎秦韬玉

蓬门未识绮罗香，拟托良媒益自伤。
谁爱风流高格调，共怜时世俭梳妆。
敢将十指夸针巧，不把双眉斗画长。
苦恨年年压金线，为他人作嫁衣裳！

【赏析】

这首诗表面上是写一个待字闺中的贫女的内心独白，其实是借贫女的身世来感伤贫士怀才不遇的苦闷和不平。

女主人公的独白是从衣着谈起：自己生在蓬门陋户，从未穿过绫罗绸缎，只能穿粗布衣裳。也是因为贫穷，虽然到了待嫁之年，却不见媒人上门说亲。

贫女品格高尚，鄙弃时俗所盛行的高髻奇妆。然而在这样的世态人情中，格调越高者，越是无人赏识，所以尽管贫女将"十指"夸"针巧"，"拟托良媒"，也无人赏识，只得年复一年为他人做出嫁的衣裳，难免"苦恨"之意难消。

"敢将十指夸针巧，不把双眉斗画长"一联极清巧，"敢将"、"不把"透露出贫女孤芳自赏、不同流俗的傲岸之气。而贫女的遭遇也正是天下贫士的写照：虽博学多才，却无人援引，终年屈居下僚，为他人作嫁。

全诗寄兴感怀，句句语意双关，情辞婉曲哀怨，含蕴丰富，历来为人们所称诵。

【译文】

贫苦人家的女儿，没见过绫罗软香，想请个好媒人说亲，又暗自更加哀伤。谁怜惜她举止大方品格高尚？哀叹世人竞相争奇斗艳，她仍旧节俭梳妆。她敢在人前夸口心灵手巧，却不跟人比试画眉一较短长。可叹她年年手拿金线刺绣，却都是为别人赶制出嫁的衣裳。

⊙作者简介⊙

秦韬玉，字中明（一作仲明），京兆（今陕西西安）人。生卒年不详。累举不第，后谄附宦官田令孜，官丞郎，判盐铁。黄巢起义军攻占长安后，从僖宗入蜀，中和二年（882）特赐进士及第。田令孜又擢其为工部侍郎、神策军判官。时人戏为"巧宦"，后不知所终。《全唐诗》存其诗一卷。著有《投知小录》三卷。

杂诗

◎无名氏

近寒食雨草萋萋，著麦苗风柳映堤^①。
等是有家归未得^②，杜鹃休向耳边啼。

【注释】

① 著：吹入。② 等是：同是。

【译文】

寒食将近，春雨绵绵青草浓密，风吹过，麦苗起伏，绿柳映着河堤。同样是有家归不得，杜鹃啊杜鹃，不要在我耳边乱啼。

【赏析】

一、二句描写寒食节时的田野景象：芳草萋萋，春风吹拂，麦浪起伏，堤岸杨柳依依，值是三春丽景，正当赏之。两句中意象密集，却用词简省，洋溢着浓郁的诗意。

然而，就在此时，却突然听得杜鹃再三叫唤"不如归去，不如归去"的悲啼声，令客居他乡在寒食、清明亦不能返乡的羁旅之人顿感万般酸苦，尤觉神伤情难堪。杜鹃本来听不懂人言，但诗人偏要将它引为同类，并转而怨嗔杜鹃：我与你一样都是有家不能归，你又何苦对着我不停地啼叫呢？这种呼

告的口吻愈发增加了自身欲归不得的伤感，益见其悲痛。

直到此刻，当我们再回头去看前两句的写景，方悟出作者这是以乐景写哀情，而且暗用了"王孙游兮不归，春草生兮萋萋"和"昔我往矣，杨柳依依"之意。

诗中还采用了独特的句式，用"近"、"著"两字，变常见的"二二三"句式为"一三三"句式，在音节中传达出天涯羁旅人迷茫怅惘的意态。

此诗含思婉转巧妙，情真而语切，语言含蓄蕴藉，至为沉痛。

社日

◎王驾

鹅湖山下稻粱肥^①，豚栅鸡栖半掩扉^②。

桑柘影斜春社散^③，家家扶得醉人归。

【注释】

① 鹅湖山：在今江西省铅山县境内。原名荷湖山，因东晋人龚氏在此养鹅，故更名。② 鸡栖：鸡舍。《诗经·王风·君子于役》："鸡栖于埘，日之夕矣。" ③ 桑柘（zhè）：桑树和柘树，这两种树的叶子均可用来养蚕。春社：春季祭祀土地神的日子，多在春分后的戊日进行。

【译文】

鹅湖山下，田里的庄稼长势喜人，家家户户猪满圈，鸡成群，门儿半掩着。桑柘树的影子越来越长，春社的欢宴才刚散去，家家搀扶着喝醉的人归来。

【赏析】

古时每年春秋各有一次例行祭祀土地神的日子，称为社日。在春社日，官府及民间皆祭社神祈求丰年，里中有饮酒、分肉、赛会、妇女停针线的习俗。社日这一天，人们聚集在社庙集体欢宴，并集会竞技，进行各种类型的祭社表演，十分热闹。

王驾这首诗没有从正面写社日的情景，而是全从侧面着笔：前二句写鹅湖山的村居风光，田里的庄稼长得正好，丰收在望，村中的六畜兴旺，猪满圈，鸡栖埘，营造出节日的喜庆气氛。"半掩扉"这个细节描写很有表现力，说明家家都参加社日活动去了，亦见民风淳厚，丰年富足，透出一派和平与安宁。后两句写社散后的景象，通过"家家扶得醉人归"这个细节刻画，使人联想到饮宴时大家兴高采烈、开怀畅饮的情景。

全诗通过描写富有典型意义的意象和相关的生活细节来写社日光景，笔墨简省，却具有更多耐人寻味的东西，散发出浓郁的乡土气息。

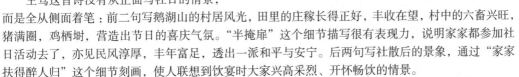

◎作者简介◎

王驾（851—？），字大用，自号守素先生，河中（今山西永济）人。大顺元年（890）登进士第，官至礼部员外郎。后弃官归隐，与郑谷、司空图友善，诗风亦相近。其绝句构思巧妙，自然流畅。《全唐诗》存其诗六首，《全唐诗外编》补诗一首。

寄人

◎张泌

别梦依依到谢家①，小廊回合曲阑斜。
多情只有春庭月，犹为离人照落花。

【注释】

① 谢家：唐诗中常以谢娘称自己所喜爱的女子。

【译文】

别后情谊依依，我梦中来到你家，长廊依旧回环，栏杆曲折横斜。春天的庭院，只有多情明月高挂，它还在为我照着园里的落花。

【赏析】

据《古今词话》《词苑丛谈》《词坛纪事》等书记载，张泌早年曾经与邻家浣衣女相恋，作有《江神子》："浣花溪上见卿卿。脸波明，黛眉轻。绿云高绾，金簇小蜻蜓。好是问他：'来得么？'和笑道：'莫多情！'"然而，好景不长，张泌为前程外出奔波，俩人"后经年不复相见"，浣衣女也在"父母之命，媒妁之言"下，另许他人了。张泌得知消息后，却对她始终不能忘怀，相思形于梦寐，梦醒之后，遂赋成七绝二首，后来将这两首诗寄给了浣衣女，这就是诗题名曰"寄人"的缘由。

在梦中，诗人来到伊人家中，昔日小廊、曲阑依旧，却不得见伊人身影，只有那多情的春庭月，为离人照着那一片片飘零的落花。现实中难以相见，寄希望于梦寻，已觉可怜，而梦中到故园仍不可寻见，更是百倍可怜。

全诗以虚为实，写幽幽梦境，梦中之小廊回合、曲阑微斜、月照落花，幻梦之真切，正见出思恋之幽苦，深情之绵邈。梦中景色的迷离凄清与梦中相寻之情紧相糅合，让人在清幽冷寂中体会到一种凄美的苦涩和无奈。

⊙作者简介⊙

张泌，字子澄，生卒年不详。曾较长时间滞留长安，短期逗留成都、边塞等地。唐末时登进士第。《全唐诗》存其诗一卷。

金缕衣

◎杜秋娘

劝君莫惜金缕衣，劝君惜取少年时。

花开堪折直须折，莫待无花空折枝。

【译文】

劝你不要顾惜那华贵的金缕衣，劝你珍惜美好的年少时光。花儿绽放的时候就把它折取下来，不要等到花瓣凋零了才去折空空的枝桠。

【赏析】

金缕衣，少年时，谁当舍弃？谁当珍取？金缕衣固然华贵精美，而青春年华一去难返，故当舍物惜时。一、二句句式相同，都以"劝君"开头，"惜"字也出现了两次。一再"劝君"，用对白语气殷勤致意，娓娓动人。而第一句的"莫"与第二句的"须"意义相反，一肯定，一否定，使诗意在保持贯通的同时又形成了重复中的变化。

三、四句用花来作比喻：花开时正当折取，比喻少壮时应当及时努力；及至花瓣凋谢，空余下光秃秃的枝桠时，再想去攀折，已经来不及了，比喻老大无成再回首少年时光，还有何用呢？

一说杜秋娘为镇海节度使李琦之妾，善唱《金缕衣》等曲，原作者失传，以为诗的本意是要"行乐及时"。实际上，就诗本身来说，还是在反复咏叹强调爱惜时光，莫要错过青春年华。

其中"莫惜"、"惜取"、"堪折"、"须折"、"空折"，造成层层跌宕之势，叠词回环之间，似可闻殷殷劝诫之声，通俗而隽永，让人百读不厌。

⊙作者简介⊙

杜秋娘，原籍润州（江苏镇江）。天生丽质，能歌善舞，亦擅长填词作曲。本为节度使李琦妾，因李琦事败没入宫中，受到唐宪宗宠幸。杜牧作《杜秋娘诗》录其身世。存诗仅此一首。